这是一本关于道路的书。
建议每一个中国人必读。
也许阅读完这本书之后,
你的人生将分为两个阶段。
即读这本书之前的阶段,
和读这本书之后的阶段。

——作者启

QUESTIONS AND ANSWERS ABOUT
THE SILK ROAD

丝绸之路
千问千答

高建群 著

西北大学出版社
·西安·

CONTENTS 目录

001 · **前言**
极简丝绸之路志

001 · **中国篇**

- 003　楔子
- 011　西安，长安！
- 019　鄠邑
- 027　渭河
- 033　凉州·武威
- 043　张掖
- 053　匈奴
- 061　酒泉
- 067　敦煌
- 075　阳关、玉门关、嘉峪关
- 083　河西经略
- 095　西夏王陵

101	成吉思汗
111	罗布泊之谜
127	楼兰
135	傅介子
145	斯文·赫定
157	丝绸之路
163	都护西域 安西四镇
169	吐鲁番
179	土尔扈特人
187	塔里木河
193	圣人每临大水 必有三声叹喟
203	库车（龟兹）
211	鸠摩罗什传奇
219	相以表法 其道大光
231	喀什噶尔，你早!
245	大巴扎
253	香妃墓
259	三个陕西人：两个古人一个今人
269	帕米尔公路遇险
279	边关

289 ● **中亚篇**

291　亚细亚高原的诞生（一）

301　亚细亚高原的诞生（二）

311　阿尔泰山

321　吉尔吉斯斯坦

329　阿斯塔纳，你早！

341　乌兹别克斯坦

347　撒马尔罕

361　大月氏人的五次迁徙

377　老梅尔古城

385　土库曼斯坦

397　最后的骑兵

411　大游牧者

419　东望长安城

429 ● **欧洲篇**

431　里海的白轮船

441　中亚枭雄跛子帖木儿

453　在高加索山脉

463　在乌拉尔山脉

477	双头鹰
491	在莫斯科的演讲
505	斯维斯洛奇河上的畅谈
517	波兰——德国
533	处处水域欧罗巴
549	阿姆斯特丹书简
561	两份演讲稿——在法兰克福、在日内瓦
575	双城记——马德里与里斯本
595	我和西班牙作家玩东方幽默
603	秋冬相交季节的巴黎
619	国际范儿伦敦城
633	马可·波罗的丝绸之路穿越以及后世的四个女追随者

649 ● 附录

649	附录一　法显高僧的陆去海还
669	附录二　《大唐西域记》阅读

·前言·
极简丝绸之路志

高建群

一

很长时期,世界的东方首都是长安城,世界的西方首都是罗马城。在两城之间平铺着一片约两万公里长度的草原、戈壁、沙漠、森林、山岗、河流地带。地理学家或人类学家,叫它欧亚大平原或欧亚大草原。

二

在这块大草原上,生活着二百多个古游牧民族。他们以八十年为一个周期,或涌向长安,或涌向罗马,向定居文明、城郭文明、农耕文明索要生存空间。西方人类学家以喟叹的口吻说,这些游牧人是大地的儿子,是生存环境的产物。在这八十年间,一定会有或战争、或灾荒、或瘟疫发生,于是便有了我们所不能理解的大迁徙、大侵掠发生。如果我们站在游牧者的角度,就明白这迁徙和侵掠是自然生存法则,是几乎不可避免的。

三

这些游牧民族活动的核心地带,是位于中亚的阿尔泰山,以及发源于它、附着于它,最后注入北冰洋的额尔齐斯河。

四

英国人类学家阿德诺·汤因比说，假如让我重新出生一次，我愿意出生在中亚，出生在阿尔泰山山脉，那是一块多么神奇的地方，它是世界的人种博物馆。世界三大古游牧民族，古阿尔泰语系游牧民族、古雅利安游牧民族、古欧罗巴游牧民族，前两个都永久地消失在那里了。古欧罗巴游牧民族则迁徙到地中海沿岸，然后从马背上跳下去，以舟作马，开始人类的大航海时代。

五

与中华文明板块两千多年来曾有接触的，例如匈奴、大月氏、乌孙、丁零、早期的塞人、突厥、鲜卑、乌桓等等，正是这游牧民族之例者。

六

距现在两千年的时候，被称为中亚古族大漂移年代。这二百多个古游牧民族（当然许多是后来的游牧者的前身），在这块地面上风一样地来去，今日东海，明日北山，这块地面像开水锅一样沸腾。

七

西北大学名教授王建新先生率领他的光荣的团队，肩扛洛阳铲，在中亚地面已经进行了十二个年头的考古发掘了。他们选择了一个业已泯灭了的古中亚民族，顺着他们的五次迁徙路线一路发掘。我相信，随着他们的研究成果一点点地公之于世，必将令我们对两千年前那场中亚古族大漂移，有更清晰，更直观的了解。

八

他们发掘和追踪的对象是大月氏。也就是我们的伟大先贤张骞，受汉武帝之差遣，前往中亚，前往西域，前往撒马尔罕寻找的那个大月氏。

九

这个大月氏曾是西域地面的一个十分强大的游牧民族。中国历史上第一个建立草原帝国的北方游牧民族匈奴，其首领冒顿单于在山西大同的白登山之围中，差点活捉汉高祖刘邦，而少年时的冒顿单于，曾在大月氏被典为质子（人质），仅此一点，就可知道大月氏当年在西域地面的重量了。

十

大月氏的原居地在丝绸之路天山东段。即敦煌、哈密、吐鲁番一带。最新的考古成果显示，在古凉州（武威）亦发现了大月氏先民的痕迹，这就是说河西走廊四郡都应当是大月氏人的发生地。

十一

匈奴呼韩邪单于迎娶未央宫后宫美人王昭君后，成为汉王朝的附属国，这样北匈奴开始迁徙，他们唱着凄凉的古歌："失我祁连山，使我六畜不蕃息。失我焉支山,令我妇女无颜色。"一直穿越中亚,穿越里海、黑海,最后在多瑙河边布达佩斯建立匈奴大汗国,继而便有伟大的阿提拉大帝出现。而在他们穿越中亚的时候,大汉王朝北庭都护府副都尉陈汤斩杀呼韩邪单于的哥哥、北匈奴郅支大单于于郅支城(唐时叫怛罗斯),今哈萨克斯坦的江布尔。

十二

西迁的匈奴人在路经丝绸之路东天山段时,赶走了这里的原住居民大月氏人。大月氏开始第二次越过天山,迁徙到伊犁河下游的巴尔喀什湖地面,也就是今天的三座著名中亚城市——中国的伊宁市、哈萨克斯坦前首都阿拉木图、吉尔吉斯斯坦现首都比什凯克的中间地带。在这里他们并没有延捱太久,而是被乌孙人驱赶到费尔干纳盆地的另一端撒马尔罕。乌孙人是在匈奴人的帮助下打败大月氏的。

十三

乌孙人公元前二世纪以前,游牧于敦煌祁连间,后被月氏所破,分布于今伊犁河到天山一带。高车,因所用车的轮子高大、辐数很多而得名,北方人称之为敕勒,南方人称他们为丁零,有说是匈奴别部。游牧于北海(今贝加尔湖)周围,北魏时臣属柔然,后部众分散,隋唐时,东西高车被称为铁勒,臣属于突厥。

十四

乌孙,是现代哈萨克人的先祖之一。哈萨克是迁徙者的意思。乌孙也是张骞第二次出使西域的目的地。汉武帝的堂妹细君公主下嫁乌孙，是中央政权开胡汉和亲的第一例。

十五

大月氏在撒马尔罕应当居住了相当长的时间。他们引来阿姆河的水流，将费尔干纳盆地改造成了良田。他们还修建了辉煌的城堡。而围绕撒马尔罕城，还有六个附属国，其中一个叫贵霜，在阿姆河源头，兴都库什山最东端。张骞出使西域时，万寻千觅，找到撒马尔罕（当时叫康居），曾在这王宫里住过半年，并且进入帕米尔高原拜谒过贵霜。当然，张骞的脚步也仅到此为止。后世的唐高僧玄奘，当他行进到喀布尔，再往前行走，见到巴米扬大佛（玄奘时，称巴米扬为梵衍那）时，他曾感慨说，多么寒冷的气候，多么高大的山峰，多么遥远的地方，连张骞的脚步，也没有能走到这地方呀！

十六

后来大月氏人又为康居人所迫，遁入山中，建贵霜王朝。王建新教授在他的贵霜遗址发现中，提出"前贵霜""后贵霜"的概念。前贵霜，即指附属国时候的贵霜；后贵霜，即指成为贵霜帝国时候的贵霜。康居是谁呢？也许西北大学王建新教授，会在他的中亚田野考古中，为我们提供一些蛛丝马迹。我的推断是，他们应当是公元纪年前的塞人（或称塞种），在巴尔喀什湖一带居住，后来被乌孙人赶到今天伊朗、阿富汗与土库曼斯坦交界的兴都库什山北麓，后来元气渐丰后，走下山来建立国家。

十七

在我的此次"欧亚大穿越 丝路万里行"的行走中,有一件事曾经带给我一次大大的惊奇。大唐王朝曾在撒马尔罕建立过一个西域都督府,名叫康居都督府,而如今已经破败的撒马尔罕老城,它的东门,面对中国的方向,仍叫中华门。

十八

帕米尔高原有条条垭口,而撒马尔罕顺阿姆河而上的这个垭口为最大。它应当是当年亚历山大东征印度时走过的道路。两千三百多年前,亚历山大率领他的庞大的帝国军队,来到撒马尔罕,望着眼前寒气逼人、高耸入云的葱岭(帕米尔高原),他说:世界的尽头在哪里,山的那边是什么风景?且让为王者去看看。山实在是太高了,亚历山大并没有能翻越过去,走入古印度。当来到喀布尔的时候,他分出一半的军队,让他们去翻越,最后这支军队在穿越五印大地之后,从阿拉伯湾登船,回到古希腊。大夏,本波斯属国一部分,后来属亚历山大帝国,亚历山大去世后,他的部将将他占领的土地分裂为几个小国。亚洲部分的叫塞琉西王国,大约二百年后,这个王国被帕提亚帝国推翻。

十九

佛教传入中亚,传入中国,这条道路亦是它最主要的传播道路。中国的研究者们认为,佛教的传入,是在东汉的第二个皇帝汉明帝刘庄时期。汉明帝做过一个梦,梦见两位身披黄金袈裟,骑着白马,深目高鼻、胡貌梵相的僧人，沿着丝绸之路，湍湍东来。于是他将梦中所见，画成图形，贴满丝绸之路各个关隘。

不久之后，果然有这样两位高僧，抵达洛阳城。汉明帝于是将他们安置在大鸿胪寺，即相当于外交部礼宾司那样的地方。两匹白马拴在寺门外，天长日久了，人们嫌鸿胪寺这个名字夯口，不通俗，于是将它叫成白马寺。至此，天下和尚居住的地方，都以"寺"而冠之了。

二十

这两位高僧，自称是从佛教的发生地，古印度来的。但是人们一直疑心，他们并非来自印度本土，而是来自丝绸之路上的其他地方，比如来自塔里木盆地当时两个最大的佛国——龟兹国和于阗国，不过现在是搞清楚了，他们正是来自号称世界十字路口的撒马尔罕。

二十一

我的好朋友，天才的电视专题片导演金铁木，在拍摄《玄奘西行》一片时，他的摄制组在撒马尔罕勾留了半年。在这里，他探究到两个古老的姓氏，这两个姓氏正是那两个白马高僧的姓氏。导演据此推测，他们应当是撒马尔罕人，是佛教顺丝绸之路大教东流时的一程的接棒人。

二十二

佛教亦是在撒马尔罕，完成它的经像的制作的。此前，仅靠塑雕一些佛脚掌，和用泥巴烧制一些手掌一般大小的名叫"擦擦"的小佛像，用以传播。至今，这种名叫"擦擦"的袖珍佛像，还在一些藏传佛教地区盛行。那时，信众们认为，将佛祖绘制成图像，是不敬的。在撒马尔罕，人们改变了这一传统观念。人们认为，将心目中的佛祖形象，呼唤出来，绘制成经像，雕刻于悬崖绝壁之上，用以寄托，用以焚香膜拜，是一种天经地义的事情。

二十三

而佛教的东传，其历史应当比汉明帝的年代要早得多。伟大的僧人，广游五印西行求法第一人东晋法显高僧，他进入印度境是从叶尔羌河源头进入的，当他离开最后一个中国村庄时，他问当地土著，佛教是什么时候传入你们这里的。当地土著惊讶地说，佛教是古来有之的事情呀，就像这山间的林木，是从大地上自然而然地生长出的东西呀！据此，法显高僧推测说，自从佛教诞生的第一天起，它就通过这帕米尔高原（葱岭）的各条垭口，向东方传播了。

二十四

佛教的传播方式是顺着丝绸之路，一代一代僧人的远行传经，一个佛窟接一个佛窟的凿造而推进。法显、鸠摩罗什、玄奘是这些西行求法者的光荣代表，鲁迅先生称他们是民族脊梁。而石窟的推进，最早的克孜尔千佛洞，接下来是敦煌，后来又有麦积山石窟、云冈石窟、龙门石窟等等。魏晋南北朝时期，有个可敬的草原帝国叫北魏，当它建都大同的时期，他顺着穿越子午岭的一条号称古代第一条高速的秦直道，大教东来，在都城建筑云冈石窟。而后来移都洛阳后，又在洛阳城外凿建龙门石窟。

二十五

从陆上丝绸之路传播过来的雕像,以及经像,在漫长的道路的行走中,胡貌梵相逐渐演化为中国人的扁平面孔。而经过海上丝绸之路过来的雕像经像,则更多地保留了它的原来的面孔。这就是中国境内佛像经像南北差异的原因。

二十六

人们把前者叫汉传佛教,把后者叫南传佛教,把自尼泊尔翻越大雪山,传入藏地的佛教叫藏传佛教。前者在经过塔里木盆地的演化过程以后,以大乘为主,后两者则以小乘为主。

二十七

而魏晋南北朝的高僧法显,则是"一带一路"这个概念的第一个践行者。他是山西临汾龚家庄人,自长安城大石室寺(后来叫草堂寺)出发,陆去海还,回程中从印度加尔各答登船,又在斯里兰卡勾留两年,后来乘二百人大商船,用八个月时间,抵达中国青岛登岸。

二十八

将大月氏驱赶出撒马尔罕的是康居国。康居是当时那块地面最主要的国家。张骞告诉我们,他穿越了两条中亚著名河流,一条叫乌浒水,一条叫药杀水,我们从这里经过时,乌浒水已经易名阿姆河,而药杀水已经易名锡尔河。这两条河流都发源于帕米尔高原,然后一东一西，注入咸海。

二十九

中国古书中将两条河流中间的这块广阔地面，叫"河中地"。在康居国的年代，这块地面有九个国家，中国人叫他们昭武九姓。昭武九姓向往中国，九国的国王曾派使臣集体结伴来中国，愿意成为附属国。这大约就是唐王朝在撒马尔罕建立康居都督府的原因。

昭武九姓中第一大国叫康居，第二大国则叫石国。张骞出使西域时，曾在石国折下些石榴树枝回来，回到长安后将树枝插在临潼山北坡上。因为这种水果来自石国，所以为它取名叫石榴。那些地方现在叫塔什干，乌兹别克斯坦首都，不过别称仍叫石头城。苏联时期它叫伏龙芝格勒。它现在仍是中亚第一大城。

三十

在河中地曾经发生过一场大战，叫怛罗斯之战。这是在唐玄宗时期。大唐将军高仙芝领着两万多精锐，与黑衣大食，有过一场盘肠大战。结果高仙芝兵败怛罗斯，两万多士兵折戟沉沙，再也没有回来。怛罗斯这个地名现在还在用，是哈萨克斯坦江布尔州首府，位于该国南部塔拉斯河畔，邻近吉尔吉斯斯坦。而黑衣大食是谁呢？专家们现在已经给予了明确的指定，是伊朗。我建议正在做中亚考古的王建新团队，在关注大月氏，关注康居国的同时，抽空来这个古战场做一次田野考古。九里山前古战场，牧童拾得旧刀枪。他们可以从古战场拣拾一些骸骨，利用现代技术提取基因，为证实那场一千二百多年前的战争，提供一些佐证。

三十一

大月氏的第四次迁徙和锚泊,在喀布尔城,建立一个强大的帝国,叫贵霜王朝。历史教科书告诉我们,在那个时间段丝绸之路上并列着四个帝国,它们一个是位于世界东方的中华帝国,一个是位于世界西方的罗马帝国。另外两个,横亘在丝绸之路中段,它们是位于喀布尔河边的贵霜王朝和位于伊朗高原的安息王朝。

三十二

贵霜王朝后来为西迁的一支匈奴人所灭。这支匈奴人叫嚈哒,或叫白匈奴,或叫亚洲白种人,或叫印欧人种。我的判断或直觉告诉我,他们很可能是发源于老梅尔古城(梅尔夫古城)、大名鼎鼎的雅利安人的一支族群。

三十三

老梅尔古城是中亚最古老的城市,也曾经是最大的城市。东南距撒马尔罕约八百公里,西北距土库曼斯坦首都阿什哈巴德,也大约八百公里,这里历史上是丝绸之路上的重要城市,亦是土库曼王朝的都城。后毁于中亚枭雄跛子帖木儿。土库曼苏丹(国王)亦被杀于此。我们的万里行车队,在这里做过停留,我应土库曼斯坦国家电视台之邀,在城外的土库曼苏丹王陵前,做过一次演讲。这个国家很奇怪,不准通短信,也不准拍照,更不准录像。我对他们说,将我的演讲传给陕西卫视,他们摇头说,这是绝对不允许的。而我收入《丝绸之路千问千答》中的那张照片,是在他们国家电视台的采访途中,陕西卫视一名记者用手机拍的。

三十四

老梅尔城的城制,和陕北的统万城极为相似。只是较之统万城要大五到十倍。我们的汽车从城的东南头儿开到西北头,用了半个小时,可见城郭之大。广袤的沙漠戈壁滩上,筑了这么一座城,四边借助凸起的山峦,筑成城墙。城的四个角上有角楼,城墙里边包裹着马面。马面这种城防设施,统万城也有,现在已经探出十三座。原先我以为,统万城的马面,可能是赫连勃勃的首创,现在知道了,它早就存在于游牧民族之间了。要知道,统万城距今才一千六百多年,而老梅尔古城,距今两千八百年之久了。

当年我认为,马面这种城防设施,是赫连勃勃在攻下西平城(今天的西宁,当时是南凉国秃发傉檀所据)学习来的。现在知道,早在两千八百年前,中亚游牧古族就有这种城防设施了。而尤叫我惊奇的是,距现在四千二百年到三千八百年的陕北石峁遗址考古发现中,亦有这种东西。

三十五

老梅尔古城还是一个古游牧民族雅利安人的发生地,或叫祖居地。希特勒曾说,日耳曼民族有高贵的雅利安人的基因。现在医学手段则测定,有是有的,但基因所占的比重并不大。倒是中亚五国、北印度、伊朗、土耳其,这里的人类族群中,古雅利安人的基因有的甚至高达百分之四十。

三十六

　　阿什哈巴德是土库曼斯坦首都，盛产汗血宝马的地方。这里是兴都库什山的最西端，逶迤起伏的山脉上是伊朗人拉的铁丝网，和他们的哨所。而在阿什哈巴德这一处，土库曼国则把他们的电视转播塔建在山腰。

三十七

　　最近我看了王建新团队发布的喀布尔考察报告。在这零星的披露中，谈到根据他们的田野考古发掘，也许贵霜王朝身上发生的故事，与现行的一些说法有不小的出入。也许有必要划分一个前期贵霜和后期贵霜。我十分同意他们的话，我们的田野考古其实就是在求证，"在未知领域我们努力探索，在已知领域我们重新发现。"这是当年央视十频道开播前，我为《探索·发现》栏目设置的主题词，它赫然地在栏目的片头悬挂了许多年。

三十八

　　关于贵霜王朝这个话题，它现存说法的大致历史走向是对的，但是许多历史细节，我们将以王建新团队手中的洛阳铲为准，我们渴望王建新团队以追觅大月氏的五次迁徙与锚泊的大历史为主旨的这场田野考古，能带给我们更多的惊喜。

三十九

那么贵霜王朝灭亡后,这些可怜的大月氏人又流落何处?也就是说,在这中亚古族大漂移年代,他们第五次迁徙又是怎样的一个谜呢?

在二〇一七年的"丝路长安"大学生艺术节上,作为嘉宾,王教授介绍了他的中亚考古进展,结束语说,喀布尔一站考古已经结束,下一步,他们将寻找贵霜王朝灭亡后,这些大月氏人的走向,他们的第五个迁徙和锚泊点。

四十

在那次会上,我是接着作嘉宾演讲的。在演讲的开头,我说,其实贵霜王朝结束,这些大月氏人最后的走向,这些年已有许多的成果出来,新疆社会科学院以及杨镰先生、林梅村先生都有研究成果出来,尤其是可敬的以田野考古为主要手段的杨镰先生,他们的楼兰文书、于阗文书、尼雅精绝文书的发现,为这贵霜王朝的遗民举国举族,重返塔里木盆地,提供了确凿的考古依据。

四十一

在出土的楼兰文书中,人们发现了一种死亡了的中亚古文字,名叫"佉卢文",这据说是大月氏人专用的文字。佉卢文与汉语,成为楼兰国官方文书中并行使用的文字。这种官方行为,说明贵霜失国以后,这些大月氏人举国举族,重新翻越帕米尔高原,回到故乡地。在和田出土的古文书中、尼雅精绝出土的古文书中,也有大量的佉卢文书写存在,说明他们迁徙的数众之多和落脚的地域之广。

那么出土的简牍多么地珍贵呀！它向我们透露出那些为历史所尘封的信息。那些重大的历史事件，那些普通戍边士卒的卑微命运，那些商贾驼队的细碎行状，当他们在解读专家的魔咒般的破译中，复活时，我们每一个人都不由得怦然心动。

四十二

而随着楼兰的消失，尼雅精绝的消失，于阗国的沧桑变迁，最后，这些有过五次悲壮迁徙的大月氏人便融入塔里木盆地四沿各兄弟民族中去了。如今他们种族的血液，在这些民族身上继续澎湃着——这是那些中亚史研究者们，最后给出的答案。

四十三

张骞出使西域最初是受汉武帝的委托，去西域地面寻找走失了的大月氏。大月氏和匈奴人有仇隙。匈奴王曾经将大月氏王的头颅，饰以金银珠宝，做成一件酒器。平日这酒器就挂在马鞍上。战斗来了，匈奴王先摘下酒器，仰起脖子狂饮，喝足酒，然后独耳狼旗一举，开始冲锋。匈奴人在那个时期成为大汉的主要隐患，汉武帝的战略考量是想联系大月氏，一东一西，夹击匈奴。

四十四

张骞在长安城一个青色的早晨，率领一个一百多号人的庞大使团出发。他曾经在穿越祁连山的时候，为匈奴人所俘，在那里勾连了十多年，并且娶了一个匈奴人为妻，且生有孩子。后来他伺机逃脱，继续着他的使命。他为了寻找大月氏，大约将西域地面走了个通遍。

四十五

百觅千寻，张骞终于一路踏问，找到了在撒马尔罕立国的大月氏人。但是，大月氏人已经无意于战争了，他们建立起了坚固的城堡，引来阿姆河水将这里变成了良田。这地方和他们的故乡地十分相似，背倚着帕米尔高原，较之当年背倚的天山，更雄伟和厚重。张骞在撒马尔罕王宫里大概待了半年，见大月氏王不为所动，于是只得告辞，悻悻而归。

四十六

费尔干纳盆地的农耕方式，自那时就一直保留下来，逾两千多年了。笔者驱车从这块地面经过时，田野上长着一眼望不到边的棉花。人们说乌兹别克斯坦是世界第一大棉花出口国。而在苏联的时候，他们将这里打造成第二粮仓（第一粮仓是乌克兰第聂伯河流域）。

由于阿姆河修筑水坝，用以灌溉，水流抵达不了咸海。从而致使咸海完全干涸，黄沙弥天，沙丘连连。二〇一八年我自阿斯塔纳飞往乌鲁木齐，飞机从咸海上空飞过时，看见这几千平方公里的地面上，停着一艘一艘船的残骸。而漠风一起，黄沙弥天。

四十七

张骞开西域道，这是中国人最早的叫法，后来又叫凿空西域。"道"这个字眼，主要是指道路，例如关中道、河西道、阳关道、敦煌道（班超开敦煌道）、楼兰道、于阗道、疏勒道等等。后来"道"这个字眼，又赋予了一种行政区划的意思，例如关内道、陇右道、剑南道等等，而在我们的近邻日本，例如北海道，成为区划单位。

四十八

"西域"亦有狭义和广义之分。狭义的西域，往往仅指塔里木盆地，定远侯班超经营塔里木盆地三十余年，威震西域。广义的西域，则包括阳关以西的广大地区，模糊不清，无边无沿。张骞出使西域回来，向汉武帝报告说，西域地面有十六国。傅介子千里刺杀楼兰王安归，扶楼兰国典在长安的质子尉屠耆即位，他回来向汉昭帝报告说，西域有二十六个国家。而班超归来后，向东汉皇帝报告说，西域有三十六国。而到了大唐时代，唐僧玄奘给唐太宗李世民报告说，西域有一百三十多个国家，僧家亲自踏勘了一百一十多个，并道听途说，另有二十多个国家。玄奘还应唐太宗的建议，将这一百三十多个国家详尽地录成一本书，叫《大唐西域记》。

四十九

西域道被叫成"丝绸之路"，还是近代的事情。一八六〇年普鲁士皇帝派了一个一百七十多人的庞大使团，前往中国，做两件事，一是建交，二是通商。使团中有一个二十七岁的年轻学者，名叫李希霍芬。当使团行进到甘肃河西走廊的祁连山脉时，但见从脚下的古道上，驼队驮着货物，鱼贯而过，前不见头，后不见尾。在那一刻，年轻的学者李希霍芬突然明白了，盛行于中世纪地中海国家皇宫中的那丝绸，正是以这样的形式，自东方中国运抵欧洲的。李希霍芬随即脱口而出，将这条欧亚商贸大通道叫成"丝绸之路"。据说甘肃人为了纪念李希霍芬的这个命名,将他曾经站立的那一段祁连山脉,命名为李希霍芬山脉。而笔者的我,作为此次丝绸之路万里行文化大使,在德国经济之都法兰克福的演讲中,脱帽向这位德国学者致敬。

五十

丝绸之路这个称谓一经提出,立即得到广泛认可,接着又得到广泛的引用。公正地讲来,丝绸之路这个提法,较之西域道的提法,更为准确、更为妥帖一些。这条伟大的人类历史上最为重要的道路,这条整个横穿欧亚大平原的道路,这个驼铃叮咚披星戴月贩夫走卒形成的巨大物流,从而给东方的中华帝国和西方的罗马帝国带来滚滚财源的道路,它并没有仅仅在张骞出使西域的目的地撒马尔罕停止,而是向北、向东、向西无限地延伸。这个,我们在后面将会有大量文字说到。

五十一

这条道路的凿通,对中国人是一个重大历史事件,所以凿空西域第一人张骞,作为一个神一样的人物,一直受到后世的顶礼膜拜。即便是这两千多年后的我们。在西安的出发仪式上,我致辞说,让我们用双脚,向道路致敬,向我们光荣的先贤张骞致敬,向两千一百多年来行进在这条道路上的每一个匆匆的背影致敬。我们把自己看作是张骞的后之来者。

五十二

汉武帝封张骞为博望侯。"博望"的意思大约是说,感谢先生,由于你的行走，你的凿空，空前地扩大了中国人的视野，令我们知道了世界很大，大到无边无沿，令我们知道除了中国之外，世界上还有很多的国家，这些国家都在自己的文明板块中走着。

五十三

张骞的凿空，更具有世界的意义。世界编年史完全可以以张骞凿空为界分，即之前的世界和之后的世界。在这里，如果我们再把自撒马尔罕之后的四通八达的延伸部分算上的话，这个世界的意义将更大、更划时代。

五十四

在张骞之前，各个文明板块都是孤立存在的，是在各自的蛋壳里孕育和发展的文明。丝绸之路的凿通，将这种文明板块之间的界限打破了。世界开始成为一个整体。各文明板块之间开始往来沟通，取长补短。

张骞一行及其能够完成这种跨越洲际的后来者，得以实现大穿越，得力于他们胯下有马。在没有马做为脚力的年代，这种大穿越是不可想象的。正是因为人类跃上了马背，才使这种大穿越成为可能。

已故的蒙古族学者孟驰北老先生推断，人类跃上马背的时间距现在三千八百年，是匈奴人第一个跃上马背的，地点在后来赵武灵王胡服骑射的雁北草原。西方的草原文化学者也把人类跃上马背的时间推算到三千八百年以前，不过他们认为地点是在东欧草原，是一个欧罗巴游牧民族。

五十五

中国的丝绸之路研究者们,在经过几代人的努力之后,为丝绸之路的古代行走,划出了三条道路。而随着"丝绸之路:长安—天山廊道的路网"由中国、哈萨克斯坦、吉尔吉斯斯坦三国联合申遗成功,随着中国政府提出的"一带一路"倡议,"丝路热"开始兴起。其"热"的程度不亚于一百多年的中亚考古热。

五十六

这三条道路如下。从长安城出发,穿越陇中高原,穿越河西走廊四郡,在阳关分道。

丝绸之路南道,出敦煌,穿越五百里盐碛,穿越著名的白龙堆雅丹、龙城雅丹、死亡之海罗布泊,抵楼兰古城。再从楼兰,至若羌,穿越精绝尼雅荒凉地带,至于阗(和田),再向帕米尔高原方向,至叶尔羌城,即今天说的叶城,再沿帕米尔高原山脚东北喀什噶尔,在这里与丝绸之路北道会合,开始翻越帕米尔高原。

五十七

丝绸之路南道,其实是绕着塔里木盆地南沿行走的一条路线。而所谓的丝绸之路北道,则是绕着塔里木盆地北沿、天山南麓行走的一条道路。

从阳关分路,经哈密、吐鲁番,从一个叫托克逊的地方穿越天山干沟大峡谷,进入库尔勒,从且末、焉耆这些古代地名中穿过,从唐代诗人无数次咏叹过的轮台风口穿过("轮台八月风夜吼,一川碎石大如斗"），而后沿着天山南麓至阿克苏（白色之水），至古龟兹，至喀什噶尔（五颜六色的房屋建筑），与南道汇合。

五十八

我们的"欧亚大穿越 丝路万里行"走的就是这条丝绸之路北道。至喀什后，钻入帕米尔高原山中，从一个叫伊尔克什坦的口岸，沿着克孜勒苏河（白水河），盘上帕米尔高原，然后五百里行程，下得山来，进入吉尔吉斯草原，吉尔吉斯斯坦第二大城市奥什。而后穿越费尔干纳盆地，穿越乌兹别克斯坦首都塔什干，在一个黄昏的时候抵达撒马尔罕。

五十九

第三条道路开辟的晚一点，在唐代，叫丝绸之路新北道。从吐鲁番端直往北，翻越天山星星峡、达坂城，绕道今天的乌鲁木齐，然后从这里进入北疆准噶尔盆地，如今翻越天山冰达坂也行，不过最大的可能是从北天山与阿拉套山交汇的那个地方。穿越哈萨克草原、吉尔吉斯草原、俄罗斯草原，或顺咸海绕道撒马尔罕，或不必去撒马尔罕，而是径直走向北方草原纵深。

六十

这是"丝绸之路"词条中关于这三条古道的教科书般的叙述。为求证，学人们付出了巨大的劳动。让我们向他们致敬。但是在致敬的同时，我们是不是觉得这些说法存在着许多的缺憾和不足。它基本上是中国的学人们对丝绸之路中国段的理解，以及以撒马尔罕为旅途目的地的解释。而今,随着我们对后来丝绸之路向四面八方的扩展,丝绸之路的终点抵达遥远的罗马,甚至抵达英吉利海峡对岸的伦敦,那么,我们关于这三条道路的概括,就显得局促了。

六十一

以笔者在西域地面近五十年来行走的经验,以阅读过超过三百种西域文本的知识积累,尤其是,以这次我作为文化大使,参与的国际丝路卫视联盟两万两千公里的欧亚大穿越,我就在这里试图对丝绸之路的三条古道,不揣冒昧,做出另外的阐释,或曰在过去基础上的全新的解释。

六十二

我们让上面说的这三条道路的解释继续存在,将它称作旧三道。然后我们在旧三道的基础上,再增加一个新三道,这新三道:一是丝绸之路马可·波罗道;二是丝绸之路成吉思汗三千里草原黄金道,三是丝绸之路玄奘道。

六十三

我们姑且称之为马可·波罗道的这条道路,是丝绸之路两千余年来,通往地中海沿岸国家的一条最重要的物流通道。

让我们从世界的十字路口撒马尔罕出发,翻越绵延一千四百公里的兴都库什山,进入苍凉的伊朗高原,再进入古称奥斯曼,今称土耳其的高地与沙漠相间地带,在地理学上,这块地域还有一个别称,叫西亚,或叫小亚细亚。

六十四

然后或进入阿拉伯半岛,或径往耶路撒冷,或经小亚细亚半岛入爱琴海,或穿越里海、黑海,最后生出无数条道路,通往地中海沿岸国家,甚至抵达那遥远的大西洋。

在意大利米兰,当我们的车停在一个小饭馆前时,一位老年的白人男子过来,瞅着我们车后的挡风玻璃上那个行驶图,说,你们绕道了,可以从伊朗那边走,近得多,他二十年前曾经一个人自驾去游中国,就是走的那条路。我们说,那条路我们上一次万里行走过,这次,那里正在打仗,不安全。这位老者点点头,同意我们的话。

而在米兰我与意大利国家电影学院院长对话时,他说,他曾经给国家领导人建议,学学中国,也搞个"一带一路"倡议,意大利的条条水路,直通地中海,直通大西洋,较中国人的入海口,要便捷得多。而陆路,千百年来意大利人也一直在走着,尤其是七百多年前,意大利商人马可·波罗的两次大穿越,更是世人皆知。

六十五

这里讲的马可·波罗两次丝绸之路大穿越,是指马氏的自意大利而中国的去程,和他自中国而意大利的回程。他在《马可·波罗游记》中,对此都作了详细的阐述,当然是令人信疑参半的阐述。

书中谈到他取道爱琴海。自霍尔木兹海峡乘船,又陆行经见了伊朗高原、费尔干纳盆地的荒凉、干旱与恐怖寂寞,翻越帕米尔,阅历了塔里木盆地的丰饶,灭绝了的尼雅精绝古国的死寂气氛,河西走廊的漫长,北京城的繁华与尊贵,中国南方地面的泉州、广州、杭州的富甲天下,等等等等。

所以我们试图将这条物流大道，叫成丝绸之路马可·波罗道。

六十六

当然这条道路，也是两千三百年前，亚历山大大帝东征印度的行军路线。亦是八百多年前，一代天骄成吉思汗西征花剌子模的古战场。成吉思汗将他的可汗大帐设在撒马尔罕，然后他的子孙继续西征，一路攻城掠寨，一直打到基辅城、维也纳城（那时的莫斯科城，还是一个建在地台上的不显眼的欧亚贸易货栈）。

当然，这条道路，也是北匈奴跨越洲际大迁徙时，主要的行走路线。

六十七

成吉思汗三千里草原黄金道，是指自里海洞穿高加索山脉、乌拉尔山—乌拉尔河形成的喇叭口，然后沿伏尔加河流域，直抵莫斯科的那条道路。蒙元帝国的西征，后来多次走这条道路，他们称它为成吉思汗三千里草原黄金道。

我们这次欧亚大穿越，也是走的这条道路。高山峻岭、溪流湖泊、森林草原，整个道路三千里的行程中，几乎没有见到一个人影，只有那些用机械收割后打成圆卷，包上锡纸的草垛，成整齐的图案，摆在大道两旁。这是欧亚大草原的核心地带，地理书上叫它白灰土地带。

六十八

这条道路的始发点在内蒙古鄂尔多斯。内蒙古作家写过一本书叫

《驼道》，在他们的惯常叫法中，这条物流大道叫驼道。自鄂尔多斯，攀上蒙古高原，然后从弓背形蒙古高原，抵达阿尔泰山。从阿尔泰山最高峰奎屯山左近，翻越冰达坂，进入新疆北疆。奎屯山是蒙语，成吉思汗给它取的名字，意思是多么寒冷的山峰呀。奎屯山后来又叫友谊峰，又叫三国交界处，又叫四国交界处。峰下的喀纳斯湖，是成吉思汗养马人图瓦人居住的地方。蒙古史上说，成吉思汗西征时，曾有几个冬天在这里的冬窝子里"猫冬"。而额尔齐斯河左岸的平顶山，则是成吉思汗西征花剌子模时，在这里召开誓师大会的地方。

六十九

进入新疆北疆后，继续行走，道路应当是从北天山与阿拉套山交接处的那个地台穿过，再进入哈萨克草原、吉尔吉斯草原、突厥草原。然后西渡里海，进入高加索山区，或翻越乌拉尔山脉。关于高加索山脉和乌拉尔山，我们在后面的叙述中还要专章说到。

下来，沿伏尔加河北上，顺着成吉思汗三千里草原黄金道，抵达莫斯科城。出莫斯科城，直指东欧平原，苏联人为举办一九八〇年莫斯科奥运会，修筑了一条箭一样笔直的高速公路，名叫"奥林匹亚大道"，开头在莫斯科，结尾在白俄罗斯首都明斯克。

七十

接下来这条道路，四散而开。可以沿第聂伯河，穿过乌克兰沃野，抵达黑海；可以绕着波罗的海行走，抵达波兰，抵达柏林；可以绕个弯子，出波罗的海抵北海，到荷兰阿姆斯特丹。

阿姆斯特丹同时是莱茵河的入海口。这里六百多年前曾经是一个码头，然后随着海运和河运的发展，成为城市，据说阿姆斯特丹一半以上的城区，都是填海得来的土地。其实，欧洲境内的所有大城市和特大城市，历史上都曾是海运码头和河运码头，贸易令这些城市繁荣，令欧罗巴繁荣。

举个小例子，法国的波尔多是濒临大西洋的法国第三大城市，法国一七八九年大革命策源地。这座城市曾一度萧条，后来，红酒商们的一款叫 XO 的红酒突然火爆中国，这样把这座城市救了。城市长长的街道上，门面不准拆旧翻新，只准加盖，于是有了钱的房主加盖了第二层，把它叫中国城。现在 XO 继续畅销，又加盖了第三层。

七十一

从阿姆斯特丹顺莱茵河，进入中欧和西欧诸国家，进入阿尔卑斯山与地中海区域。

阿尔卑斯山是欧洲第一大山，有点儿类似中亚地面的天山。它横贯在西欧地面。东段是瑞士，中段阿尔卑斯山最高峰勃朗峰，是三岔路口，来路是瑞士的日内瓦，左行是意大利，右行是法国。西段进入伊比利亚半岛，庇荫着西班牙葡萄牙这两个大西洋岸边的国家。

东欧、中欧、西欧地面，所有的湖泊，它们有一个地理学名称，叫"海迹湖"。在遥远的年代，这里是一片水域，叫地中海，后来在地壳变动中，陆地抬升，将它们分割成一洼一洼的水域。甚至包括里海、黑海，也是海迹湖，曾经是地中海的一部分。而里海和黑海，原本是连在一起的，八千万年前的一次地壳运动，将它们分开。

而我们知道，在八千万年前那次地壳变动中，中亚地面亦发生了一件重要的事情，一座年轻的山脉，从古准噶尔大洋的洋底拔地而起，将这个古洋底分裂为二。这座山叫天山。

所以乎，统领欧罗巴大陆地理格局的、正是阿尔卑斯山与地中海，抓住要领了，对这块地面我们就宏观上清楚了。

七十二

那丝绸之路第三条道路，我们叫它玄奘道。它是伟大僧人玄奘一千四百年前为我们踩出的道路。我们在这里依照前例，省掉玄奘之前的路程，而从这世界的十字路口撒马尔罕开始说起。

七十三

高僧玄奘在撒马尔罕延捱半年，终于下定决心，翻越葱岭。高僧顺阿姆河而上，抵达兴都库什山最北边缘，而后进入喀布尔河峡谷。过喀布尔城后再往前行一段路程，抵达巴米扬省，拜见两尊巴米扬大佛，再前行入巴基斯坦境，后来走下大雪山，沿一条河流进入五印大地。

这条河流就是印度河。它发源于中国阿里高原，在阿里地面有象泉河、狮泉河两条支流，入巴基斯坦境那一刻，易名印度河。

僧人顺印度河直下，直抵印度洋之印度河入海口阿拉伯湾。

七十四

尔后折回，重回到帕米尔高原，顺另一条大河完成东印度的行程。这条大河叫恒河，亦是一条著名的河流。它有一个上源支流在中国的阿里高原，叫孔雀河，汇众水后，入印度境那一刻易名恒河。

玄奘顺着恒河，走到玉女城五河口。五河口是包括恒河在内的五条河流交汇的地方。这里是戒日王的王城。戒日王是印度历史上与中国唐太宗同一时代的皇帝,从五河口往下就是恒河下游地区了。

在高僧的行走中,曾经路经一个国家,也叫中国。原来,印度国按地域划分成东印度、西印度、南印度、北印度和中印度。这个"中国",就是中印度的简称。当当地土著,听说这个行脚僧也来自中国时,很好奇,就问,世界上还有另外一个中国吗?它在哪里?它是不是还是一片混沌未开的蛮荒之地?

玄奘告诉当地土著,他故乡地方的那个中国,高度文明,那里有皇帝,有政府官员和各级政府,文人们在摇头晃脑背书,农人们在汗流浃背耕田,士农工商各界如同公鸡伺晨、母鸡下蛋一样各司其职,各安本分。

七十五

玄奘一直顺着恒河走到它的入海口,印度洋的孟加拉湾,然后在这块地面上的一座当时世界最大的经学院——那烂陀寺修行。修行圆满后返回中国。

七十六

早玄奘二百多年,号称"广游五印、西行求法第一人"的法显高僧,他是在那烂陀寺学成以后,陆去海还。大约那时候,海上丝绸之路已经具有一定的规模,每隔半月左右便有一艘载二百商贾的大船驶出港口,前往南洋诸国以及遥远的中国。法显在加尔各答港口,大约有一段时间与这些商人交往甚多,受他们的怂恿,于是陆去海还,完成了这次一千六百年前的横穿"一带一路"的壮举。

他从加尔各答上船,又在当时叫狮子国,现在叫斯里兰卡的一个岛屿,停留两年。加尔各答至斯里兰卡这条海路最早的行走者,大约是两千多年前印度孔雀王朝阿育王的妹妹,她载了一颗菩提树苗,坐着小船摇了十五天登狮子岛,然后将这棵菩提树栽在岛上,这棵菩提树现在还活着。它是已知活着的最古老的菩提树。

七十七

法显乘二百商贾大船,在海上颠簸时,曾经遇到大台风,于是在一个岛上避风。专家们推测说这个岛可能是印度尼西亚爪哇岛。风暴停了,船修好了,半个月后继续登程,然后海上漂行整整八个月,高僧法显手捧经像,从中国青岛登岸。

而那艘商贾大船,卸下和尚后,则继续行走,入长江口,抵达长江边的南京码头,卸下货物。

在法显和尚所著的《佛国记》中,我们强烈地感觉到,海上丝绸之路的贸易,在当时已经达到了相当的规模,而它的触角甚至抵达中国内陆城市。

七十八

后世的我们,曾经顺法显的海还路线,走过一回,那是在我的"欧亚大穿越 丝路万里行"的下一年,这次行程的名字叫"向海洋"或"致敬海洋"。此行也先走了一段儿陆路。从塔里木盆地叶尔羌河的源头出境。进入巴基斯坦,穿越克什米尔地区后,入印度境,最后从加尔各答登船,开始踏访东盟十三国的行程。或开车,或坐船,或乘飞机,巡游一圈后,从中国广州返回西安。

七十九

亚细亚大陆和欧罗巴大陆，是一块完整的大陆板块，并没有明显的地理分界线，大约觉得这块大陆体积过于硕大了，地理学家把它分成两块。

大陆的最西端，位于葡萄牙首都里斯本城外三十多公里处。有一个奇异的伸向大西洋的半岛，叫罗卡角。半岛上树立了一个高高的方尖碑，碑上刻着八个大字：陆止于此，海始于斯。

广袤的欧亚大陆，到这里就停止了，浩瀚的海洋（大西洋）从这里开始。

大陆的最东端，则在太平洋岸边，那里那个地名，现在在俄罗斯版图上。

八十

旅行家们如果沿着马可·波罗道穿越时，通常会把土耳其伊斯坦布尔郊外河上的那座桥，视为欧亚大陆分界线。即桥的这头是亚细亚，桥的那头便是欧罗巴。

而从成吉思汗三千里草原黄金道穿越，人们通常把里海作为欧亚大陆分界线。比如此次行程中的我，当从土库曼斯坦最重要的土库曼巴希登船，乘轮船穿越里海，前往阿塞拜疆的巴库时，我在登船的那一刻，在里海码头，在夕阳染红了海岸陡峭山岩那一刻，抓时间拍了一次视频直播。

站在那里，我像一个交通警察，站正，两臂伸直，然后说道："这里是里海码头。我的左手，东方是亚细亚，右手，西方是欧罗巴。而我，在这里把自己站成一个路标！"

八十一

其实上面我们说的这两个欧亚大陆分界线的说法,都是不准确的,起码是不严谨的,是自己的臆断。现在,地理学家和地质学家,已经准确地为我们找到了这个分界线,这个分界线就是乌拉尔山脉。

俄罗斯政府在乌拉尔山的最南端,伏尔加河接近注入里海的一个小城附近,立了一块欧亚大陆分界线的标识牌,并造了一个白色的标志雕塑。那个小城叫叶卡捷琳娜堡。

如果不知道这座小城,那么再顺伏尔加河往上,还有一座大一点儿的俄罗斯远东城市,叫喀山。如果还要问个明白,那么历史上这里还有一座大城市,是蒙元帝国金帐汗国的都城,后来该城六百年前毁于中亚枭雄跛子帖木儿之手。

叶卡捷琳娜是俄国女皇。关于这个女皇,中国的史书上还有一段记载。俄罗斯来了三个使臣,要和中国签订边界条约,康熙皇帝问,这是个什么样的国家?我怎么不知道?

大臣们说,这是一个北方草原帝国,大到无边无沿。咱们最好是不要惹它。他们的皇帝是个女的,蛮婆一枚,强悍极了,男人都怕她。康熙皇帝听了说,男不与女斗,那就签了吧。于是遣人前往贝加尔湖地区,以贝加尔湖为界,签下中俄《尼布楚条约》。

八十二

一堵墙对另一堵墙来说什么,它说,在拐角处碰面。高加索山脉像横亘在欧亚大平原上的一堵墙,大致东西走向,乌拉尔山则是竖向的一堵墙,南北走向。两座漫长山脉的末端,都抵达里海。

高加索山脉全长一千五百公里,山的南麓,森林密布,湖泊连连,野花盛开，空气湿润。天然牧场从山脚平铺下去，大到无边。

乌拉尔山脉全长两千五百公里，绵远，茂密，鞑靼人在山窝子里群居。乌拉尔山的最北头，直达北冰洋，甚至北冰洋岸边那些露出冰面的岛屿，据称亦是乌拉尔山的延伸部分。乌拉尔山的最南端，则抵达里海，南部边缘甚至抵达哈萨克草原。

乌拉尔山有一条著名的河流，叫鄂毕河，发源于山的东麓。额尔齐斯河则是发源于中亚阿尔泰山的著名河流，经过漫长的行程，收容了左岸和右岸二百多条河流后，抵乌拉尔山与鄂毕河交汇，然后北向而走，穿越西西伯利亚地台，最后注入北冰洋。

八十三

乌拉尔山脉最初是一个凹陷的地槽。就此推测，它应当是两个大陆板块在地壳运动中挤压在一起的。起码是这块地面的有限的小板块，挤压而成的。

后来在距现在六千万年前的时候，这个地槽突然苏醒，或换言说被激活，它开始生长起来。慢慢地，地槽开始高出地面，再后来不断地生长中，终于生成这绵延两千五百公里的绵长山脉。

凹陷的地槽生长成高山，这原理大约像人的皮肤上原来有伤口，凹陷于皮肤，后来结痂、痊愈，那伤口部分反而比原来的皮肤突出了许多。

所以地质学家从地质构造的角度，将乌拉尔山定为欧亚大陆分水岭。将来的话，越来越聪明的人类，还会不会对欧亚大陆的界分，提出新的说法呢？我们不知道。我只能把我们现在的结论告诉大家。

八十四

帕米尔高原在博望侯张骞出使西域的年代,在定远侯班超经营塔里木盆地的年代,在高僧玄奘西行取经的年代,它的名字叫作葱岭。

专家为我们解释说,因为葱岭的东南坡一带,空地上长着许多野生小葱,所以人们叫它葱岭。笔者总觉得这种解释有点牵强。在那大而化之的年代,地面上的几棵小葱是不会引起人们那么大的注意,也不会将这庄严、硕大的山体,给它那么一个名谓。

也许更准确的解释是,帕米尔高原的半山腰间,生长着漫山遍野郁郁葱葱的雪松,而雪松之上,是高耸入云、戴着银色头盔的巍巍山峰,这情形正如我们在穿越帕米尔古海时,举头仰望那银光闪闪的慕士塔格峰一样,跃上葱岭四百旋,于是人们把这庞大的山体,叫成葱岭。

八十五

葱岭还有一个别称,叫"不周山"。为什么取了这么一个古怪的名字呢?玄奘僧人告诉我们,葱岭的东南边缘伸向塔里木盆地,西北边缘伸向费尔干纳盆地,它的边缘有时伸展到地面上,有时又缩回谷中,呈不规则状,或不周正状。玄奘用双脚丈量了一下,说葱岭伸向两大盆地边缘的部分,长达一千四百多华里,而它被叫作"不周山",大约就是这个原因。

中国有一件老古董,一本十分古老的奇书,名叫《山海经》,它的成书年代应当在东周时期。《山海经》里提到过"不周山"。书中说,共工怒触不周山,天柱折,地维绝,天倾西北,地陷东南。

《山海经》里充满了许多荒诞不经的奇异故事。最初,人们以为,这个不周山的故事亦是荒诞传说之一,但是今天的人们,突然像大梦初醒一样,意识到这个故事,其实是记录了一亿五千万年前侏罗纪时代的一次伟大造山运动。

这场伟大的造山运动,导致了世界第三极帕米尔高原的升起,为目下的中亚地理大格局奠定了基本框架,并间接地影响东方中国的地貌特征。

八十六

在那遥远的年代里,正如我们的东面有一个太平洋一样,在我们的西面,亦有一个大洋。它叫准噶尔大洋。如今的中亚地面,正是这大洋的洋底。那是我们这颗星球的大洪水时代,白浪滔天,无边无际。整个地球几乎像被海水泡着一样。

突然有一天,非洲大陆板块儿有一块脱落,然后漂洋过海过来,猛烈地冲撞欧亚大陆板块。于是有大地震发生。我们似乎记得五印大地曾有过一次大地震发生,那就是两千五百多年前,释迦牟尼在山洞修炼成佛时,突然天摇地动,有地震发生。此一刻我们在这里说的这个大地震,自然比释迦牟尼大地震要大得多,不是一件同日而语的事情。因为这次大地震是地球表面的一次再造。

大地震过后,是火山爆发。岩浆涌出地面,直蹿上天空,整个准噶尔大洋洋面笼罩着炫目的红光。这次火山爆发不是一次,而是千次百次,喷涌的岩浆冷却,叠成山的形状,峰的形状。接着又有新的火山爆发,山峰越积越高,终于生长成世界第三极——帕米尔高原。岩浆继续喷涌着,东南方向而流,凝固下来,形成昆仑山。又称南山,喀喇昆仑山,又称美丽的南山,冈底斯山、阿尔金山、祁连山、终南山。

美丽的南山在黄河边,陕西境内终止,所以这一个横贯陕西中部的绵长山脉,叫终南山,它还有另一个称呼,叫"秦岭"。

准噶尔大洋的浩淼之水退去,洋底显示出来。洋底大约有许多的泥沙。这时候刮起了猛烈的西北风,西北风呜呜地刮着,将洋底的泥沙来了一次大搬家。那风新疆人叫它"闹海风",陕北人叫它"老黄风",专家则叫它"沙尘暴",大风整整刮了二百五十万年,尘埃落定,从而,中国大西北的黄土高原地貌生成。

八十七

在这古准噶尔大洋的平坦的洋底,大风吹过的地方,在距现在八千万年的时候,西域地面一次新的造山运动开始了。一座年轻、挺拔的山脉,横空出世,将这大洋的洋底基本平均地分成两个部分。

这座年轻的山脉就是我们的天山。自然,它也不是一蹴而就的,而是不断地爆发火山,不断地凝固,又不断地地壳抬升,又不断地接受来自北冰洋的季风吹拂,从而形成的。

天山以南的这一块古洋底(地质学又叫它帕米尔古海),我们叫它塔里木盆地,盆地中央包着的这一块大沙漠,我们叫它塔克拉玛干大沙漠。

天山以北的这一块古洋底,仍然沿袭准噶尔这个名字,叫准噶尔盆地,而盆地中央包着的这一块大沙漠,我们叫它古尔班通古特大沙漠。而在天山以外,兴都库什山以北、帕米尔高原以西的那一块洋底,我们叫它图兰低地,低地中央包着的那块沙漠,我们叫它卡拉库姆沙漠。

八十八

而在这块地面上,现在还残留着众多的湖泊和水域,它们应当是古准噶尔大洋洋水退去之后,留在洋底的积水洼。

并不是造物主偏爱和垂怜它们,令这些水域没有消失,而是因为这些被称为海、称为湖、称为淖尔的水域,它们后来都有来水地,从帕米尔高原、从天山、从阿尔泰山发源的某一个水流,给它们提供源源不断的水源,从而令它们不致干涸。

沧海桑田呀!山谷为陵呀!当我站在罗布泊古湖盆底地面,看着太阳缓慢地从敦煌方向升起,白龙堆雅丹方面落幕,它迟钝地行使过灰蒙蒙的罗布泊的天空时,我意识到时间的冷酷,造物主的冷酷,而人的渺小、无力和无奈。准噶尔大洋浓缩成一片海,张骞告诉我们,这个海洋叫蒲昌海,蒲昌海后来浓缩成一个湖,成吉思汗时候,叫它罗卜,而我们又叫它罗布泊。公元一九七二年美国总统尼克松访华,拿来一张卫星拍摄的地球照片,告诉中国人说,你们的罗布泊已经完全干涸。这就是那张著名的大耳朵照片。

八十九

地质学上把欧罗巴地面那诸多海洋湖泊,叫海迹湖,认为它们是一片名叫地中海的水域,逐渐退去后,留在地面上的积水洼。那么我们是不是可以把中亚地面的诸海洋湖泊,叫作"洋迹湖"?因为它们是准噶尔大洋退去后,留在洋底的积水洼。

著名的贝加尔湖,它就是苏武牧羊时中国人所说的北海。清朝康熙年间,中国人曾经煞有介事地在它的东岸划界、立桩、并设置卡伦(哨所或边防站)。贝加尔湖的去水地是叶尼塞河,一条被苏俄作家反复吟叹过的中亚河流。

咸海已经干涸。咸海的来水地一是阿姆河,一是锡尔河。张骞和玄奘在他们的天方夜谭式的行迹中,称它们为乌浒水和药杀水。阿姆河发源于帕米尔高原西面,锡尔河发源于帕米尔高原的北面。

九十

另有伊塞克湖,在吉尔吉斯草原上,天山的高山湖泊。来水地是发源于天山的楚河。张骞、玄奘路经时,叫它热海。玄奘说,海面宽阔,无边无际,海上热气升腾,瘴雾弥漫,空气仿佛像火球一样在燃烧,飞鸟从海面上飞过时,一批一批地烧焦,掉入水中。

湖边还有碎叶城,这里曾经设过碎叶都督府,这里还是大诗人李白的出生地。李白是六岁头上,离开碎叶返回中国内地的。李白的路线可能就近从阿克苏切穿天山的那个大峡谷穿越的(铁门关)。按时间推算,当高僧玄奘西行取经途经碎叶城时,李白已经出生,大约正在碎叶城的街头巷尾,和一群当地的孩子在玩一种叫"掷羊拐"的游戏。

吉尔吉斯草原上,在苏联时期,还出过一位相当有名的作家,名叫艾特玛托夫,以描写草原与群山的故事著称,他的成名作是中篇小说《查密莉雅》和《我的包着红头巾的小白杨》,作品极尽吉尔吉斯草原之美和伊塞克湖之美。他去世前的最后一本书是《待到冰山融化时》。

在该书中,他说:"世界是一个整体,大家都在一条船上。假如海难发生,每一个乘员都不能幸免。"这段话是借助当时正风行的一部电影《泰坦尼克号》,向世界发出的遗嘱式的忠告。

二〇一八年十月初,是艾特玛托夫诞辰九十周年、去世十周年,该国举行一个以艾特玛托夫的创作为主题的国际笔会,笔者也在被邀请之列。由于我当时在"欧亚大穿越 丝路万里行"的路上,正进行到阿姆斯特丹,所以遗憾未能参加。

斯坦诸国,用政府行为、国家行为,为它树立一两个标志性的文化人物。这项举措,一为加大该国的文化厚度,二是增加国家知名度。吉尔吉斯选定的是艾特玛托夫,哈萨克斯坦推出的是现当代诗人阿拜,土库曼斯坦的国家标志则是一匹马——汗血宝马，而乌兹别克斯坦，则将六百年多前的中亚枭雄跛子帖木儿的雕像，竖在首都塔什干议会大厦后面的广场上，他们认为乌兹别克斯坦是当年帖木儿帝国的延续。而哈萨克斯坦国，则认为自己的文化传统和种族延续，可以追溯到两千三百多年前的中亚古族塞人。

这些斯坦国以这样的形式，完成着他们逐渐摆脱俄罗斯文化影响的艰难文化路程。

他们在东西两个大国中，一会向东看，一会向西看，保持不偏不倚的态度。即，既保持他们国家的独立性，又同时和东方大国与西方大国商议合作。雄心勃勃的哈萨克斯坦，有一个愿景，即有一天步入世界经济三十强国家。

九十一

赛里木湖亦是一座高山湖泊。天山伸出巨掌，将它托在半天云中，它的别称又叫天鹅湖。沿着成吉思汗当年西征花刺子模时开辟的果子沟路径，一出沟进入博尔塔拉草原，便遇见这座奇异的湖，而再往前，就是当年清政府建立伊犁将军府的霍城，接着是伊宁市，是霍尔果斯口岸。

喀纳斯湖是由阿尔泰山最高峰友谊峰，所消融的冰雪汇成。一连串六个湖泊，位于中国境内的是最后一个湖泊，其他的在蒙古境，湖光山色美丽绝伦，类似《挪威的森林》中关于北欧的描写。其水流顺山势而下，自右岸汇入额尔齐斯河，该河叫布尔津河。喀纳斯湖左岸山体上亦有一条冰河流出，叫哈巴河，又叫阿克哈巴河，下山以后，亦从右岸注入额尔齐斯河。

而在额尔齐斯河左岸，亦有一条中亚古河，叫乌伦古河，河的终结湖叫乌伦古湖。兵团人现在将它叫布伦托海。额尔齐斯河出中国境后二百公里，形成一个大的湖泊，成吉思汗叫它斋桑淖尔，地图上则叫它斋桑泊。

天山南麓，位于南疆名城库尔勒左近的那座大湖，叫博斯腾湖，水波浩渺，鸥飞鱼跃。它是当年蒙元四大汗国残余，东归中国，安置在此的地方。博斯腾湖的来水地是开都河，去水地则奔入罗布泊。

关于罗布泊，关于塔里木河，关于那个张骞出使西域后，为我们带来的，地理学界争吵了两千年的黄河重源说，我们将在后面专节叙述。

九十二

至于著名的巴尔喀什湖，我们在此前的关于大月氏人的五次迁徙的叙述中，已经多有涉及了，这里就不饶舌了。该湖的来水地是伊犁河。

另外，里海的来水地是伏尔加河，它的水容量有百分之八十以上来自那条河流，另外，亦有来自高加索山脉南段、来自乌拉尔山脉南段的一些河流加入。

另外，黑海的来水地主要是第聂伯河。第聂伯河是欧洲境内的第二大河流，它发源于俄罗斯西北部的一片沼泽地，它在流经乌克兰草原时，生成苏联第一大粮仓。笔者在途经白俄罗斯首都明斯克时，曾在穿越明斯克的斯维斯洛奇河上，与白俄罗斯作家对话。斯维斯洛奇河是第聂伯河的一条重要支流。

九十三

在佛教的世界传说中，有这么一个说法。其实只要了解了它，中亚地面的山形水势，我们就可以知道个大概了。

传说在葱岭最高的山上，极度寒冷的地方，有一个龙池。龙池里面有四种动物,分别从池的四角,向世界的四方用嘴喷水。

恒河,意译为"天堂来的水",从龙池东面的银牛口喷出,顺帕米尔高原跌宕而下,穿越五印大地,注入孟加拉湾。印度河,从池南南面金象口中喷出,穿越五印大地,注入阿拉伯湾。池西面是琉璃马口,马口中流出的是阿姆河,就是笔者在撒马尔罕朝圣后,第二日途经的那个阿姆河。阿姆河在张骞出使西域的年代,叫它乌浒水,该河注入咸海。池北面琉璃狮子口流出塔里木河。塔里木河东北行到蒲昌海时,遇见巴颜喀拉山的阻隔,不能前行,于是汇水成海,后来变成潜流,从山底潜行而过,一千五百华里后,重出积石山,为黄河源。

这四条水系流向世界的四个方向。

至此,亚细亚高原上山形水势的摆布告以完成。嗣后的阶段,当然还会有一些小的修修补补的事情发生,但是地理大格局就算是完成了。

九十四

塔里木河有六个源头。这六个源头分别是叶尔羌河、喀什噶尔河、阿克苏河、和田河、渭干河和开都河。

一河多源。这块地面的河流、雪融水和泉水,从帕米尔流出,从天山流出,从阿尔金山流出,越过戈壁滩,便汇入主干河流。所以人们除说塔里木河有六条河源头之外,又说它还有六十多条支流汇入。

例如喀什河,从帕米尔高原有三条河流,流到喀什城外交汇(有一条甚至从城中穿城而过),于是形成喀什河。喀什河再越过茫茫戈壁,注入塔里木河。阿克苏是白色之水的意思。两股白色之水,从天山那个天然通道中流出,过一个叫赤岩的地方,出山口,再流向戈壁滩,最后注入塔里木河。和田河,由城外的三条河流——白和田河、青和田河、乌和田河交汇而成。高僧法显,路经和田城的时候,在这里延捱了三个月,目的是为了一睹一年一度迎接经像入城仪式。他说这里是塔里木盆地的最大佛国,家家门前起佛塔,户户家中供菩萨,其礼佛敬佛的规模,甚至超过印度本土。

九十五

法显在《佛国记》中描述了三千人一座大屋下,僧众们共进一膳的壮观情景。大厅中寂静如无人,义工们穿梭着打饭。团座三千用餐者,不许说话。谁想添饭,悄悄拽一下穿插的义工们的衣角;谁不需要再添饭了,将筷子横放在碗上。

清人徐松说有三条河围绕于阗城,一条产白和田玉,一条产绿和田玉,一条产墨和田玉。三条河流交汇而成和田河。

渭干河是由天山东路许多条小河汇成的一条大河。开都河则发源于天山主峰博格达东南麓,后注入博斯腾湖,尔后又与塔里木河汇流,注入罗布泊。从博斯腾湖流出,至罗布泊的这一段河,它叫孔雀河。

九十六

有好事者,认为孔雀河就是《西游记》中唐僧师徒穿越的流沙河,而塔里木河,则是通天河。还有专家认为,开都河或者渭干河才是通天河。姑枉说之,姑妄听之,那是小说,不必过于当真。

塔里木河注入罗布泊。

塔里木是宽阔的可耕之地的意思。罗布泊则是汇水之区的意思。我们知道,罗布泊在张骞的年代、玄奘的年代,叫蒲昌海,而在更早的遥远年代,它叫准噶尔大洋。

九十七

笔者曾经在死亡之海罗布泊的一个雅丹下面,待了十三天(1998年),罗布泊这个昔日的西域大泽,已经完全干涸、凝固。盐壳竖起一个一个的大包,密密匝匝排列,从我们支起帐篷的这个雅丹,铺向沙埋的楼兰古城。这盐壳有十八米到二十米薄厚。盐壳下面则是二百多米深的卤水。

我此行比彭加木、余纯顺都更深入地进入了罗布泊,而且一待就是十三天,而彭加木、余纯顺,只是在罗布淖尔荒原的边缘地带,打了个转转而已。

关于科学家彭加木的失踪,坊间有许多传说,大部分都有些离谱,我根据新疆地质三大队总工陈明勇先生,三大队司机兼厨师老任所谈,试图为这位科学家寻找三个失踪和死亡的可能。

第一种可能,在罗布泊南面罗南洼地上,龟背山以南,库鲁克塔格以北,仍有一个类似罗布泊那样的大湖,水已经完全干涸,形成满河床的流沙,人一脚踏进去,立刻为流沙所掩,会滑到几十米深几百米深的沟里。铺天盖地的流沙会从上面流下来,将人掩埋。

第二种可能,罗布泊地面有一种风,俄罗斯人叫它黑风暴,新疆人叫它闹海风。风生成后,黑压压地,立起来,推着往前走,人一旦被卷入风中,立刻被撕成碎片。老任师傅说,这风从他面前过来时,他曾试着将手伸向这黑墙中,结果啪的一下,五个指头被打折了。

第三种可能,就是掉进这罗布泊古湖盆二百多米深的卤水中。陈工告诉我,虽然这地面坚硬如铁,但是一旦遇到点儿小雨,一旦月圆月缺,引起卤水返潮。地面有时会变得稀软,人一脚踩下来,就"咕嘟咕嘟"地不见影了。

九十八

而关于旅行家余纯顺的死因,那一年,我在飞机上,看到航空杂志上有一篇文章标题,叫《谁害死了余纯顺》,封面上黑体大字,十分吓人。于是打开杂志一看文章,笑了,作者竟然是我。说文章是从我的一本叫《罗布泊档案》的书中摘录。典型的标题党。

文章给出答案说,害死余纯顺的是媒体。在若羌县城出发前,余先生一是有一点感冒,一是似乎有所预感,于是不想走了。但是云集若羌的一百多家媒体不依不饶,他们说你这不去,我们回去以后的旅差费电视台都不给报了!"我不下地狱,谁下地狱?"我们可爱的余先生,于是在第二天太阳冒红时,背上行囊上路。

余先生既定行程是从若羌县城出发,沿孔雀河古河道,行进到楼兰古城,然后再穿行罗布泊古湖盆五十公里,抵达我搭起帐篷的那座雅丹。这是计划,后来出若羌城,行进到九十公里时,走偏了,可怜的余先生又向前走了十几公里。找不着那事先说好的,为他埋着的食物和矿泉水,于是一急,心脏病突然发作,这个用双脚征服过许多险恶所在的著名探险家,倒毙在诡异的罗布淖尔荒原上。

九十九

关于罗布淖尔,关于塔里木河,关于黄河,这里还有一个中国地理学界争论了两千多年的大疑问、大命题。这就是黄河重源说。

将这个地理命题最早带给我们的是老古董《山海经》和《禹贡》,那上面说:"河出昆仑之虚,色白。"正如佛教经典所说是从葱岭最高处的天池(又称龙池)中一头神牛向外喷水,奔腾下山形成一条河一样。我们的老古董《禹贡》说,昆仑是千山之祖,万水之源,我们的黄河,就是从昆仑山上流下来的。言之凿凿。

而正式带给我们"黄河重源说"的,是出使西域的张骞,是南北朝时期的法显和尚,是与法显同时代的(晚三十年)著作伟大《水经注》的郦道元,以及路经罗布泊的高僧玄奘。

尤其是清朝,降职到伊犁将军府的朝廷命官,踏勘西域所有湖泊河流,写出皇皇大作《西域水道记》的徐松,亦持此说。

一〇〇

塔里木河行进到罗布泊地面后,由于受巴颜喀拉山的阻挡,于是聚水成泊。然而它不是终结湖,而是水流从山底前行一千四百五十华里,从山的另一面冒出地面。其从地底穿行的情形有点儿像新疆地面的坎儿井。

一〇一

乾隆皇帝大约也因受了这黄河重源说所蛊惑,于是派一名朝廷命官去实地考察。官员回来汇报说,黄河重新流出地面的那个地方,叫大积石,出大积石以后,有个三十多平方公里的湿地,当地人叫它星宿海。在这三十多平方公里地面上,像满天星辰一样,有无数个泉子在向外冒水。那泉水如果冒出的是清水,说明这是当地的地下水源,如果冒出的是泛黄的浑水,说明这是穿山而来的罗布泊的水源、塔里木河的水源。而在星宿海旁边,便是通往吐蕃的青藏大道。

徐松先生是一位了不起的文化官员,我们应当永远记住这个人。才不为世用,乃著经世书。圣人每临大水,必有三声叹喟。眼见得仕途不通,升迁无望,于是学郦道元,写作《西域水道记》。"新疆"

这个地理概念、政区地名，也是他给道光皇帝的奏章中第一次提出的。他后来结束新疆六年戍边以后，回到朝廷，接着再被派往陕北榆林，担任榆林知府。在担任榆林知府时，骑着个毛驴，伙同当地县令，前往毛乌素沙漠南部边缘，重新发现沙埋中的赫连勃勃统万城。这件事已成为史学家并当地百姓的一件美谈。

明修万里长城，沿长城建九城十三堆。即九座边城，十三座烽燧。东有山海关，西有嘉峪关，中有榆林城。

一〇二

一代战神霍去病纵马祁连山，匈奴人唱着凄凉的草原古歌，撵着太阳而惶惶西去。汉武帝遂在河西走廊地面，建立四郡、两关。这四郡是武威郡、张掖郡、酒泉郡和敦煌郡，这两关是玉门关、阳关。

武威曾出土马踏飞燕青铜器件，这器件如今成为武威城的城徽，中国旅游标识。这器件不知道是谁家的，为什么用途而铸造。是为纪念匈奴人永远地脱离了这块土地，这里已成汉天子的王土了吗？张掖是说这里是河西走廊的掖下之地，甚至乎中国西部边陲的掖地，背倚祁连山，沃野千里，十分重要。酒泉据说是将军得胜之后，汉武帝几千里路程，车里装了一坛酒，犒赏将士。霍去病说，这酒够谁喝呀，于是将酒倒入路边一眼泉中，令士兵们舀着这泉水喝。后世的左宗棠，西征阿古柏政权，前锋刘锦棠兵抵迪化时，他曾在这酒泉，设将军行营。敦煌应当是"广也、大也、厚也、重也"的意思。南望塔里木盆地，北望准噶尔盆地，站在这里，触目所及，给人一种天高地阔的感觉。

一〇三

阳关作为西域地面一个重要的地理坐标、战略支撑点,从设立至今已逾两千年。"渭城朝雨浥轻尘,客舍青青柳色新。劝君更尽一杯酒,西出阳关无故人。"这首被称为《渭城曲》,又被称为《阳关三叠》的唐诗,半是悲壮,半是伤感。阳关是古代重要的屯兵之所,又是汉长安城、唐长安城通向塔里木盆地时,在这里设的一个堞城。

玉门关则更早。它大约是和田地面通向河西走廊,在这里设的一个玉石交易市场。张骞出使时,这里已早有一个玉门了。在甘肃大地湾遗址,在陕北神木黄帝城遗址,都有和田玉出现。人们推测说,那时候不可能有这长途奔袭的战争,那些和田玉,不是战利品,而是靠商贸交易,一站一站地倒手,最后到达那目的地的。

附带说明一下,丝绸之路上那些川流不息的物流,也并不是从甲地到乙地的漫长行走,而是一段又一段地以货易货,一次又一次地倒手,最后货物抵达目的地的。

河西走廊开通,这叫开河西道,接着开敦煌道,接着开楼兰道,丝绸之路,就这样依靠开凿的道路,形成巨大的物流。

一〇四

敦煌是一个伟大的所在,世界文化宝库,丝绸之路明珠。正是因为丝绸之路的开通,为大教东流提供了条件,为这座敦煌莫高窟长达六百年的修凿提供了条件。

那第一个在敦煌地面修凿佛龛的和尚名叫乐尊,开凿的具体时间是公元三六六年(一说三四四年),敦煌出土过一个残损的石碑,专家叫它断头碑。碑中说,乐尊和尚自东边河西走廊方向而来,路经三危山下党河岸边，见西天方向，霞光万丈，状有千佛，于是感动得热泪盈眶。为了寄托自己的感怀，遂在岸边的岩石上开始叮叮咚咚地打造佛龛。

佛龛就是我们农家说的那种灯窝，在屋内的土墙上掏一个洞，四四方方的，一尺见方，用来放煤油灯照明，或过年时放上已故祖先的牌位，贡上几颗枣，烧上一炷香。在四合院结构迎门的那个照壁上，也会掏这么一个窑窝，放上神像，逢年过节，上上一炉香。

乐尊和尚最初动的这一个伟大建筑的第一凿，便是这样的佛龛。

接着又有第二个和尚，从西边塔里木盆地方向而来，照样学样，开始修凿第二个佛龛。

而敦煌莫高窟大规模的凿造，当在这几十年之后，那号称西域第一高僧——鸠摩罗什的到来。

一〇五

前秦皇帝苻坚，中午午睡时做了个梦，梦见一位胡貌梵相、深目高鼻的高僧，身披黄金袈裟，坐在狮子法座上，口中念念有词，正在讲经。苻坚于是让人将这梦中所见画成图像，贴满丝绸之路通往西域的各个关隘。

不久，自西路过来的胡商揭了告示前来邀赏，说所画之人乃是鸠摩罗什，龟兹国的国师，西域第一高僧。苻坚于是派驻扎在敦煌地面的将军吕光，发兵龟兹国，先是说借，龟兹王不予，于是吕光愤怒，灭了龟兹国，把鸠摩罗什绑在一匹白马上，上路。

等走到敦煌地面，马又渴又累，在喝了一肚子月牙泉水之后，倒毙不起。于是大家动手，掩埋了白马，掩埋后，又建白马塔以资纪念。建完白马塔以后，觉得有点儿单调，就在白马塔旁边，又建白马寺。建完白马寺后，这些吕光的军人，龟兹国被灭后随鸠摩罗什东行的三万龟兹国遗民，再加上敦煌城的原住居民，仍感到兴犹未尽，崇佛礼佛的心情没有得到完全寄托，于是便浩浩荡荡，在这三危山下，党河岸边，开始这敦煌莫高窟的大规模工造。

一〇六

鸠摩罗什高僧抵达长安城的时间，被后秦皇帝姚兴拜为国师、入住草堂寺的时间，是公元四〇一年。而在此之前，他被大将军吕光羁于河西走廊名城凉州，达十七年。如果再加上他从凉州抵长安城路上的一年，从敦煌抵凉州的路上一年，那么，鸠摩罗什高僧在敦煌莫高窟逗留时的年代，应在公元三八〇年以后。换言之，也就是乐尊和尚开始这惊天动地第一凿的十四年之后。如果按公元三四四年算起，则是三十四年之后。

一〇七

敦煌莫高窟的早期开凿中，有个功德人物，匈奴人，名叫刘萨诃，也有一记的必要。

法显和尚公元三九九年，从长安城大石室（后来鸠摩罗什入住时，改名草堂寺）出发时，与他的四个同学同行，后来走到西宁（当时叫西平城）夏坐时，又收了两个旅伴，在张掖城夏坐时，在于阗城夏坐时，又陆续收了几个。刘萨诃和尚就是在于阗城夏坐时收的。后来在西行取经翻越小雪山时，旅伴死了几个，翻越大雪山时又死了几个，而另有几个畏怯大雪山的险阻与寒冷，中途返回去了的。

等到翻过大雪山，进入平地时，法显和尚只剩下两个旅伴，其中一个就是刘萨诃。谁知刘萨诃在行进中也突然停顿了下来,他要再翻一次大雪山,回东土去。他对法显说,师父,我昨晚上做了一个梦,梦见我的大功德,在一个名叫敦煌的地方,我得去那里做功德。法显听了,泪流满面,再三挽留,但是刘萨诃和尚,已毅然掉头,匆忙登山,消失在茫茫大雪中。

法显的《佛国记》中,对匈奴和尚刘萨诃的记录,就到这里。而法显的另一个旅伴,也在到达恒河中游一座寺院时,不再出来,他说,我已经疲倦于行走,我将在这家寺院里,晚上蜷曲在佛祖脚下,做一个添油的小厮,白天做一个杂役,在此异国他乡,就此终老吧!法显听了,嗟叹良久,只得一个人继续前行。

一○八

匈奴和尚刘萨诃。后来在一百多年前敦煌莫高窟王道士为我们刨出的那个藏经洞中,一卷文书中发现了他的名字。从而令人有故人相逢的感觉。并且知道了,他终于又二度翻越大雪山、小雪山,穿越塔里木盆地,来到敦煌,而在敦煌纪事中,刘萨诃是执事,督造一类的角色,高级管理人员。

继而,人们在凉州城的佛教传入史中,又看到了刘萨诃的名字。那个典故叫:凉州瑞象。说有一个西来的和尚,名叫刘萨诃,来到凉州城,眼见得西边天空,霞光万丈,状有千佛,于是泪流满面,开始在这里修造佛窟,建造大寺。

看来匈奴和尚刘萨诃是把敦煌莫高窟的故事,在这凉州城又重演了一回。

后来,在完成凉州城的功德之后,这个名叫刘萨诃的和尚,在重回敦煌的路上,也圆寂在酒泉的一个小地方。当地村庄为他修筑了一个小庙，四时八节不忘祭奠。那小庙一直有香火，现在还在。

专家为我们考证出，刘萨诃是匈奴人，祖籍内蒙古包头，这是法显时代的说法，后来又考证说，他是陕北人。而最新的考证，他是陕北宜川县人，即黄河壶口瀑布所在的那个县。

一〇九

河西走廊四郡、两关之外，还有一个著名的关隘，叫嘉峪关。这嘉峪关的修筑，晚了一千多年，它的修筑大约是从明朱棣年间开始的。

明修九边，又称九城十三堆。东起山海关，西到嘉峪关，中有榆林城镇北台。九城是指串联起这明万里长城的九座边城，边城的修筑用以屯兵、养兵和民居。十三座烽堆则威赫赫地成为镇防之塞。

明长城从山海关出发，穿越燕北山地，穿越雁门关，从山西保德、陕北府谷地面过黄河，然后抵达榆林卫镇北台，再一直向西北，抵银川城，过黄河，尔后顺贺兰山的一个垭口，进入过去的居延海、今天的腾格里大沙漠。尔后，从黑城地面，进入甘肃民勤县的五百里干旱荒漠，下行到河西走廊，然后一路向西北，收口于嘉峪关。

一一〇

嘉峪关左手有高耸入云、连绵不绝的祁连山，右手有白雪皑皑的马鬃山。一座建在大漠中的雄关，扼守住了这河西走廊的咽喉。

长城老百姓又叫它"边墙"，中国是个以农耕为主体的国家，家家户户都要修院墙，城市则要修城墙，国家则在边界地带，修起边墙。

明长城实际上是沿着中华文明的农耕线和游牧线的交汇地带而修筑的，它的主要任务是维护大明王朝中央政权的安全，防止蒙元帝国的复辟，而在历史上，明长城的修筑，也确实实现了这一战略意图。

需要说明的是，明长城以前的大汉王朝的长城、大唐王朝的长城，从这里顺着敦煌道、楼兰道、于阗道、龟兹道、疏勒道，一直通向塔里木最西端、帕米尔高原山脚下。甚至，翻越天山和帕米尔，人们在当年号称安西四镇之一的碎叶都督府，亦发现了久远年代那烽燧的遗址，甚至乎，在号称世界的十字路口的撒马尔罕，亦发现了中华门这个令人百感交集的古城门遗存。

历代长城的修筑，某种意义上，也与保护这条贸易大通道有关。而嘉峪关的修筑，则与当时中亚地面一个名叫帖木儿的草原枭雄有关。

——一

西方的史学家们，以这样的口吻感喟道：任何一个世界史的撰写者，他都无法回避这些来自草原的大游牧者的名字，他们是，用铁蹄把整个欧罗巴大地耕耘了一遍，差点改变人类历史进程的上帝之鞭阿提拉大帝，建立横跨欧亚的大帝国的一代天骄成吉思汗，建立横跨欧亚非的大帝国的中亚枭雄跛子帖木儿。

我们在穿越中亚的行旅中，深深地感到帖木儿对中亚地面的深深影响。包括在当时的影响，包括在他身后这六百多年来中亚政局的影响，包括伊斯兰教覆盖这一块地面的原因。我曾经感慨地说，你不了解帖木儿，你就永远不了解中亚，不了解它的过去、现在以至将来的走向。

——二

帖木儿出生在撒马尔罕郊区的一个牧人家里，他的祖上应当是一个村长、族长或酋长。他自称是成吉思汗黄金家族的后裔,但是专家为他确切下的定义是突厥化了的蒙古人。他从他的家乡撒马尔罕起事。这里当时属于西察合台汗国。他青年的时候,曾去为国家服役,后来伤了一条腿回来。后来起事时,他先顺着成吉思汗当时讨伐和追打花剌子模的道路,西行到今天的伊朗、土耳其,直达黑海。接着摆开战场,以大兵团决战式的姿态,连灭成吉思汗为他的四个儿子建立在这块欧亚大平原核心地带的四大汗国。

他们是金帐汗国、察合台汗国、窝阔台汗国、伊尔汗国。

人们惊奇地发现,他的占领除了对领土的渴求之外,或许另一个重要的目的,是打通丝绸之路贸易通道。例如对金帐汗国的征伐,他的战略目的,就是打通这个被我们称为"成吉思汗三千里草原黄金道"的新兴通道。

而他沿着那条被我们称为"玄奘道"的道路,翻越帕米尔高原,摧毁印度首都德里,则是为了打通这一条通向五印大地,继而通向印度洋的贸易大道。从这个意义上来讲,这个凶悍的草原王,除了是一个天才的军事家以外,还是一位战略家和地缘政治家。

一一三

帖木儿大帝顺玄奘道进入五印大地,攻占首都德里之后,屠城,斩杀十万战俘,而后一把火把德里城烧了,然后翻过山去,重回撒马尔罕。帖木儿死去一些年后,他的一位孙子(一说是五世孙,一说三世孙),再进入五印大地,建立莫卧儿帝国(莫卧儿一词专家认为是蒙古一词的印度音译),并在成为废墟的德里城的旁边,修建新的首都,称新德里。

莫卧儿帝国差点儿占领印度全境。这时候世界大航海时代到来,从大西洋蜿转印度洋,继而登陆南亚次大陆的英国人,在此建立一个准国家——东印度公司。东印度公司的军人们,扛着洋枪洋炮,一路北上,一直打到北印度地面,最后遏制和摧毁了莫卧儿王朝,目下,只留下一个泰姬陵供游人凭吊。

一一四

六十九岁时的跛子帖木儿,说他此生还有一件大事要干,那就是东进中国,摧毁大明王朝,复辟蒙元帝国。在朱元璋时代,帖木儿帝国对大明王朝是俯首称臣的,年年都有供奉和朝奏。朱棣继位将都城从金陵挪到北京后,帖木儿认为时机到了,于是杀了大明的使臣,下了战表,开始他的东征。

帖木儿集结了二十万精锐骑兵,在一个春天的早晨从撒马尔罕出发。他为这次征伐做了最充分的准备,预计了两条攻伐北京的路线。一条是翻越天山以后,进入河西走廊,占领西安,渡过黄河以后,穿越华北平原,步步为营,最后走到北京。一条是翻越阿尔泰山,尔后沿着弓背形的蒙古高原,以骑兵突袭的方式,攻占北京。

在行军中,帖木儿的儿子已经带领先头部队。穿越伊犁草原,走到今天乌鲁木齐三十华里地面,一个叫"别失八里"的地方。那个地方现在叫吉木萨尔县,大汉王朝、大唐王朝时代则是北庭都护府所在地。

"别失八里"这个有些奇怪的字眼,是什么意思呢?有专家告诉我们,在忽必烈之前的蒙古帝国,不设都城,大汗的大帐扎在哪里,哪里就是临时都城。"别失八里"大约就是这意思吧!

这时候传来帖木儿暴毙的消息。帖木儿亲率的中军,已经走到了咸海的这边,今天的哈萨克斯坦境内,一个叫帖木儿火车站的地方。

晚上他喝了太多的烈酒，高烧不退，半夜时分，终于不治。

这个令人闻风丧胆的草原枭雄，他的死亡，致使这次攻伐大明朱棣的八千华里大奔袭，至此流产。帖木儿大帝留给儿孙们的最后一句话是："永远不要放下手中的剑！"

有趣的是，帖木儿的这次八千华里的大奔袭，远在北京城的朱棣竟然不知道。当他知道这一消息时，惊出一身冷汗。大约这也是，加紧修建九城十三堆，也许这也是修筑天下雄关嘉峪关的一个原因吧！

一一五

东边有辽阔的大海以为屏障，西边则有帕米尔高原，有昆仑山、天山、阿尔泰山，有进入大陆纵深的祁连山以为屏障，从而给这个东方文明板块，提供了生存空间和发展空间。这是我在西域地面行走时的感想之一。

一一六

西北大学名教授周伟洲先生，是魏晋南北朝时期西北游牧民族，尤其是丝绸之路河西走廊段少数民族研究方面的权威专家。我与他曾经有过两次对话。一次是二十多年前央视十频道开播时，我俩的丝绸之路对话。一次是六年前陕北横山县召开的党项文化研究会上，同时还有另一位主宾宁夏大学前校长、《宁夏通史》主编刘忠先生，我们关于古羌族之西羌支党项部落，这支人类族群发生及其流变的研讨和探讨。

一一七

央视二十世纪八十年代时,曾经与日本人一起拍丝绸之路,日方投资,中方提供拍摄方便,各拍各的,回去后也各剪各的。到了九十年代时,央视又一次拍摄丝绸之路,这一次叫《重走丝路》。摄制组将十年前拍过的那些人,采过的那些景,重新踏访了一遍。少年已长成大人,而老年人仍像村口的那棵老树一样沧桑地活着,道路比十年前宽阔平坦了许多,而昔日凋敝的北方村庄,不断地有新瓦房新窑洞出现,这是第二次拍摄的情况。

第三次,也就是我与周伟洲教授在央视第十演播室对话的这次,是为应急,为央视十频道的开播而策划的。将央视前两次拍摄的资料全部调出,再花重金买来日本人当年拍摄的资料,然后请来专家,大家说这丝绸之路。这三次丝绸之路的话题,就叫《话说丝绸之路》。

一一八

周伟洲教授是丝绸之路河西走廊段魏晋南北朝少数民族史这个课题上,国内顶尖的专家。他主要谈了凉州城,谈了隋炀帝杨广在凉州城,举办丝绸之路万国博览会的情况。

隋炀帝杨广是中国历史上一位有大作为的皇帝。向西北,他大约沿着丝绸之路,走了很远,甚至有可能抵达塔里木盆地,最起码是走到了阿尔金山附近(他学的是西上昆仑的周穆王),并且在凉州城,举办万国博览会,从而令丝绸之路的商贸活动,上升为一种国家行为。而向东南,他开凿大运河,大运河的南北贯通,标志着中国完成了地理上的南北统一。

到了唐朝年间,漕运自长江而黄河,自黄河而渭河,自渭河而灞河，而后顺一条直入长安的人工运河，漕运的船只可以直达大明宫麟德殿前面的太液池。

一一九

与周伟洲教授的另一次对话，是在陕北横山。横山应当说是党项人的老巢。唐末拓跋思恭（李思恭）割据夏州年间，有南山党项与河泽党项两大支。南山党项，就应该说的是横山、子洲、三边这一带的党项人。而河泽党项，应当说的是居于神木红碱淖、府谷黄河岸的党项人。

大家知道，到了李元昊的年代，党项人立国，李元昊跨过黄河。建中兴府，又称大兴府，现在则叫银川城。

周伟洲教授主要讲了一个以"拓跋"为姓氏的古老游牧民族，在长达二百八十六年之久的魏晋南北朝五胡十六国时代，它的分布史、它的迁徙史，它的这个姓氏的种种演变，以及出过的那些显赫的历史人物。

他真细致，像用一架显微镜，娓娓道来，如数家珍，将这些历史夹缝中的那些人和事，一点一点地掏腾出来，报告给世界。他用圆珠笔在一张小纸片上列出了拓跋家族的世系表，然后一一道来。

这一点上我真是做不到。我对历史的关注和解读，是粗线条的，大而化之的，只关注那些历史的大走向。文学家是活在想象中的，史学家是活在严谨的、甚至是细密的考证中的，吾不如也。

一二〇

西夏王朝历经十个皇帝。王朝强盛时期，以银川城为都城，以位于如今名叫额济纳旗的黑城为屯兵之城。占据了整个大河套地面，以及整个的河西走廊地面。它的西北版图覆盖了敦煌，甚至更远。

敦煌叫作瓜州，酒泉叫作肃州，张掖叫做甘州。而在西夏灭国后，人们将甘肃从雍州域内独立出来，取甘州肃州两个地名，设甘肃行省。到了清末民初，政府又将西宁（唐时叫西平），从甘肃独立出来，设青海省，将银川独立出来，设宁夏省（后称"宁夏回族自治区"）。

西夏占据河西走廊那一百多年，古丝绸之路严重堵塞。后来，随着中国的政治经济中心东移，长安易名西安城以后，这古丝绸之路的重要性日渐降低。

而陆上丝绸之路之所以风光不再，还由于海上丝绸之路的兴起。物流自海上航运而来，在泉州登岸，而苏州、而南京、而开封、而洛阳，而四散分发。

从一个有趣的现象，我们亦能窥见这种陆路堵塞后海路兴盛的状态。

宋以前，居于阿拉伯半岛的穆斯林民族，他们迁徙中国，往往走陆路，人们称这些迁徙者为西域回回，或昆仑回回。宋以后，这些迁徙者则走海路，人们称他们为海上回回，或者南番回回。

一二一

以发现楼兰故城而著名于世的瑞典探险家斯文·赫定，曾经有过数次的、加起来长达四十多年的中亚探险经历。他第一次进中亚，是从北京出发，穿过弓背形的蒙古高原，进入塔里木盆地的。所走路线，正是内蒙古作家邓九刚所说的"驼道"。

而有一次的回程中，他走的是河西走廊、陇中高原。这位探险家详细地描述了道路的艰难险阻、寂寞荒凉。凋敝的农村，猥碎的县衙、无限荒凉的两岸风景以及表情麻木、衣衫褴褛的百姓。

斯文·赫定最后一次的中亚探险的回程,告别时的那个罗布泊雅丹,正是我后来住过十三天的那个罗布泊岸边突兀的雅丹。而他的回程,走的是水路,即从额尔齐斯河一个名叫布尔津的货运码头登船,航行半个月,抵达西伯利亚一个叫伯力的地方,然后下船,乘坐火车。再有十五天的行程,抵达莫斯科,然后转道回他的故乡斯德哥尔摩。

一二二

丝绸之路在清朝年间以至民国年间,尚有个一次小小的辉煌。这是因为山西晋商的崛起。

晋商那些富可敌国的大户,顺着丝绸之路,开了许多的骡马大店,他们的讲究是晚上不住别人的店。尤其是年关将临时,吆着马车一路走来,去沿途收账,更是金贵银贵,格外小心。

关中平原上秦陇道上,临近甘肃地面,有个大县叫礼泉县,相传这里是唐朝时,朝廷在这里修建迎候和安置以候皇帝接见的官衙之类的场所。县城里有一条新西兰路,名字叫得古怪。据说,西安往兰州的道路叫"西兰路",而后又有了西安往兰州新的道路,故名"新西兰路"。礼泉县城,据说一半的居民是晋商。新中国成立以后,晋商们设在路途上的大车店,一个一个撤了回来。有的人因为各种原因,不愿回山西老家,于是将马车停到礼泉,在这里定居。

一二三

黄河在营造了大西北名城兰州以后,它本该趁势一路浩荡而东,然而,它受到了一座大山的阻隔。不能前行。于是它顺着六盘山掉头向东北,一段行程后,又受到贺兰山的阻挡,掉头再向东南。当穿越毛乌素大沙漠,抵达另一座大西北名城包头后,再掉头西南,穿越晋陕峡谷,从韩城一个叫龙门的地方,结束它高原的行程,进入平原地带。

一二四

那座阻隔黄河东进的山,是有名的鸟鼠山,渭河的发源地。《水经注》说:"鸟鼠同穴,渭水出焉。"渭水流程八百一十八公里,在营造渭河平原后,从华山东面的潼关地面注入黄河。

另有一条水流,叫泾水。它发源于六盘山一个叫泾源县的地方。泾水和渭水在关中平原交汇,因此这块平原,有时也被称作泾渭平原。

但是它更有名的名字叫关中平原。东西南北四座雄关,将这块冲积平原围定。东有函谷关,西有大散关,南有武关,北有萧关。

函谷关以东地面,古称关东,今天的河南的灵宝、三门峡、洛阳、开封,山西的临汾、运城,它们当属于这个文化板块。

大散关以西地面,古称关西,今天的天水、平凉,宁夏的西海固地面,当属于这个文化板块。清人沈德潜在《唐诗别裁集》中说,关西大汉,击节而起,慷慨悲凉。就该说的是这关西地面的人们唱秦腔时的情景。

从天水人董卓开始,一直到唐朝三四百年中,"关陇豪强"成为一个左右当时政局的官僚集团。

一二五

长安城雄踞关中平原中段,南倚秦岭,北临渭河,是十三个王朝建都之地。中国古代史有一半的历史,是这座城市的历史。我们上面说的是四座关隘，守护着这座城和这块平原，所以古人有"四塞之固"这个说法。

而作为古丝绸之路的起点，这座城市承载着它昔日的光荣，并将继续书写它的新的传奇。

一二六

当我用我两万两千公里（绕地球半圈还要多）的行程，横穿整个的丝绸之路的时候，我每到一个地方的演讲，说的最多的四个字，两个字叫"致敬"，两个字叫"学习"。

我们用我们的双脚，向道路致敬，向凿空西域道的光荣的博望侯张骞致敬，向道路上两千多年来行走的每一个匆匆的背影致敬。

这些匆匆背影，甚至包括道路上行走的负重的骆驼、负重的马匹。它们同样是道路的一部分，是历史的一部分，是文明的一部分，是财富密码的一部分。

我们最重要的任务当然是学习，向各个文明板块学习，向各个文明板块历史上所创造出来的古老智慧学习。因为各个文明板块所创造出来的古老智慧，是全人类共有的财富。

这个东方文明板块被隔绝的太久了，它渴望沟通，渴望融入，渴望倾听这个世界的想法，也渴望将自己的想法告诉世界。

我笨想，这大约就是中国人重新激活丝绸之路，重拾丝绸之路这个话题的内心深处的原因。

东方和西方其实并不遥远，它仅仅是一条道路的距离。

2021 年 1 月 24 日至 2 月 14 日于西安

◆ 楔子

　　世界的尽头在哪里？且让我们去看一看。山的那边是什么风景？且让我们去看一看。

　　在这条光荣的道路上，几千年来一直有人在走着。前不见头，后不见尾。驼铃摇曳着晨昏，马帮制造着传说。在这条道路上有很多匆匆的背影，从张骞开始，我向每一个行走过的人致敬。用我的脚步向道路致敬！我们将穿越各个文明板块，我们穿越的目的是学习，因为每一个文明板块在历史上创造的精神财富，都是人类共有的财富。一个持续进步的民族，需要不断学习各个文明板块的智慧，唯其如此，他们才能更有力地向前行走。

2018 丝绸之路品牌万里行发车仪式

今天,对这座城市来说是一个节日,一支由十六辆越野车外加一辆卫星转播车组成的庞大车队,将从这里出发,踏上丝绸之路古道。

这是我以老迈之躯，完成的一次跨越大半个地球的旅行。汽车里程表给出的数目是："22000km"，而护照上盖出的印戳是十七个国家，是整整七十天时间。

很好，我没有倒毙在路旁，从而像法显高僧说的那样："哪有路呀，那倒毙在路旁的前人的骨骸，就是路标呀！"我毫发无损地回来了。而今，我就龟缩在西安我的"高看一眼"工作室，完成这本纪行之书。

我不知道我该怎样像压缩饼干一样，将这一堆庞杂的素材压缩到一本书中。换言之，我得找个叙述视角才对。这时编辑开玩笑说：你不妨做一个"带路党"（带路党原意为敌人打进来时当奸细"带路"的人），将你所见、所听、所想，浩浩荡荡，一路写来，从而把一个丝绸之路现在时的全记录报告给人们，能诚实做好这个读者的情报官，这本书就算立起来了；读者不可能去亲历，而你亲历了，加上你又会写，那么不妨将它们记录下来，与读者、与这个世界分享。

这样，我就有了一个贯通全书的叙述视角，当我在丝绸之路每一个钉子上御风而舞时，总有一根绳在拽着我，把我拽向前面的方向。我感谢年轻的编辑朋友，和聪明人打交道真是一件愉快的事情。

当年法显西行的时候已经六十多岁了，左宗棠西征的时候也差不多是这个年龄，也就是我现在这个年纪。古人较之今人，寿限要短一些，想他们到了这个年龄段，该都是齿摇摇、发苍苍、弯腰驼背，一走三咳嗽的垂暮之人了。

法显领着他的四个同学,从长安城出发,穿越了河西走廊,穿越了塔里木盆地,然后翻越大雪山,进入古天竺国,完成了佛教史上称为"显法师则创辟荒途"的西行求法之旅。

二百多年后玄奘,就是我们说的唐僧,"奘法师乃中开王路",就是说玄奘法师又从中开辟了一条王者之路,进入西域,进入古印度,进入天竺八十六国。

我是在二〇一八年首次进行丝绸之路穿越的。当时有八家电视台组成"丝绸之路卫星电视联盟"。这个联盟要完成一次穿越欧亚的"丝绸之路万里行"活动,聘请我当文化大使。

"丝绸之路万里行"活动之前已经举行过三次了,都是由肖云儒先生担任文化大使,我参与的是第四次的"丝绸之路万里行"活动。另外,在第一次的行走中,开头两期,是我与知名主持人王志,在陕西卫视演播室的对话。

为了这次大穿越,我做了很多的准备。首先就是思想准备:像我这个年龄能不能坐着车,完成这一次二万二千公里的行程。犹豫再三,我还是坚定决心,拼死一搏也要参与到这次行程中去。甚至做了"身后事"的安顿,把家里的几张银行卡,有的交给老婆,有的交给母亲,我采用中国人的叙述习惯,隐晦地暗示她们:一旦我回不来了,这些就作为你们养老、送终的费用吧。

当年有人问法国小说家大仲马:你为什么能写出《基督山伯爵》《三个火枪手》这样优秀的历史小说,有没有什么秘诀?大仲马回答说:有的,秘诀就是,历史是一枚钉子,我在上面挂我的小说。

所以这次远行,我首先就带了一张欧亚大地图,还带了一个放大镜。我从丝绸之路一路走过,脚之所向,目之所及,我要用放大镜,寻找大路两边一枚一枚的钉子,然后在这些钉子上兴风作浪、御风而舞。

我还带了自己重要的一本书,一本我六十岁生日那天开始写,

玄奘像　日本东京国立博物馆藏

六十四岁生日那天完成的书,叫《我的菩提树》。这本书是对中华文明五千年的一次庄严巡礼和崇高致敬,写的是构成中国传统文化、支撑这个大厦的三根支柱——儒、释、道,它们的发生和流变。我要把这样一本向历史致敬的书带着,一直走到世界的十字路口——中亚的撒马尔罕。然后在那个地方向我们光荣的先行者张骞致敬,向玄奘致敬,向道路致敬!

张骞当年凿空西域,就是为了到撒马尔罕去寻找大月氏人。我们的高僧玄奘,他当年为了求得真经,备尝艰辛,一路走到撒马尔罕。面对当时称为葱岭的帕米尔高原天险,他迟迟下不了决心,他在撒马尔罕足足休整准备了半年,这才决心出发,继续他九死一生的征途,他的随行人员基本上都死在了翻越大雪山的途中。在玄奘历尽千难万险、用时十九年的求法途中,撒马尔罕是非常重要的停泊点。所以我要把《我的菩提树》这本书,像纸钱一样,烧在撒马尔罕,向历史致敬,向张骞致敬,向玄奘致敬!

我还带了烧水壶、茶壶、建盏,带了朋友为我准备的最好的茶。带了两双布鞋,这布鞋是家做的,灯芯绒鞋面,千层底。布鞋是老家的村长来西安看我,给我带的。村长是我的本家侄儿。

行前,年近九旬的老母亲,还将治高血压的药、治高血糖的药以及两盒速效救心丸,装在塑料袋里,打入我的行李箱。她还说,你一顿饭都离不开辣子,没有辣子吃,你路上咋活哩。于是她到市场上,买了些干辣子角,回家来焙干,碾成碎片,装了十个罐头瓶子。

行前,我还专程去洛阳偃师的陈河村。在玄奘的故居,我从院子里的那眼井里,满满地打了一桶水,将自己的肚子灌饱。

行前,我还专程去汉中城固的张骞墓。我从张骞的坟头上抓了一把土,带在身上。我神往着在撒马尔罕那个奇异的黄昏,双膝跪地的我,口中念念有词,将这土扬起,将这土撒向风中。

我就带着这几样东西,去实现我的一个梦:世界的尽头在哪里?让我去看一看。

　　在这条道路上,几千年来一直有人在走着。在这条道路上有很多匆匆的背影,而我和我们,只是道路上那名不见经传的后来者而已。从张骞开始,我向每一个行走过的人致敬。用我的脚步向道路致敬!我们将穿越各个文明板块,我们穿越的目的是学习,因为每一个文明板块在历史上创造的精神财富,都是人类共有的财富。一个持续进步的民族,需要不断学习各个文明板块的智慧,唯其如此,他们才能更有力地向前行走。

陕西汉中城固张骞墓

◆ 西安，长安！

西安古称长安，位于关中平原中部，北濒渭河、南依秦岭，八水围绕，是联合国教科文组织确定的"世界历史名城"，是中华文明和中华民族重要发祥地之一，历史上先后有十三个王朝在此建都，垂范华夏、引领世界。作为丝绸之路起点的古长安，如今再以具有历史文化特色的国际化大都市形象，屹立在世界东方。

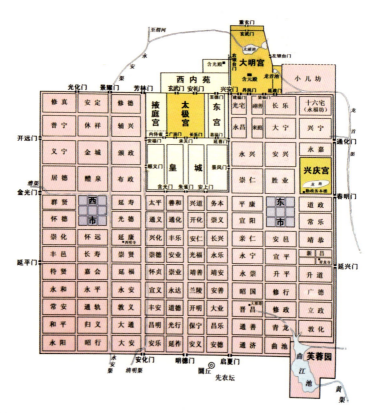

唐长安城平面图

在相当长的一段时间流程中，世界的东方首都是长安城，西方首都是罗马城。在两城之间，辽阔的欧亚大草原，横亘着一条数万公里长的贸易物流大通道。人们叫它丝绸之路。

我们的出发地是西安，就是古长安。张骞从这里出发，玄奘从这里出发，我们也从长安城出发。我们从世界的东方首都长安出发。

长安城是一个怎样的地理概念呢？我们把它放在世界地理大格局来说：在长达一千多年的时间流程中，世界的东方首都是长安城，世界的西方首都是罗马城。在罗马城和长安城中间有一个辽阔的两万多公里的一个平原地区或者草原地区。地理学家把它叫欧亚大草原。

欧洲和亚洲没有明显的地理分界。我曾经希望能有地理分界，我询问专家，查阅资料，他们说有可能就是流经土耳其君士坦丁堡的一条河，或者说就是里海。所以我穿越欧亚大草原时，从巴什到巴库经过里海，我站在那里，亚细亚在东，欧罗巴在西，我把自己站成一个路标，在那里拍照留念，在那里发表视频演讲。

就在这辽阔的欧亚大草原上，生活着二百多个古游牧民族。这些古游牧民族以八十年为一个周期，或者涌向世界的东方首都长安，或者涌向世界的西方首都罗马，向定居文明、农耕文明、城郭文明索要生存空间。他们为什么要这样做？因为在这八十年中一定或者有大瘟疫发生，或者旱灾发生，或者蝗灾发生，或者战争发生，或者饥荒发生。所以这些游牧民族为了生存，向东他们就越过长城线，然后进入农耕文明地区，向西的话，他们涌向罗马城。

法国有个小说家叫格鲁塞，他在《草原帝国》一书中，这样写道：我们站在亚细亚的高原上，看见两面的丘陵，像小旗帜一样飘扬，这

唐代彩绘红陶骑马胡俑

边飘向亚细亚，那边飘向欧罗巴。如果我们选择站在游牧民族的角度考虑，我们就会明白任何发生的都是应该发生的，他们索要生存空间，索要能够活下去的地方。人类行为从来就是环境的产物，而不可能是别的。

中国的古人不明白这个道理，过去年间我们的视野有限，我们总感觉到每过一些年就有游牧民族越过长城线，呼啸而来，我们不明白，他们为什么要对农耕文明地区侵掠。我们是站在一个比较狭窄的地域来看，如果我们能够把整个东方历史和西方历史贯通起来看，就明白了像格鲁塞说的那样，这二百多个游牧民族，让整个欧亚大草原就像开了锅的水一样，沸腾起来，向左右的富庶地区索要食物。

所有从草原过来的游牧民族，我们不知道他们是些什么人，也不屑于探究他们是些什么民族。我们只知道他们长着长胡子，骑着马，就从我们的家门口，就从我们的庄稼地里风一样地过去了，他们呼啸而来，剽悍好战。在中国历史上，他们只有一个和"东夷、南蛮、北狄"并列的、略含贬义的称呼——"西戎"，对他们的民族我们不甚了了，后来又统称之为"胡人"。

长安城在漫长的时间过程中，有周秦汉唐等十三个王朝在这里建都，一部长安城的历史，就是半部中国古代史。尤其是中国历史上强盛的汉朝、唐朝，它们强盛的一个重要的原因就是有丝绸之路。有拥拥不退、源源不断的财富通过丝绸之路输送到长安，令它成为当时世界上唯我独大的城市。

我们就是从长安城出发，就是从丝绸之路的东方起点出发。尽管我们的前路充满了未知，凶险难卜，但我还是像莱蒙托夫在《当代英雄》中借"多余人"毕巧林之口道出的自白一样：

我是一个在双桅贼船上生活惯了的水手，不管这海岸怎么诱惑我,一旦那双桅贼船的桅杆出现在遥远的海平面上的时候,我将狂喜地不顾一切地向它奔去,什么也不能把我阻拦!

我就怀着这样的心情踏上了道路。把自己交给道路,交给行走,交给往来无定的风!毕巧林是为海平线上那艘双桅贼船而生的,笔者的我,则是为道路和远方而生的,为漂泊而生的。

我们从西安出发,在鄠邑区举行了首发式。作为文化大使,在出发仪式上,我作了一个简短的演讲。

我说,今天对这个城市来说,是一个节日,你们的一个儿子要从这里出发,他要徒步去丈量世界了,他就像当年那堂吉诃德一样,挥动着长矛,骑着瘦马,带着个仆人桑丘,出发要去征服世界了,他向世人祈祷:请城市搭起彩门,请姑娘穿上节日的盛装,请铁匠用锤子敲打出钢铁里的音乐,为他送行,为他祝福,希望他能安全地完成这次行程。

后来,我又把这种思绪整理成一首诗,作为长诗《大路歌》的一个片段:

你们中有一个人
要出发去征服世界了
这个人也许叫堂吉诃德
也许叫另外一个名字
请城市穿上节日的盛装
请铁匠挥舞锤子
敲打出钢铁里的音乐
为他的行走打出节奏
请姑娘站在自家的阳台上

洒一些花瓣给那个有些凄楚的背影
请洒水车将街道上洒些水
为他的远行以壮行色
他是你们中间的一员
是那个排队买菜时
排在你后面的那个人
是那个匆匆地来到小区门口
去蹦蹦车上取快递的那个人
是那个走起路来总叼着一支香烟
举头仰望没有任何内容的天空的人
他要上路了
去远方
远方是什么，远方有什么
他不知道
但是他明白，他得顺应心灵的愿望
把双脚交给道路
把自己交给远方

大雁塔

◆ 鄠邑

鄠邑地处关中渭河流域,南靠秦岭,北望渭河。夏代鄠邑为有扈氏国,与夏同姓姒,为夏之属国。有扈氏国也即"鄠邑"之由来。商代,鄠邑先为有崇国,后为丰邑。武王伐纣,誓师于丰,从此丰、镐并举。周平王东迁,以岐丰之地赐秦襄公。秦时,鄠邑治于内史。汉初置鄠县,为鄠邑设县之始,因袭两千年。

草堂寺

或许是冥冥之中自有安排吧，首发式选在鄠邑区，立即就使这一次行程具有了神圣感和崇高感。因为这里有响绝千古的草堂寺。

前几次行走，出发式或选在大唐西市，或选在大唐芙蓉园，这次，正举棋不定期间，鄠邑区的领导们找上门来，说希望将出发式放在他们那里，并给此行一笔赞助费。前两个是旅游景点，要收场地费，鄠邑则不但不收，还给赞助。所以这地点就选在鄠邑区了。

一千六百多年前，西域的高僧鸠摩罗什，就沿着我们行将穿越的丝绸之路，经过近二十年的辗转，从西域来到长安，落脚到鄠邑这片土地，就在这里的草堂寺，开始了他前无古人的伟业壮举。翻译经、律、论，传九十四部、四百二十五卷，成为世界著名思想家、佛学家、哲学家和翻译家，成为中国佛教八宗之祖。鸠摩罗什到达的那天，是这座城的节日，他的到来，翻开了中土佛教最为光辉的一页，他的到来，开启了佛教思想文化与中国本土文化交流互融的新纪元。

草堂寺的前身是一个皇家宫殿。南北朝十六国时期，后秦皇帝姚兴在终南山沣峪口修了一个夏宫，夏天避暑的宫殿，叫逍遥园。姚兴派遣大将姚硕德率军西讨后凉，迎请居留凉州十七年的鸠摩罗什到长安。在长安城的城楼上，后秦皇帝拜鸠摩罗什为国师之后，就请他居住在逍遥园的大石室寺，而皇帝本人也常年驻跸在逍遥园，每天朝事已毕，皇帝就领着大臣往大石室寺听鸠摩罗什上座讲经。

这逍遥园前朝已经筑成，姚兴只是扩建。那之前之后许多重大历史事件，都发生在这里。例如西魏权臣宇文泰药杀草原帝国北魏最后一位皇帝元修，就在这逍遥园里。此处这是插言。

西域高僧受到皇家如此礼遇，可以说旷古烁今。因为鸠摩罗什的居留，很快就吸引了很多远近前来亲佛求法的僧众，以至于来不及扩建僧舍，只好在逍遥园大石室寺周围的千亩竹林之中，"茅茨筑屋，草苫屋顶"，搭建临时的僧舍，命名为"草堂寺"，供求法僧众起居。后来又把草堂寺不断增修扩建，成为殿宇巍峨的皇家大寺。

虽然名闻中外、徒众数千，又有皇家礼遇，可其实，鸠摩罗什却并不如意。当时从印度过来一个高僧，其实就是鸠摩罗什的老师，也是他父亲的老师。他的老师就问他，你在这里快乐吗？

鸠摩罗什泪流满面。鸠摩罗什说，我有着伟大的理想，我认为佛教的这些经典还不够完整、不够通透，我还想有所著作，将我的所悟告诉世界。但是来到这里以后，我发现，这里的人们追名逐利、心浮气躁，缺少崇高的思想，这里的人们以满足一日三餐为最高理想，蝇营狗苟，这样庸俗的文化环境下，是不可能产生伟大的思想的，所以我知道我应该译经。

鸠摩罗什在这里并不快乐。皇帝知道他不快乐，就派人带他出入长安城内歌舞风月场所，愉以声色，一天逛游十数家妓院，并从每一家妓院选一个色艺双绝的妓女送回鸠摩罗什的住处。鸠摩罗什傍晚回来，进门就看见这么多的妓女都坐在他的大堂里，鸠摩罗什吓了一跳。皇帝传旨对鸠摩罗什说：大师你这么崇高，又这么英俊，如此奇才圣种，一定要保留下来；我给你娶十个老婆，你来改良我们中土长安的人种，要不了几代，我们这里的人种、世风就会改变了。鸠摩罗什吓坏了，要把这十个风情女子赶走，可这十个女子却不走。鸠摩罗什无奈，只能自己躲进后堂，闭门不出。

就这样僵持半个月以后，整个草堂寺就闹翻了。草堂寺的僧众怨

鸠摩罗什像

声载道,对鸠摩罗什议论纷纷:这世界就这么不公平,我们一个老婆也没有,你就享用十个老婆?渐渐地,草堂寺僧众不但和鸠摩罗什离心,甚至意欲效法。鸠摩罗什收纳妓女的消息传出后,大臣们也开始怀疑鸠摩罗什,随皇帝前往听经的人也就越来越少。言为举止,大臣们每有轻侮之意。

这样的际遇显然有悖于鸠摩罗什广大佛法的宏愿。于是他就召集僧众,用化缘饮食的钵盂盛了一钵钢针,升座取食,就像吃炒豆一样,把一钵钢针一枚枚嚼吞下去。甚至将两枚钢针用嘴吹融,对接起来。鸠摩罗什对僧众说,不说你们能吞下这一钵钢针,如果你们能吞下一枚钢针,我就同意你们娶一个老婆。

就这样,草堂寺僧众都被鸠摩罗什的神迹所镇服,再也不敢生轻慢之心。鸠摩罗什又请旨皇帝,让这十个妓女搬离草堂寺,永远不能再涉足草堂寺,并且从良。经过这一场风波,草堂寺上下,重又同心同德,一心一意开始译经弘法。

鸠摩罗什公元四〇一年到长安,四一三年去世,在长安居留十三年。中国的第一个国立译经场,就是鸠摩罗什举办的。在草堂寺,鸠摩罗什收一千五百个中土学僧学习梵文,收一千五百个西域、天竺学僧学习汉文,并开始大规模译经,经场中有译主、度语、证梵本、笔受、润文、证义、校刊等传译程序,精细分工,集体合作,形成"三千弟子共翻经"的宏大场景。

公元四一三年暮春,鸠摩罗什行将涅槃,他对弟子僧众说,让把翻译的经书都拿出来放在院子里晾晒。他自己在院中梧桐树下升座养息。后秦皇帝姚兴得到消息赶来,鸠摩罗什对皇帝说:可以毫不夸口地说,天下经书三中有二,是我鸠摩罗什翻译的,如果我的译经符合原经教义的话,将来我肉身火化之后,舌头不焦,非但舌不焦烂,且有莲花从口中喷出。说完鸠摩罗什就圆寂了。

鸠摩罗什火化时候，果然舌头不焦，且有莲花状火光从口中喷出。

鸠摩罗什从西沿丝绸之路而来，有大功于佛教传播，有大功于中国文化扩容，有大功于世界文明交流，他是当之无愧的文化使者。因为这次丝绸之路大穿越的机缘，我有幸重走鸠摩罗什的来路，我自知无法取得和鸠摩罗什一样的伟大的功德，但是我愿意继承他的精神，在鸠摩罗什的感召之下，用我的双脚、双眼，沿着这条被无数仁人志士行走了千年的丝绸之路，进行一次虔诚的文化巡礼，向东来的鸠摩罗什致敬，向西去的张骞致敬，向远行的法显、玄奘致敬，向霍去病、傅介子、班超致敬！

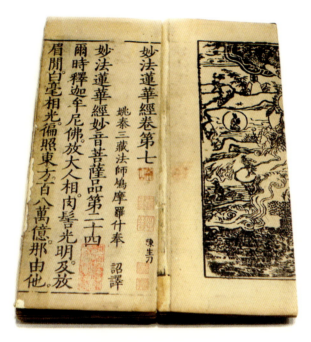

鸠摩罗什译《妙法莲华经》

渭河

文王梦熊,渭水泱泱。

渭河,古称渭水,是黄河最大的支流。发源于甘肃省定西市渭源县鸟鼠山,与东西走向的秦岭并行,主要流经今甘肃天水,陕西关中的宝鸡、咸阳、西安、渭南等地,至渭南市潼关县汇入黄河。

从华山眺望渭河

我们从秦岭脚下的鄠邑区出发,沿着秦岭行进,溯渭河而上,进入陇中高原。

渭河是北方一条重要的河流,它是黄河最大的支流,流域总面积十三万四千七百六十六平方公里,全程有八百一十八公里,其中在甘肃省境内有三百多公里,在陕西省境内有五百多公里。渭河在潼关入黄河的位置,也会随着黄河在丰水期和枯水期河道的变化而变化,最长能达到五百零二点四公里。它是横穿八百里秦川的一条河流。

渭河的源头在甘肃的渭源县,那里有一座山,叫鸟鼠山,鸟鼠山因鸟鼠"同穴止宿"而得名。《山海经》说"鸟鼠同穴之山,渭水出焉"。在鸟鼠山有三眼泉水喷涌出水,泉眼比较深。全国政协原常委、陕西省政协原主席安启元老先生,曾领着政协委员考察渭河流域全程,溯源到鸟鼠山,几个人把腰带解下接续起来,把矿泉水瓶吊下去,取渭源之水。作为地质专业出身的高级干部,安启元老先生对山河大地一往情深,从鸟鼠山渭河三源取渭源之水带回家中,每天早起,安老先生必先看渭源泉水,才能觉得身心安妥。安老先生出生在渭河南岸干旱的孟姜塬上,望着滔滔东去的渭河水,从小便对渭河产生一种亲切,一种童稚般的依恋之情,形成了他一生对水的崇拜。作为安老先生的近邻,我则出生在渭河南岸的老崖上,我知道水对于土地、对于我辛苦劳作的父老乡亲意味着什么。我在一个电视专题片中说:我家门前一条河,这条河叫渭河;我家屋后一座山,这座山叫秦岭。

鸟鼠山位于昆仑山脉西侧，北延东迤直至陇山结束，是甘肃中部的一条主要山脉。它不仅是古代中原通往西域的咽喉要地，是丝绸之路的必经之地，更是中国地理格局上十分重要的一座山脉。

黄河从青藏高原三江源发源以后，一路跌荡而下，切穿山岭，塑造了今天兰州所在的河谷盆地之后，本来应该继续东进，但是受到鸟鼠山的阻隔，只好又回折向东北，一路受贺兰山和鄂尔多斯高原夹峙，直到阴山脚下才如脱缰野马，宽广铺展，形成沃野千里的大河套。

渭河从鸟鼠山发源，一路东进，形成一系列大的城市，首先是天水，接着是宝鸡。宝鸡古称陈仓，秦末楚汉战争中，韩信"明修栈道，暗度陈仓"，就是从汉中出发，经陈仓道，出大散关，占领陈仓以后，沿渭河一路东进，坐稳关中，又东渡黄河与项羽争锋。

大散关是秦岭山地与关中平原交界处的重要关口，是渭河流域、关中平原的西门户，是"川陕咽喉"，自古就是兵家必争之地，诸葛亮第二次北伐中原也是经大散关出陈仓，陆游《书愤》诗名句——"铁马秋风大散关"，也指的是这里。

渭河过宝鸡就正式走出陇东山地进入关中平原，孕育了咸阳，也滋养着千古帝王之都——长安。往东又滋润渭南，直到潼关汇入黄河。

渭河在这八百多公里的行程中，也接受了很多的支流。《尚书·禹贡》记载："导渭自鸟鼠同穴，东会于沣，又东会于泾，又东过漆、沮，入于河。"《水经注》告诉我们，在上古时期，渭河的第一大支流叫漆水（又称姬水）。漆水自北而南注入渭河，漆水流域是黄帝部落最初的发祥之地，但是现在已经干涸，只剩下宽阔的河道，形成川道良田，种着庄稼。古书上还记载了渭河的另一条支流——姜水，姜水和漆水分别孕育滋养了炎帝部落和黄帝部落，《国语·晋语》记载："黄帝以姬水成，炎帝以姜水成，成而异德，故黄帝为姬，炎帝为姜。"

我们现在知道的渭河支流中，有许多发源自秦岭。秦岭的最高峰是太白山，也是青藏高原以东第一高峰。太白山南坡、北坡分别发源一条河流，南坡发源的河流称为褒水，因为这条河流在汉中盆地中流经一个称为褒国的古国。这个褒国历史上出过一个大美人，叫褒姒，就是"红颜祸水"典故所指的褒姒。北坡发源的河流称为斜水，它流入关中平原，成为渭河的支流。人们在褒水和斜水的古河道上，开辟栈道，沟通秦岭南北，成为古代巴蜀通秦川的主干道路。诸葛亮第一次北伐，就是让赵云出褒斜道攻取郿（今眉县），吸引曹魏军队主力。

从南岸注入渭河的另一条著名河流就是灞河，我们常常提到的一个杀气腾腾的名字——霸上（灞上），就是因为地处灞河西侧土原之上而得名，鸿门宴"项庄舞剑，意在沛公"的故事就和这里有关，也就是如今的白鹿原。关中八景的"灞柳风雪"、唐诗中著名的典故"灞柳送别"，都指的是这条河流。除此之外，"八水绕长安"中的沣河、涝河、潏河、滈河、浐河，都是从秦岭发源，从南岸汇入渭河。

现在从北岸注入渭河的主要河流是泾河。泾河发源于六盘山，那个地方叫泾源县，在现在的宁夏回族自治区。泾河也是中华民族初民发祥地之一。泾河在枯水期含沙量会下降到雨季的千分之一左右，远远低于渭河含沙量，两河交汇，清浊不相混，就形成"泾清渭浊"的奇特景观，"泾渭分明"的成语也因此而来。

渭河在汇入黄河之前，又接收了洛河。洛河发源于陕北黄土高原的白于山。洛河和更北的延河、无定河、窟野河，统领了陕北主要的水流，洛河是其中流程最长、流域面积最大的一条。洛河有两条，一条叫北洛河，一条叫南洛河。我们这里说的洛河是指北洛河。黄帝陵、仓颉庙，都位于北洛河流域。

我们就这样沿着渭河河道，穿越秦岭陇东崇山峻岭，就这样向前行走，一路车轮向西，撵着落日行走。路途中还偶然可见那些斑驳、古老、粗壮的"左公柳"。远山衔日，大地苍茫。

泾渭分明——泾清渭浊

凉州·武威

凉州，古称姑臧、休屠，前凉、后凉、南凉、北凉、大凉建都于此，有"五凉都会"之称，一度是西北的军政、经济、文化中心，是"通一线于广漠，控五郡之咽喉"的丝绸之路节点重地。

凉州地势平坦辽阔，是河西最大的堆积平原，自古是"人烟扑地桑柘稠"的富饶之地。凉州地处汉羌边界，民风剽悍，精骑横行天下，史称"凉州大马，横行天下"。

武威位于河西走廊东端，地处黄土高原、青藏高原和蒙新高原三大高原交汇地带，南靠祁连山，中为冲积绿洲，北为腾格里沙漠。武威系戎、羌、月氏、乌孙等游牧民族聚居之地，周属雍州，为西戎、月氏、匈奴所据。西汉取河西，为彰显"武功军威"，名以"武威"，是河西四郡之首。

武威南门城楼

黄河远上白云间，

一片孤城万仞山。

羌笛何须怨杨柳，

春风不度玉门关。

这是盛唐诗人王之涣的《凉州词》。我们穿过陇中高原，从兰州城过黄河，前行一百三十公里翻越乌鞘岭，进入河西走廊，就进入凉州故地了。

汉武帝元封五年（前106），分天下为十三州，置凉州，意思是说"地处西方，常寒凉也"。凉州是"通一线于广漠，控五郡之咽喉"的陇右重镇，也是丝绸之路的重要节点之一。

凉州当时治所在武威，即霍去病击退匈奴，取得河西走廊之后，汉武帝置武威、张掖、酒泉、敦煌"河西四郡"之一。武威，即"武功军威"的意思。当时武威、张掖、酒泉皆在凉州治下。

在凉州发生过许多的故事，远的不说，抛开政治军事的纷争不说，单讲佛教进入凉州这一文化传播交流的故事。

鸠摩罗什于公元四〇一年到达长安之先，曾在凉州居留达十七年之久。鸠摩罗什居留凉州的十七年，对于凉州佛教文化的兴起转盛，对于译经事业的准备积累，乃至对于中国佛教文化的实质性演进，都有十分重要的意义。鸠摩罗什居留凉州十七年，首先在凉州这一小地

武威鸠摩罗什寺罗什法师纪念堂

域开始了佛教传播和文化融合,而这一凉州小地域的传播和融合可以说是后来佛教在中国范围内、甚至东亚范围内传播和融合的一次预演。

在鸠摩罗什之前,中土的佛经翻译,都是转译,可以说一塌糊涂,要么浅显无味,要么词不达意,要么逻辑不通,甚至有臆测假托的情况。鸠摩罗什居留凉州十七年,得天独厚的东西文化交流背景,得以让鸠摩罗什系统学习和接受中国的思想文化,并借以关照和反思自己本有的西域和印度佛教文化,最终形成融通东西、博大精深的文化体系,这为他后来准确、流美、精深的译经奠定了重要基础,使他最终能够成为享誉千载、誉满世界的文化巨人。

鸠摩罗什被西方学界誉为"东方文化底盘"。

在鸠摩罗什到达长安的前两年,另一位中国高僧法显,也从鸠摩罗什即将落脚的逍遥园大石室寺(草堂寺前身)出发了。

广游五印、西行求法第一人的高僧法显,从长安的大石室寺和他的四个同学慧景、道整、慧应、慧嵬一起出发,应该是从金城郡(今兰州)过黄河,然后到西平郡(今西宁)。

西平郡别称"傉檀国",因为他们开国皇帝叫秃发傉檀。傉檀国就是东晋十六国之一的南凉,是一个拓跋鲜卑政权。秃发是"拓跋"的异译。秃发傉檀先辈从塞北迁到河西凉州,被称为河西鲜卑。

西平郡位于青藏高原东北部、湟水中游河谷盆地,是古"丝绸之路"南路和"唐蕃古道"的必经之地。东汉建安年间,分凉州属下金城郡(治所在今兰州西)置西平郡,仍隶属凉州。

法显从西平下来,一路沿河西走廊西行,经张掖,过酒泉,到敦煌,然后出阳关,进入西域,一直走到和田。法显终年行进,只在夏天的时候,逗留进行夏坐。夏坐也叫雨安坐,这是来自印度的一种修行习惯,夏天盛暑多雨,安心打坐以避暑热雨季。法显在和田进行长达三个月的雨安坐过程中,认识了共同打坐的另一个和尚,叫刘萨诃。

刘萨诃是哪里人呢？开始大家以为他是现在内蒙古包头人（例如法显也这样认为），但是经过专家们长期论证，并得到学界认可，认为他是陕西延安的宜川人，是汉化了的匈奴人。

雨安坐结束后，法显就与刘萨诃结伴西行，翻越小雪山、翻越大雪山。已经完全翻越了帕米尔高原之后，刘萨诃突然改变主意说他要回去，他说感到冥冥之中的召唤，他要到敦煌去建功德，他感到那里有更重要的事情等待他去完成。

刘萨诃的故事，法显的《佛国记》只讲到这里，本来是平淡无奇。可是在一百多年前，就是二十世纪初，敦煌莫高窟藏经洞被发现以后，在其中的文书文献中，发现了一位高僧的事迹记载。说，初建敦煌莫高窟的高僧之一叫刘萨诃。所以现在人们才知道刘萨诃较为完整的履历和事迹：原来他返回敦煌，督造开创了莫高窟。他在那里建立功德，成为莫高窟早期的开凿者之一。

后来经过学者研究又发现，原来佛教大盛于凉州，和刘萨诃亦有很大关系。刘萨诃作为游方僧到凉州武威城以后，望见城外山峰巍峨，高入云霄，就把敦煌的传说又在这里演绎了一回，他说，望见城外山上，红光万丈，状有千佛。在晚霞的红光普照中，好像有几千个佛菩萨在其中端坐。这样的故事再一次传开之后，大家又开始在山上造佛龛，修佛寺。

佛教传说把刘萨诃此次功德，叫"凉州瑞象"。

同样是由于佛教的传入和大盛，使地处汉羌边界、民风剽悍、铁马金戈的凉州变得厚重起来，形成深厚的文化底蕴，这既是凉州作为丝绸之路重镇所得的善果，又成为凉州进一步发展的有利条件。凉州不但因为地富民饶，交通便利，更因为文化厚重，使凉州一度成为西北的军政、经济、文化中心。不但作为前凉、后凉、南凉、北凉、大凉五凉古都，更成为东晋时期，与东晋京城建康并称的中国两大中心之一。直至隋唐时期，凉州仍是中国三大经济中心之一。也因此，隋炀帝杨广才能在凉州举办"万国博览会"。

隋炀帝巡幸全国，也到过河西走廊，甚至一直远到敦煌、玉门关。隋炀帝到凉州，他先参拜了刘萨诃等历代高僧大德修建的佛窟寺院，亲眼见识了凉州城物阜民丰、万国汇聚的盛况，所以就在凉州城举办了"丝绸之路万国博览会"。

德国前总理施密特到中国访问，在与中国领导人的闲谈中，被问及最崇拜的中国人是谁。施密特回答说他最崇拜的中国人是隋炀帝杨广。中国领导人说，在中国的历史文化认知中，隋炀帝杨广是一个比较负面的人物。施密特却坚持认为这个帝王特别伟大。施密特解释说：隋炀帝修通了大运河，才算是从真正意义上完成了中国南北方的统一；他重视商贸交流，早在一千六百多年前，就在中国举办丝绸之路万国博览会，这需要非常高远的眼界和非常宏大的气魄。

后来到了蒙元时期，在凉州还发生了一件非常重要的事情。成吉思汗亲自攻占兴庆府（今银川），灭西夏，凉州被继承汗位的窝阔台分封给了次子西凉王阔端，让他以凉州为根据地，进图吐蕃。然而阔端却是铁木真家族中较为仁慈的一个，他不忍心和吐蕃兵戎相见，以免黎民百姓生灵涂炭。于是他以汗国名义颁发诏书，亲自委派助手多达那布将军为金字使者和女儿萨日朗一起前去邀请西藏喇嘛教首领萨迦班智达，来凉州会谈。

西藏当时政教合一，同时又有很多宗教流派，各自管理一方。萨迦班智达是其中一支势力比较大的教派领袖。受邀后，萨迦班智达就说服众僧族人，毅然带领十岁的侄儿，就是后来鼎鼎大名的蒙元帝国国师八思巴，到凉州和阔端举行了举世瞩目的"凉州会盟"。

凉州会盟的重大意义就在于西藏正式成为中国不可分割的一部分。凉州会盟后，萨迦班智达又带领侄儿返回西藏，并走遍了雪域高

甘肃武威之凉州会盟纪念雕塑

原,逐一说服西藏各教派政权承认凉州会盟,归附蒙元中央政府。

凉州会盟同时对蒙藏关系的发展及喇嘛教在蒙古族中的传播产生了深远的影响。凉州会盟后,萨迦班智达受邀创制蒙古文字。

八思巴十七岁的时候,伯父萨迦班智达去世,被临终的伯父任命为继承人,即萨迦寺主持和萨迦派教主,成为萨迦派第五祖。后来十八岁的八思巴又受召谒见忽必烈薛禅汗,当时忽必烈夫妇和子女以世俗人拜见上师的礼节会面八思巴,他们共二十五人先后在八思巴前受密宗灌顶。

七年后,忽必烈继任蒙古汗位,封八思巴为国师,赐玉印。八思巴奉命创制"蒙古新字",称八思巴蒙文。后来,忽必烈又接受了八思巴第二次密宗灌顶,并晋升八思巴为帝师,又称帝师大宝法王。

藏传佛教进入蒙古,令蒙古这个勇猛剽悍、所向披靡的马背上的民族,突然变得慈悲厚重,格局变大,充满了文化、哲学的底蕴,这也是文化带给蒙古族最大益处。所以说"文化即力量"!

西夏王朝以黑城为屯兵之所,从而对河西走廊四郡两关实行长达一百多年的有效统治,从而导致丝绸之路贸易大通道的堵塞。

武威出土的一枚简牍,十分有趣,是一个买卖一头毛驴的贸易合同,该简牍用西夏文写成。

这个简牍至少为我们提供了三条历史信息。

第一,毛驴在河西走廊以至中亚地面,是重要的家庭财产之一。买卖它竟然庄严到要签一个契约。

第二,西夏王朝对河西走廊的占领和统治是强有力的,而它所创造的西夏文被民间广泛使用。

第三,专家为我们预测的由于西夏王朝扼守了这条咽喉要道,从而导致陆上丝绸之路的堵塞,于是在人类大航海时代来临之际,海上丝绸之路开始兴起和繁荣。而专家的这个推测是令人信服的。

元代武威白塔寺遗址

◆ 张掖

　　张掖,古称甘州。位于河西走廊中段,背靠祁连山,北望龙首山,中国第二大内陆河黑河贯穿全境。

　　夏代,张掖属《禹贡》雍州之域、西戎之故墟。周穆王西征,西戎归顺。而后月氏、戎、狄、乌孙居于此间。秦汉之际为匈奴领地。西汉取河西,以"张国臂掖,以通西域"之意,置张掖郡。

　　甘州即甘肃之"甘"字由来,有"塞上江南"和"金张掖"的美誉。

张掖钟楼

从凉州治所武威再往西走,就到张掖。

张掖为什么被称为张掖呢?就是腋下之地,就是胳肢窝那一块儿地方,汉朝霍去病进军河西,北却匈奴,置张掖郡,取"张国臂掖,以通西域"之意。

张掖位于祁连山和龙首山之间,地势平坦宽阔,土地肥沃,中国第二大内陆河黑河穿城而过,水草肥美。这里曾经是汉武帝的军马场,西域进贡而来的汗血宝马应该就放在这里养殖。到新中国成立后,这里又是山丹军马场。著名的宁夏作家张贤亮,当年就在这里劳动。还有一个作家叫杨显惠,在他的作品《告别夹边沟》《定西孤儿院纪事》中,真实地还原了当年的历史场景,动人心魄又引人深思。

早在这次"丝绸之路万里行"活动策划之初,我就提出,从山丹军马场调用千匹好马,从祁连山奔腾而下,用无人机航拍出画面作为出发仪式。遗憾的是行色匆匆,未能实现。

二〇〇〇年,我从当时顶着"文化沙漠"帽子的深圳直飞新疆,在乌鲁木齐一下飞机,到一个名叫一心的书店,有一群年轻诗人在那里举行诗人昌耀的诗歌朗诵会,他们告诉我青海诗人昌耀死了。我听见他们朗诵昌耀的《高车》:

从地平线渐次隆起者
是青海的高车

张掖祁连山下马蹄寺远望河西走廊

从北斗星宫之侧悄然轧过者
是青海的高车
而从岁月间摇撼着远去者
仍还是青海的高车呀
高车的青海于我是威武的巨人
青海的高车于我是巨人的轶诗

我记得我当时给那一群年轻诗人写了这样一段话：中国西部，不但是中国的地理高度，也是中国的精神高度。当我一再从河西走廊经过时，总能感受到昌耀诗歌中的那种孤傲和深情。

在这样的雄浑辽阔之地，就连嗜血好战的匈奴游牧民族，也能产生深沉的诗意。当受到霍去病的追击，匈奴人沿着祁连山退去时，也唱出了"失我焉支山，令我嫁妇无颜色。失我祁连山，使我六畜不蕃息"的歌哭。焉支山是祁连山的一条支脉，隔军马大草原与祁连山主脉相望，山上生长一种可以榨汁染出胭脂色的草，所以叫焉支山（胭脂山）。

台湾诗人席慕蓉在《长城谣》中说：

尽管城上城下争战了一部历史
尽管夺了焉支又还了焉支
多少个隘口有多少次悲欢啊
你永远是个无情的建筑
蹲踞在荒莽的山巅
冷眼看人间恩怨
为什么唱你时总不能成声
写你不能成篇

山丹军马场

而一提起你便有烈火焚起
火中有你万里的躯体
有你千年的面容
有你的云 你的树 你的风
敕勒川 阴山下
今宵月色应如水
而黄河今夜仍然要从你身旁流过
流进我不眠的梦中

张掖是一个很富庶的地方，张掖是河西走廊的金窝窝，金张掖就是因此得来。

张掖我走过很多次，张掖古属凉州，正如凉州的命名一样："地处西方，常寒凉也"。张掖地方昼夜温差很大，气候比较寒冷，春天来得特别迟，在我们内地三四月开放的油菜花，在张掖一直到七月才开始大盛，一直能开到八月。那里的油菜花开得漫山遍野，蓝天广漠之间，只有铺天盖地的油菜花和祁连山上的积雪，那情景非常壮观。

流经张掖的黑河，发源于祁连山北麓中段，流经青海、甘肃、内蒙古自治区三省（区）。黑河在流经张掖的时候，水量还比较充沛，使张掖广有水草、灌溉之利。但是随着人畜取用、自然渗漏和蒸发，从酒泉市金塔县以下，黑河水量减少，称为弱水。《山海经》记载：昆仑之北有水，其力不能胜芥，故名弱水。

进入内蒙古额济纳旗后，黑河又叫额济纳河。"额济纳"为党项语"亦集乃"的音转，意为黑水或黑河。额济纳河在居延海消失。

居延海汉时称居延泽，唐时叫居延海。它原本是黑河（弱水、额济纳河）的尾闾湖，后来河水枯竭，湖泊干涸，居延海化为巴丹吉林沙漠，成为阿拉善沙漠的主体。

在居延海有著名的黑城和额济纳胡杨林。黑城又叫黑水城，是党项族李元昊所建的西夏国西控的屯兵重城，类似于银川之外的陪都性质。

额济纳胡杨林是一片著名的胡杨林。这一片胡杨林，就是当年汉武帝派李广利为大将、李陵为偏将，北征匈奴所经留的地方。按史书说法，李广利畏敌如虎，就把大营扎在胡杨林里面；而偏将李广，求战心切，带领三千步卒，远出赴敌。

胡杨林东边有个受降城，就是卫青北征匈奴，接受匈奴投降的地方。唐代诗人李益有《夜上受降城闻笛》诗："回乐峰前沙似雪，受降城外月如霜；不知何处吹芦管，一夜征人尽望乡。"其中的受降城可能就指的这里。

李陵紧追逃敌，匈奴人且战且退，一路诱使李陵到了浚稽山（阿尔泰山中段）。匈奴人在这里设下埋伏，在戈壁滩上挖下陷阱，上面铺上红柳条、芦苇，再铺盖沙土，李陵不知是诈，所带领步卒折入陷阱，李陵被俘。这一次事件，甚至还造成了司马迁在长安城替李陵辩白，遭受腐刑被阉割的悲剧故事。

古语中有"弱水三千，余只取一瓢饮"之说。如今随着弱水断流，这里成为令人惊悸的荒漠地带，昔日的居延海古战场，已为黄沙掩埋。额济纳胡杨林在其左近。著名的黑城在其左近。一条明长城从这里穿过。这段长城起自贺兰山的一个垭口，越过居延海地面后，穿越民勤县五百公里荒漠，下到河西走廊。

弱水消失于内蒙古额济纳旗大漠

作者在黑城

匈奴

匈奴是古代蒙古高原游牧民族,披发左衽。在匈奴立国以前,东北亚草原被许多"时大时小,别散分离"的不同氏族部落割据。东胡部落联盟分布在草原东南的西拉木伦河和老哈河流域;丁零部落联盟分布在贝加尔湖以西和以南的色楞格河流域;匈奴部落联盟分布在阴山南北包括河套以南(鄂尔多斯草原)一带。后来的匈奴国,就是以匈奴部落联盟为基础,征服了上述诸部落联盟、部落以及其他小国而建立起来的。

公元前215年,匈奴被秦将蒙恬赶出河套以及河西走廊。秦末汉初,匈奴强大,屡次进犯并控制西域,为汉武帝所败后,退居漠北分裂为五部。公元前119年,霍去病"封狼居胥山,禅于姑衍,登临翰海(今贝加尔湖)"。公元前53年,南匈奴降西汉。公元前36年,西汉诛灭北匈奴郅支单于。东汉时,匈奴再次分裂为南、北匈奴。公元48年,南匈奴投降光武帝,被安置在河套地区,北匈奴还是叛服未定。汉和帝永元元年(89),窦宪大败北匈奴,迫其西迁,班固在燕然山(今蒙古杭爱山)勒石铭刻。南匈奴在五胡十六国时期建立了前赵政权。匈奴与鲜卑的后代铁弗人建立了胡夏政权。

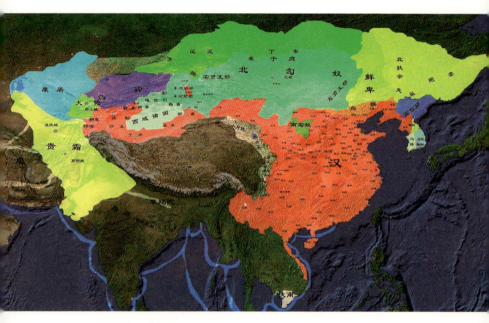

欧亚大草原民族分布示意图

按照司马迁《史记》中的记载，按照今人于右任先生的诠释，这匈奴民族亦是中华民族血脉中的一支。黄帝有四个老婆，四个老婆生出十六个儿子，儿子们又生出众多的孙子。儿孙相加是七十三个，于是黄帝将天下分成七十三个国家，每个儿孙去统治一个。这样，匈奴人亦是这七十三个国家中的一个。明白了这个中华民族的起源形式，我们就明白这以后为什么有夏商周这样的世袭政权，又有众多的诸侯国的原因了；明白了历代皇帝为什么封疆封邑，令儿孙们坐地称王，实行封建割据的起因了；明白了在漫长的封建时代，中央政府为什么要穷兵黩武，令四夷臣服的原因了。

在西周的文献记载中，匈奴对中原的威胁就已能找见。春秋战国时间，燕、韩、魏、秦都有同匈奴作战的历史，而长城的筑建，亦是针对匈奴。秦统一后，匈奴的侵略成为其心腹大患。秦朝将其最精锐的部队摆在陕北绥德一带，就是为了抵御匈奴。那绥德，无定河散散漫漫，从城中横穿而过，这河流令人想起"可怜无定河边骨，犹是春闺梦里人"的凄凉诗句。秦修筑的两项伟大工程，一曰万里长城，一曰秦直道，正是为了抵御与威慑匈奴。

那万里长城已为天下所熟知，而秦直道知道它的人却不多。秦直道南起咸阳城附近，淳化县的林光宫，尔后顺一个叫子午岭的陡峭山脉，削山填谷，一路北行，至黄河边，设码头过河。然后直抵内蒙古包头附近的九原郡。九原郡，是后来南匈奴王居住的地方。

马蹄哒哒，胡笳声声，昭君出塞。这事发生的时代是汉元帝时代。昭君嫁的是南匈奴王。昭君前往九原郡的道路应当是秦直道。早夭的天才诗人朱湘，曾经写过一首《昭君出塞》的诗，做无凭的猜度，猜度王昭君远嫁时的情景：

琵琶呀，伴我的琵琶：趁着人马如今不喧哗，只听得蹄声得得，我想凭着切肤的指甲，弹出心中的嗟呀。

琵琶呀，伴我的琵琶：这儿没有青草发绿芽，也没有花枝低桠，在敕勒川前燕支山下，只有冰树绕琼花。

琵琶呀，伴我的琵琶：我不敢瞧落日照平沙，雁飞过暮云之下，不能为我传达一句话，到烟霭外的人家。

琵琶呀，伴我的琵琶：记得当初被选入京华，常对看南天悲咤，哪知道如今去朝远嫁，望昭阳又是天涯。

琵琶呀，伴我的琵琶：你瞧太阳落下了平沙，夜风在荒原上发，与一片马嘶声相应答，远方响动了胡笳。

中国历史上的四大美人之一王昭君，就这样上了南匈奴王呼韩邪单于简陋的龙床。想昭君美人在汉宫的时候，为这次远嫁，一定进行过许多性知识方面的教育。帝王后宫的所谓房中术，自传说中的九天玄女为黄帝亲授以来，这时候已成熟到炉火纯青的地步，如今由这王美人施展开来，颠鸾倒凤，不由得南匈奴王不降服。

这也正应了李商隐一首诗里的那话：一笑相倾国便亡，何劳荆棘始堪伤？小怜玉体横陈夜，已报周师入晋阳。李商隐在这里说的是另外的一件历史史实，不过放在这里，却也合适。

南匈奴俯首称臣，成为中央集权下的一个诸侯国。北匈奴站不住脚了，于是他们割袂断义，开始他们的悲壮的迁徙。

汉"单于和亲"瓦当

汉"天降单于"瓦当

稍前,汉武帝元封元年(前110),汉武帝从长安城出发,率铁骑十八万,又一说是三十万,从秦直道经黄河直至九原郡。骑烈马,挽长弓,雄才大略的汉武帝站在燕支山上,面对北方大漠,恫喝三声,天下无人敢应。"普天之下,谁敢与我为敌?"三声过罢,四周静悄悄的。《汉书》记载了这一历史时刻。

那时候南匈奴已经归顺,单于的龙床正等待着昭君美人的到来,北匈奴则正在迁徙的途中。中亚细亚广袤的土地上,正是北匈奴纵横驰骋的地方。从张骞出使的区域、到苏武出使的区域,从敦煌以北,直抵贝加尔湖畔,甚至更为辽远的地方,当时正为匈奴控制,或者说匈奴帝国是当时这广大地区最为强大的一股军事力量。

嗣后在汉王朝的名将李广、霍去病、李广利、李陵等等的不断追击下,经历过许多的战争,匈奴民族终于离开中亚细亚,迁徙到黑海、里海一带。高加索地区寒冷的气候和盐碱土地,使他们不能继续生存,于是跨过多瑙河,进入欧洲腹心地带。

匈奴中的残留的一支,最后抵达了匈牙利,并在那里建立起国家。这个国家叫匈人帝国,而伟大人物则是被称为"上帝之鞭"的阿提拉大帝。而大量的迁徙者们则在迁徙的途中,融合到当地土著中去了。相信现在的中亚五国,相信非洲和欧洲的许多种族中,都有匈奴人高贵的血液存在。允许我在这里向他们远去的背影致敬,哦,我的走失在历史路途中的亲爱的兄弟。

匈牙利的国家研究机关,在经过许多的研究考证,同时又采纳了民间传说之类佐证后,确定他们的匈人正是当年从亚洲迁徙而来的匈奴民族。东欧事变后,曾有年轻学者在报刊上发表文章提出异议,认为匈牙利的立国在公元二世纪,而匈奴到达这块草原的时间是公元五世纪,因此匈人可能是二世纪时迁徙到这里的另一支欧洲古老种族的后裔。

霍去病墓前石雕马踏匈奴

马踏匈奴石雕拓片

但是，这个观点提出后，立即遭到匈牙利官方机构的批评。官方重申，匈牙利民族的前身是匈奴人，并且说道，有这黑头发黑眼睛，横扫欧亚非如卷席，令敌人闻风丧胆的匈奴人做我们的祖先，是一件光荣的事情。

我的尊贵的朋友，作家刘成章先生是延安市人。在那遥远的年代里，延安九燕山以北，曾是匈奴的游牧地。后来南匈奴归汉，这些地方的人种逐渐同化为汉人。而刘姓大约与匈奴更近。因为南匈奴之一支，据说是王昭君后裔的赫连勃勃家族，曾被当时皇帝赐姓为刘。所以后来，中国有"天下匈奴遍地刘"一说。这个说法是北京作家刘绍棠先生生前信中告诉我的。他说他写过《一河二刘》的小说，他怀疑自己身上也有匈奴血统存在。

我这里想说的是二十世纪九十年代初期刘成章访问罗马尼亚的事。在罗马尼亚作协主席家中做客，当刘成章说出，他来自陕北，他的身上大约有南匈奴的基因存在时，突然屏风后面传来一声长长的惊叹，罗马尼亚作协主席的妻子从屏风后面冲了过来，与我们的作家拥抱，她说她是匈牙利的匈族人，是北匈奴人的后裔。

关于匈奴最后的走向问题，一个民间的研究者曾与我进行过交流。他认为非洲的突尼斯人，欧亚相交处的土耳其人，都有匈奴后裔的可能。他说得言之凿凿，而我只能在这里将问题提出而已。

曹操曾经与匈奴最后一位大单于呼厨泉，在邺城签过一个盟约。盟约规定，匈奴人从此不立国，不设大单于，而将匈奴集合起来，设五路单于，赐以国姓刘姓，安置在山西以及黄河大河套地区。我们知道，后来的魏晋南北朝五胡十六国之乱，即从这安置在山西离石的匈奴左部帅刘渊开始。

酒泉

  酒泉地处河西走廊西端,在阿尔金山、祁连山与马鬃山之间,祁连主峰在其东。

  夏代,氐、羌部族居于酒泉。西周时期,周人不断向酒泉发展,周人、羌人、氐人错杂分布。战国时期,月氏、乌孙、匈奴等民族相互角逐驻牧于此。秦早期,秦人对甘肃境内的羌人发动战争,大量的羌戎人被驱逐,或融入华夏民族,或迁徙他方。秦统一前,占据酒泉一带的仍主要是乌孙、月氏、匈奴等。西汉初年,酒泉、敦煌一带仍被匈奴控制,不断袭扰中原。元狩二年(前121),汉武帝发动河西之战,使酒泉在内的河西地区纳入王化。

酒泉

离开"金张掖",沿河西走廊再西行,就是另一个丝绸之路重镇——酒泉。

酒泉得名源自这样一个故事:霍去病进军河西走廊,征伐匈奴获得大胜,汉武帝大悦,赐酒劳军,御酒到营,主将霍去病见御酒无法让三十万大军人人有份,就把御酒倒在大营旁边的泉子,让三十万大军齐饮泉水,同沐皇恩。

当年三十万大军齐饮的泉水,如今依旧甘醇清澈,泉眼跟前,有两棵百年老柳护卫着霍去病征匈奴的雕塑,而植柳之人就是中国近代史上鼎鼎大名的左宗棠。左宗棠治下的湘军曾经疏浚修治过这眼泉水,并种下了遍满西疆的左公柳。

一八六五年,清王朝正疲于应付中国南方太平天国,而在遥远的西部边陲,中亚的阿古柏正越过国界,向新疆进军。短短几年,英俄两国扶植下的阿古柏就近乎侵占了新疆全境,一百六十多万平方公里的土地正在从中国的版图上消失。

可就在朝廷准备发兵新疆时,日本突袭台湾,沿海告急。要海防还是要塞防?朝堂之上爆发了一场激烈的争论。李鸿章说,收复新疆是"徒收数千里之旷地,而增千百年之漏卮,已为不值"。左宗棠却说,"重新疆者所以保蒙古,保蒙古者所以卫京师,中国山川形胜,皆起自西北,弃西部即弃中国。"

一八七五年,左宗棠以钦差大臣和陕甘总督的身份,督办新疆军务。第二年,左大帅坐镇酒泉,祭旗出兵。仅用一年多的时间就将阿古柏军攻灭,并收复了新疆大部分领土。然而,盘踞在伊犁一带的沙俄势力依旧心存侥幸,不肯撤出。一八八〇年,左宗棠命令两万西征军挺进伊犁,而六十八岁的左宗棠则从酒泉、嘉峪关跃马而出,紧随其后一千多亲兵就抬着他为自己备下的棺材,他要把指挥所从酒泉大本营搬到新疆哈密,誓死收复失地。

一八八四年,在俄国归还伊犁两年后,新疆建行省。如今,在酒泉市中心的钟鼓楼上,东西两方各有一块牌匾,向东是对着整个中国宣告"声振华夷",向西则以"气壮雄关"为边塞助威。

陕甘总督左宗棠最初的营盘,应该是扎在陕西凤翔。凤翔三宝有"左公柳、西凤酒、姑娘手"之说。酒泉的营盘当是大军推进到嘉峪关地面后,设计的第二座营盘。左大帅以刘锦棠为先锋将,直取新疆,灭阿古柏于喀什噶尔。

我的这一次行程中,陇中高原地面、河西走廊地面,仍能见到那些已经为数不多的左公柳。柳树苍老,疲惫,斑驳,偶尔有几片绿叶,点缀枝头。残阳如血,停驻在远方的垭口,那是我们要去的远方。

而笔者五十年前作为中国边防军士兵,驻守的那一段边界线,正是著名的一八八三条约线(《中俄塔尔巴哈台西南界约》)。

如果没有左宗棠将军抬棺入疆,北拒沙俄,收复伊犁,签订条约,中国现在的西北边陲,也许会在敦煌一带,或者在阿尔泰山的北塔山一带。

另一位曾任新疆督军的封疆大吏,死在任上的人物杨增新,守土固疆,血战北塔山,他不应当被历史遗忘。

前面的路程还很长,我们仅仅只是走了个开头,还有很多话题等待着我们。所以此处我们挂一漏万的叙述,只能如此。

酒泉钟鼓楼

酒泉市区远眺

敦煌

敦煌位于河西走廊西端,东有三危山,南有鸣沙山,西面是沙漠与罗布泊,北面是戈壁,与天山余脉相接。有玉门关、阳关,是丝绸之路的重要节点城市,以"敦煌石窟""敦煌壁画"闻名天下。

夏、商、周时,敦煌属古瓜州,有羌、戎族在此地游牧。战国和秦时,敦煌一带居住着大月氏、乌孙人和塞种人。后来月氏强盛,兼并羌戎。战国末期,大月氏人赶走乌孙人、塞种人,独占敦煌直到秦末汉初。

西汉初年,匈奴人入侵河西,两次挫败月氏,迫使月氏人西迁锡尔河、阿姆河流域。整个河西走廊为匈奴领地。汉武帝建元二年(前138),张骞出使西域,联络月氏、乌孙夹击匈奴。汉元狩四年(前119),张骞第二次出使西域,开通了通往西域的丝绸之路。

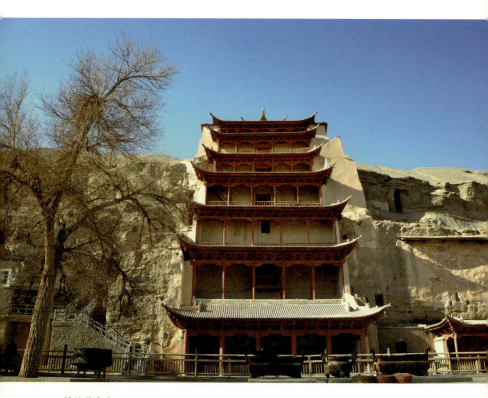

敦煌莫高窟

说到敦煌,就绕不开莫高窟。

敦煌莫高窟修凿的第一人,名叫乐尊。上苍把这份历史的光荣,给了这个名不见经传的僧人。修凿的确凿时间是公元三六六年(或三四四年)。敦煌地面的沙土中,曾出土一块断头碑。该碑的碑文上记载着这件事。

在我们农耕文明区域,人们居住形式通常是四合院。在四合院一进门的照壁上,或者起居卧室的墙上,凿挖一个方形的较浅坑洞,就叫龛。老板姓在里面供一尊菩萨或者财神,甚至什么都不供,只是安放一个香炉,到了年节时候,点上一炷香,祭拜追思神佛先祖。

第一个在莫高窟修建佛龛的人叫乐尊,这是一个来自东方的和尚。乐尊西游至三危山下大泉河河谷,大泉河唐代叫宕泉,当地人叫它红柳河。在大泉河河岸,乐尊和尚就制造了一个佛教神话,他说他站在红柳河畔,看见三危山上,霞光万丈,金光闪耀,状有千佛,他深受感动,泪流满面,就此发心立愿,开始在红柳河畔的山崖上打造佛龛。

第二年又从西方过来一个游方僧,很有可能是小月氏人,他也依样画葫芦,也在这里打造佛龛。我们知道,月氏人在匈奴人崛起之前,曾经游牧于河西走廊西部张掖至敦煌一带。公元前一七四年,匈奴老上单于大败月氏,杀死月氏王,并把月氏王的头颅做成喝酒的饮器,月氏人就此离散,其中随军的大多数健硕部众西迁至伊犁河流域及伊塞克湖附近,称为大月氏人;而留居在东天山地面至河西走廊原驻地

甘肃敦煌沙洲古城白马塔

的老弱妇孺小部分残众月氏人,称为小月氏人。

敦煌莫高窟大量的佛窟督建,是在鸠摩罗什到来之后。前秦大将吕光攻破龟兹城以后,把西域知名高僧鸠摩罗什绑在一匹白马上驮行东归,顺着塔里木河一路走来,经过楼兰故地罗布泊的极旱之地,马匹在进入敦煌境后嗅到月牙泉泉水,极度干渴的白马在月牙泉饱饮泉水之后,直接被胀死了。追随鸠摩罗什而来的龟兹僧人和民众,感念白马功劳,就在白马的掩埋之地修起白马塔,又在白马塔附近修建白马庙。

经过沙漠辛苦之后的龟兹僧众,行经敦煌修养时,也开始在红柳河畔的山崖上继续打造佛龛,修造佛窟,感念佛祖保佑他们历经了九死一生的艰险磨难,重见绿洲。

经此以后,在敦煌莫高窟开凿佛窟,就成了一种社会潮流。西至哈密,东到酒泉、张掖,丝绸之路上的富户人家、达官显贵,都到莫高窟认领打造佛窟,以积修功德。

佛家有言,修建佛窟功德无量。他们认为修造佛窟,所得功德修为"莫高于此",莫高窟之名也因此而来。在这样的信仰驱动下,这些处在丝绸之路的核心地带的达官富户,积累有大量的物质财富,使他们富有财力,足以完成开窟造佛的巨大工程。甚至这些善男信女还把自己的相貌也依样打造在佛窟的入口处,后人把这些形象称为"供养菩萨"。其实这些供养菩萨并不是真菩萨,只是有菩萨心肠、发愿开窟并长期供养的信众,等同于我们民间把乐善好施的善心人称为"活菩萨"。

敦煌莫高窟的七百余佛窟,就是这样经过千余年开凿积累下来的,是世界上现存规模最大、内容最丰富的佛教艺术圣地。

乐尊始凿莫高窟的记录,是来自莫高窟出土的一块断头碑的记载。而我们知道匈奴和尚刘萨诃开凿莫高窟的记录,却是来自一百多年前,一个叫王圆箓的道士无意中发现的敦煌藏经洞里的文书上的记载。

除了佛教文化的辉煌以外，作为丝绸之路重镇的敦煌，还是汉唐国家经略西域的战略前哨。当时中央屯兵，主要就在敦煌郡，内守河西，外镇西域。中央政权对塔里木盆地、准格尔盆地的经营，往往以敦煌为据点、为跳板。这里举一个简单例子，前秦皇帝苻坚，派他的大将吕光，前往龟兹，迎请鸠摩罗什。吕光当时就驻守在敦煌。所以吕光从敦煌出发，沿丝绸之路北道，绕行到龟兹国，路途并不算遥远和艰难。

如果中央政府足够强大的话，会以敦煌为据点，把军事行政控制，进一步前推。比如唐代在吐鲁番建立的安西都护府，又以安西都护府为根据地，继续西进，甚至翻越天山，进入哈萨克草原，在碎叶城建立都督府。学界有一种较为主流的观点，认为唐代大诗人李白就出生在碎叶城。甚至横穿费尔干纳盆地，到达世界的十字路口，就是今天的撒马尔罕，建立康居都督府，这些都督府就都隶属于安西都护府。

然后在天山北麓，现在乌鲁木齐这边，就是阿尔泰山将要开始的地方，昌吉回族自治州吉木萨尔县建立北庭都护府，管辖地面是辽阔的北疆地区，额尔齐斯河、伊犁河、叶尼塞河流经地，以及色楞格河和贝加尔湖地区。最初北庭都护府也隶属于安西都护府，后来为了强化对天山北麓的控制，将它升格为与安西都护府并列的军事行政建制，直属于中央政府。

这里介绍两件敦煌地面出土的文物，它们的珍贵之处，实物与内容都与丝绸之路这条横贯东西的物流大道有关。

这第一件是一枚简牍，是一个粮食购买合同。购粮者是一个有名有姓的人，他购买如此巨大的一拨粮食干什么用呢？最初，人们百思不得其解，后来，人们在高昌古城出土的简牍中，又发现这个购粮者的名字，原来，他是安西都护府的军需官，这笔粮草是为戍边的士兵采购的军粮。而再后来，在北庭都护府，即今天的吉木萨尔出土的简牍中，人们又发现了他的名字。原来，他又被调防到了这里。这位军需官后来是客死异乡呢？还是侥幸地回到了内地故乡。没有这方面的简牍告诉我们了。

第二件是一把精致的骨做的尺子。尺子用图案分割成十寸。那图案分明是波斯风格的。这把尺子怎么量骆驼背上那堆积如山的布帛丝绸的呢？笔者推测，它先用这尺子量出一丈，然后再用这一丈作为标准，将布帛一丈一丈地折叠。OK，很快就丈量出来了。而这波斯驼队又为何如此的不小心，将这精美的骨尺遗落在敦煌，是遇到了某种不测吗？我们不知道。

河西走廊敦煌段汉代长城遗址

阳关、玉门关、嘉峪关

阳关是汉王朝防御西北游牧民族入侵的重要关隘,也是丝绸之路上中原通往西域及中亚等地的重要门户,凭水为隘,据川当险,与玉门关南北呼应。因在玉门关之南,故名。阳关位于敦煌市西南70公里的"古董滩"上。汉唐时期,阳关军士即借此水生息。隋唐以后,阳关古城逐渐被水毁沙埋,阳关遂为废圮。

玉门关,始置于汉武帝开通西域路、设置河西四郡之时,因西域输入玉石时取道于此而得名。汉时为通往西域各地的门户,故址在今敦煌西北小方盘城。当时中原与西域交通莫不取道两关,曾是汉代时期重要的军事关隘和丝路交通要道。

嘉峪关,号称"天下第一雄关",位于嘉峪关市西5公里处最狭窄的山谷中部,城关两侧的城墙横穿沙漠戈壁,北连黑山悬壁长城,南接"天下第一墩",是明长城最西端的关口。嘉峪关历史上曾是河西咽喉,是古代"丝绸之路"的交通要塞。嘉峪关始建于明洪武五年(1372),由内城、外城、罗城、瓮城、城壕和南北两翼长城组成。

阳关遗址

西汉时候，霍去病取得河西走廊之后，汉武帝就在这里"列四郡、据两关"。所以在后来丝绸之路的辉煌时代，河西走廊除了有武威、张掖、酒泉、敦煌四座名城之外，还有阳关、玉门关两座雄关。

阳关在敦煌西南，因为在玉门关的南面，所以叫阳关。它是丝绸之路南路必经的关隘。

明朝修筑的长城东起山海关，绵延万里，西边只到嘉峪关。但是早在汉武帝时期修建的外长城，却比明长城还要长上许多，汉长城西段称为"居延塞"，最西一直延续到罗布泊。阳关就是居延塞上的一个重要关隘，和玉门关同为当时对西域交通的门户，西汉以后的历代王朝都把这里作为军事重地派兵把守。

以烽燧、古堡、亭障为特征的汉长城，甚至延伸到了鄯善，龟兹。龟兹就是今天的库车，人们在那里还可以看到汉代的烽燧。这里同时就是汉代建第一个西域都护府的地方。这个烽燧的一个重要标志，就是说明中央政府在这里行使国家权利。

烽燧是长城每隔一段的屯兵驻军之所，是长城军事防御系统的重要工事，烽燧设有烽火台，烽火台里储存着白色狼粪风干制成的燃料和干柴，一旦边境发生战事，驻军就立即点燃干柴狼粪。在晴朗没有风的日子里，烽火狼烟可以直升一百多米。然后一个一个烽燧点着了，很快就把军事消息报告给了中央政府。随后就有快马斥堠，作为后继途径，通过一个驿站又一个驿站，把详细军情上报。阳关就是这样一个具有烽燧、驿站性质的著名关隘。

而玉门关又是什么样一个所在呢？根据张骞出使西域回来的叙述记载，他就说他经过了玉门。由此可见，早在玉门设关以前，甚至早在张骞出使、凿空西域以前，玉门这个地名已经存在很多年了，甚至可以说明这条道路上已经有了商贸往来了。人们从和田河里面捞些和田玉，沿塔里木盆地南缘一路东进，和关内而来同样汇集在玉门的商人以物易物，互换交易，渐而形成一个玉石的集贸市场。而且更令人惊奇的是，在新发掘的距现在四千三百年至三千八百年的陕北神木石峁遗址中，在那山顶的祭祀台上，竟然出土和田玉。它不但出土了和田玉、昆仑玉，甚至还有来自东南亚的缅甸玉，这说明早在那个时候，就有了商贸往来了，那个时候就有商贸通道。石峁遗址出土的各种玉石，据专家们初步判断，认为它们不是通过武力抢夺得到的，更可能是来自商贸交换。

汉唐西域以阳关、玉门关为隘，宋以后陆上丝绸之路塞衰，政治中心东移，中央政府对西域的管辖经营也相对减弱，明长城的最西端东退到嘉峪关，就充分说明了这一点。

嘉峪关是建在一条古河道的旷野上的屯兵古城。左宗棠当年抬着棺材出征新疆，就是从这里出发。五十年前我到新疆当兵戍边，路过嘉峪关，它所连接的长城还十分明显，虽然有很多地方坍塌，但是在茫茫戈壁滩上，长城的地望还十分明显，间隔分布的烽火台，就像一峰一峰的骆驼横卧在戈壁滩上，向两边绵延，一边绵延向巍峨的祁连山，一边绵延向北边的马鬃山、合黎山和龙首山。而当此次我们丝绸之路大穿越，行经嘉峪关的时候，已经很少看见两边绵延无尽的长城了。坍塌的长城已经与苍茫戈壁混淆在一起了。

嘉峪关又是如何产生的呢？明王朝在推翻蒙元统治，取得政权成为中央王朝之后，为了守卫边疆、巩固大明王朝的统治，修建了明长城。

玉门关遗址

嘉峪关

明长城东起山海关，西到嘉峪关，中有榆林城镇北台，有九城十三堆之说，就是九座像榆林城这样的边城，十三个像嘉峪关、镇北台这样的墩台。至于为什么明长城最西端设址在嘉峪关呢，这又与我们丝绸之路大穿越行将接触到的另一个重要人物有很大关系。这个人物就是生于撒马尔罕郊区牧民家庭、称为"世界三大草原王"之一的帖木儿。

帖木儿以行伍出身，推翻分裂自蒙古四大汗国之一——察合台汗国的西察合台汗国，而后相继灭掉其他汗国，建立帖木儿帝国。这是一位十分强悍的草原王，他自称是成吉思汗黄金家族的后裔，但是专家们给他的民族定义是突厥化的蒙古人，他其实和成吉思汗家族没有什么关系。只是他的诸多妃子中有一位是出自成吉思汗黄金家族而已。这个草原王在我们穿越图兰低地、高加索山脉时，将会浓墨重彩地叙述他的故事。

我常说，想要了解中亚的历史和现状，必须对帖木儿有很深的了解。帖木儿在去世前，他曾率领他横扫中亚草原的庞大骑兵部队，翻越帕米尔高原，来到塔里木盆地，又进一步东进，声称作为成吉思汗黄金家族后裔，他要复辟蒙元帝国。而此时，大明王朝的开国皇帝朱元璋已经驾崩，朱棣兵变继位，同样是一位英武强悍的帝王。帖木儿声称要和朱棣决战。结果快要到嘉峪关的时候，帖木儿暴病而亡，从而避免了一次过早的世界大战。

但是一代枭雄帖木儿的豪言仍然使大明王朝深深震动，大约，这也是修筑嘉峪关隘防的主要原因之一。

嘉峪关讨赖河畔明长城 "天下第一墩"

作者在嘉峪关演讲比心

河西经略

　　河西走廊是祁连山以北、合黎山以南、乌鞘岭以西、甘肃新疆交界以东,长约1000公里,宽数公里至近200公里不等,西北-东南走向的长条堆积平原。因位于黄河以西,为两山夹峙,故名河西走廊,简称河西、雍凉。

　　河西走廊是中国内地通往西域的要道,古凉州、雍州的属地、治所所在地,佛教东传的要道,丝绸之路西去的咽喉,经略西北的军事重镇。自古以来就是富足之地、兵家必争之地。

嘉峪关望祁连山

纵穿河西走廊的时候，我们能深切感受到，河西四郡，包括祁连山、昆仑山、天山、阿尔泰山，甚至远处的帕米尔高原，这些高山间隔广漠的地形对于中华文明板块的重要意义。就是它们形成西部屏障，有了这些大山大河广漠的阻隔，山拦水阻，中国农耕区农业文明才较少受到游牧文化的挤压，从客观态势上保证了中国农业文明四五千年的延续发展。

正如当年左宗棠朝议出兵新疆时候说：中国山川形胜，皆起自西北，弃西部即弃中国。在中国历史上，我们这个民族、这个国家能长久地繁衍、站立，也就与这些起自西北的山川形胜所构筑的大西北屏障不无关系，丝绸之路大穿越的一路上，我们能强烈地感受到这一点。这些天然屏障为这个东方文明板块的存在和发展，起了佑护的作用。

在这里我们可以想见当年中华民族的前贤，为了拓展民族生存和发展的空间，做了许多的努力。包括对河西走廊的巩固，包括后来对塔里木盆地的经营。"班超经营西域"，建立西域都护府。古人比我们有智慧，现代人用语往往流于敏感、刺激，而我们古人只说"经营"。

今天晋陕黄河以西，河套以南、秦岭以北，西至河西走廊，都属于《禹贡》九州之一的雍州地域，后来又改称凉州，虽然域界多有伸缩迁衍，但作为雍凉文化发源地的核心区域延续没变。

那么河西四郡故地，又是什么时候不再属于雍凉之地受中原中央政权节制的呢？是发生在一个民族建立了银川城之后。这个民族它的准确称呼，叫作古羌族之西羌支党项部落。这支部落的原生地在哪里呢，就应该在二〇〇八年发生5·12地震的汶川县一带。

世居于此的羌族部落，结束一天的劳作之后，晚上在村寨里面，围绕着篝火，大家大口吃肉，大碗喝酒，酣畅歌舞。在这样满天繁星的穹窿静夜和莽莽绵延的群山之间，远观天象，近睹诸物，歌舞兴会的时候，总有一些乡村哲学家，开始思索天地万物。这样一江浩瀚之水，它是从哪里流来的？它是从天上掉下来的吗？我们要寻找它的发源地。然后又有另一些人从不同角度追问：这些江水，它又流到哪里去了？总得有个地方来盛下这些水啊，得有多大的器皿才能装下这些水啊！我们要寻找这些水的归宿。

于是，向上游寻找的这些羌族人，我们叫他西羌，向下游寻找的或许就应该称为东羌了吧，这个我没有详细考证。西羌人他们走了很多代以后，就走到现在的三江源，找到河流之源以后，行走已经成为他们的一种民族性格和生活习惯，逐水食草，行走如风，是多么痛快的一件事情。之后他们分成两支，一支还继续往雪域高原行走，进入雪域高原后就形成后来称之为吐蕃的部族，而这支吐蕃部族又成为我们今天藏民族主要成分。而留在三江源的另一支西羌部落因为受到逐渐强大起来的吐蕃部族的挤压，在汉代内迁河西、陇右，叫作党项。

吐蕃定居青藏高原之后，繁衍发展，建立了吐蕃王朝，发展壮大的吐蕃人占有青藏高原全部以后，进一步寻求更加广阔的民族生存空间。甚至开始走下青藏高原，侵扰河西，逼迫党项人在隋朝开始进一步内迁。

隋唐易代之际，吐蕃王朝一度对刚刚统一东部中国的李唐王朝构成强烈威胁，无瑕西顾的唐王朝不得不采取和亲的策略来缓和关系，文成公主就是在这样的背景下入藏的。

文成公主入藏以后，松赞干布治下的吐蕃王朝进一步强大，吐蕃

四川汶川县萝卜寨羌族古寨岷江峡

人不断走下青藏高原侵夺党项人的河西富饶之地。走下高原的吐蕃人十分强悍，一个肩膀露在外面，腰里挂着腰刀，特别地骁勇好战，迫使党项人在武则天时代，又进一步沿黄河而退，大举内迁到陇东高原和陕北高原。

到唐末黄巢起义，党项部落酋长拓跋思恭出兵勤王有功，赐姓李（名李思恭），封夏国公、夏州节度使，统辖夏、绥（今陕西绥德）、银、宥（今陕西靖边东）四州之地，正式成为大唐王朝的封疆大吏。

后来，李思恭的弟弟李思谏又被梁太祖朱温加封为朔方王，就是说"你们理所当然地是北方之王，你们世袭罔替镇守北方"。从此以后，党项这一部落便长期统辖这一带地方，成为中国西部边境上一支强大的藩镇势力。

此后经过五代十国时期的进一步壮大，到了宋朝初年，党项人李氏又出了个名叫李继迁的人物，他出生在今天陕北的米脂县桃镇，出生地被称为李继迁寨。

而作为被迫迁徙的"外来户"党项人最初又是怎么发展壮大的呢？是通过联姻的方式。他们的男人长得比较帅，都很高大俊美，就入赘到当地的富贵豪强家里去，三代以后，就在当地同化了，他们党项人就扎下根了。

党项人有着极强的生存能力和环境适应能力。他们最初能够在青藏高原上得以发展，就是得益于部族首领委曲求全，入赘吐谷浑，被招为驸马这个契机。后来在陕北高原北部落脚后，故伎再用，党项首领迅速地与当地豪族通婚，从而稳稳当当地扎下根来。

最典型的例子是与麟州、府州地面的豪族折氏家族的通婚。

折氏先祖系鲜卑折掘部，故乡地在山西大同以北，后来则先后在甘肃、青海地面辗转挪动，唐初进入府州，成为当地大族。以"折"为姓。杨家将故事中那个杨老令公的妻子、率领十二寡妇征西的佘太君,就是这个"折"家出的姑娘。她的真名叫"折赛花",后来在戏文中,演唱者大约可能觉得这个"折"字有点怪,不像是姓氏,于是改成"佘"字。后来随着"佘赛花"年龄渐大,资历渐老,不宜在戏文中直呼其名了,于是就叫成"佘太君"。党项人迁徙到这里后,迅速地与折氏家族联姻,建立关系,而后来在长期的杂处中,折姓家族竟被党项同化,从而成为党项大姓之一。党项共有九姓为大户,号称"党项九姓",折姓即为其中最大一姓。

党项人在陕北高原的落脚,还有一处地方同样值得关注,这就是过去的银州,今天的米脂县。

米脂县紧倚无定河而筑,下距天下名州绥德城不足一百华里,上距统万城则一百华里多一点。这里有一个著名的所在,叫"李继迁寨",有理由相信,这里是党项人最初落脚陕北的地方。而事实上,这块地面也一直是党项人的老巢,直至后来到了李继迁之子、李元昊之父李德明的手里,党项为求发展,重心才转到三百公里以外的河套地区,在如今的银川市地面建造兴庆府。

史书记载李继迁小小年纪就勇敢果断,北宋开宝八年(975),李继迁的族叔、定难军节度使李光睿就任命年仅十二岁的李继迁为管内都知蕃落使。北宋太平兴国七年(982),李继迁得知族兄李继捧迫于族内压力入朝大宋,并交出夏、绥、银、宥、静五州地后,与弟李继冲、亲信张浦等人组织党项各部叛宋附辽,取得辽国的支持。辽国为了削弱北宋在河西的控制力,继续任命李继迁为定难节度使、夏银绥宥静五州观察使、特进检校太师,都督夏州诸军事。

李继迁重振党项以后,觉得无定河边的李继迁寨实在过于狭小,于是就又修复了当年赫连勃勃以为都城、而后被北魏摧毁荒废的统万城,更名为夏州城。到了李继迁孙子李元昊的手里,他又觉得夏州城过于窄小,距离宋辽又太近,于是他就跨过黄河,在对面建立了一座当时叫兴州、后来叫兴庆府、现在叫银川城的新都城，并就此开启了西夏王朝十位皇帝的历史进程。

有意思的是，党项人在这一块地面上最初的落脚点是在统万城周围。前面我们提到"三边"这个地理概念。"三边"即是指定边县、安边县、靖边县。党项的一部分，即在这里落脚。这里已进入黄土高原山区了，所以他们称"南山党项"。党项之另一部分，则在统万城北边，当时的夏州、麟州、银州地面落脚，这里是无定河和窟野河流域，所以称"川泽党项"。

其实南山党项和川泽党项，当都属于拓跋氏改为李姓的党项部落，他们之间的区别并不大，而距离也很近。骑一匹快马，一天就可以走遍所有地方，而这些地方都是以统万城为圆心向四周辐射的。

这样，一支从青海草原上过来的人类之群，便在这九曲黄河转弯的弓背上，悄悄地、顽强地扎下根来。

"非我族类，其心必异"，这是唐魏徵的话。他的话说对了，蛰伏在农耕文化眼皮底下的草原部落，他们只是在等待时机。

其实早在唐朝末年，中央政权已经对党项人的日渐壮大，有了畏惧之心。奈何大家都吾身难保吾身，哪能腾出手来理会这些。这种状况于是延续到五代十国和北宋初期。

这样，在这块有沙漠、有草原、有河洲、有高山的空旷土地上，党项李氏便像野草一样疯长起来，直到李元昊有一天揭竿而起，黄袍加身，建立大夏政权，史书称之为"西夏"。而他们的称呼是"大白高国"。

西夏王国达到最盛的时候，它的疆土包括今天的宁夏全境，甘肃几乎全部，青海东北部，内蒙古西部，陕北高原北部。是时，它的版图东到今呼和浩特市、包头市，西到哈密、敦煌，南到延安以北，北到蒙古境内，也就是说，几乎覆盖了大西北的全境。

统万城

作者写作《统万城》期间在统万城考察

内蒙古黑城

它以兴庆府作为它的首府，以黄河和贺兰山作为它的屏障，以"黄河百害，唯富一套"的河套地区作为它的粮仓，以巴丹吉林大沙漠和腾格里大沙漠作为它躲闪腾挪迂回用兵之地，以著名的黑城作为它屯兵和出击西域的桥头堡，以陕北高原北沿的怀远（今子洲县）、横山、麟州（今神木市）作为它对大宋用兵的前沿阵地。

这个发端于青藏高原的西羌，辗转于北中国地面的党项，起事于大漠河套地区的西夏，就这样与当时统治中原的北宋、南宋王朝对峙了二百多年，成为与宋、辽、金、蒙古并立的一个中国历史王朝，从而在中华民族的历史上，刻下了深深的印记。

西夏与辽、宋、金、蒙古并峙，后来为成吉思汗所灭。它就是这么一个随着中国分裂，在各个民族政权的夹缝中生存，而后又为统一中国所融合的一个民族政权。但是它曾在中国西北以及北方地区有过辉煌的历史。

西魏以当地泉水清冽甘甜而在今张掖置甘州，治河西走廊，甘州之称自此开始。到隋代将今天酒泉从甘州分出，始置肃州。到西夏为成吉思汗所灭，西夏人茫茫然不知所终，但是西夏人所设的城治却保留下来了，鉴于后来新的民族形势出现，中央王朝需要在这里设置更高级别的行政机构，元世祖忽必烈就合其地设甘肃行中书省，省称甘肃。

我们今天所穿越的丝绸之路，在历史上多次堵塞，而丝绸之路作为国际交流的重要通道的堵塞和衰落，其实和李元昊建立的西夏政权有很大关系。由于西夏整个占领了丝绸之路东入中原、西进西域的关键通道，而又与周边政权不断交兵，所以丝绸之路就堵塞了，虽然还有少数民间通商行为存在，但是与之前和平时期国际化的大规模交流，完全不可同日而语了。

也恰在这个时候，世界进入大航海时代，海上丝绸之路因势而起，并后来居上，陆上丝绸之路便从此一蹶不振。原来陆路而来的巨大财富和多样文化，随之转由海路而来。

当然这是原因之一，我认为最重要的原因还是，经过周秦汉唐四个强盛王朝，以及东部更早的夏商，已经把整个北方的地气挥霍耗尽。地瘠民薄，你会发现北方人现在普遍粗糙和迟钝（包括此刻写文章的我），已经丧失了周秦汉唐时代的灵性。

西夏王陵

西夏王陵又称西夏帝陵、西夏皇陵,是西夏历代帝王陵以及皇家陵墓。王陵位于宁夏银川市西,西傍贺兰山,东临银川平原,是中国现存规模最大、地面遗址最完整的帝王陵园之一,也是现存规模最大的一处西夏文化遗址。

西夏王陵营建年代约自11世纪初至13世纪初,承接鲜卑拓跋氏从北魏平城到党项西夏的拓跋氏历史。核心区域分布9座帝王陵墓,200余座王侯勋戚的陪葬墓,规模宏伟,布局严整。西夏王陵受到佛教建筑的影响,使汉族文化、佛教文化、党项文化有机结合,构成了我国陵园建筑中别具一格的形式,有"东方金字塔"之称。

贺兰山下西夏王陵

西夏曾经是中国历史上一个重要的割据王朝。它的都城在银川。银川那时候称兴庆府。西夏王国的强盛时期是在北宋。那时，它与北宋对峙，西夏王李元昊和韩琦、范仲淹领军的北宋军队，曾有过几十年的战争。那时西夏的国土，以富饶的河套平原为中心，向四周辐射，今天陕、甘、宁、青、新和内蒙古的一大部分，都曾经并入它的版图，它的疆界甚至到达敦煌更远。

西夏王国后来为成吉思汗所灭。成吉思汗为攻克兴庆府甚至搭上了自己的性命。或者说，一代天骄成吉思汗最后竟然是死在西夏王国的都城兴庆府城下的。

成吉思汗的大军，围攻兴庆府半年有余，面对城内的顽强抵抗，丝毫没有办法。不能让这小小的兴庆府绊住成吉思汗征服亚欧大陆铁骑的脚步，于是乎，成吉思汗本人亲自冒着危险上前督战。这时，城中箭矢如雨，一枚利箭射穿了成吉思汗的胸膛，这位伟大人物倒在血泊中。

成吉思汗经过一个月的短暂养伤后，不治而亡。攻城的蒙古军隐瞒了成吉思汗死亡的消息，继续攻城不止。守城的西夏王室这时候并不知道成吉思汗业已死亡的消息，如果知道的话，他们一定会殊死抵抗的，说不定还会倾满城军队出城一搏，如果真是那样的话，一部中国历史，甚至一部世界历史，其中许多章节都要重写了。

西夏王国提出了议和，议和的条件是蒙古军入城后不从事杀戮，并承认西夏王国的存在,那时西夏王国将降格为蒙古的一个附庸国。蒙古军很爽快地接受了西夏王室的议和条件,因为蒙古军这时候也已经是主帅丧失,攻击力处于强弩之末状态。更兼成吉思汗战死的消息,一旦泄露出去,谁知道内部、外部都会发生些什么情况。

蒙古军戴孝入城。愤怒的蒙古军屠城七日,将兴庆府这个黄河河套平原上的富饶都市从地图上抹去,将西夏这个民族从中国历史上抹去。如此这般以后,还觉得不解恨,又赶往贺兰山下的西夏王陵墓区,将西夏国六七位先王的尸骨从坟墓中挖出,暴尸荒野。

一个披着神秘面纱的民族就这样灭亡了。即便在那血腥杀戮中仅存百中之一、千中之一甚至万中之一,那么这一份还存在着的,在又繁衍了这许多个世纪之后,也会繁衍出许多子孙来的。但是,他们消失了,无影无踪。

西夏王国灭亡了,西夏民族灭亡了,西夏王李元昊创造出来的那种怪异的文字也灭亡了。贺兰山下那西夏王陵,如今已经成为宁夏回族自治区一个重要的旅游景点。西夏王不知为什么将他们的陵墓,都筑成些高高的金字塔式的土堆。因此,世人将这些没有了香火祭奠的陵墓,叫东方金字塔。

站在这雄伟的东方金字塔前,面对空旷冷寂的原野,听着身穿红衣服的漂亮的女解说员在谈这些,你感到像在听一部天方夜谭。在当年兴庆府的废墟上,现代人建起了银川市。在银川市一栋有些简陋的楼房里,我见到一个叫李范文的老学者。这位老人是目前世界上唯一能认得西夏文的人,他还编纂了一本厚厚的西夏文字典。

我问他是如何认识这些古怪文字的,又没有人来教他。李老先生听后,沉吟了半晌,他说连他自己也不知道是怎么揣摩出来的,经过了大半辈子的研究,在占有大量资料的情况下,有一天早晨睡梦中醒来,他突然感到眼前好像冰块融化一样,天眼开了,明白这些古怪字

西夏王陵

体的意思了。

我问他能不能将它们读出声来。让这些死去的文字,重新从活人口中复活,从而让我们领略那古老的声音,那该是一件多么有趣味的事情。但是李老两手一摊,遗憾地摇了摇头,他说不能发出它们的声音。

李范文先生是哪里人?是祖籍宁夏人或是别的什么地方的人吗?我遗憾当时没有问他。不过我觉得,能无师自通地认得这种消亡了的文字的人,他一定和那个消亡了的民族、消灭了的王国,冥冥之中有什么联系。

当李范文先生在这个寒风嗖嗖的早晨,面对贺兰山,面对西夏王陵,面对黄河大河套,吟咏出那首名叫《夏圣根赞歌》的西夏古歌时,恍惚间,顿时让人疑惑那消失了的历史恍如昨日,让人疑惑在这魔咒般的歌词中,冢疙瘩中的那些过去年代的英雄人物,会从沉睡中醒来,冉冉走出坟墓,用他们褪色的嘴唇向二十一世纪微笑。

年迈的戴着近视眼镜的李范文教授,张开双臂,这样吟唱:

黑头石城漠水畔,
赤面父冢白高河,
那里正是弭药国。
才士高,十尺人,
马身健,五彩镫。

我们久久地沉浸在李先生为我们描述的那古歌的意境中。冢疙瘩在我们的旁边,神秘、冷漠、安静、无言,正像那地球另一处的埃及金字塔一样。贺兰山像一匹奔驰的骏马,蜿蜒横亘,黄河则在不远处,逝者如斯,发出疲惫的叹息声。

成吉思汗

　　元太祖孛儿只斤·铁木真（1162~1227），尊号"成吉思汗"，蒙古族乞颜部人，生于漠北斡难河上游地区（今蒙古国肯特省）。大蒙古国可汗，世界史上杰出的军事家、政治家。

　　铁木真早年丧父，投奔克烈部首领脱里，积蓄实力，于1189年被推举为蒙古乞颜部可汗，随后经过一系列战争，统一蒙古诸部。1206年在斡难河源即皇帝位，建立大蒙古国。实行千户制，建立护卫军，颁布《成吉思汗法典》。多次发动对外战争，征服地区除东亚的金朝、西夏外，西达中亚、东欧的黑海海滨。1227年，铁木真于西夏投降前夕逝世，终年66岁。临终前定下"联宋灭金"的战略，死后被秘密安葬。元朝建立后，累赠谥号为"法天启运圣武皇帝"，庙号"太祖"。

成吉思汗帝国(张芝联等主编《世界历史地图集》)

西夏得以长期控有河西，宋王朝的虚弱是其中一个重要原因。由北宋到南宋，更是一弱再弱。

是的，南宋王朝这辆破车，早该散架了。仅仅凭一种历史的惯性，它才又踉踉跄跄地行驶了那么多年。它早该灭亡！它的灭亡是注定的！它是多么的孱弱！历史留给我们的悬念仅仅是：它会灭给谁？或者用帝王家自己的话说：这一颗好头颅，不知道要被谁割了去？！

它将亡给一个马上民族。

高大威猛的这个东方民族，这时候已经被封建儒家文化禁锢得从巨人变成侏儒。女人被缠脚，这是有形的。男人则被禁锢了思想，这是无形的。朱熹和理学的先生们在岳麓书院这个地方侃侃而谈、坐而论道，那是多么可笑啊！他们能不能让世界简单一点，让中国人简单一点。这时候的中国人已经被沉重的因袭压得快走不动了，这些才子们还要给他们的背上再加一点负荷。千疮百孔的宋王朝是谁也救不了的，无论是忠贞刚烈的杨家将，还是整日做着"收拾旧山河"之梦的岳飞，还是"把吴钩看了，栏杆拍遍"的辛弃疾。那个时代中原大地上出现过多少优秀的人物啊，但是，谁也救不了谁，而就他们自己来说，用《红楼梦》里的一句话来总结他们的命运，则最合适，那就是"才自精明志自高，生于末世运偏消"。这不是南宋一个王朝的悲剧，而是整个农耕文明的悲剧。

中华文明需要一股强健的甚至暴戾的力来充实它，来打击它，来变复杂为简单。他们因为近亲联姻而日渐孱弱的血液里需要增加外来成分。

这力量来自大漠深处，这血液来自马上民族。

或者是契丹辽国，或者是来自白山黑水的金国，或者是起自草原深处的元朝，他们都有取代南宋入主中原的理由和实力。而实际上，如果不是他们之间的战争，南宋早就被其中之一，早早地鲸吞入腹了。

蒙古大帝铁木真在与辽国的对局中，在与金国的对局中，每一座城池的争夺，其战斗都残酷得令人咋舌。他们之间完全是强强对话。我曾经看过北方一些地方志，这些志书几乎都用"血流漂杵"这句老话来记载当年的残酷战争场面。它们每一个的军事实力都是偏安一隅的南宋王朝所无法比拟的。

成吉思汗和他的子孙是在打败了西夏，打败了辽国，打败了金国，铁骑横扫欧亚大平原以后，最后才吃掉南宋这块口边的腐肉的。这就是在中国正史上，南宋这个偏安王朝，还能滑稽地苟延残喘那么些年的原因。

农耕文化和游牧文化，这哺育了中华文明成长的两种文化，在那个年代完成了又一次交汇。

成吉思汗的铁矛像生殖器一样，深深地截入中原腹地，让中华民族又一次再生。

这是一个历史的十字路口。

要么，中华古国像古印度、古埃及、古巴比伦那些另外的文明古国一样，搁浅、消失，最后成为历史的一部分。要么，它接受游牧文化的侵入，完成它的凤凰涅槃。

所幸的是它选择了后者。

"崖山以后无中国"。在这里，我们还应该把最高的敬意，给随着末代皇帝赵昺跳海的那十万军民。那个惊天地泣鬼神的场面，令人动容。它为后来农耕文明的"咸鱼翻身",延续传统显示了力量、做了铺垫。农耕文明虽然悲惨到这般境地了,但是它的底气还在,人气还在,向心力和凝聚力还在。

成吉思汗是蒙古族人民的骄傲,亦是全体中华民族的骄傲。这块大地上的中国人有一度都曾经成为他的臣民。一部中华民族的历史中,它的文化传统是由两部分组成的,一是农耕文化,一是游牧文化,这两种文化的相互交融,相互促进,构成了蔚为壮观的东方文化景观,蒙古族亦是伟大中华民族的一部分。

而蒙古人种则是亚洲的基本人种。这个知识是诺贝尔物理学奖获得者杨振宁博士告诉我的。西安半坡有一处六千多年前的母系氏族聚落遗址。这里后来经考古工作者挖掘,建成博物馆,郭沫若题名西安半坡博物馆。

在这里出土了人类的第一件乐器——埙。据说这乐器最初的用途,是为了求爱。求偶的男子站在部落那深深的壕沟之外,吹动埙,埙发出呜呜咽咽的声音,于是相爱的女子便风一样地从村子里跑出来了。在人类那苦难的寂寞的漫长岁月中,这呜呜咽咽的埙声释解了他们的痛苦,给岁月平添了一层玫瑰色。

在这里还出土了一种形状奇怪的陶瓶。这瓶子像女人的胴体,底下小一些,到上边时缓缓变大,齐到胸部时突然鼓出。再到脖颈地方,又变小了。上面则是一个小小的口。据说这瓶子是出门在外,从事渔猎或部落战争时的男人们带的。据说这瓶子扔进水里以后,水入瓶口,瓶底自动下沉,汲满水后,瓶口向上竖起,并在水中保持平衡。

半坡遗址的前面,筑了一个东方少女的雕像,那少女楚楚动人,正俯身作汲水状。瓶子里经年累月,有一股涓涓细流从瓶口流出。

杨振宁博士有一次陪外宾来参观,他在雕像前沉吟良久,对博物馆负责人说,这雕像不对,少女太苍白柔软,那时的半坡少女不是这个样子的。那么六千多年前的半坡少女是个什么样子的呢？博物馆负责人迷惑不解。杨博士于是进一步解释说，她的骨骼应当大一些，脸本应当丰满一些，就像鄂尔多斯台地上的原住民。那是亚洲人种最初发祥的地方，蒙古人种是亚洲的基本人种。

博物馆负责人大约并不太信服杨博士的话。或者说这杨博士毕竟不是他的直接领导，故而可以不听。所以那少女雕像至今还没有换。据说，杨振宁后来又来过一次，见这雕像没有修改，博士拒绝参观，扭头就走了。

所以，成吉思汗，这个从北方的草原上冲下来的蒙古英雄，再一次给华夏民族以胡羯之血的天选之子，又该有怎样的归宿呢？这个骑手那博大的灵魂，将会安歇在大地的哪一处呢？

天似穹庐，地似枕簟。

这地方应该是一块青色的草原。在草原上，有牛羊在安详地吃草，马群则长长地嘶鸣着，像风一样掠过，鲜花在每年春天，应时开放，日月星辰轮回地照耀着他。

仅有草原是不够的，还应当有一块像天空一样辽阔的大漠，横躺在他身边。黑戈壁、红戈壁、白戈壁相杂在大漠之间，高高低低的沙丘分列左右。

而仅有草原和大漠还是不够的，还应当有一座大青山，闪烁在视野可及的地方。

然后，这个疲惫的骑手，像回到家里以后，在那里安睡。

这是在没有见到成陵之前，我为这位叱咤风云的一代天之骄子所设想的安歇之处。想不到的是，我的设想竟和看到的完全吻合。

出了明长城线上的塞上名城榆林，便进入鄂尔多斯高原和毛乌素沙漠纵深了。过窟野河边的古麟州城，过红碱淖，但见铺天盖地的黄沙扑面而来，眼底空旷、寂寥，高高的天空中，偶尔有雄鹰的影子一

成吉思汗陵

掠而过。当汽车在不经意地攀上一个沙丘时,突然,在沙丘的怀抱中,有一块狭长而平坦的草原,草原的远处,有三顶白蘑菇般的蒙古式帐篷。

这三座穹庐式的建筑就是成吉思汗的敖包。

穹庐建在一座矮矮的山岗上。虽然山岗不高,但是由于四周都是一马平川,而这里是唯一的一个制高点,所以,穹庐倒也显得伟岸、肃穆、醒目,几十里外都能看见,而且要仰视才行。

我曾经许多次拜谒过成陵。当顺着那长长的台阶拾级而上,一步步地走近这恺撒大帝式的人物时,你自己也突然感到自己博大起来,胸中充满了一种英雄的感觉。

在蒙古族的传说中,成吉思汗是死在战场上的。伴随他的死亡,有一个十分美丽的传说。据说,战争正紧,部队正在大奔袭中,于是士兵将大汗就地掩埋,队伍则继续行进。茫茫的荒原上,没有任何标志可以辨认,于是为了能在胜利归来后找到大汗的遗骨,士兵们宰杀了一头母牛的牛犊。第二年,青草发芽的时候,胜利归来的士兵们,赶着母牛在草原上寻觅,终于,母牛转悠到一块青草茂盛的地方,呜呜地哭起来,不愿意走了。这地方正是去年宰杀牛犊的地方,亦正是大汗安寝的地方。于是士兵们将大汗的尸骸挖掘出来,在这里就地起陵,盖下这座陵墓。并派一队士兵世世守陵。

关于成吉思汗陵,还有一条秘闻。日本人打过来的那些年头,当时的中国政府曾经将成吉思汗的灵柩,悄悄地从成陵里运出,途经陕北延安,放进黄陵县桥山的黄帝陵园里,秘密保护。后来又运抵西安,运抵甘肃,所到之处,当时的政府都举行了隆重的迎送仪式。直到抗日战争胜利结束,灵柩才重新运回成陵。

这里是内蒙古自治区鄂尔多斯市伊金霍洛旗地面。伊金霍洛旗的蒙古人,自成陵修筑之后,就居住在这里,开始一代接一代地做守陵人。三座穹庐式建筑,迎门且居于正中位置的这座,是成吉思汗灵寝搁放的地方,旁边的两座,则是他的两位王妃的。主陵前殿里放着成吉思汗用过的马鞍、马鞭,蒙古军西征时驾驭的勒勒车等,墙壁上则挂满了画像。这些画像除大汗本人之外,还有他的那些封王封侯、南征北战的儿孙们的,例如元世祖忽必烈,例如前面提到的金帐汗国的国王术赤,伊尔汗国的国王拖雷之子旭烈兀,察合台汗国的国王察合台,窝阔台汗国的国王窝阔台,等等。他们都排列在大汗之侧,好像正在召开一个家庭会议似的。

成吉思汗和妻子的棺木,则在后殿的一个密室里停着。

酥油灯长明不熄,一种淡淡的焦糊味弥漫在空气中,从而给人一种宗教般的恍惚感觉。从大门到正殿,要走过一段长的台阶,大约有二百米长吧!这二百米的距离足以让人收拢思绪,做好走进历史空间的思想准备。

在正殿的大门口,通常坐着一个有了一把年纪的看门人。他恭迎着每一个人。当他静静地一个人坐在那里的时刻,内心和外表,都表现了一种宁静安详的状态。

在依依不舍地告别成陵时,我从陵下的那个伊金霍洛旗的小商店里,买了一把蒙古式的弯月牛角刀和一根马鞭,作为纪念。那刀的刀鞘是用长长的弯弯的牛角做的,骑马时挂在腰间最合适。鞭子则是牛皮做的著名的成吉思汗"上帝之鞭"。售货员是一位面色绯红脸蛋俊俏的蒙古族姑娘,名叫乌日娜(花儿),当我从她手中接过马刀和马鞭的时候,我突然感到,当年那些勇猛的蒙古骑士,大约就是在一个早晨,这样地接过女人们递给他的马刀和马鞭,从而踏上征服世界的征途的。

内蒙古乌兰浩特市成吉思汗公园前的成吉思汗雕像

罗布泊之谜

　　罗布泊是位于塔里木盆地东部最低处、塔克拉玛干沙漠最东缘的咸水湖泊，由于形状宛如人耳，被誉为"地球之耳"，又被称作"死亡之海"，又名罗布淖尔（蒙古语，意为多水汇集之湖），也有称泐泽、盐泽、蒲昌海、盐泽、牢兰海、辅日海、临海等。塔里木河、孔雀河、车尔臣河、疏勒河等皆集水于此。公元330年以前湖水较多，西北侧的楼兰国楼兰城为著名丝绸之路咽喉之地，后来由于自然和人为因素，上游来水减少，直至干涸，现仅为大片盐壳。

　　楼兰古国于公元前176年以前建国、公元630年消亡，有800多年历史。罗布泊和因它而繁盛的楼兰古国，一度吸引了很多国内外的探险者。意大利商人马可·波罗，俄国探险家普尔热瓦尔斯基，瑞典地理学家斯文·赫定，英国人斯坦因，日本人橘瑞超，等等，都考察过罗布泊。

罗布泊雅丹

从阳关、玉门关西出，面对的就是被誉为"地球之耳"，又被称作"死亡之海"的罗布泊。

沧海桑田，鱼龙变化。

一九七二年，尼克松总统访华。作为礼物，他送给中国方面一摞从卫星上拍摄的中国地貌照片。这其中有一张是罗布泊的图片。图片上的罗布泊，像一只风干了的人的耳朵，每一圈轮廓线都记载着它逐年干涸的过程，这就是那张著名的大耳朵照片。

在三亿五千万年以前，正如中国的东方有一个太平洋一样，在中国的西方亦有一个大洋，它的名字叫准噶尔大洋，它横亘在中亚细亚腹心地带。现在的新疆的大部分，现在的中亚五国，那时候正是这个大洋的洋底。后来地壳变动，海水干涸，大洋露出洋底。地壳的挤压令天山山脉隆起，而洋底则成为草原和戈壁，成为塔克拉玛干大沙漠。

至十万年前时，海水浓缩成一个三万平方公里的水面。它先被称作蒲昌海，后则被称作罗布泊，或罗布淖尔。它位于天山以南，塔克拉玛干大沙漠以东。大耳朵照片显示，这个从浩瀚的准噶尔大洋开始，到硕大的三万平方公里的水面的罗布泊，如今已经干涸，一滴水也没有了。

到了两千一百多年前的西汉，司马迁曾在《史记》中，对罗布泊有过几次闪烁其词的提及，司马迁称罗布泊为盐泽。东汉班固的《汉书》又称之为蒲昌海。

罗布泊之所以被《史记》《汉书》提及，是为了记述当时统治者的拓边之功，记述中原统治者对位于罗布泊深处的楼兰、龟兹等的征伐，对匈奴的征伐。想那时罗布泊从三万平方公里再度缩小，露出许多的陆地了。后来的唐诗中，有"黄沙百战穿金甲，不破楼兰终不还"的句子，证明那时候楼兰已处在一片黄沙之中。

这以后罗布泊便被历史遗忘了。

它的重新被记起是十九世纪末叶的事情。先是俄国探险家普尔热瓦尔斯基在罗布泊边缘地带探险，接着又有许多西方探险家到那里去，试图揭开这块亚细亚腹心的神秘面纱。而在这些探险家中，成就最大，或者说运气最好的是瑞典探险家斯文·赫定。

斯文·赫定率领他的豪华驼队，以罗布泊人和回族人做向导，在这座死亡之海上游弋。一个刮大风的日子，他们迷路了。大风后来把他们刮到了一座死亡了的城堡面前。湮失了许多世纪的楼兰古城至此被发现，西域探险重要的一页自此揭开。这个时间是一九〇〇年三月二十八日午后三点。

自此，西方世界"楼兰热""罗布泊热""丝绸之路热"一直延续到二十一世纪。

罗布泊在国内重新成为一个焦点，则是一九八〇年科学家彭加木在罗布泊的失踪，和一九九六年旅行家余纯顺在罗布泊的死亡。彭加木在罗布泊探险时，给同事留下一个纸条：我去找水，吃饭不要等我。尔后便消失在茫茫罗布泊里，活不见人，死不见尸。解放军战士成散兵线，从这一处处沙丘中梳头似地搜索几遍，仍不见蛛丝马迹。这事于是成为一个谜。余纯顺遍踏名山大川，后来却轻轻易易地死在罗布泊中了，这事也十分蹊跷。罗布泊从此成为一个险恶的地方，令人谈而色变。

罗布泊是一个大神秘。仅就它的昨日波浪拍天，万顷一碧，今又

楼兰古国官衙遗址——"三间房"

黄沙漫漫，盐壳高耸而言，它活像一个有着百变面孔的怪兽。仅就它地狱般荒凉的地表，永远死气沉沉的天空而言，它活像造物主为我们所预兆的地球末日的情景。而它又像一个神秘莫测的险恶非常的地球黑洞，无情地吞噬着送到它口边的生物和类生物。"塔克拉玛干"一词就是进去出不来的意思。至于围绕它而展开的那一幕幕历史大剧，那一个个天方夜谭式的传说，则更令人神往和迷惑不解。卓有建树的罗布泊研究专家奚国金先生，曾将罗布泊之谜归纳为十一条。

其中有关于自然地理的追问。比如，第一条：这个曾经波涛汹涌、仪态万方的罗布泊，它因什么原因出现，它又因什么原因消失。第二条：罗布泊四周这些奇异的雅丹是如何形成的，鬼斧神工吗？天造地设吗？第十一条：罗布泊是黄河的源头吗？

当然最多的罗布泊谜题还是关于历史，关于楼兰古国，关于千棺之山，关于丝绸之路，关于东西方民族的攻伐战争与商贸交流。下面我们例举几条：

第六条，李柏文书。啥叫李柏文书？李柏是前凉王朝的一名将领，是当时的西域长史。所谓李柏文书，是这位西域长史写给当时的焉耆国王龙熙的信的草稿。这些函包括两封相对比较完整的信稿和五块残片。信稿是写在麻纸上的，这是所发掘出的前凉时期表述的内容最完整的文书资料，反验了当时的一些历史史实和出土遗址的情况。

而李柏文书之所以被称为"罗布泊热"中的一个未解之谜，是由于对它的挖掘地点的确认。它是一九○九年三月，日本一个叫橘瑞超的探险家，只身一人进入楼兰地区，在一座不知名的古城遗址中挖掘出来的。楼兰地区有着许多古城遗址，这举世闻名的珍贵文物《李柏文书》是在哪座城里发现的。楼兰城吗？或者别的城？

日本的学者，英国的学者，中国的学者（例如王国维），都先后提出自己的见解，推翻前人的见解，争争吵吵了一百年，但这事现在

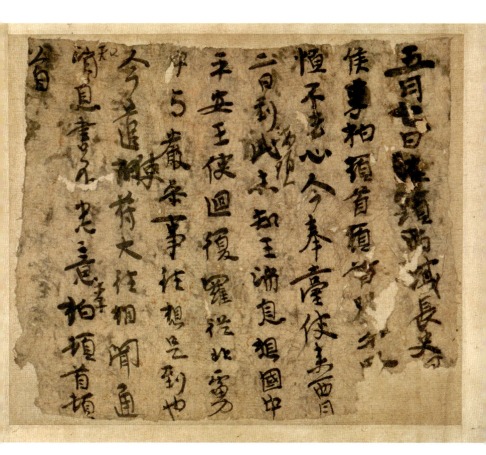

李柏文书

还没有个定论。

第七条，奇异的死文字。在我们以前的年代里，有多少国家，多少民族，多少文化消亡在漫漫时光中呀！在罗布泊及其附近，人们发现了一种奇怪的文字，这种文字叫佉卢文。佉卢文最早起源于古代犍陀罗，是公元前三世纪印度孔雀王朝的阿育王时期的文字，最早在印度西北部和今巴基斯坦一带使用。公元一世纪至二世纪时曾为大月氏人在今阿富汗一带建立的贵霜王朝官方文字之一，在中亚地区广泛传播。公元四世纪中叶，贵霜王朝为嚈哒人所灭，佉卢文也随之在中亚、印度消失了。然而，在三世纪时，佉卢文却在新疆的于阗、龟兹、楼兰等王国流行起来，甚至成为楼兰王国的官方文字。

这真是一种奇怪的文化现象。这就像一条河流，在奔流中突然潜入地下，然后又从另一处冒出来。

第一个在这一带发现佉卢文的是一个英国人福塞斯。时间是一八七四年。福塞斯在喀什、叶尔羌、和田一带，搜集到大批古物，这些古物中有两枚汉文佉卢文合璧的铜钱。因为钱币正中位置铸有一匹马，又因为是在和田一带发现的，所以这种铜钱被称为和田马钱。马的周围则印有一圈佉卢文字，其汉文译意是：大王、王中之王，伟大者矩伽罗摩耶婆。

佉卢文的再一次发现者是大名鼎鼎的斯文·赫定，时间已经是二十世纪之初。赫定在罗布洼地的西北侧发现了一个古城遗址。在这个遗址中，赫定的发掘获得了众多珍贵的文物，其中也有大批魏晋时期的汉文文书和一件佉卢文木简。尤其珍贵的是，在一位汉文文书的背面也写有几行佉卢文。

时至今日，新疆境内发现的佉卢文木简和文书，总的数量已达到一千多件，尤其是以楼兰、罗布泊地区为多，尼雅地区数量更为可观。木简和文书的内容包括楼兰王国的政治经济、社会生活的各个方面，

佉卢文木牍

有国王下达的各种命令,各地地方官和税吏组织生产、交通运输和收取赋税的报告,公文函件,各种契约,簿籍账历和私人信函,等等。这些文书传达了古代的信息,为研究古于阗国、古鄯善国历史文化和社会发展,提供了不可多得的第一手资料。

也许那每一个正在腐朽的残片,都会成为一篇小说的题材的。那里透露出古代人在处理各种问题时的思维方法,他们在书写木简时的情感等等。例如在一些来来往往的残片中,就记述了楼兰国王对一个税务官鱼肉百姓的不满、谴责和处罚。

而一枚简牍,则是官衙关于一户农民状告邻居的牛吃了他的庄稼的诉讼判决书。该文书用佉卢文、汉文两两对照写成。

这些佉卢文是如何释读的,它也颇费了一番周折。死文字佉卢文也是经过许多学者的毕生探究,后来由一个叫普林谢普的英国学者破译的。

在印度孔雀王朝著名国王阿育王所立的石柱上也有这种古怪文字。同时,石柱上也刻有另外一种我们现在还可以认识的文字。普林谢普将两种文字两两对照,发现它们是同一个意思。这样,佉卢文便被破译了。

佉卢文在它的母国消失之后,在塔吉克追风少年唱出《花儿为什么这样红》的喀布尔消失之后,怎么又跨越遥远的空间,在罗布泊地区死灰复燃的,这委实是一个大神秘。

第八条,小河流域与千棺之山。在民间传说中,说在罗布淖尔荒原上,有一个去处叫千棺之山。那是沙漠的深处,那里拥拥挤挤的大沙山,一座挨一座,茫茫苍苍,直接天际。而在沙山之上,排列着密密麻麻的棺材。棺材里躺着高贵的武士、美丽的少女。历经数千年的岁月了,但是这些勇士少女们仍面容姣好,栩栩如生。据说在有月光的夜晚,他们会从棺木中走出,歌唱和欢舞。而在太阳出来之前,又重新回到棺木里，安静地躺下。

据说每一个棺木的旁边，都立着一根高高的胡杨树干。从而令这一处地面像一座死亡了的胡杨林。而那雪白的树干，苗条、高耸，像一群踮起脚尖跳舞的美女。

据说，在这疑团四布的土地上，如果你有意识地要寻找这千棺之山的话，根本无法找到它。那些亡灵拒绝任何的来访者。而见过这千棺之山的人，都是些在迷路的时候，在追猎的时候，在无意之中，与它邂逅的。而这以后，当你存心要专程寻找它的时候，它就又消失得无影无踪，好像不曾存在过一样。

在斯文·赫定的三十年中亚探险史上，有一个重要的人物是罗布人奥尔得克。这个举止诙谐、行踪不定的卑微的人，曾许多次充当过赫定的向导。楼兰古城的发现，就是这位罗布奇人在充当向导的途中，一次刮大风迷路后，偶然发现的。仅就这一点来说，奥尔得克的卑微的身影，就已深深地嵌入近代罗布泊探险史中了。

奥尔得克给人说他见过这千棺之山。他说在一个刮大风的日子里，他追赶几峰野骆驼，结果误入了这像桅杆高耸的引魂幡，像船只一样排列有序的千棺之山。奥尔得克是一个见多识广的人，可是眼前的这一片恐怖奇特的景象依然叫他惊骇。同时，奥尔得克又是个信口雌黄、想象力十分丰富的人，因此，他的关于千棺之山的惊人阅历，听众们对此也只是信疑参半而已。

如果我当时有幸成为奥尔得克的听众，那么我会相信他的话的。因为我也有过与奥尔得克相似的经历。我曾在中苏边界服役，那位置在距哈萨克斯坦的斋桑泊一百公里左右的额尔齐斯河边，也就是中国那雄鸡一样的版图的鸡屁股的位置。

一九七五年的冬天，那一次，不知道是因为什么事，我单人单骑，顺着额尔齐斯河往下走。河岸上一片连绵起伏的沙包子挡住了我的去路，于是我只好离开河岸。后来，在一片沙丘的下面，平坦的草场上，我看见了黑黝黝的一片坟墓。这坟墓上的标志，不是像奥尔得克的千棺之山一样，树一根高高的树木，而是用圆木堆积成金字塔般的形状。这些圆木是成长方形形状堆砌而起的，牙口咬着牙口，底下宽些，罩住整个坟墓，越往上，则慢慢收口，直到上面，收成一个顶尖。在这干旱的地方，不知经历了多少岁月，木头发黑，发干，黑碜碜的十分怕人。这些木质金字塔的高矮，刚好是我骑在马上的高度。

当我骑着马在这些坟墓中穿过时，不独我，就连我的马也惊骇不已，全身战栗，打着响鼻。这坟墓是属于哪个年代的，属于谁的，哈萨克人的吗？突厥人的吗？曾经路过这里的匈奴人的吗？或者是哪一个西北古族的吗？我不得而知。我不知道这坟墓的确切位置，只知道它距离一个叫哈巴库尔干的地方大约西北五十公里。但是后来，当我和朋友们再去寻找它，试图做进一步踏勘的时候，茫茫荒原上，哪有它的影踪。

在赫定最后一次探险罗布泊的时候，当他和他的船队，乘着双独木舟沿着孔雀河顺流而下时，船工突然指着水流的远方，高喊一声野鸭子飞来了！奥尔得克就是罗布语野鸭子的意思，据说罗布人在孩子出生后，将孩子眼中看到第一件东西便叫成他的名字，奥尔得克出生时天空大约正有一群野鸭聒噪着飞过吧！赫定听到船工的喊声，最初还以为是野鸭子飞来了，接着看到，奥尔得克驾着船向他荡来。这样，奥尔得克又一次成为这个瑞典探险家的向导。

赫定对奥尔得克谈到的这个千棺之山很感兴趣，他敏锐地感到那个神秘所在一定会给他带来许多收获。由于赫定此行的目的是重访楼兰古城，于是在一个叫小河的分岔口，赫定与中国学者陈宗器继续前行，而请和他一道来的一个叫贝格曼的人，由奥尔得克带路，去寻找千棺之山。

船形木棺

这条名叫小河的小河，因为此次踏访，亦成为楼兰近代探险史上的一个著名的所在。

因为根据奥尔得克的记忆，他就是沿着这条干涸的、向东南而流的小河故道，遇到千棺之山的。所以，瑞典考古学家贝格曼一行的这次寻找千棺之山之行，也就是沿着这小河故道的。

他们走了许多天的路程，都未能找到这千棺之山。而路途中奥尔得克的信口雌黄，也使贝格曼觉得这千棺之山之说也许只是奥尔得克的虚构和想象而已。甚至到了后来，连奥尔得克本人也对自己的经历产生了怀疑。

然而有一天，正当所有人的信心和耐心被折磨得丧失殆尽的时候，远方的沙丘之上，突然出现一片高耸的标志。奥尔得克指着那个方向，喊道：我没有骗你，朋友！瞧，那里就是千棺之山。

探险队一阵欢呼。驼铃叮咚，载着他们向千棺之山奔去。走到古墓群中，贝格曼跪下来，向亡灵们致敬，请他们原谅这不速之客打扰了他们的安宁。继而，他打开就近的一具棺木，于是，看到一位楼兰美女向他微笑。

小河遗址后来被贝格曼称为奥尔得克的古墓群，共有一百二十具棺材，周围标记了一百多根直立的木标。因罗布沙漠极端干旱，墓葬中的木乃伊令人吃惊地完好。一具女性木乃伊，有高贵的衣着，神圣的表情，永远无法令人忘怀。戴着一顶饰有红色帽带的黄色尖顶毡帽。双目微合，好像刚刚入睡，并为后人留下永恒的微笑。

贝格曼推算墓地的年代为公元六百年至一千年，在那时，小河地区有适宜于人类居住的自然环境。贝格曼的许多独到的分析与见解。都收到他的不朽著作《新疆考古记》中去了。

这个神秘的小河流域，这个海市蜃楼般的千棺之山，自从在罗布奇人奥尔得克一九三四年带领探险家们拜谒过它以后，它便神秘地从地表上消失了。后来的许多贪婪的盗宝人，寻根究底的探险者，都试图找到它，但是都无功而返。直至现在，受这个神秘故事的诱惑，还有人在寻找它，但是它好像已经从地表上消失了一样，无影无踪。如果不是因为有当时贝格曼所拍摄的几张照片，我们甚至会怀疑上面所述的一切只是一个东方的天方夜谭而已。

神秘的小河流域，海市蜃楼般的千棺之山，也许会是揭开这楼兰文明、西域文明的一把钥匙。楼兰文明的发生之谜，生存之谜，存在之谜，消亡之谜，也许就隐藏在这一块秘境中。是不是这样，我们不知道。这一切有待于后人揭开。而要揭开的必备条件之一，是小河流域愿意为你重新开放，千棺之山愿意为你重新闪现身姿。

二十三年前我从鄯善县城离开二一〇国道，沿着被斯文·赫定称为"凶险的鲁克沁小道"的路，翻越库鲁塔格山，进入罗布泊古湖盆时，在最后一个有人烟的地方，那个叫"迪坎儿"的小村子，村口，奥尔得克得孙子，拿着奥尔得克与斯文·赫定的合照，并有一幅复制的斯文·赫定为奥尔得克所画的肖像，正在作为旅游纪念品销售。

而贝格曼在"千棺之山"所发现的楼兰美女木乃伊，她现在则静静地躺在乌鲁木齐的新疆博物馆里。她高挺的鼻梁，深邃的眼窝，光洁的前额，马脸一样的面部轮廓，典型的北欧白人特征。碳十四测年测定该木乃伊距现在两千三百多年。专家据此推测，在我们已知的楼兰国历史之前，还有一个"前楼兰"时期。

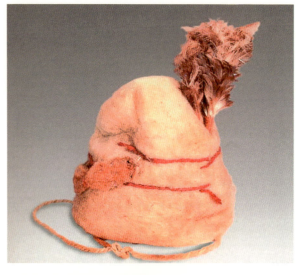

小河墓地出土的插羽毡帽

斯文·赫定手绘的奥尔得克肖像

◆ 楼兰

楼兰国，是古丝绸之路上的一个小国，位于罗布泊西部，处于西域的枢纽，王国的范围东起古阳关附近，西至尼雅古城，南至阿尔金山，北至哈密。张骞凿空西域后，楼兰成为闻名中外的丝绸之路的咽喉门户，在古代丝绸之路上占有极为重要的地位。东汉以后，由于当时塔里木河中游的注滨河改道，楼兰严重缺水。到公元4世纪以后，罗布泊西之楼兰古城最终还是因断水而废弃了。现今只留下了一片废墟遗迹。

楼兰古国属西域三十六国之强国，与敦煌邻接，公元前后与汉朝关系密切。汉时的楼兰国，有时成为匈奴的耳目，有时归附于汉，介于汉和匈奴两大势力之间。由于楼兰地处汉与西域诸国交通要道，汉不能越过这一地区打匈奴，匈奴不假借楼兰的力量也不能威胁汉王朝，汉和匈奴对楼兰都尽力实行怀柔政策。

楼兰古城遗址

在罗布泊西北侧的楼兰城为著名的"丝绸之路"咽喉。

汉天子第一次听说西域有个楼兰国（或者说中国人第一次听见楼兰这个名字），竟然是匈奴人告诉他的。汉文帝四年（前176），匈奴冒顿单于给汉文帝递了一份国书，国书说：

> 天所立匈奴大单于敬问汉皇帝无恙。……以天之福，吏卒良，马强力，以夷灭月氏，尽斩杀降下之。定楼兰、乌孙、呼揭及其旁二十六国，皆以为匈奴。

在那遥远的世纪里，欧洲的一个古老的种族，由于一场战争失败，在敌人的穷追猛打之下，被迫越过欧亚大陆桥，向中亚细亚迁徙。有驼队，有夜晚的篝火，帐篷的歌声，和像大雁一样警觉的夜哨兵。他们后来来到了一个浩瀚无边的大海边，发现这里的地貌特征和他们的地中海故乡很相似。只是风要硬些，气候要冷些。于是他们在这里定居下来。

定居下的他们随着年代的推移，逐步分化为农耕和游牧的两支。那农耕、渔猎的一支，在今天的楼兰、若羌、且末一带活动，他们建楼兰王国，他们称罗布泊人。那游牧的一支，在今天的敦煌、安西、玉门关一带活动，他们是大月氏。楼兰国和大月氏，成为中国的史书上所记载的西域三十六个国家中的两个国家。

这时候在东方有一个叫匈奴的民族,成反方向从亚洲向欧洲迁徙。这真是历史上蔚为壮观的一幕。一串驮牛驮着帐篷架子,像大雁飞行的翅膀。大轱辘车从荒原上吱吱呀呀驶过,迁徙者唱着古老的歌曲向故土告别。

两股汹涌的潮水一个从西向东,一个从东向西,它们注定要相遇,它们相遇的地点就是罗布泊。来自欧洲的古老种族和来自亚洲的古老种族,携带着各自的文明在这里相撞,这一撞便掀起罗布泊这个中亚"地中海"的层层波浪。

当匈奴的铁骑踏入罗布泊地区时,楼兰人大约已经立国有四百年的历史了。他们将这一块大陆腹地建设成了令人叹为观止的绿洲文明。我们知道,罗布泊在三亿五千万年以前,是一个横亘在中亚细亚的无边无沿的大海,罗布泊在十万年以前,缩小成三万平方公里,而在此刻,它当进一步地缩小了,从而露出许多的陆地。

楼兰城建立在罗布泊的西面,湖泊距城池大约十多公里之遥。无风的日子,罗布泊深沉、安详,中亚细亚灼热的阳光照耀着这一片深蓝色的海洋。有风的日子,罗布泊则像一个怪物,倒海翻江,潮头甚至可以轻舔楼兰城的城垣,而海涛声可以搅得城池里的人们无法成眠。楼兰古城城垣是一个不规则的方形。东面城垣长三百三十三点五米,南面长约三百二十九米,西面和北面长约三百二十七米,周长是一千三百一十六点五米,总面积为十点八二四万平方米。城内有官署,有寺院,有居民区。一座高高的佛塔,矗立在城中的显赫位置,成为楼兰城的城徽。

塔里木河自遥远的昆仑山奔腾而来,为这沙漠绿洲提供淡水,提供取之不竭的鱼类。而在楼兰城的南北,各有一条古河,聪明的楼兰人挖掘了一条运河,将这两条河流连接。运河从楼兰城中斜插而过。田野上生长着茂密的庄稼。田间地埂生长着一株株一片片高大的胡杨,正如我们今天所看到的哈密绿洲、鄯善绿洲、吐鲁番绿洲的情形一样。想那时罗布泊湖中的盐碱和陆地的盐碱,不像今天看到的这么多这么重,因此那湖面可以泛舟和渔猎,那田野稍加改造便可以耕种。

那么这片楼兰绿洲的农业那时候曾经繁荣到何等地步呢?沧海桑田,山谷为陵,面对眼前这像月球表面一样荒凉恐怖的罗布淖尔,我们不敢想象。好在从近代出土的楼兰城的那些木简残片中,我们嗅到了那远古的信息。一个丝绸商人在这里用四千三百二十六捆丝绸,卖给楼兰居民,以货易货,换取小麦。木简记录了这一交易。四千多匹丝绸在当时能换多少粮食呢?这块绿洲当时的农业规模可想而知了。

而此时,匈奴才开始他们悲壮的迁徙,长达五个世纪的命定的道路,现在才刚刚开头。

他们来到了罗布泊边上。眼前的一切宛如冥界。一汪蓝水,无边无沿,水面上漂浮着传说中的雾霭瘴气。勇士们的坐骑,早已在沙漠穿行中饥渴难耐,见了这水,不听骑手的使唤,纷纷将头伸向了湖水。这些马匹,一会儿就上吐下泻,倒毙在了湖边。而在远处,轰轰隆隆作响,一股黑色的风暴像巨人一样缓缓地从地平线上升起,盘旋着、翻卷着,向他们袭来。

在这无遮无拦的地方,匈奴庞大的迁徙队伍唯一能做的事情,就是跳下马,跪在地上,默默祈祷,等待这场风暴过去。不知过了多久,黑风暴终于过去了。队伍又有减员,有不少人被黑风暴卷走,又有不少人被流沙掩埋。剩下的这时候从沙子中拔脚出来,跨上马,继续他们的路程。

这时候,太阳正在缓缓地西沉。它像一个大轱辘车的轱辘,停驻在远方的西地平线上,柔和的红光将这一片凄凉的原野,照耀得如梦如幻。

塔里木河中段活着的胡杨林,突然在那红光的照耀下,出现了一座辉煌巍峨的城郭。高高的佛塔，祥云缭绕，那佛塔四周好像还有教徒们出出进进。高高的城墙，城墙上面有岗楼，有锯齿一样的垛口，还有游弋的懒洋洋的士兵。一条河流，从城的中央穿过，河面上，一条华贵的游艇在缓缓行驶，游艇里传来歌声，一个美丽的女子，戴着面纱，坐在船舷上，正在试试探探，将她的一双天足放进这泛着白光的河流中洗濯。

瞧，海市蜃楼！

也许是作为匈奴尖兵的第一个士兵首先发现的，也许是所有的迁徙者在同一刻看见这一神奇的情景，只是看它的角度不同。这就是两千年前的那个楼兰，这就是曾创造过绿洲文明奇迹的那个楼兰。只是匈奴人在望见它第一眼的时候，将它当成了海市蜃楼。这并不奇怪，在这举目荒凉的蛮荒之地，谁也不会料到这里会有这么一座古城。

随着匈奴队伍的继续前行，他们终于发现了这不是海市蜃搂，而是一座真实的人间城郭。

罗布泊岸边开始出现了芦苇，后来这芦苇越来越茂密，并不时有野鸭尖叫着从苇丛中飞起。这表明这地方已经开始有淡水注入。田野上开始有了庄稼，有了正在流水的水渠，有了一片片的胡杨林。

在一条古河的旁边，他们捉到了一个罗布泊人。这罗布人正在干一件奇怪的事情。他从古河里引一条渠道，直到他的家门口。待水把渠道灌满以后，便将河边的闸口封死。那时候，河里到处是鱼，因此这渠道里，现在也被鱼塞满。罗布泊人就是这样打鱼的，就是这样将野鱼变成家鱼的。如果他们想吃鱼的话，只消伸手，到门前的渠里去取就行。这半里长的一个渠，够他们享用半年。

从被抓住的这个罗布人的口中，他们知道了前面那个辉煌城郭叫楼兰城，知道了他们此刻正行进在楼兰国的领地上，知道了刚才路经的那片大海叫蒲昌海。罗布人的话他们稍微能听懂一些，这原因是，

若羌县楼兰古国遗址出土彩绘木棺

不久以前，匈奴铁骑曾经将一个国家整个地毁灭，那国家叫大月氏，他们发现罗布人的言语和大月氏人的言语有许多近似之处。

冒顿大单于一挥鞭，直指暮色中的楼兰城。疲惫不堪的士兵们发一声喊，战马也随之仰天嘶鸣，驮牛也哞哞地叫了起来。大轱辘车上载着的妇女，贪婪地嗅着这湿漉漉的空气，流下了眼泪。孩子，我们有救了，前面是绿洲！母亲拍打着自己的孩子说。而孩子也受到了感染，欢快地啼哭起来。

这股汹涌的潮水直奔楼兰城而来。

第二天是中亚细亚一个普通的早晨。当朝霞刚刚将阿尔金山那苍茫的大垭口照亮的时候，打瞌睡的楼兰城的哨兵揉了揉眼睛，向东方一看，于是看见了城外是黑压压的一片队伍。哨兵惊恐地大叫起来，一顿饭的工夫，有一支不明身份的强大队伍兵临城下的消息，传遍了这十平方公里的楼兰城。

楼兰王自然也得到了消息。年迈的楼兰王来到城垛上，眯着眼睛，抚着长髯向东方观看。城外如狼似虎的队伍阵营整齐，铁甲显明，而远处又有滚滚的烟尘，这表明这部队还有源源不断的后续。楼兰王流泪了，他明白这个古老种族的又一次劫难到了。

也许有过一场厮杀，也许没有。没有的可能性要大一些。明智的楼兰王不愿意以卵击石，用全城人的性命来赌博，他怀着屈辱，与强大的匈奴人签下了城下之盟。

这样匈奴便占领了楼兰国。这样楼兰便成为匈奴的一个附庸国。这样和平安宁的楼兰绿洲便被打破了。

◆ 傅介子

傅介子（前115—前65），字号不详，北地人（今甘肃省庆阳市）。西汉时期大臣、外交家，开国功臣傅宽曾孙。汉昭帝时，出使大宛，杀死匈奴使者，授平乐监。元凤四年（前77），携带金帛赏赐楼兰，斩杀悖逆的楼兰王，支持入质汉朝的楼兰王子即位，受封义阳侯。元康元年去世，时年51岁。

傅介子墓

匈奴在今罗布泊地区，曾有过大大小小许多次的战斗。当时的西域三十六国，几乎都臣服在了匈奴的淫威之下。汉室和匈奴、汉室和这些国家之间、匈奴和这些国家之间，都发生过许多戏剧性的故事。

冒顿大单于给大汉天子的那份国书，当初似乎并没有引起汉文帝的重视。楼兰是谁？乌孙是谁？大月氏是谁？"其旁二十六国"又是谁？大家都不甚了了。大月氏也许还稍稍知道一点，因为它飘忽的铁骑有时还骚扰一下玉门关，关于别的，那就真是无法想象了。

五十年以后，张骞出使西域。一出敦煌境，眼前汹涌的蒲昌海首先让这个从未见过大海的汉中青年吃了一惊，接着，绿洲文明的阡陌纵横，敦煌古城的辉煌威严，更令他大大地吃了一惊。他接触到了一个与大汉文化浑然不同的另一种文化。

张骞还出访了西域许多的国家。他用步骑踏勘出了一条通往遥远的欧洲的一条通道，这就是后来的古丝绸之路。

卧榻之侧岂容他人酣睡。雄才大略的汉武帝在听了张骞的汇报后，立即发兵，去收服西域。当然在收服的过程中，他的主要的敌人还是匈奴。

汉武帝发兵的主要目的，征服和占领倒在其次，他主要目的是打通和保卫这条欧亚大陆桥通道。而当时的楼兰，是这条通道的枢纽。这就是为什么在中国的史书上，野史上，唐诗中，楼兰这个名字频繁出现的原因。

这个时期中亚细亚上空狼烟滚滚，士兵的白骨暴露荒野。楼兰城大约像一个煎饼一样，要承受两面的炙烤，今天晚上是匈奴人占领，明天早晨又会插上大汉的旗帜。

稍后的唐朝诗人注视着那个时期，曾经吟唱道："青海长云暗雪山，孤城遥望玉门关。黄沙百战穿金甲，不破楼兰终不还。"又唱道："黄河边青海头，古来白骨无人收。"而李华的《吊古战场文》，写得更是寒气逼人，凄凉之至，鬼气森森。在某一次的战斗中，汉军又破了楼兰，驱逐走了匈奴。

汉室立了新的楼兰王，作为他的傀儡政权。并且将楼兰王的弟弟尉屠耆，作为人质，押往古都长安居住。

然而在又一次的拉锯战中，匈奴的骑射又占领了楼兰，楼兰国重新脱离汉室，成为匈奴的附庸国。

愤怒的汉室不能容忍楼兰王的朝秦暮楚。生活在温柔富贵之乡的楼兰王的弟弟尉屠耆，这时候也起了勃勃野心，决心依靠汉室的力量，废黜哥哥，自立为王。史书上含糊其词地说道，是汉室应楼兰王的弟弟的请求，派了三十名勇士去刺杀楼兰王，演出那另一幕荆轲刺秦王式的历史大剧。不过我们认为，这场历史大剧的发动者也许是汉天子，楼兰王的弟弟只是个被动的卒子而已。

领头的勇士叫傅介子。他是谁？我们无从知道。军中的一个勇猛的将军，死牢里被特赦的一名死囚，或是长安城中的一个无赖，抑或是被收服的强盗，时隔太久，只有史简上那只言片语的记载，让我们知道了这个人叫傅介子。

傅介子在长安城中招募了二十九名和自己一样勇敢的勇士，然后假扮成客商，踏上了刺杀楼兰王的道路。那时的交通工具是骆驼、马和大轱辘车。驼铃叮咚，马蹄哒哒，车轮吱呀，他们大约走了许多的晨昏，才穿过漫长的河西走廊。左宗棠走这一段路用了一年的时间，

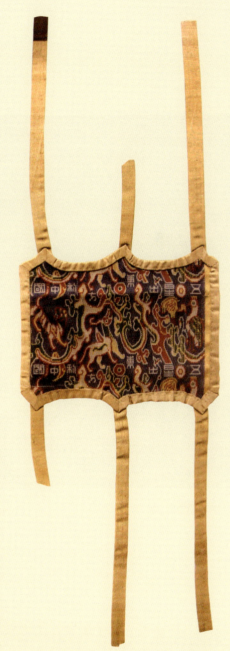

尼雅遗址出土的"五星出东方利中国"织锦

白龙堆雅丹

他们大约用不了这么多，但是那时间也是可观的了。在这包括傅介子在内的三十名勇士之外，还有一个凄凄楚楚的历史人物，他就是楼兰王的弟弟尉屠耆。

在一个落日的黄昏，他们来到嘉峪关。祁连山到此终结，河西走廊到此终结。在这里又做了最后的一次安排之后，继续西行。他们取的是古丝绸之路北道，即从安西到敦煌，从敦煌到阳关，从阳关到白龙堆雅丹，从白龙堆雅丹到楼兰。

这也是一些年后，唐僧西天取经走过的道路，马可·波罗横穿罗布泊走过的道路，斯文·赫定在结束他的中亚探险三十年，最后一次向罗布泊告别时所走的道路。

在一个早晨，太阳刚从阿尔金山山顶吐出光芒，深蓝的罗布泊平静如镜的时辰，这时从远远的东方地平线上，走过来一支驼队。他们和普通的商队并没有任何区别，所不同的是，在驼队后边远远的地方，一支大兵缓慢地、鸡犬不惊地跟在后边。

那时这一条商道已经十分繁忙，经常有各种国籍的商人从楼兰城穿过，并把楼兰作为他们以货易货的地方。所以这一队骆驼帮的到来，并没有引起城里人的特别警惕。

在王宫里，怯懦的楼兰王安归接待了他们。楼兰王所以接待他们，并不是出于政治和军事方面的考虑，而主要是出于商业利益。因为这些商家们总能给他的国库、他的臣民带来财富。

大家分宾主坐定。勇士们开始一边喝酒吃肉，一边击剑而歌。那歌儿里透出一股杀气，令楼兰王已经有点不祥的预感，有些后悔这次的接见。而三十名勇士之外，那个文质彬彬，靠一条头巾半掩颜面的青年，又令他觉得面熟。

他是谁？尽管他穿着汉人的服饰，有着汉人的举止，但是直觉告诉我，他好像是楼兰人，是我走失的一个兄弟！楼兰王指着那个青年，迷惑不解地问道。

傅介子是秦人，长着一张尿盆似的大脸。而今，那张四方大脸已经被酒醺得通红。他见楼兰王这样问话，于是含糊其词道：他是谁。我们也不知道。骆驼帮出长安城的时候，见一个书生，正面对西方路哭，于是腾出一个骆驼，也将他捎来了。见楼兰王还要追问，傅介子却道：这个话题还是一会儿再谈吧！大王，至高无上的楼兰王，我现在将这次带来的汉地的丝绸，取出最好的一匹，作为礼物为您献上。说罢，傅介子将自己面前搁着的丝绸，轻轻一推，推到楼兰王的案前。大王你看，这是吴越一带出的，又得吴越美女纺织，宛如天上的霓虹。傅介子边说边徐徐将那匹丝绸绽开。逗引得楼兰王不由欠起身子，低下头来观看。

丝绸越绽越少，至最后完结处，包着的是一柄明晃晃的牛耳尖刀。这是什么？楼兰王惊问。问罢以后，已经明白今天是在劫难逃，于是倒吸一口冷气，就要拔腿向屏风后面跑去。

傅介子哪容楼兰王挪步。只见他伸出一只手来，老鹰抓小鸡一般，拽住楼兰王的手腕，另一只手，攥起那柄牛耳尖刀。我叫傅介子，大汉勇士也！现在我来告诉你吧，那青年是谁？他就是接替你王位的人，你的在大汉充当人质的弟弟！傅介子说罢，抡圆尖刀，向楼兰王心窝捅去。

弟弟，何必这样。楼兰王叫道。话音未落，已气绝身亡了。

想那王宫中楼兰王的左右，该有一些武士才对。此刻见傅介子动手了，剩余的二十九个勇士，都从案上的丝绸中抽出短刀，一番杀戮，片刻的工夫，宫廷里就清静了。

宫廷外面自然也听到了响动，于是卫兵们向宫内攻打，三十勇士则扼守宫门，拼命抵抗。双方正在相持不下时，楼兰城外，人声喧嚣，战马嘶鸣，旌旗蔽日，尘土飞扬，大汉的兵马已经到了。

这时楼兰王的弟弟尉屠耆,从宫中款款走出,当他说出他是谁时,四周逐渐安静了下来。楼兰国于是有了新的国王。新国王命令士兵打开城门,迎接王师入城。这样,楼兰国又一次成为汉的附属国。傅介子等三十勇士凯旋。

西域楼兰国历史上一次著名的宫廷政变,就这样成功地进行了。这个历史时间是汉昭帝元凤四年,即公元前七十七年。

被傅介子杀死的楼兰王叫安归,而被扶上王位的是他的弟弟尉屠耆。之前,前者被典为匈奴的质子,后者则被典作大汉王室的质子。老楼兰王去世后,被典作匈奴人质子的安归,先行继位,而被典给大汉王室的质子尉屠耆,在傅介子的帮助下,斩杀安归,接位。

新国王将国号改名为鄯善,并迁都今天塔克拉玛干大沙漠边缘的若羌县东北的米兰古城,也就是旅行家余纯顺横穿罗布泊时出发的那个若羌县城。

楼兰国在罗布淖尔荒原上,矗立了八个多世纪之久,创立了灿烂的楼兰绿洲文明。它灭亡于公元五世纪末,在中世纪西北古族大移位时期,为游弋于中亚细亚的一个强悍的游牧民族丁零所破。

这时候我们知道,匈奴早已离开了中亚细亚,并且结束了在黑海、里海大戈壁滩上的勾连。他们蔚为壮观的迁徙史也至此结束,匈奴之一支,在气候温顺,宜农宜牧的多瑙河边,画上一个句号。

楼兰国灭亡了,那些曾在绿洲上农耕,曾在海子边捕鱼,曾经乘画舫游弋于古运河之上的男女们,他们都到哪里去了呢? 史书上以惆怅的口吻说人民散尽,不知所终。

这情形令人面对茫茫苍苍的时间历程,不由得倒吸一口凉气。说一声没有了,就没有了。一切就这么简单。宛如沙漠中泯灭在路途的潜流河一样,宛如这从地面上消失的三万平方公里罗布泊一样。

傅介子墓石马

米兰古城佛塔

◆ 斯文·赫定

斯文·赫定（1865-1952），瑞典人，世界著名探险家，瑞典地理学家、地形学家、摄影家、旅行作家。

斯文·赫定诞生于瑞典首都斯德哥尔摩一个中产阶级家庭。15岁时，在瑞典目睹了极地探险家诺登舍尔德从北冰洋航行中凯旋，决心成为探险家。从16岁开始，斯文·赫定一生从事探险，他终身未婚，与姐姐相依为命。1886年，他师从德国地理学家和中国学专家李希霍芬。在中亚的四次探险考察中，他发现了喜马拉雅山脉，雅鲁藏布江、印度河和象泉河的发源地，罗布泊及塔里木盆地沙漠中的楼兰城市遗迹、墓穴和长城。

罗布人为斯文·赫定做向导雕塑

楼兰国在近代的名震世界,和瑞典人斯文·赫定有莫大关系。那么,这里就讲一讲瑞典人斯文·赫定的传奇故事。

实际上,斯文·赫定是罗布泊探险家中最著名的一个,但却不是第一个。第一个吃螃蟹的人,并不一定是最解螃蟹妙味的一个。

第一个探险罗布泊的普尔热瓦尔斯基,而今也长眠于西天山山麓的伊塞克湖畔,他是俄国人,贵族家庭出身。普尔热瓦尔斯基自一八七二年起,成为对这块中亚细亚大陆腹地探险的先行者;后来,一八八八年深秋,第五次中亚探险时,死在路途。一八八八年距现在,已经是一百三十多年的时间了。

这个人是第一个抵达罗布泊的近代欧洲探险家。亦是他第一个将这块地球上的神秘之域介绍给世界的。在罗布泊,他还发现了一种野马,这种野马遂以他的名字命名,称普尔热瓦尔斯基马,简称"普氏野马"。讽刺的是,现如今,普尔热瓦尔斯基本人却远没有普氏野马有名。

普尔热瓦尔斯基也许是个双料角色。其一,他是一个可敬的探险家和学者,其二,他是一位怀有军事目的的俄国间谍。

宁夏的著名西夏文研究专家李范文先生说,普氏带一支俄罗斯士兵组成的考察队,从贺兰山下路经时,曾经挖掘过一座古墓,从而挖掘出大量的西夏文物,这些文物后来被运往俄罗斯。普氏挖掘的古墓,是不是号称东方金字塔的西夏王陵呢?李范文先生说时,我没有记住,好像不是吧。

李先生说，他的研究资料，大部分是从俄罗斯来的，也就是说，是这个名叫普尔热瓦尔斯基的人在一百年前从西夏的一座古墓中盗去的。由于拥有这堆资料，从而令俄罗斯人在西夏研究方面，处于领先位置和权威阐释者地位。

普尔热瓦尔斯基的足迹，遍布宁夏、青海、内蒙古、甘肃、新疆这一块中亚腹地。按照专家们的说法，他的终极目标是进入西藏，或者说，他所有的探险队都是以拉萨为目标组建的，但是，他始终没有到达拉萨，只是有一次，当他前行到距拉萨一百四十四英里的一个小镇，然后派出信使向达赖喇嘛陈情时，不料却遭到坚拒。

普氏中亚探险的目的之一，是通过实际勘探，为俄军总参谋部提供一份详细的中亚地形图。在塔里木河的终端，普氏眼前出现了一座烟波浩渺的大湖。这湖叫喀喇库顺。普氏认为这正是传说中的罗布泊，于是乎将他的考察成果手绘成图。告知俄总参，而俄总参也就根据普氏的第一手资料，印制成中亚地图。

在中国的《史记》和《汉书》中，在清同治二年印制的蒲昌府地图中，罗布泊的位置不在这里，它应当在喀喇库顺湖以北的地方，况且，史书上记载的养育了楼兰民族的蒲昌海——罗布泊，是一个大盐泽，而此处的喀喇库顺却是个淡水湖，因此，当普氏的研究成果公之于世以后，立即在国际地理学界引起一场轩然大波。遂之引起这个一百年前的中亚探险热。

中国人几千年来一直顽固地认为，我们的母亲河黄河，发源于罗布泊。塔里木河，孔雀河，若羌河流入罗布荒原后，受山的阻隔，不能前进，于是聚而成泊，尔后，水流潜入地下，从山的另一面流出来了，流成黄河。而今，普氏对中国地图不可思议的错误修改引起中国人的愤怒。

普尔热瓦尔斯基

李希霍芬

首先向普氏的见解发难的却是一位德国人，资深的地理学家李希霍芬男爵。李是一位中国问题专家，以其多卷本《中国》享誉学界。李指出，普氏所见者并非中国史书所载之罗布泊，而是塔里木河下游紊乱水系中的一个新湖泊，真正的罗布泊应在其北。

斯文·赫定正是李氏的学生。他为了印证老师的观点，于是开始他的罗布泊之行。他的多次罗布泊之行，除印证了普氏的错误和中国地图的正确外，最大的功绩在于发现了楼兰古城。从而开始了持续一个世纪之久的"丝绸之路热"。

十九世纪末叶，在南疆名城喀什简陋的客栈里，风吹风走，云聚云散，聚集着一批又一批的外国旅人。这些人各怀目的，有的是踏勘地理，服务于军事扩张，就如前脚刚走的俄国退役军官普尔热瓦尔斯基；有的是来布道，带着宗教扩张情绪来这里传达上帝的消息；有的是来探险，神秘罗布泊和古丝绸之路，令他们着迷；有的则是来寻宝，克孜尔千佛洞、敦煌莫高窟以及和田、喀什、黑城地面和地下的珍贵文物，都令他们垂涎。

在这些旅人中，有一个来自瑞典的苍白青年。他的名字叫斯文·赫定。他也是怀着青年人的梦想和热情，在中亚热的浪潮中，来到这块地面的。有意思的是，这个将来成为普尔热瓦尔斯基对手的人，在此时，正是因为崇拜普氏，并且受普氏罗布泊探险经历的吸引，来到和田的。

有一则法国探险家杜特雷依和他的团队神秘地失踪于去西藏路途的消息，促使这个瑞典青年羁留在了喀什。如果没有这件事，赫定一定会早早归去，离开这荒凉的地方，而不久以后，斯德哥尔摩的充满庸俗气氛的沙龙里，会出现一名听客和说客。赫定将娶妻生子，平庸地度过一生，中亚近代探险史上，将缺少一位重要的人物。

探险家杜特雷依后来被证明是在走到西藏那曲时，为达赖喇嘛所

青年时的斯文·赫定

拒，无法入藏，于是折头东回，而在回去的途中，与当地藏民发生冲突，在东藏地区，被藏民在马背上拖了七里路程，最后投入长江源头。

但是赫定的长达四十年的中亚探险经历至此开始。他只身一人，走入了罗布人的首府阿不旦渔村。和那些抱有各种自私目的的探险者不同，赫定的身上有一种高贵的气质。他纯粹是出于一种好奇，一种热情，一种渴望建立功勋的愿望，走入罗布泊。那一年他三十岁。

他在这里见到了清廷任命给罗布人的地方官吏伯克。他在这里见到了新疆虎。这一支奇怪的人类之群引起他深深的好奇和怜悯。那次行旅，他见的并不多，听的并不多，但是罗布泊已经深深印入脑海，也许在那一刻，他明白罗布泊的揭秘这件事将吞没他的青春，他的一生。

当赫定重新回到祖国时，发现欧洲的地理学家和探险家们，正在展开一场罗布泊位置问题的大辩论。辩论的焦点是：中亚探险者先驱普尔热瓦尔斯基认为，中国的蒲昌府地图所标出的罗布泊位置是错误的，他曾经到过罗布泊，并且用先进的仪器进行过测量，结果发现中国地图整整误差了一个纬度。

与普尔热瓦尔斯基对阵的是德国资深地理学家李希霍芬男爵。男爵认为，普氏所见到的，只是塔里木河下游紊乱水系中的一个新湖泊，而不是真正的罗布泊，真正的罗布泊应在其北。赫定带着他的中亚探险成果，也加入到这场辩论中了。他告诉欧洲说，普氏所提到的这个罗布泊，他也曾到过那里，那湖叫喀喇库顺，它的形成才一百五十多年，因此它不是中国史书中国地图上所说的罗布泊，李希霍芬男爵是对的，真正的罗布泊应在其北。

为了印证自己的推测，一八九九年仲夏，赫定又一次踏上中亚探险之路。这时他已经蜚声欧洲，成为地理学界一位颇有影响的人物了。他的这次行程得到了瑞典国王和那个后来设立了诺贝尔奖的瑞典火药

斯文·赫定

商诺贝尔的赞助。这样,赫定踌躇满志,决心深入中国地图所标的罗布泊地理位置,探个究竟。

这次为时两年的探险,赫定最大的收获是,依靠罗布奇人奥尔得克的帮助,他找到了著名的楼兰城遗址。以这建在罗布泊岸边的楼兰城作为地理参照物,赫定向世人揭示,眼前这为黄沙所掩,为盐壳所塞的凄凉荒原,正是罗布泊。

由于楼兰城的发现,赫定在论战中取得辉煌的胜利。他的结论成为定论。

一九二六年冬天,赫定又一次来到中国,不久又开始了他罗布荒原的第三次勘察。他这次来,是受德国汉莎航空公司的委托,为开辟欧亚航线(上海—柏林)做一次横贯中国内陆的考察。而到达中国后,他还接受了民国政府勘察一条通往西域的铁路线或公路线的任务。这次赫定又在罗布荒原上进行了他的游弋。他又有了许多新的考古发现。他还重访了楼兰古城。而最叫他激动得热泪盈眶的是,由于铁门关地方一个维吾尔族女地主拦坝聚水,塔里木河重新改道,水流重新进入古罗布泊。尽管这只是短暂的一件事,但是足以令赫定热泪盈眶了。

他还在蒋介石召见他的时候,对这位当时中国的统治者提出了警告。这警告是,通往新疆的道路,必须赶快修筑,如果不然,它很可能分裂出去,而从经济角度考虑,穷困的大西北的经济发展,也需要与外界沟通。赫定建议,从长远考察,修筑一条铁路最好,在铁路尚未修通的情况下,先修两条简易公路,一条从北京到内蒙古额济纳旗再到新疆迪化,一条从西安经兰州、玉门、哈密进入迪化。

我们知道,赫定的这些关于道路的设想,后来在新中国都得到了实现。

一九五二年,赫定寿终正寝,病逝于斯德哥尔摩他的寓所,享年八十七岁。生前,他备受殊荣。一九〇二年,他被封为贵族,这是最

1998年10月1日作者在白龙堆雅丹

唐僧当年取经,马可·波罗完成丝绸之路穿越皆从此过。

后一个获此殊荣的瑞典人。一九○五年,他被选为皇家科学院院士。一九一三年被选为瑞典文学院院士。

赫定身后,关于罗布泊方面的书籍,为我们留下了厚厚的《罗布泊揭秘》和《亚洲腹地探险八年》两本书。后来直到今日的几乎所有关于罗布泊的书,都从那两本书里引经据典,都笼罩在它的阴影之下,从而给人感到仿佛一群秃鹫在啃一具巨人腐尸的感觉。

这两本书对中亚细亚腹地地理风貌的知微知著的观察,对罗布泊和罗布人的弥足珍贵的实录,对当时新疆诸如杨增新、盛世才、金树仁等等政要人物的记述,都令它成为后人还将不断研读的珍品。

二○○七年,我作为中国文化代表团一员,访问斯德哥尔摩时,该国文化部部长,一位高大俊美的女士领我们参观。在街头一座北欧海盗的青铜雕像前,她说,我很自豪,我是北欧海盗的女儿。

而那位柔弱漂亮的女翻译,在代表团名单上看见我的名字时,她冲了过来,拥抱着我。她说:"你是一本名叫《最后一个匈奴》的书的作者吗?"我回答说"是的。"女士说,她是中国移民,她在中国上大学那阵子,《最后一个匈奴》这本书正风靡大学校园。

而在参观斯德哥尔摩市立图书馆时,该馆有一个珍藏室。室里珍藏着许多来自中国的物什。这是近几百年来,那些前往中国的探险家、传教士、商人带回来的。例如小脚女人的绣花鞋,例如水烟袋,其中,墙上悬挂着一块地毯,那只是地毯的破旧一角,上面有着维吾尔风格的花纹图案。解说员讲解说,这就是鼎鼎大名的斯文·赫定中亚探险带回来的一件物什。睹物思人,我在那一刻突然觉得我们离历史很近。甚至,我们自己也是这历史的一部分。

丝绸之路

丝绸之路，简称丝路，一般指陆上丝绸之路，广义上又分为陆上丝绸之路和海上丝绸之路。陆上丝绸之路起源于西汉汉武帝派张骞出使西域开辟的以首都长安（今西安）为起点，经甘肃、新疆，到中亚、西亚，并连接地中海各国的陆上通道。这条通道被认为是连结亚欧大陆的古代东西方文明的交汇之路，而丝绸则是最具代表性的货物。

数千年来，游牧民族或部落、商人、教徒、外交家、士兵和学术考察者沿着丝绸之路四处活动。1877年，德国地质地理学家李希霍芬在其著作《中国》一书中，把从公元前114年至公元127年间，中国与中亚、中国与印度间以丝绸贸易为媒介的这条西域交通道路命名为"丝绸之路"，这一名词很快被学术界和大众接受，并正式使用。

古丝绸之路线路图

渭城朝雨浥轻尘，
客舍青青柳色新。
劝君更尽一杯酒，
西出阳关无故人。

这是王维的《渭城曲》，也叫《送元二使安西》，还叫《阳关三叠》。王维在今天的咸阳送别友人元二出使安西。安西是唐中央政府为统辖西域地区而设的安西都护府的简称，治所在今吐鲁番。

正如"西出阳关无故人"所说，从敦煌出阳关，相遇的就不再是熟悉的面孔，面对的就完全是另一个文化地域。元二出使安西，所走的道路也自然是被行走了上千年的丝绸之路。

这一条贯穿欧亚的陆上丝绸之路被现代学者分为三段。而每一段又都可分为北、中、南三条线路。

从长安到玉门关、阳关为丝绸之路东段。东段各线路的选择，多考虑翻越六盘山以及渡黄河的安全性与便捷性。三条线路都从长安出发，到武威、张掖汇合，再沿河西走廊至敦煌。

丝绸之路东段北线从泾川、固原、靖远到武威，路线最短，但沿途缺水、补给不易。丝绸之路东段南线从凤翔、天水、陇西、临夏、乐都、西宁到张掖，但路途漫长。当年法显从长安出发过西宁出敦煌，走的就是南线。

丝绸之路东段中线从泾川转往平凉、会宁、兰州至武威，距离和补给均属适中。我们此次丝绸之路大穿越选择的线路是从宝鸡出天水，经兰州到武威，大致和古丝绸之路东段中线相近。丝绸之路东段从开通以后，一直处在中央王朝相对有力的管控之下，所以人们就选择最为经济实惠的中线通道作为丝绸之路的主要通道，进而淡化了丝绸之路东段南线和北线的概念。

我们耳熟的丝绸之路南线和北线，或者说南道和北道的概念，主要是用于丝绸之路中段，就是从敦煌出玉门关、阳关到葱岭的这一段道路。因为丝绸之路中段各条路线主要是在西域诸国境内，会不断随着绿洲、沙漠等自然条件的变化而变迁，甚至受到途经区域政治、军事等人为社会因素的变化而时有变迁。

由于西域的中间塔里木盆地是广阔无垠的塔克拉玛干沙漠，是生命的禁地，没有人可以穿越。所以人们只能沿着它的南北边缘行进。所以丝绸之路南道，就是丝绸之路中段南线，也就是塔里木盆地南部边沿的道路。它东起阳关，过罗布淖尔荒原，过罗南洼地，进入罗布泊古湖泊地区，进入著名的白龙堆雅丹、龙城雅丹，进入楼兰古城，然后从楼兰古城顺着孔雀河古河道，走到若羌县，就是古鄯善，然后过去到和田（于阗）、叶城、莎车等至葱岭。

而我们常说的丝绸之路北道，就是塔里木盆地北部边沿这条道路。东起敦煌玉门关，经罗布泊（楼兰），沿塔克拉玛干沙漠北缘，从吐鲁番（车师、高昌）西行经过库尔勒、库车（龟兹）、阿克苏（姑墨），到帕米尔高原山脚下的喀什（疏勒），再西出喀什到费尔干纳盆地（大宛）。但是这一段道路，在唐朝开辟新北道以后，现代学者把它命名为丝绸之路中段中线。

隋唐开辟的新北道，我们叫它丝绸之路新北道。这条路线就是从吐鲁番过去，穿越星星峡、达坂城，穿越天山到乌鲁木齐，再往西翻越天山，顺着伊犁河，然后进入辽阔坦荡的中亚草原，而后进入丝绸之路西段。这一段路线，也就自然成了丝绸之路中段北线。

丝绸之路西段从葱岭往西经过中亚、西亚直到欧洲。自葱岭以西直到欧洲的都是丝绸之路的西段，它的北、中、南三线分别与中段的三线相接对应。

丝绸之路西段北线沿咸海、里海、黑海的北岸，经过碎叶、怛罗斯、阿斯特拉罕（伊蒂尔）等地到伊斯坦布尔（君士坦丁堡）。这条路线是在唐朝中期开辟的。丝绸之路西段中线从喀什起，走费尔干纳盆地、撒马尔罕、布哈拉等到马什哈德（伊朗），与南线汇合。丝绸之路西段南线起自帕米尔山，可由克什米尔进入巴基斯坦和印度，也可从白沙瓦、喀布尔、阿什哈德、巴格达、大马士革等前往欧洲。

中亚细亚地面属典型的大陆腹地气候。夏天，一轮大太阳，无遮无拦地炙烤着这一片广阔无垠的荒漠。冬天，西伯利亚的寒流猛烈地掠过。这里的地形地貌随季节而变幻不定，行旅者的浅浅的脚印很快就会被漠风抹平。所以所谓的丝绸之路的诸条道路，只是一个大致的方向，一个有前面某一座城市、或某一个著名地标作为目的地的道路。那具体的行走，得靠行旅者一步步地踏寻，得靠运气。所以说，从一踏上道路的那一刻，死亡就如影随形，时时相伴。

"唯以死人枯骨为标识耳！"法显西行求法时，去时走过那条被后世称为"凶险得鲁克沁小道"。是的，五百里盐碛，如同鬼域，哪里有道路呀。行者有时会遇到那些倒毙在路旁的前人的骸骨，这骸骨就是路标。

记得在我的那一次行走中，在库鲁克塔格山南部荒原，遇到一匹马的尸骸。马四蹄上钉的有铁掌，表明这是一匹正在使役的马。这匹马，跑到这荒原上干什么来了？它的主人是谁？为什么又倒毙在这里？没有人能做出解释。

克孜尔尕哈烽燧

建于汉代,它是古丝绸之路北道上时代最早、保存最完好的烽燧遗址,且位居丝绸之路北道的黄金地段。

◆ 都护西域　安西四镇

　　西域都护府是汉朝时期在西域（今新疆轮台）设置的管辖机构。"都护"是汉西域地方最高长官，其主要职责在于守境安土，协调西域各国间的矛盾和纠纷，制止外来势力的侵扰，维护西域地方的社会秩序，确保丝绸之路的畅通。"都护"统管着大宛以东、乌孙以南的三十多个国家。

　　安西四镇是唐朝前期在西北地区设置的由安西都护府统辖的四个军镇。唐安西四镇在历史上存在了一个半世纪，它们对于唐朝政府抚慰西突厥，保护东西陆上交通要道，巩固唐的西北边防，都起过十分重要的作用。

　　安西都护府是唐太宗于贞观十四年（640）在交河城设立的。自唐太宗贞观十四年起，到唐宪宗元和三年（808）止，共存在约170年。管辖包括今新疆、哈萨克斯坦东部和东南部、吉尔吉斯斯坦全部、塔吉克斯坦东部、阿富汗大部、伊朗东北部、土库曼斯坦东半部、乌兹别克斯坦大部等地。

新疆吐鲁番交河故城——唐安西都护府故址

在汉代，宣帝神爵二年（前60）匈奴发生内乱，匈奴在西域设置的僮仆都尉日逐王投降大汉王朝，匈奴在西域的势力更为削弱。汉宣帝就在神爵三年（前59）任命汉王朝派驻在西域的骑都尉郑吉为西域都护，统领西域诸国。郑吉在乌垒（新疆轮台县境内）建立都护府。这是中央王朝在西域设置行政机构的开始。"都护"就是"总监护"的意思，"都"为全部，"护"为带兵监护。从郑吉到王莽新朝约七十余年间，前后有十八人任西域都护，其中史书明确记载的，除郑吉外，还有韩宣、甘延寿、段会宗、廉褒、韩立、郭舜、孙建、但钦、李崇。

到东汉光武帝建武二十一年（45）、西域十八国请求重新设置都护，光武帝刘秀认为中国境内还没有完全和靖，没有工夫管他们，回绝了他们。汉明帝年间，曾经任命陈睦当都护，但是第二年，陈睦就被反叛的焉耆、龟兹攻杀，都护西域又停止了。直到汉和帝永元三年（91），大名鼎鼎、震古烁今的将兵长史班超平定西域，于是就以班超为都护，驻龟兹境它乾城（今新疆阿克苏地区新和县西南大望库木旧城遗址）。班超老归洛阳以后，任尚和段禧先后继任。

经过魏晋南北朝的战乱割据，到唐贞观十四年（640）八月大唐攻灭高昌国，九月在西州交河城（今新疆吐鲁番西交河故城遗址）建立安西都护府，管理西域地区军政事务。贞观二十二年（648），唐军进驻龟兹国以后，便将安西都护府西移到龟兹国都城（今新疆库车）。

新疆吐鲁番交河故城塔林

同时在安西都护府下先后设置四个军镇。第一个设在龟兹（今库车），在天山南麓。第二个设在焉耆，就在今新疆焉耆西南。第三个是于阗，就设在现在的和田。第四个是疏勒，就在今天的新疆喀什，这四个军镇由安西都护兼统，简称"安西四镇"。

贞观以后，安西四镇时置时罢，军镇也有所变动。调露元年（679），在唐安抚大使裴行俭平定匈延都督阿史那都支等人的反叛后，以碎叶水旁的碎叶镇代焉耆。从此安西四镇是碎叶、龟兹、于阗、疏勒。这个碎叶城，学界有一个比较主流的看法，认为唐朝大诗人李白就出生在这里。

当时西域有三十六佛国，安西四镇的龟兹和于阗就是最主要的佛国，像领导者一样的佛国。龟兹我们知道，在它的历史上出现过伟大的译经家鸠摩罗什，所以它有辉煌的佛教传统，并且繁衍繁盛不衰，他们所信奉承传的大乘佛教也是最权威的。并且，佛教之所以能大行于中国，与大乘佛教在西域地面的传播确立和学说日备完善，有很大关系，从这里，佛教信仰从一个少数贵族阶层的精神信奉变成一个普罗大众皆可信奉的宗教，佛教在这里得到了极大的普及。

到了近代中国，一百年前的清末民初，出生于陕西合阳的印光和尚，又继承发展了佛教的这种普世意义，进一步提出了"人间佛教"的概念，就是把佛教更加地大众化、世俗化，使人间烟火中充满香火味。印光这一法脉一直传衍不衰，从弘一法师到丰子恺，丰子恺就是以佛理融入世俗生活。包括现在的星云法师、净空法师，他们实际上继承传播的都是印光大师的人间佛教，充满了人间烟火味的佛教，对世界各种现象做出佛教解释的佛教，与中国人的传统理念高度融合的佛教。

龟兹王托提卡和王后壁画

吐鲁番

　　吐鲁番,是天山东部的一个东西横置的形如橄榄状的山间盆地,四面环山。盆地西起阿拉山沟口,东至七角井峡谷西口,东西长245公里;北部为博格达山山麓;南抵库鲁克塔格山,南北宽约75公里。中部有火焰山和博尔托乌拉山余脉横穿境内,把本地区分成南、北两半。盆底艾丁湖水面,低于海平面155米,是中国最低的盆地。

　　吐鲁番是古丝绸之路上的重镇,早在新石器时代,就有了人类活动。据《史记》的记载,生活于吐鲁番盆地一带的土著居民是姑师人。他们在吐鲁番盆地上建立了姑师(后称车师)国、狐胡国、小金附国、车师后城长国、车师都尉国。

　　西汉初期,中国北部的匈奴控制着西域大部,并不断侵扰汉朝。汉武帝建元三年(前138),派张骞出使西域,联合西域各国,以断匈奴的"右臂"。姑师之地是开辟西域的重要通道,战略地位极为重要。由此,西汉王朝与匈奴对姑师展开了多达五次的反复争夺。汉宣帝神爵二年(前60),匈奴内乱,匈奴日逐王率众降汉。车师之地随之归属汉朝。西汉在统一西域的同年(前60),在西域设立都护府,郑吉为首任都护。从此,西域归入汉朝版图。

吐鲁番火焰山

我们追随玄奘西行的路线，到达哈密。哈密是座古城。由于前几年个别重大事件的影响，目前整个新疆，人们行事都比较谨慎，街道也比较冷清，和我前些年几次经停，甚至更早时候进入罗布泊在哈密住宿，感觉都截然不同。

这一次去，虽然我们住在很大的宾馆，设施也很高档，是哈密最高级别行政、商务接待的宾馆，等同于西安的丈八宾馆，但是那么大宾馆，却只住了我们这一拨客人。我们停车登记住宿后吃饭，饭菜很丰盛。住过一夜，天蒙蒙亮，我们就出发了，赶往吐鲁番。

无论是丝绸之路北道、新北道，还是现在学者命名的丝绸之路中段北线、中线，它们都以现在的吐鲁番为起点分道西进。这也就是大唐王朝把安西都护府设在现在吐鲁番地区的原因，因为它扼丝路之两道。

我们进行丝绸之路大穿越的车队也在吐鲁番做了停留，吃了饭。虽然不像《西游记》所渲染的唐僧师徒关于火焰山的经历那样传奇，但是吐鲁番依然发生有玄奘西行求法的真实故事，甚至还在离开吐鲁番之后又折返，成为他西行路线中最为离奇的行进，因为他折返的原因，至今还没有被破解。

玄奘西行所到的吐鲁番地区，当时是高昌国。在西汉元帝时候，在当地建筑军事壁垒，因为"地势高敞，人庶昌盛"，称为高昌壁，又称高昌垒。高昌的名字便一直沿用下来。那里有我们现在熟知的葡萄沟、火焰山，还有很多的古墓葬。新疆给我寄了二十四卷本的《新

火焰山金箍棒形状的温度计
孙悟空塑像

疆文库》，里边记录了很多满布吐鲁番盆地的古墓葬。

这些古墓葬近代的以伊斯兰风格的居多，远古的则不知其民族为谁，抑或是突厥，抑或是大月氏，抑或是更遥远的塞种。值得提及一笔的是，高昌遗址、交河遗址之上，还有许多汉、唐戍边将军墓。有一个开放的墓室中，天穹上面，竟然画着一幅伏羲女娲人首蛇身交媾图。专家认为，这是中华民族初民时期的生殖崇拜图腾。

玄奘到高昌国挂单，把他的度牒，相当于我们现在的通关文书，呈递上去，说明他是来自东土大唐的僧人，叫玄奘，请见高昌王。高昌当时跟中国交好，高昌王就设宴招待玄奘。就在宴席的时候，突然从屏风后面转出来一位老妇人，白发苍苍的贵妇人走到玄奘跟前，执着玄奘的手，动问：高僧啊，你知道我是谁吗？玄奘回答说：老人家你是谁啊？老妇人接着说：我姓杨，我是大隋皇帝杨广的妹妹，我远嫁到高昌国已经三十多年了，我现在是这里的老王后。亲爱的东土高僧啊，我的哥哥杨广可好？我的国家可好？结果玄奘木讷了半天，说：隋朝皇帝杨广已经不在世了，大隋也已经被取代了，那一页的历史已经翻过去了，现在是大唐李氏享国，皇帝叫李世民。然后老王后泪流满面，陪坐着问他一些东土情况。

很得老王后垂青的玄奘，再加上他出奇的机变能力和演讲才能，这些能力对于他在天竺学习梵文佛法、舌战群僧，最终成为公认的佛门高僧有很大作用，他很可能对高昌王夸口说：我跟大唐皇帝李世民是结拜兄弟，您和我结拜了，就等于和李世民也成了结拜兄弟了。在玄奘的鼓动下，高昌王甚至与僧人玄奘举行了十分隆重的结拜仪式。

按照现在学者的考证，玄奘在高昌国居留了一月有余，在离开高昌国西行很远之后，他又返回了高昌国。学者对此一直没有给出一个合理的解释。我个人推测，是不是这样一个原因：就是玄奘在离开高昌国，西行了很远以后，他发现西行路上，国家众多，关卡重重，一

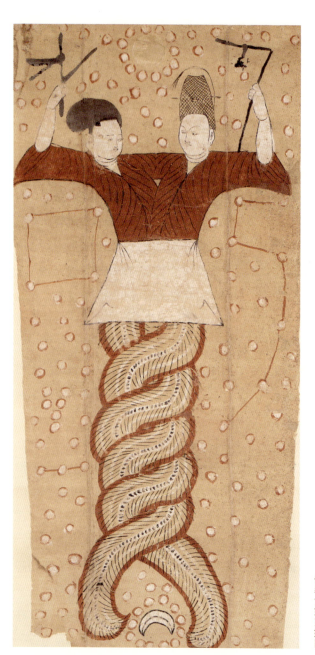

伏羲女娲交媾图

路通关行进并不像高昌国那样顺利；同时可能也从同样西来的商队那里了解了这一路通关过检的各种情况；高昌国是当时丝绸之路上重要的富庶佛国，在整个西域都有很大影响；他可能也需要高昌国为他开具一个足以畅通西域的通关文牒，相当于我们今天的护照。所以他又返回，很可能就是想拿到高昌王的介绍信，通过高昌王这个异姓兄弟的西域声誉，保证他顺利西行。玄奘在之后的行程上，每经过一个国家，都受到了国宾级别的接待。不论是在寺院里面，还是在皇室王城，都受到很大的礼遇。其原因就是手里拿着高昌王的路条。

吐鲁番这个地方发生过很多的故事，这里我们还浅浅提到近代史上发生的一个故事。在同治年间，在我国西北地区曾发生过一次较大规模的回民起事，其中一个主要首脑人物叫白彦虎。白彦虎所率领部众在大清委任左宗棠担任陕甘总督之后，节节败退，从陕甘地区一路顺河西走廊溃退到新疆，并且投靠了盘踞新疆的中亚军阀阿古柏。阿古柏就是中亚乌兹别克斯坦塔什干人，他后来翻越帕米尔高原，进入塔里木盆地，在喀什噶尔建立了伪政权。让人更不能容忍的是，他投靠沙俄，出卖并分裂国家。

阿古柏接受白彦虎投降并任命他为大将继续统领旧部，让他镇守乌鲁木齐。这时候陕甘总督左宗棠已经委任刘锦棠为先锋，进军新疆，追剿白彦虎。刘锦棠采用缓进急攻的战略，就是每天慢腾腾地进军，因为内地人不适应边疆的气候，急进猛追容易造成非战斗性减员，而且后勤辎重也容易跟不上。但一旦大部队开拔到指定地点，乘着大军锐气一阵猛攻，往往旗开得胜。就这样，刘锦棠步步为营，一路逼进，包围了乌鲁木齐（迪化），白彦虎弃城而逃，又逃到吐鲁番。刘锦棠回师，依然缓进急攻，又把吐鲁番包围了，白彦虎见大势已去，就又往南疆逃跑。在白彦虎企图远遁喀什的过程中，阿古柏突然暴毙。至于怎么死亡的，有两种说法，一种说是被手下杀死了，甚至

高昌故城

丝绸之路亦可从此处分道。从鄯善穿越凶险的鲁克沁小道,翻越库鲁克塔格山,进入罗布泊和楼兰。此为南道。从托克逊进入天山干沟大峡谷,出谷即为博斯腾湖和库尔勒,这里继续沿天山南侧过阿克苏、喀什,是为丝绸之路北道。

作者在吐鲁番接受媒体采访

被他的儿子杀死了,一种说法是得了急病不治身亡。阿古柏的儿子就领着白彦虎和他的部众,就从我们行将翻越的山口重新翻越回去,进入中亚草原。

应该是在一个冬天,哈萨克人听见外面有人敲门,把门打开就发现,浑身血淋淋的一群人站在门外。好客的哈萨克人就把他们迎进来,烤火取暖,给水喝,给饭吃,让住宿。后来这一群人就在这里安顿下来,形成了现在称之为东干人的族群。东干人现在中亚大概有十五万左右,大约六万多人住在哈萨克斯坦,六万多人住在吉尔吉斯斯坦,就在两国的边境线上,相互挨着。

我们这次丝绸之路大穿越翻越帕米尔高原,进入吉尔吉斯斯坦的第二大城市,叫奥什。给我配的司机叫艾迪,他就是来自陕西村的东干人。我们其他车辆的司机也好像都是东干人,因为他们跟我们方言相通。我说:"你抽烟!"他说:"额(我)不吃烟!额大(爸)不让额吃烟!"一口陕西话,乡土味十足,叫远在异域的我们,顿生亲切之感。

在中亚西行的一路上,我就给他们讲,历史那一页已经翻过去了,平心而论,你们先祖传述给你们的,许多是片面的历史,你们不知道那一次事件给西北的老百姓造成了多么大的苦难啊,整个关中平原的人口损失了百分之七十,陕北高原主要的川道,县城、村庄全部被摧毁,百姓被杀得一口不留。这些都是你们无法想象的。现在历史进入了新的一页,你们应该理性冷静看待。你们是新时代的青年,要从这种民族的仇杀的怪圈中走出来。

现在中国政府对年轻一代的东干人都很好的,给予了他们很大政策扶植和倾斜,他们有很多都在西安的西北大学、陕西师范大学上学。先上一年的预科,然后再往北京,到诸如中国外交学院这样的高校深造。

作者和来自中亚陕西村的东干人司机艾迪

土尔扈特人

17世纪初,为了躲避准噶尔部的威胁,蒙古厄鲁特部四卫拉特之一的土尔扈特人移牧荒无人迹的伏尔加河流域,历时百余年。进入18世纪,强大起来的沙俄政权逐步加强对边疆民族的统治,他们变本加厉地奴役和控制土尔扈特人。在此土尔扈特民族的生产生活与宗教信仰遭受深重威胁之时,公元1771年1月,土尔扈特首领渥巴锡率领全族人民起义抗俄,回归祖国。他率领近17万族人,历尽艰险,跋涉万里,喋血苦战,完成了人类历史上最悲壮的一次民族大迁徙。

新疆博斯腾湖

从吐鲁番继续往西,在吐鲁番盆地的西部边缘,有个主要是维吾尔人居住的托克逊县,这个维吾尔人聚居的县城还保留着古老的风俗,我们很谨慎地在那里住宿,吃饭以后,各自回房。第二天,太阳升起,我们在宾馆的餐厅又吃了一顿早饭,然后就乘车离开。

我们从托克逊再往前走,就进入天山干沟大峡谷。干沟由于其干旱炎热、没有植被而被命名。天山干沟大峡谷虽然不长,只有一百三十多公里,但十分凶险。峡谷两边都是光秃秃的大山,寸草不生。为什么不生寸草呢?有许多专家做过研究,干沟石质特殊,植物难以着根,而且峡谷极其干热,不适合植物生长。可是到了夏季,暴雨一下,山洪暴发,沙石俱下,洪流滚滚,毁路削山,十分恐怖。干沟大峡谷我走过几次,前几年走的时候正在修一条高速路。我们此次穿越的时候,这条高速路已经建成通车。

出天山干沟大峡谷以后的第一个村子,村名不便透露,对外的称呼是马兰基地。基地设在这里,而举行核试验的地方,则从这里进入大沙漠二三百里之远的罗布泊方向。

穿过天山干沟大峡谷,就到了和静县、和硕县。当年土尔扈特人从中亚脱离沙俄的统治,不远万里回归后,乾隆皇帝将他们安置在这一块水草丰美的草原上,安置在博斯腾湖边。

土尔扈特人万里回归,也是一个悲壮而又伟大的故事。

十七世纪初,为了躲避准噶尔部的威胁,蒙古厄鲁特部四卫拉特

作者在穿越天山干沟大峡谷途中

新疆巴音郭楞蒙古自治州和静县——巴音布鲁克大草原

之一的土尔扈特人远徙荒无人迹的伏尔加河流域。进入十八世纪，强大起来的沙俄政权逐步加强对边疆民族的统治，他们变本加厉地奴役和控制土尔扈特人，对土尔扈特人来说，伏尔加草原依旧土肥水美、但已经不是远离战争的安静和平之地。

单拿一七六八年一年来说，沙俄政府就向土尔扈特部落征兵八次。大量青壮年被迫离开亲人，被送往黑海前线，数以万计的土尔扈特人丧生战场。不仅如此，土尔扈特民族的生活形态与宗教信仰，遭受的威胁则更为深重。沙俄强迫、利诱土尔扈特牧民放弃原有的信仰，转信东正教，衣食礼仪俄化。

在民族生死存亡的关键时刻，一七七一年一月，年轻勇敢的土尔扈特首领渥巴锡决心率领全族人民起义抗俄，回归祖国。他率领近十七万族人，踏上了艰难险阻的东归旅途，俄罗斯女沙皇闻讯后立即派兵数万围追堵截。渥巴锡和他的族人喋血苦战，跋涉万里，近十七万族人，到达伊犁时已经减少七万多人。经过七个月一万多里的长途跋涉与征战之后，土尔扈特人终于回到了故乡，完成了人类历史上最悲壮的一次民族大迁徙。

土尔扈特人迁徙的这一条路线，我们这一次也全程走过。外高加索地面险峻的群山，伏尔加河穿过草原那奔腾的河流，阳光下有些怪异的里海水面，三千里成吉思汗草原黄金道的辉煌落日，所有这些，都给我们留下极为深刻的印象。

在博斯腾湖畔，还有一个历史悠久的城市，叫焉耆，就是历史上的焉耆国。大唐王朝曾在这里设置焉耆都督府。安西四镇之一的焉耆镇亦置其境。《大唐西域记》称焉耆国为阿耆尼国，并记载道：

阿耆尼国，东西六百余里，南北四百余里。国大都城周六七里，西面据山，道险易守。泉流交带，引水为田。土宜糜、黍、宿麦、香

御制土尔扈特全部归顺记

旧土尔扈特部东右旗管旗扎萨克之印("忠诚的旧土尔扈特部英勇之王"印)

枣、蒲萄、梨、柰诸果。气序和畅，风俗质直。文字取则印度，微有增损。服饰毡褐，断发无巾。货用金钱、银钱、小铜钱。王，其国人也，勇而寡略，好自称伐，国无纲纪，法不整肃。伽蓝十余所，僧徒二千余人，习学小乘教说一切有部。经教律仪，既遵印度，诸习学者，即其文而玩之。戒行律仪，洁清勤励。然食杂三净，滞于渐教矣。

博斯腾湖是发源于天山支脉萨阿尔明山的开都河在焉耆盆地形成的内陆淡水吞吐湖，博斯腾湖湖水从湖的西南部溢出，形成孔雀河。孔雀河从博斯腾湖受水，在天山中脉的库鲁克塔格山和霍拉山之间的铁门关冲出山地，进入塔里木盆地。

被孔雀河滋养的库尔勒位于新疆中部、天山南麓、塔里木盆地东北边缘，北倚天山支脉，南临世界第二大沙漠——塔克拉玛干沙漠。是古丝绸之路中道的咽喉之地和西域文化的发源地之一，是南北疆重要的交通枢纽和物资集散地。

我们的行程，在库尔勒住过两夜。第一天抵达，第二天到焉耆的一个葡萄山庄，举行了一个活动。这个山庄好像是一个陕西人开的，他承包了一大片田地，修筑了一个中亚风格的会馆。这里是一块丰饶的绿洲，天山雪水浇灌着万亩良田。我们围坐在葡萄架下一字排开的十几张桌，桌上摆满丰盛的食物。维吾尔族姑娘们翩翩起舞，为客人敬酒。我的那个蓝色的哈达，就是敬酒时，主人献给我的。库尔勒城北三十公里处，就是孔雀河冲出天山的铁门关。

作者在焉耆葡萄山庄接受哈达

作者在焉耆葡萄山庄接受敬酒

塔里木河

"塔里木"在维吾尔语里意为"无缰之马"和"田地、种田"。塔里木河位于新疆维吾尔自治区塔里木盆地北部。发源于天山山脉及喀喇昆仑山,沿塔克拉玛干沙漠北缘,穿过阿克苏、沙雅、库车、轮台、库尔勒、尉犁等县(市)的南部,最后流入台特马湖。塔里木河主干最早曾注入罗布泊,是南疆地区的母亲河,天山以南的绿洲基本都是靠塔里木河水灌溉。

塔里木河,流域面积102万平方公里。全长2179千米(还有2327千米、1321千米之说,若以最长支流和田河为源,全长2376千米),是中国最长的内陆河、为世界第五大内陆河。

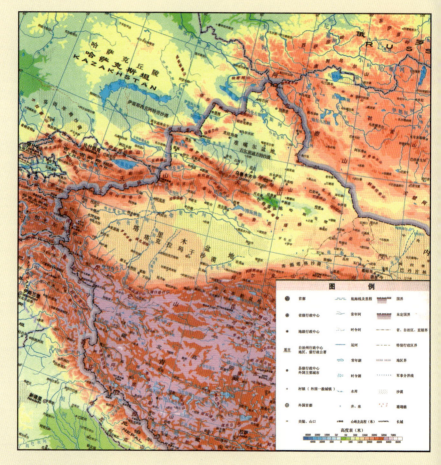

塔里木盆地地形图

滋养库尔勒的孔雀河也叫饮马河,传说东汉班超曾饮马于此。孔雀河最终汇入塔里木河,注入罗布泊。开都河－孔雀河是塔里木河的源头之一。

塔里木河是中国最长的内陆河、为世界第五大内陆河。塔里木河一共有六个源头。

第一个源头是叶尔羌河。叶尔羌,维吾尔语中意思是"土地宽广的地方"。叶尔羌河发源于克什米尔北部喀喇昆仑山脉的喀喇昆仑山口,上游在深切的峡谷奔流,汹涌的山区急流出了昆仑峡谷后向北流,形成许多分支,散布在冲积扇上,灌溉着叶尔羌绿洲。叶尔羌绿洲是新疆最大的绿洲之一,有莎车城。法显当年西行,就是沿叶尔羌河逆流而上,翻越帕米尔高原,进入古印度。叶尔羌河在法显的时代,甚至更早张骞的年代,它有个别称叫葱岭南河。

第二个源头叫喀什噶尔河。喀什噶尔河是很大的一条河流,它从帕米尔高原一路下来,就在喀什城外散散漫漫地流着,然后喀什周边的四五个县,就像棋子一样,均匀地摆布着,这些都是当年著名的兵城。著名的疏勒都督府就设在这里。因为它面对着帕米尔高原,而天山山脉又从这里发脉向东北,它就处在一个重要的战略位置上。这里有很多历史遗迹,比如班超的盘橐城,我们此行中曾到那里去寻访。盘橐城,又叫作"艾斯克萨"城,位于喀什市东南郊的吐曼河岸边,是西域三十六国之一的疏勒国宫城,公元七十三年成了班超经营西域的大

新疆昆仑山脉叶尔羌河谷地

本营。班超立足疏勒，荡平匈奴势力，完成了统一西域的宏伟大业。

第三个源头就是阿克苏河。从天山南脉发源两条河流，它们在天山脚下的阿克苏交汇并穿城而过，叫阿克苏河，意思是：白色之水。澄汪汪的水流从阿克苏城穿城而过，然后流入塔里木盆地，成为塔里木河的源头之一。

第四个源头就是和田河。当年又叫于阗河。按照清人徐松留给我们的记载，他看见的其实是三条河流绕着城郭，一条河流里捞出来的和田玉是白色的，另一条河里捞出来的是蓝色的，还有一条河流捞出来的是黑色的，所以三条河流分别叫白玉河、绿玉河和乌玉河。这三条河流在下游交汇，形成塔里木河的第四个源头。

第五个源头就是天山东麓流下来的各种水流，它们汇合形成渭干河。

第六个源头就是我们说的开都河－孔雀河。

当然，除了这六条大的支流外，塔里木河还有六十多条小的支流。最终流到塔里木盆地的东缘，形成罗布泊。

罗布泊是"汇水之区"的意思。在张骞出使西域的年代，法显和尚西行取经的年代，它的名字叫蒲昌海。那时候它的水面应当大得多，鱼跃鸥飞，罗布人驾着独木舟穿过芦苇丛，泛舟湖上。罗布泊是"罗布淖尔"的缩写，"淖尔"是蒙古人对湖泊的称呼。

按照张骞的说法，按照法显的说法，按照郦道元在《水经注》中的说法，按照清朝发配到伊犁将军府的官员徐松先生在《西域水道记》中的说法，罗布泊的水流在这里汇聚成海以后，并没有停止它的奔流，而是从山底潜流而出，出积石山，重新涌出地面，从而成为黄河的源头。

这个黄河重源说的历史公案，学界争论了两千多年，至今还没有定论。也许在以后的章节中，在说中亚大地理的形成过程，说中亚地面的湖泊和河流的时候，笔者会再涉及这个话题。

和田河

◆ 圣人每临大水必有三声叹喟

徐松（1781-1848），字星伯，原籍为浙江上虞（今绍兴上虞区），后迁顺天大兴（今北京大兴区）。清代著名地理学家。以博学多才，尤长于地理之学，名重当时。嘉庆十三年（1808）以进士任翰林院编修，道光年间任礼部主事、江西道监察御史等。嘉庆十五年（1810）徐松被降职至新疆，得机会考察新疆各地，撰写了《西域水道记》（5卷）、《汉书西域传补注》（2卷）、《新疆识略》（12卷）等。嘉庆二十四年（1819）回京。

《西域水道记》1821年成书，是有关西域历史地理的名作。记载西域各条河流发源、流域、所入湖泊等详细地理资料。是我国古代舆地著作中对新疆水道湖泊研究最为详实、完备的一部，也是研究西北史地的重要文献。记载范围包括今嘉峪关以西直至巴尔喀什湖以东以南广大西北地区。仿《水经注》体例，自为注记，以西域水道为纲，在详细记载各条河流情况的同时，对流域内的政区建置沿革、典章制度、厂矿牧场、卡伦军台、名胜古迹、重要史实、民族变迁等都有详细的考证。

天山

我的行囊中带着的书籍中有一本叫《西域水道记》。这是一本清朝人写的地理书,是在《河图》《禹贡》、在魏晋时期郦道元的《水经注》之后,一本对西域地面山形水势、河流湖泊进行了一番实地踏勘以后,就实录写的一本书。

看来不光是我带着这本书,林则徐发配新疆时,他的行囊中也带着这本书。一位清朝官员(倭仁)在赴新疆与沙俄谈判时,也带着这书。而十九世纪末、二十世纪初的中亚探险热中,那些怀着各种目的游走于中亚大地的外国探险家们,《西域水道记》更是他们行囊中的必要之物。例如斯坦因,当他一路寻到敦煌城,寻到党河岸边、三危山下的莫高窟时,手中拿的地图册,就是《西域水道记》。

《西域水道记》的作者叫徐松。祖籍浙江上虞,因父亲在京城做官,于是少年时落籍于今天北京的大兴区。十年寒窗之后考取功名,出任湖南学政。后被同僚诬陷、参奏,由湖南直接遣戍伊犁。抵达伊犁将军府的流放命官徐松,眼见得仕途已经被堵死,于是长叹一声说:"才不为世用,乃著经世书!"说罢,决心学东晋时期的郦道元,握一柄罗盘,拿几卷残纸,游走天山南北,以西域地面的湖泊为关注点,以湖泊的来水去水河流为经纬创作了一部大地之书。

这个人真是太伟大了,他在开始写作《西域水道记》时,先应伊犁将军松筠的邀请,写了一部这块偌大地面的方志,方志送到北京以后,是道光元年,新继位的皇帝给这本书赐名叫《新疆识略》。这是新疆作为一个省级行政区的专有地名,首次被政府启用,而在此之前,人们习惯以西域之名来称呼这块中亚高地。

接着他又写出《新疆赋》,分为《新疆南路赋》和《新疆北路赋》。新疆按照当时行政规划,分为四路。嘉峪关、玉门、敦煌至安西州为安西南路,哈密、镇西府、迪化州为安西北路,乌苏至伊犁、塔城为天山北路,哈喇沙尔、库车、叶尔羌、和田为天山南路。简约称之,幅员所至,称新疆南路、新疆北路。

这项工程很大程度上都是命题作文,这位戴罪之身的文化官员理应做的事情,徐松在《新疆赋》的序言中说:

以嘉庆壬申之年(1812),西出嘉峪关,由巴里坤达伊犁,历四千八百九十里;越乙亥(1815),于役四疆,度木素尔岭,由阿克苏、叶尔羌、达喀什噶尔,历三千二百里;其明年,还伊犁,所经者英吉沙尔、叶尔羌、阿克苏、库车、哈喇沙尔、吐鲁番、乌鲁木齐,历七千一百六十八里;既览其山川、城邑,考其建官、设屯,旁及和阗、乌什、塔尔巴哈台诸城之舆图,回部、哈萨克、布鲁特种人之流派,又征之有司,伏观典籍。

下来,在完成上述著作后,徐松先生便开始写作他的关于西域的第三本书——《西域水道记》。遇山则骑马而过,遇水则乘船漂流,这样以他难能可贵的亲历精神,将那个时候的山形水势,历史沿革,夹杂一些边防设制,笔录成书。

他将这辽阔的西域地面,这些水域一一勘过,然后将它们划分为十一个水系。博斯腾湖的来水地是开都河,去水地是孔雀河。塔里木河有六个源头,这六个源头分别是叶尔羌河、喀什噶尔河、阿克苏河、和田河、渭干河和开都河,六源之外另有六十多条细碎支流。塔里木

额尔齐斯河

河汇入罗布泊以后,在地下潜行一千五百华里,从积石山一个叫星宿海的地方重出,成为黄河源。巴尔喀什湖的来水地是伊犁河,伊犁河发源于天山,有两源。贝加尔湖的来水地是色楞格河。古称热海、今称伊塞克湖的来水地是楚河。咸海的来水地是阿姆河(乌浒水)和锡尔河(药杀水)。

斋桑淖尔(斋桑泊)的来水地是额尔齐斯河,而斯河行进到俄罗斯境后,与鄂毕河汇合,然后穿越西伯利亚,注入北海(北冰洋)。

徐松先生在伊犁将军府供职的时间是八年,用八年时间,完成这样浩大的勘测工程,其劳动量是巨大的,简直是不可想象的。十一条大的水系,从它的源头的涓涓细流开始踏勘,到后来河流上可以行船时,于是乘船顺流而下。直到抵达水流聚而成洼的湖泊淖尔处,那该有多大的劳动量呀!而西域地面,地域又是如此的辽阔,山峰又是如此的陡峭,那陆上行走,更是一步一难、一步一险呀!

但是我们的徐松,就这样奇迹般地将它完成了,从而给我们的文化不动产中,增加了一本散发着西域地面奇花异草香味、波声涛响风格的书。

尤其是书中描绘的那大部分的湖泊,今天已经不在中国版图上了。例如,咸海归属乌兹别克斯坦,伊塞克湖(热海)归属吉尔吉斯斯坦,巴尔喀什湖归属哈萨克斯坦。没有签证,中国人是到不了这些湖泊边的,而我们的"才不为世用,乃著经世书"的徐松先生,圣人每临大水,必有三声喟叹的徐松先生,则是以湖的主人,大清帝国朝廷命官的角色,泛舟湖上的。

匈奴人当年唱着凄凉的古歌:"失我祁连山,令我六畜不蕃息;失我焉支山,令我嫁妇无颜色。"逐着远山衔日,一路西迁。祁连山的位置在哪里?我们知道,那是一座绵延一千多公里的大型山脉;那么焉支山在哪里呢?专家们有个说法,焉支山是祁连山北面的一座小山,而甘肃祁连山下的住户,也这样说。过去对这个说法,我一直有些疑议,既然焉支山是祁连山的一部分,那古歌将它两分交称是不合适的。结果,你看,徐松先生在《西域水道记》中说了,匈奴古歌中所说的焉支山,是指塔里木盆地中,库尔勒旁边那个有名的焉耆山。他说那里有高大的山岭,有铁门关,有湖泊和洼地。焉耆山是天山的一条支脉,由于天山山脉太漫长了,所以习惯做法,记录者往往用当地地名标出它确切的位置。记得笔者此行在库尔勒小驻的时候,曾经在焉耆绿洲的葡萄架下,吃过烤肉和抓饭,接受过蓝色哈达的祝福。

对于纠缠了中国人两千多年(或三千多年)之久的黄河重源说,徐松在《西域水道记》中说:

> 罗布淖尔为西域巨泽,其地在西域近东偏北,合受西偏众山水,共六大支,绵地五千里,流经四千五百,其余沙碛限隔,潜伏不见者无算。以山势揆之,迴环迂折,无不趋归淖尔。淖尔东西二百余里,南北百余里,冬夏不赢不缩。

又说:

> 淖尔水伏流东南千五百余里,涌出于巴颜喀拉山之麓,其地曰阿勒坦噶达素齐老(蒙古语,"阿勒坦"为黄金,"噶达素"为北极星,"齐老"为石)。极三十五度五分,西二十度三十五分。崖土黄赤,飞流喷薄,色成黄金,是为阿勒泰郭勒。乾隆四十七年(1782),侍弥阿尔达穷河源,奏言:"额敦塔拉数处溪流,其出从北面,及中间流出者,水皆绿色,从西南流出者,水作黄色。臣沿溪行四十余里,水伏入土,随其痕迹,又行二十余里,复见黄流涌出。又行三十里,至噶达素齐老地方,乃通藏大道也。西面一山,山根有二泉流出,其

色黄,询之蒙、番等,其水名阿勒坦郭勒,此盖河源也。"

徐松写到这里,颇是有些自负地说,河出昆仑之虚,是初源,潜流地下,南出大积石,是重源。黄河重源说这个地理学悬念,经我实地勘察,经我博征旁引,至此,该算是说清楚了吧!

还有对额尔齐斯河的描写,从它的发源地到它的归宿地,其间那些稍大一点的纳入干河的细流,都笔录于册,纤毫毕现。例如笔者当年站立过的那额尔齐斯河河口,在清政府与沙皇一八八三年条约中成为界河的一条小河,竟然也在书的字缝里出现,从而叫我惊异。他告诉我们,额尔齐斯河发源于阿尔泰山,一条喇拉额尔齐斯河,一条华额尔齐斯河,二河合流,成额尔齐斯河。额尔齐斯河流经遥远的路程,最后注入北冰洋。我的推测,徐松先生的脚力大约并不能走到那么远,额尔齐斯河的鄂毕河阶段则很有可能,他是对着军事地图来叙述描写的。

在叙述额尔齐斯河时,徐先生对孕育生成这条河流的阿尔泰山,又名金山,即今人所见的旅游胜地喀纳斯湖头顶上的那座山岗——友谊峰,亦有描写,并记述了当年成吉思汗西征花剌子模归来后,在喀纳斯湖冬窝子里过冬的事情。

而在记述贝加尔湖这一章时,作者笔头稍微松了一松,记载了清朝皇帝与沙俄签署中俄《尼布楚条约》的那一件事。这是清朝与俄国签订的第一份边界条约,条约中,双方以贝加尔湖为界,贝加尔湖以北为俄境,贝加尔湖以南属中国。双方签条约,立界桩,维持过一段时期。我们知道,沙皇俄国的野心愈益膨胀,双头鹰一个头窥视西方,另一个头窥视东方,他们以火车与犁为先导,后来继续吞并贝加尔湖以南以及伏尔加河以东的广袤草原。

康熙皇帝年间,北京紫禁城外来了三个洋人,自称他们是俄罗斯

冬日里的喀纳斯湖

国的使者，受女王之命，前来与中国皇帝商谈划界立桩的事情。这三个使者"面白微红，高鼻梁子，类西洋人，红毡帽，油毡，有发有髭。"而他们所呈的文书，字体自左而右，类似道家符箓。三个使者见了康熙帝，不跪，这惹怒了当值的，于是一阵乱棒，将这三人打出殿外。谁知十多年后这三个人又来了，底下人对康熙耳语说，据说那个俄罗斯是个北方大国，幅员辽阔，人民强悍，咱们还是不惹它为好。这样恩准了，免了这三个人下跪。

又过了六年之后，内大臣索额图与俄使臣费要多罗等会议于尼布楚之地签约，立界桩于额尔齐斯河。界桩以满文、汉文及俄罗斯、喇篇纳、蒙古文字书写。界桩两侧，中国、俄罗斯各设卡伦（哨所）。

徐松的故事，还没有完。八年的西域之旅之后，徐松返回京城。他的《西域水道记》一经刊行，立即风靡京华，他因此而成为一个得到朝廷与民间都认可的大学者。"我注定漂泊的命运，我属于旷野！"徐松说，他申请去了陕北的榆林。

在担任榆林知府期间，他还干了一件大事。陕北高原宋时有个夏州城，为西夏李元昊之父李德明、李德明之父李继迁当年自立为王时的啸聚之地，这座宋时的夏州城又传说就是当年赫连勃勃的统万城。如今这城，已为毛乌素沙漠南侵的黄沙所埋。这一日，榆林知府徐松骑了个毛驴，先到下属之怀远城，邀了怀远城知县前往大漠中踏勘，从而使湮灭千年的赫连统万城，重新回到人们的视野之中。

徐松生于一七八一年，卒于一八四八年，他去世的时候，正是笔者现在伏案写这书的年龄。一个文化学者，失意官僚，在遭受命运打击，仕途无望的情况下转而著书立说，以大地为师，在旅途劳顿中，在案牍写作中，泼藨和张扬自己的才华，宽释自己的孤愤和寂寥，于是乃有旷世奇书《西域水道记》的问世，他捍卫了文化人的尊严，他为后世的文化人树立了一个标杆。

库车（龟兹）

库车位于天山南麓中部、塔里木盆地北缘，地形北高南低，自西北向东南倾斜。库车系突厥语译音，维吾尔语地名，胡同之意。"因其地为达南疆腹地之要街，故名。""库车"一名自古有多种写法，有"丘慈""屈兹""曲先""鸠兹""库叉"等。清朝乾隆二十三年（1758）定名为库车。另有说法称，"库车"系古代龟兹语，意为"龟兹人的城"。

在历史长河中，龟兹是丝绸之路中段塔克拉玛干沙漠北道的重镇，宗教、文化、经济等极为发达，龟兹拥有比莫高窟历史更加久远的石窟艺术。龟兹人擅长音乐，龟兹乐舞发源于此。此外尚有冶铁业，名闻遐迩，西域许多国家的铁器多仰给于龟兹。唐朝贞观十四年（640），唐军攻灭高昌，设置西州（今新疆吐鲁番）、庭州（今新疆吉木萨尔），并设安西都护府，贞观二十二年（648），唐军攻灭龟兹，将龟兹纳入统治。658年，唐朝移安西都护府于龟兹。

克孜尔石窟

从库尔勒沿塔克拉玛干沙漠西行,我们的车行在焉耆至库车的途中,经过轮台。这是一块无遮无拦的荒原地带,荒蛮、古老、死寂。灰蒙蒙的天空,灰蒙蒙的大地,从我们的脚下一直铺展到遥远的天际线。偶尔有风吹过,大漠便灰暗苍黄一片,视线不及百米。

轮台这个地名,念想起唐朝边塞诗人岑参的《走马川行奉送出师西征》中"轮台九月风夜吼,一川碎石大如斗,随风满地石乱走"的诗句。一千二百多年岁月过去了,当年那其大如斗的一川碎石,又经岁月的刀工,日晒雨淋,一碎再碎,而今业已成为小小的砂砾了。

到达轮台,唐代边塞诗人岑参的《白雪歌送武判官归京》,就描写的这里的情况:

北风卷地白草折,胡天八月即飞雪。忽如一夜春风来,千树万树梨花开。散入珠帘湿罗幕,狐裘不暖锦衾薄。将军角弓不得控,都护铁衣冷难着。瀚海阑干百丈冰,愁云惨淡万里凝。中军置酒饮归客,胡琴琵琶与羌笛。纷纷暮雪下辕门,风掣红旗冻不翻。轮台东门送君去,去时雪满天山路。山回路转不见君,雪上空留马行处。

轮台继续西行,就到库车。库车古称龟兹。西域三十六佛国中著名的龟兹国。在龟兹附近有著名的克孜尔千佛洞,它被认为是佛教进入西域的第一个著名的洞窟。它是完全保留了佛教进入塔里木盆地初始状态的一个石窟。

克孜尔石窟前矗立着一尊鸠摩罗什铜像。因为龟兹是鸠摩罗什无比辉煌的一生最初开始的地方。在龟兹发生着他很多伟大又传奇的故事。

鸠摩罗什出生在龟兹。他的母亲是龟兹王白纯的妹妹。他七岁出家,九岁跟随母亲到了北天竺,在名僧盘士多达多处学习佛经。十二岁时,同母亲一起返回龟兹。龟兹王听说他回来了,亲自远迎,并专门为他造了金狮子座,铺着大秦锦褥,并请他升座说法。西域各国国王一见他升座,都在他的座侧听讲。

后来前秦皇帝苻坚派镇守敦煌的大将吕光到龟兹国迎请西域名僧前往长安讲经弘法。吕光却以武力的方式攻破龟兹城,把鸠摩罗什绑在白马上,把他押往长安。在鸠摩罗什被绑缚东行的同时,有三万名龟兹老百姓跟随鸠摩罗什一路向东,一直跟到长安城。

公元四〇一年,后秦皇帝姚兴在长安城南门尊鸠摩罗什为国师,并安排他在皇帝的逍遥园行宫居住。鸠摩罗什指着城外对后秦皇帝说,君王啊,你看城外跪着三万龟兹国的亡国百姓,他们随我一起来,如今我已经有了归宿,能不能给他们也施赏一块容身之地?后秦皇帝就说,那就让他们到北方去。北魏拓跋焘屠灭代来城,代来城已经成为废墟了,就让他们在代来城安居。

就这样,这三万龟兹遗民就在今天榆林城东北三十多公里的地方安家,新建龟兹国那个地方现在叫古城滩。龟兹国遗民就在这里世代繁衍生息。

陕北高原是一个神秘的存在,它不断地给这个世界送出来一个又一个的文化大秘密。我们之前提到过的神木石峁遗址,全世界学者都说这是一个石破天惊的大发现。

在龟兹乐舞随龟兹人进入中国之前,中国基本上可以说是没有真

克孜尔千佛洞前的鸠摩罗什雕像

唐飞天（复原）——库车县库木吐喇石窟第十六窟

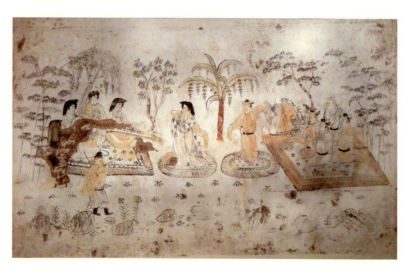

唐墓壁画中的龟兹乐舞

正舞蹈的,我们的舞蹈只是一些敬献鬼神祖先或者愉悦皇室王侯、达官显贵的扭扭捏捏的宫廷舞蹈,没有那种充满活力和生命张力的民间舞蹈。龟兹乐舞进入中国后,胡腾舞、胡旋舞,融入中国人的生活,才形成全面的、甚至是真正意义的舞蹈。大唐李氏发源于陇西、起家于晋北,都是古来西域草原文化融入之地,所以皇帝王孙都能歌善舞。

  胡旋舞眼睛盯住一个地方,以腰部为轴,身体像风一样地就地快速十八旋,迸发出强烈的生命力,洋溢着无比酣畅的生命激情。唐朝许多大诗人都描写过胡旋舞的场景。而历史上胡旋舞跳得最好的人是谁呢?所有人都想不到。这个人体重三百六十斤,他就是安禄山。安禄山作为渔阳节度使进京面圣。他在临潼华清池为唐明皇和杨贵妃跳舞助兴,三百六十斤的大胖子,就地十八旋,看得杨贵妃惊诧万分,称叹不已。安禄山趁杨贵妃兴起之时,跪倒在前,把杨贵妃认作干妈。安史之乱就从这里埋下祸根。

  龟兹乐舞带来音乐,也带来乐器,比如唢呐,陕北的大唢呐,明白无误地就是从西域传来的。吹唢呐的人,陕北叫他们"龟子",这明显就说明他们和龟兹的历史渊源。陕北人讲究不和以吹唢呐为职业的世家通婚,就是这个原因,就是因为最先吹唢呐就是这些龟兹人,他们是异族人士。还有陕北的三弦、说书、腰鼓甚至剪纸,很可能都与龟兹国遗民的文化输入有关系。

龟兹故城遗址

鸠摩罗什传奇

鸠摩罗什(343-413),东晋十六国时期后秦高僧,中国汉传佛教四大佛经翻译家之一。又译鸠摩罗什婆、鸠摩罗耆婆,略作罗什。意译童寿。

罗什父鸠摩罗炎出身天竺望族,后至龟兹,生罗什。罗什7岁随母出家,初学小乘,后到罽宾、沙勒,遇到莎车国大乘名僧,改学大乘。他博读大小乘经论,名闻西域诸国,在汉地也有传闻。前秦建元十八年(382)苻坚遣吕光攻伐焉耆,继灭龟兹,将罗什劫至凉州。三年后姚苌杀苻坚,灭前秦,吕光割据凉州,罗什随吕光滞留凉州达17年。后秦弘始三年(401)姚兴攻伐后凉,亲迎罗什入长安,以国师礼待,并在长安组织了规模宏大的译场,请罗什主持译经事业。之后十余年间,罗什悉心从事译经和说法。

甘肃武威鸠摩罗什寺

自张骞凿开西域道以来，在这条古老的道路上，两千多年来有过多少匆匆的背影，有过多少传奇。这背影中有一个骑着白马的僧人，胡貌梵相，深目高鼻，名叫鸠摩罗什，他堪称是传奇中的传奇。他先后担任过三个国家的国师，因为争夺他，历史上曾经有过两次灭国战争。佛教界的观点，自从鸠摩罗什入住长安城的草堂寺，设立中国境内的第一个国立译经场以后，中国才有了真正意义上的译经——梵文与汉语相互融通的译经。而西方学者则给予鸠摩罗什以这样至高的评价：鸠摩罗什是东方文明的底盘。

他的父亲叫鸠摩炎，或者说叫鸠摩罗炎。古印度有八十六个邦国，他来自它们中的某一个。而到底是哪一个呢？人们已经无从知道了。当我们的车从古龟兹大地上风驰电掣般驶过时，当在路边的餐厅，饮用着这地方那苦涩的泉水时，我的脑门一亮，像一阵风一样，一个念头钻进脑子里，我明白他的祖籍是哪里了。这叫"过而知之"。

他是如今正有战乱发生的克什米尔那个地方的人。鸠摩家族世世代代担任这个邦国的宰相。当这个职务轮到要由鸠摩炎来承担的时候，他对母亲说，可以不要这当宰相的命运吗？而后，他星夜逃跑，翻过帕米尔高原。帕米尔高原这边的这个国家叫龟兹。龟兹国王白纯说，你来当我们龟兹国的宰相，而且我要把我的妹妹罗什公主嫁给你。见状，鸠摩炎长叹一声说，这是我的命运！人是逃脱不了命运的。于是就范，担任了龟兹国的宰相，并且和美丽的罗什公主结婚。而将他那

帕米尔高原的雪山

一套行脚僧的乞食钵、打狗棍、千纳万补的破旧袈裟,悄悄地搁在了门后。

当他们的第一个儿子出生的时候,鸠摩宰相说,让他长大成人后,重新翻过山去,回到我那多灾多难的克什米尔祖邦,如果他们那里缺少一个宰相,而他恰好能够胜任的话,就让他承担这个宰相的职务,弥补我当年的不辞而别吧!

当他们的第二个儿子出生的时候,鸠摩宰相说,让他长大成人后,接替我的职务,为他母亲的邦国服务吧。如果将来有战争发生,那么他必须与这个国家共存亡。他将会是战死在龟兹王城城头的命运,这我已经预测到了。命运不可违。这是他的命运。

这第三个儿子就是我们的鸠摩罗什。他取了父亲的姓氏和母亲的名字。同时也寄托了两人对这个温馨儿的期望和祝福。鸠摩宰相说,让他长大成人以后,从门背后拿起我当年行脚时的乞食钵、打狗棍,穿上这一身沾着恒河水渍的旧袈裟,向东方行走,完成我的梦想吧!

在佛家的经典传说中,鸠摩罗什还在娘肚子里的时候,罗什公主的身上就出现了种种异象,她的额头上长了一个通红的大痣,怎么洗也洗不掉。而罗什公主去佛堂结跏趺坐诵经的时候,她突然会说梵语了,而且可以将那些佛门经典大段大段地倒背如流。后来等到鸠摩罗什生下,那些经文,她是一句也背不出来了。而额头上的红痣,也在她睡了一觉起来后,奇异地消失了。

罗什公主怀孕期间还发生了这么一件事情。一天,她挺着个大肚子,正站在宫殿的大门口,望着门前的官道出神。这时官道上过来个游方僧,他是小月氏人,从哈密方向翻越库鲁克塔格山而来。他的行头和做派,大约像我们看过的武侠小说中的那些西域高僧。

他走到罗什公主跟前,身子前倾,双掌合十,说道:女施主,你腹中所孕育的是一个非常之人,上苍借你的怀腹生下他,是你的光荣,是对你的信任,所以你要好好地守护他,他将有大功德;如果他在二十七岁之前还不曾破身的话,他的功德会直追佛祖释迦牟尼,他的光辉将照亮整个东方。

鸠摩罗什七岁的时候,罗什公主带着他离开皇宫,开始在中亚大地漫游,走过一个又一个寺院,拜谒一个又一个高德,他们去的第一个地方是克什米尔那座寺院,他光荣的父亲鸠摩炎孩童时住寺的地方,而受业的第一个师傅,是名僧盘士多达多,也就是鸠摩炎当年的师傅。

有一天,他们来到一座王城里,寺院前有一口大钟,一群孩子正绕着这口大钟玩耍,鸠摩罗什走过去轻轻地将这口大钟举了起来。玩耍的孩子们都惊呆了,他们说,大路上过来的小孩呀,你才几岁呀!怎么能有这种神力呢?鸠摩罗什也被自己给惊呆了,他这时候记起自己才只有七岁。这一想,当再次试图举钟时,钟纹丝不动,像在地上生了根一样,怎么举也举不起来了。

他们母子就这样以帕米尔高原为中心,在它的四面八方游历。他们的足迹肯定到过那遥远的巴比伦空中花园,到过费尔干纳盆地的撒马尔罕,到过塔里木盆地的蒲昌海。在那风一样的行走中,罗什公主这个名谓已经被人淡忘,人们现在叫她耆婆,一个中亚荒原漂泊无定半人半神半巫的女人。

西域地面三十六国都是佛国。那时大约有一半的佛国信奉大乘佛教,而有另一半的佛国信奉小乘佛教。小乘佛教这个说法,其实以前是没有的。大乘大兴其道以后,将它之前的那几百种支系林立的佛教,通称为小乘。有蔑意。

十四岁那年,鸠摩罗什和他的母亲耆婆回到龟兹国,此刻的鸠摩罗什已经誉满西域。他的舅舅龟兹王白纯用龟兹国一年的赋税,打造了一个黄金狮子法座,安在佛光山之上,供鸠摩罗什讲经之用。

西域三十六国的国王,都想来听经。龟兹王说,那我办个法会,定个日子,到时候你们一起来听听吧!那一天到了,西域三十六国的国王,沿丝绸之路上的条条道路来到龟兹国,三十六国国王盛装出席,他们齐刷刷地跪成一列,撩开袍子,露出脊背,那西域第一高僧鸠摩罗什,身披黄金袈裟,手执法器,一双鹿皮软靴子踩着这三十六王的精脊背,仿佛踩着三十六级台阶一样,登上佛光山,在黄金狮子法座上落座,开始讲经。

盘士多达多高僧,拄着拐杖,从遥远的克什米尔赶来兴师问罪。他说:徒儿啊,听说你背弃或者修改了我当年授与你的诸等经典,而为一种名曰大乘的异端邪说所蛊惑,我这是来救你来了。这样师徒二人便在这佛光山下,各摇其舌,激辩了半个月。半个月后,盘士多达多被说服了。他说:"蛋在教训鸡,这个民间谚语在我身上验证了一回。这样吧,我是你的小乘的老师,你是我大乘的老师!"说完,高僧拄着拐杖,倒退着离开辩论场,回他的克什米尔去了。

接下来的事情我们就都知道了。前秦皇帝苻坚,久慕鸠摩罗什大名,派镇守敦煌的大将吕光,破龟兹城,掳鸠摩罗什于马上,过敦煌、抵凉州。这时苻坚兵败于淝水之战,前秦灭亡,吕光于是在凉州,建后凉国,自立为王,而他的部将,镇守西平郡的秃发傉檀,自立为王,建南凉国。

这样鸠摩罗什就又成了后凉国的国师,羁居凉州十七年。十七年后,后秦姚兴发兵,仍用一匹白马,将鸠摩罗什驮了,来到大长安,拜为国师,入住草堂寺。

鸠摩罗什公元四〇一年来到长安,公元四一三年圆寂于草堂寺。西域三十六国听到消息,大放悲声,遂用和田玉雕了一座鸠摩罗什舍利塔,载运到长安。舍利塔现存草堂寺西北角,他那不焦的舌头则供奉在甘肃武威鸠摩罗什寺。

作者与鸠摩罗什舍利塔

公元401年至413年,鸠摩罗什在草堂寺译经、弘法。鸠摩罗什圆寂后,西域三十六国大放悲声,遂联合用和田玉制作舍利塔,辗转运抵长安。

相以表法 其道大光

  石窟原是印度的一种佛教建筑形式。佛教提倡遁世隐修，因此僧侣们选择崇山峻岭的幽僻之地开凿石窟，以便修行之用。印度石窟的格局大多是以一间方厅为核心，周围是一圈柱子，三面凿几间方方的"修行"用的小禅室，窟外为柱廊。中国的石窟起初是仿印度石窟的形制开凿的，多建在中国北方的黄河流域。多是依山壁开凿而成，窟内雕有佛像及宣扬佛教教义和佛教故事的壁画等。

  中国石窟艺术是一种宗教文化，取材于佛教故事，兴于魏晋，盛于隋唐。它吸收了印度犍陀罗艺术精华，融汇了中国绘画、雕塑的传统技法和审美情趣，反映了佛教思想及其汉化过程，是研究中国社会史、佛教史、艺术史及中外文化交流史的珍贵资料。

莫高窟四十五窟全景

昆仑山脉，高大险峻，终年积雪，一座座突兀的冰峰在阳光下晶莹剔透，寒光闪闪。这里号称世界屋脊，这里又被称为"千山之祖，万水之源"。昆仑山又叫南山，接下来的喀喇昆仑山又叫美丽的南山，再下来是天山，是阿尔金山，然后东向，是横穿长长一条河西走廊的祁连山（突厥语"天山"的意思），最后，是高峻险拔，像一条青龙一样昂头向东，直到黄河岸边才终止行走的终南山。美丽的南山到这里终止，所以叫终南山。而自秦王朝之后，人们又称它为"秦岭"。

在那遥远蛮荒的年代里，佛教怎么翻越崇山峻岭，进入昆仑山的这一边的塔里木盆地的呢？那简直是一个谜。

可是佛教传入，在跨越了喜马拉雅山、昆仑山，进入塔里木盆地以后，它东行的路线，却是明白无误的。

是的，佛教的进入东方，是用开凿一个又一个佛窟的形式而推进的。人们依着山岗，凿出一个又一个千佛洞、万佛洞，在佛窟的中央，雕刻或泥塑上释迦牟尼的尊者之像，分列他左右的是诸多菩萨。而在四周的墙壁上，雕刻或绘制上释迦牟尼的投胎、降生、成长、出家、成道、说法、涅槃以及涅槃后众弟子的弘法传教故事。这些雕刻和壁画，还像那些连环画小人书一样，在墙壁上记录下佛家那些流传久远，或真或虚的本生故事。

那建在昆仑山这一面的佛窟，也许那最早的一个，是建在拜城县境内的克孜尔千佛洞。险峻的凄凉的红色的或栗色的山岩上，凿出一个千佛洞，人们用木质的楼阁，顺着山岩搭建成屋，攀援直上。千百年来，朝圣者供养者络绎不绝，来这里上香礼佛，来这里安妥自己的灵魂。克孜尔千佛洞下面，就是那当年著名的西域佛国，古龟兹城了。在一段时间内，它曾是西域佛教，尤其是大乘佛教的中心之一。

克孜尔千佛洞在渭干河流阶地上，它背依明屋达格山，南临木扎提河和雀尔达格山，坐落于悬崖峭壁之上。共有石窟二百三十六个，其中保存壁画的洞窟有八十多个，壁画总面积约一万平方米。它是我国开凿最早、地理位置最西的大型石窟群，大约开凿于公元三世纪，在公元八至九世纪逐渐停建，延续时间之长在世界各国是绝无仅有的。

克孜尔千佛洞集中了最多的佛教本生故事和因缘故事，比如在佛窟的进门处，镌刻着这样一个故事：一个一贫如洗的柯尔克孜少女从佛窟下的河边走过，看见满山的佛窟，善良的少女发心给佛菩萨供一点布施，但是她一无所有。她就从山脚下采一束野花，为佛菩萨献上。佛祖十分感动，说，这是一位可尊敬的施主，佛祖有理由赞美她，感谢她，佑护她。

无独有偶，在穿越了塔里木盆地，穿越了塔克拉玛干大沙漠，遥远的地隅的这一头的敦煌莫高窟，第三二九窟中迎门的那幅壁画，正画着这样的一个女子，长裙曳地，脖颈高挺，一只脚踮起，一只脚平伸，高绾的发髻，向前伸出的前额，两手平举，手执花篮的形象。她的花篮里也许是花，也许是供果，也许只是一些象征性的物什。这大约描绘的是这个佛窟的一位供养人的形象。莫高窟的管理者于是给这幅壁画命名为"敦煌莫高窟第三二九窟唐代供养菩萨"。

供养人现象也许是这些佛窟能够以数百年的耐心艰苦开掘的重要原因，除了信仰的力量外，物质的保障是必须的。克孜尔千佛洞的开掘，大约除了龟兹国皇家提供的财力以外，大量的经费支出，正是来源于龟兹城中富户人家以及塔里木绿洲地面上信众们的馈赠和供养。

敦煌莫高窟大约也是这样,旁边的敦煌、阳关、嘉峪关的居民们,一定是源源不断地来供养它的。

而一旦佛窟建成,供养却还在继续。甚至,某一个佛窟,就是由就近城市中的某大户人家世世代代供养的。佛教所以能够在中国落地生根,大行其道,而在它的发源地印度,却日趋衰落,这大约是一个重要原因。而第二个重要原因则是,中国的僧人们自己耕田,自食其力,那每一个或大或小的寺院,都有几亩到几十亩薄地不等,这种自食其力,自给自足的生存之方法,在印度国则是没有的。

佛教的传入中国,是以修凿佛窟为一个一个的跳板,跳跃着向前走的。克孜尔千佛洞是最早的跳板,下一个大的标志性跳板即是敦煌莫高窟。其实,在这两个跳板之间,还有着许多的跳板,例如说法显高僧,鸠摩罗什高僧,玄奘高僧都曾歇息和长久滞留过的楼兰佛塔,例如于田古城、高昌古城、交河古城中那些石窟和寺院建筑,只是,人们省略了那些,忽略了那些而已。

这时候的佛教,还强烈地保留着印度本土佛教那种崇高感和神性。那是天上的东西,云端中的东西,那是来自星星的你。而随着大教东流,佛教一步一窟地走向中原,这天上的东西逐渐地落到地面,落到实处,沾上人间烟火,而寺院中雕刻或绘制的那些深目高鼻的佛陀菩萨形象,悄没声息地逐步变成中国人的扁平面孔。

顺着这东南而向的绵绵山脉,佛窟一个一个走着。横穿河西走廊的祁连山,北麓被冰雪融水形成的众多河流切割,形成了许多有着断壁绝崖的河谷地貌,也为石窟开凿提供了绝佳场所。

河西走廊作为古丝绸之路的黄金路段,中西文明交流的前沿阵地,特殊的区位优势使它成为佛教传播的中心地区和中转站,是石窟艺术的集中地段,拥有众多壮观的石窟。

除了著名的敦煌莫高窟和天水麦积山石窟之外,还有张掖马蹄寺

天梯山石窟大佛

石窟、玉门昌马石窟、瓜州榆林石窟等五十多处石窟。河西走廊石窟群不仅开凿时间早，分布地域广，造像华丽，壁画精美，而且延续时间长达一千五百年之久。

在佛教东传、石窟东进的过程中，武威的天梯山石窟尤为特别。它虽不在中国四大石窟之列，但因为它对大同云冈石窟、洛阳龙门石窟、敦煌莫高窟都有一定的影响，堪称中国石窟鼻祖。

从公元三〇四年至四三九年（西晋永兴元年至北魏统一），趁西晋"八王之乱"，国力衰弱之际，众多游牧民族向中原发起了大举进攻，洛阳、长安相继被攻破。在那"皇帝轮流做，明年到我家"的百余年间，北方各少数民族和汉人在中华大地上建立了数十个强弱不等、大小不一的国家和政权，其中存在时间较长和具有重大影响力的有十六国。而入主中原的五个主要部族即由匈奴、羯、鲜卑、氐、羌五个草原少数民族组成，习惯上称之为"五胡乱华"或"五胡十六国"。

公元四一二年，十六国的北凉定都姑臧（今甘肃武威）。笃信佛教的国君沮渠蒙逊除了资助翻译佛经外，还大兴土木，修建寺院。而且沮渠蒙逊意识到，相对于土木建筑，石头无疑更为坚固持久，建造石窟可以令佛教长久留存。于是召集凉州高僧昙曜及能工巧匠劈山开路，开凿天梯山石窟，大造佛像。这位国主一定不曾意识到，他在突然之间开启了中国石窟营造的一个重要模式——皇家模式，也就是朝廷推动石窟的开凿。后世汉地最重要的两处石窟——云冈石窟和龙门石窟，也正是在皇家的大力推动下，才迎来了石窟建造的高潮。

天梯山石窟位于武威市城南约五十公里的中路乡灯山村。因山道崎岖，峰峦叠嶂，形如悬梯，故名。天梯山石窟的开凿，引起佛教界注目，使西域高僧接踵而至，他们在凉州讲经说法，翻译佛经，使天梯山石窟更具盛名。

那自五印大地翻越葱岭而来，进入塔里木盆地的佛教，顺着这条伟大山脉，在这里开创了皇家模式之后，又大跨步前进。它又沿着陕甘分水岭子午岭，直奔东北，在那里有一个重要的跳板——大同云冈石窟，而从云冈石窟，再一跳，折身回到中原，在华山的东面，黄河南边，一个名叫洛阳城的地方，建立汉传佛教的另一个标志性建筑——洛阳龙门石窟。尔后，中心开花，花开四野，梵音阵阵，弥漫整个中华大地。

那子午岭，岭的东边是陕西，岭的西边是甘肃。子午岭险峻，林木葱茏。岭的中央最高处，正是前面我们说到的秦始皇削山填谷修筑的著名的秦直道。

那秦直道两侧，林木遮掩处，大大小小的佛窟密密麻麻，不计其数。仅在富县张家湾镇一处地面，前不久官方做文物考察，就从林木遮掩处，搜出业已湮灭，不为时人所知晓的五百多座佛窟（富县张家湾镇和尚塬）。佛窟大小不等。有的如石渣河石泓寺，佛窟规模宏大，香火千年不断。另有一些小的、中等的佛窟，满山遍野分布，拨开一钵灌木，压倒几棵蒿草，便可觅得小佛窟来。以此可以想见当年子午岭秦直道，佛事活动之盛。

佛教从天梯山石窟跳到大同云冈石窟，而这沿着秦直道的大小佛窟，则如群珠散落在路过的子午岭山间。佛教之所以沿秦直道这条道路进入大同，与一个伟大的草原帝国有关。这个草原帝国叫北魏，鲜卑族政权。它最初的国都就在大同，所以通过这条道路,迎接佛光梵音，来到它的国家，并且修凿云冈石窟，以示其将北魏建成佛国的决心。嗣后，强盛的北魏一步一步进入中原，它每到一处，便将佛窟修到哪里。它从大同开始，占了邯郸，占了开封，占了洛阳，占了南京，占了长安。它在将洛阳作为都城的时候，给那里留下了著名的龙门石窟。

公元四三九年，北魏灭北凉，结束了河西地区一百四十余年割据而繁荣的局面，曾经盛极一时的凉州佛教及艺术受到重创，凉州僧人纷纷外流,从姑臧迁宗族吏民三万户到平城(大同),其中有僧侣三千多人。这三千僧人实际上就是佛窟"凉州模式"的创造者,正是他们推动了北魏崇佛风气日渐兴盛。

据《释老志》《世祖纪》《高祖纪》记载,北魏灭北凉,凉州僧人师贤到平城之后,任道人统(管理宗教事务的官职),并在公元四五二年建议并亲自主持,开始造帝王化佛教石像。公元四六〇年,师贤去世,凉州高僧昙曜继任,改道人统为沙门统,继续主持造像工作,并在平城近郊开凿云冈石窟。他只用短短几年就完成云冈石窟的代表作品"昙曜五窟"的建造,其第五窟大佛是云冈石窟最宏伟的雕像与代表作。后经历代开凿,使云冈石窟成为中国最大石窟群之一,雕造富丽,为全国石窟之冠。之后陆续兴建,前后历六十年,无数雕塑家在五十三个洞窟里雕刻佛像、飞天等五十一万多件。其间最主要工程完成在太和十八年(494)迁都洛阳之前。这些宏大精美雕塑,是雕塑家们智慧和艺术才华结晶,而凉州僧人及工匠起到了极其重要的作用。

云冈石窟是石窟艺术"中国化"的开始。云冈中期石窟出现的中国宫殿建筑式样雕刻,以及在此基础上发展出的中国式佛像龛,在后世的石窟寺建造中得到广泛应用。云冈晚期石窟的窟室布局和装饰,更加突出地展现了浓郁的中国式建筑、装饰风格,反映出佛教艺术"中国化"的不断深入。云冈石窟形象地记录了印度及中亚佛教艺术向中国佛教艺术发展的历史轨迹,反映出佛教造像在中国逐渐世俗化、民族化的过程。多种佛教艺术造像风格在云冈石窟实现了前所未有的融汇贯通,由此而形成的"云冈模式"成为中国佛教艺术发展的转折点。

太和十八年,北魏孝文帝迁都到洛阳,从这时起,历经东魏和西魏、北齐直至明清,营建规模宏大的龙门石窟群,同时还开凿巩义石窟和附近的几座石窟。

云冈石窟

到了龙门石窟，单就在雕刻手法上，就出现了由云冈石窟的直平刀法向龙门石窟圆刀刀法过渡的趋向，艺术风格也从云冈的浑厚粗犷转向龙门的优雅端严，使外来佛造像与本土传统艺术相融合，从而创造出了一种新的民族雕刻艺术形式。

龙门石窟之前的石窟艺术均较多地保留了犍陀罗和秣菟罗艺术的成分，而龙门石窟则远承印度石窟艺术，近继云冈石窟风范，与魏晋洛阳和南朝先进深厚的汉族历史文化相融合开凿而成。所以龙门石窟的造像艺术一开始就融入了对本民族审美意识和形式的悟性与强烈追求，使石窟艺术呈现出了中国化、世俗化的趋势，堪称展现中国石窟艺术变革的"里程碑"。

到了唐代，龙门石窟造像已普遍采用现实生活中的人物作为蓝本，更趋向人间化和女性化。她们大多以唐代贵族妇女，特别是家伎等女艺术家为模特儿，体态丰腴健美，仪态温婉，头束当时流行的高发髻，佩戴钏镯饰，身穿薄纱透体的罗裙和锦帔，"慈眼视物，无可畏之色"，给人一种亲切感。菩萨像的女性化为群众所喜闻乐见，因而得到了广泛的认可。这种将人间美感引入佛国世界的表现手法为当时朝野所接受，因而也就具备了较强的生命力。这不但有利于使佛法深入人心，也可以起到教化众生之作用。如果魏晋时期的佛像造型给人们更多的是高迈、超然和神秘，那么唐代造像让人更多感受到的是生命的鲜活和蓬勃，同时也完成了来自异域佛教艺术的本土化转换。

当然，随着北魏孝文帝再次迁都洛阳，一批官宦、僧侣与工匠再次进入河西走廊，具有中原汉风的石窟造像在敦煌开始流行，使敦煌成为继凉州之后河西佛教中心，并推动河西走廊石窟文化发展的第二个高峰，这都是后话了。

所以说，佛窟，不仅是佛教渐传的跳板，也是佛教不断中国化和世俗化的缩影。

龙门石窟

◆ 喀什噶尔，你早！

喀什全称"喀什噶尔"，意为"玉石集中之地"，喀什地区三面环山，一面敞开，北有天山南脉横卧，西有帕米尔高原耸立，南部是喀喇昆仑山，东部为塔克拉玛干大沙漠。诸山和沙漠环绕的叶尔羌河、喀什噶尔河冲积平原犹如绿色的宝石镶嵌其中。整个地势由西南向东北倾斜。

喀什地区境域，秦汉之际，有西域三十六国的疏勒、莎车、尉头、子合、西夜、蒲犁、依耐、乌禾毛、捐毒、休循等诸国，其中疏勒、莎车较大，张骞出使西域时曾至这里。西汉神爵二年（前60），汉朝在乌垒（今轮台县）设置西域都护府后，疏勒、莎车等国属其管辖，标志着境域正式纳入中国版图。东汉初年，莎车一度称霸西域，时五十五国咸听其号令。永平十七年（74）起，班超驻守疏勒长达17年，使封闭65年之久的丝绸之路再度开放。喀什作为古丝绸之路的交通要冲，是中外商人云集的国际商埠。

喀什老城

库车西行到阿克苏。阿克苏西行就到喀什噶尔（简称"喀什"）。我们走的是沙漠高速公路，这就是专家们所说的丝绸之路中线。

　　我们的车队就像脱缰的野马，清晨从阿克苏出发，黄昏的时分抵达喀什。进喀什城之前，好像过了几条河流。河流湍急，水是浑浊的，泛着白光，绕了喀什城而过，而后就在戈壁滩上撒野。河床上有明显的发过洪水的痕迹。这些河流都发源于帕米尔高原，后来汇成一条喀什噶尔河。大约在喀什噶尔城还没有建成之前，这条河叫葱岭北河。它是塔里木河的主要源头之一。

　　按照徐松在《西域水道记》中的说法，喀什城距离遥远的长安城，即我们出发的西安的距离，是九千三百五十华里。也就是说，我们的车队已经行驶了九千三百多华里。我个人感觉，徐松的这个用脚步测量出来的判断，还是比较靠谱的。他那时候是新疆伊犁将军府的官员，他的踏勘带有官方性质。

　　当年的玄奘，也就是我们所说的唐僧，他也用脚步丈量过这段路程，他给出的答案是四千五百华里。他的这个判断显然是不准确的。仅从嘉峪关到喀什，就该有这么远了吧！

　　这里是帕米尔高原的东北沿。帕米尔高原过去叫葱岭，还有个别称叫"不周山"。为什么叫"不周山"呢？古人告诉我们，葱岭的山脚，这边伸向塔里木盆地，那边伸向费尔干纳盆地，整个边缘是不规则的，时而冲向盆地，时而又缩为山凹，不周正，所以叫"不周山"。

至于为什么叫"葱岭",张骞说,山阴一面,生长着许多小葱,所以叫葱岭。笔者总觉得,这个说法有些牵强,地表上有几钵小葱小蒜,在那个大而化之的年代,很难入匆匆行旅者之眼。所谓葱岭者,跃上葱茏四百旋,头上是终年不化的白雪铠甲,山腰间是铺天盖地的青葱的雪松。"多么青葱的一座拔地而起高耸入云的山岭呀!"人们这样感慨。

我们在黄昏时分进入喀什市区。我们的车在低洼处行走,这里过去可能是一条穿城而过的古河道。很快,我们发现,右手的位置,有一面面高高的城墙在那古河道右岸的高地上。城墙高约百米,黄土夯筑,一直沿河道摆开,大约有十几公里长吧。我之所以说它应该有十几公里长度,是因为我们的车,行走这一段大约用了半个小时。

城墙之上,就是著名的喀什噶尔老城,或者说叫喀什噶尔王城。城墙有些修修补补,城里的房子也在修旧如旧,据说这里将会辟成旅游区,当然也是重点文物保护单位。喀什噶尔,回语是有五颜六色屋顶的建筑物的意思。在既往的年代里,老城的房屋,屋顶上大约五光十色,猩红色、赭石色、金黄色、乳白色的琉璃瓦根据房主的爱好而苫、用途而苫,因为房屋不可能是同一时期盖成的,有个先后,而每一个时代的风尚又不尽一样,所以苫着屋顶琉璃瓦的颜色也就不一样。总之,在灰蒙蒙的天空之下、大地之上,在阳光闪闪烁烁、出现这么一堆居于高地的建筑物,那么,把这座城叫"喀什噶尔"就是顺理成章的事情了。

第二天北京时间十一点,乌市时间九点,举行入城式。厚厚的城墙上,开了一座城门,大约五十米宽。从马路往城门跟前走,人们用夯土夯筑了一条道路,穿过壕沟。前面我说过,城墙的下面是一条古河道,现在我突然觉得当年会是护城河,现在水干了,成了沟渠。这垫起来的土路有一百五十米高,也就是说,河渠应当有一百五十米深

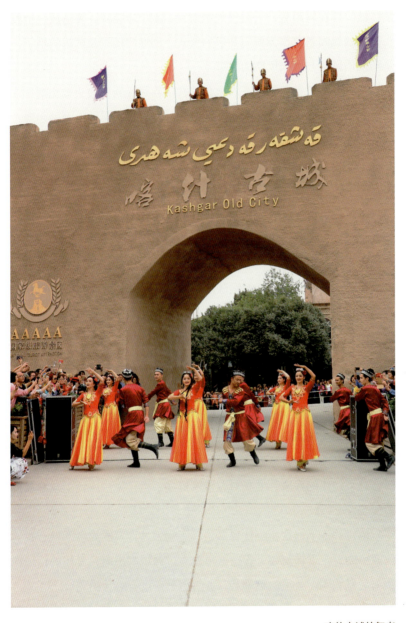

喀什古城的舞者

了。城门现在紧闭着，入城仪式结束后，城门才会开，要造成一个万头攒动的热闹景象作为城门开启的仪式。那城门楼子及两边的堆子，是阿拉伯风格与中国风格的混搭。

仪式开始了，大约有五六十名维吾尔族和汉族妇女头戴花帽身穿坎肩和裙子，脚下蹬着马靴，在城门到马路这一段旱桥上翩翩起舞。她们都是业余的，大约是老城里边摆摊的业主。因此她们的舞蹈都不专业，你需要仔细地看，才能从她们的一招一式中、一盼一顾中，看出当年西域胡旋舞、胡腾舞的某些影子。

舞蹈的灵魂在腰肢上。脚尖踮起，舞步移动，在移动中手指指向无限的高处，眼睛则随着指尖走，心则随着眼睛走。这叫手到、眼到、心到。

在喀什老城入城式的舞蹈队伍中，有几位头戴花帽，身穿白衬衣，腰板挺得笔直的男性舞蹈者，他们应当是这座老城的管理人。还有一位瘦小一些、年长一些、衣服穿得邋遢一些的褐色面孔的舞者，在姑娘群中穿梭、旋转，一个手鼓打出节奏，他应该是喀什街头的卖艺人。他的形象令人想起唐人传奇中的那些昆仑奴形象。

八家电视台的编导，都在人群中架着机位，主持人喋喋不休地讲着，录下这些场面。

我不喜欢热闹，所以离开人群，在土桥边上的土围墙上靠着，不时地有采访团的人来，要我对着摄像机或手机，说一段话，录制成抖音视频。

记得我说了：这座喀什噶尔是一座发生过许多的故事的城。我的陕西乡党、定远侯班超，曾在这里建立过西域都护府，具体的位置在距离老城约四十公里的疏勒县，那时似乎还没有喀什噶尔。

我还说，成吉思汗西征，走到这里的时候，包围了喀什噶尔，准备第二天早晨太阳升起后，开始攻城。早晨，当成吉思汗大军云合，

喀什老城

来到我们站着的这个地方的时候，一件意想不到的事情发生了。沉重的城门吱吱呀呀地打开了，喀什噶尔王率领城中百官，走出城来，齐刷刷地跪倒在地。喀什王举着一个金盘子，中间放着一把金钥匙。他径直走到成吉思汗的马前，跪倒，把金盘子举过头顶。喀什王身后的文武百官也应声跪倒，双手拄地，头不敢抬，额头贴着地面。

这叫献城以降。成吉思汗见状，于是哈哈大笑，放弃了这一次血腥的屠城。这样黑汗王朝逃过一劫。成吉思汗还有更重要的事情要做。他将从这里翻越帕米尔高原，然后西征花剌子模，然后直扑莫斯科城下，他大约无意于在这块地面逗留太久。

约有四十分钟的入城仪式结束了。随着一声号令，三声炮响，沉重的城门吱吱呀呀地向两边张开。我的脚步迟缓一些，当我迈脚走进喀什噶尔老城的时候，刚才那些载歌载舞的人群，一个人影也没有了，好像雨水落在地上，瞬间被大地吸收一样。于是我迈动双腿，进了这制造无数传说的老城。

应当有一条主要的街道，宽一些，可以通车。其余的街道，属于步行街之类，再顺着这主街道通向四面八方。民房都不高，土房子有一些，但大部分都是砖结构的了。我特别地注意了一下那屋顶，屋顶和别的中亚城市的那屋顶差不多，五颜六色琉璃瓦并不多见。当然也有一些的，这是仿古建筑，为老城的旅游性质服务。

在我阅读过的一些关于这座老城的文学描述中，十九世纪末二十世纪初的那几十年时间，这里曾是中亚的一座十分繁华热闹的所在。那些来自世界各地的探险家们，来到喀什，居住在英国东印度公司驻喀什办事处，然后以喀什为中心，前往塔里木河流域探险。探险家有时还是文物贩子、盗墓者、寻宝者、奸细。那一阵子的塔里木盆地，仿佛开了锅的水一样，一直在沸腾。更有那些列强国家的间谍，拿着三角尺和图纸，在这里勘察这一块区域，为他们的政府效力。还有那些白俄贵族,十月革命后被赶到这里,带着家眷和财富,在这里避风头。还有数不清的各种肤色的妓女,混杂在这些外国人中间。夜来,喀什噶尔城的每一条巷子,每一个小酒馆,都挤满了人。萨克斯的声音,手风琴的声音,加上那些外国游客因为离乡日久,而怀念家乡的忧伤歌声,加上这些坐在游客大腿上,喝着伏特加,发出浪荡笑声的各种肤色的女人们,会在这座老城,一直持续到夜半更深。

现在这些人,这些故事,都像风一样地被吹走了。

这座老城的主要的街道上,人并不多,显得十分冷清。所谓游客,大约主要就是我们这个车队的人。大家的购买力都有限,不会给这里留下太多的货币。而当地的居民,好像也不多,大家行色匆匆,目光戒备的样子。有一支小小的队伍,从街中间走过,姑娘们穿着白衬衣,这好像是街道办的人,去哪里参加一个什么活动。她们的行走令空旷的街道上有了一些生气。而那些老城的平房里居住的当地住户,好像出来走动的也很少。

街道两侧,靠近入城式的那地方,摆了一些首饰、玉石、挂件之类的小摊。女老板很热情,这样我就在这些小摊前逗留了很久,买了一把又一把的东西,把它们装进口袋。还有一些大的摊子,买那种死亡了的胡杨树干做成的舀饭的勺子、盛水果的果盘、木桶、独木舟造型等等。这些摊子用作招牌的,是竖在门店两侧的两个高大的胡杨木树身。那样粗壮的胡杨木树身,大约是从塔里木河中段的一片死亡了的胡杨树林中采购来的吧!树干沧桑、斑驳、古老。这些树干,少说也有三五百年了。

我遗憾自己没有能买几件这胡杨木带回家来。维吾尔人说,胡杨树是中亚地面最值得令人尊敬的树木,它们生长不死一千年,死而不倒一千年,倒地不朽一千年,所以它有三千年的命。我曾经见过内蒙古额济纳旗地面那大片死亡的胡杨林,也曾经见过塔里木河中段因塔

喀什老城街道

里木河断流而死亡了的大片胡杨林（那地方叫野猪沟），置身于林中，死亡了的胡杨树端立在那里，成片成林。它们的树皮已经全部脱落，那树干雪白雪白的。置身其间，那种世界末日般的景象叫人惊骇。

我没有购买，一是觉得这些物件有些大，而我还有漫长的路要走；二是我不知道前面还有什么稀罕之物在等待着我，钱要省着点花。但是说实话，一离开老城，回到下榻的宾馆，我就后悔了，因为宾馆说，可以邮寄，很方便。而我在后来的行旅中，就再也没能碰到这样的崇高之物、心爱之物了。

我迈着骑兵的罗圈腿，恍恍惚惚，步履蹒跚地从街的这头一直走到那头，直到眼前变得空空荡荡了，才折身回来。有一个小饭馆，我在门外的桌子旁坐下，要了一碟拉条子拌面。吃的途中，有电视台的姑娘们转街过来，于是我又要了几碗，招呼她们一起吃。

离开老城的时候，大家说，不坐车了，逛逛街，溜溜达达就回宾馆了。当年盗窃敦煌藏经洞经文的斯坦因，发现楼兰古城的斯文·赫定，命名普氏野马的普尔热瓦尔斯基，为丝绸之路命名的李希霍芬，等等这些人物，他们也是以喀什噶尔为大本营，就住在我们住的那个宾馆里的。大约夜夜在老城里喝酒喝得醉醺以后，也是这样徒步回到下榻之处的，说不定有的白俄士兵，臂弯上还挽着个半醉的女人。

这样我们离开老城，开始在街道上行走。街上车辆川流不息，人流也明显地多了一些。这大约才是这座南疆第一名城的真实面貌吧。我们糊里糊涂地穿过马路，来到一个广场上。广场的西北角，停着几辆马车，那马拉车好像是雕塑。还有几匹骆驼、几匹马也都是雕塑。

不过倒真的有几匹马，几峰骆驼，还有带着蓬子的马车，是真实的。那拉着一匹枣红马的，过来把缰绳递给我，要我照相。我说就不照了吧，这马不威风，我是中国的最后一代骑兵，我的胯下曾经骑过一匹伊犁马，伊犁马具有汗血宝马的某些基因，它漂亮极了。众人不容我再说话,要我拉着马照了张相,在照相的时候,我突然明白了,这是一个旅游点。

照完相,我要离开的时候,我看见广场的石台阶上,坐着一溜穿着长上衣,戴着花帽的老人,他们向我招手、微笑,而我也回应笑一笑。这样,就近的那个老人走过来了,牵起我的衣袖,我说"照相",他说"照相",这样同行的电视台记者,便给我们照了一张相。

他的衣着,他的气质,他的佝偻着腰的神态,他的矮矮的身个,都叫我想起骑着毛驴上北京的库尔班大叔。想起协助斯文·赫定发现楼兰古城的那个罗布人向导奥尔德克,想起民族传说中那个亦庄亦谐的智慧人物阿凡提。

我握手,付了一百元小费,算是感谢。谁知,就在这时,石台街上那七八个坐着的阿凡提们,都站了起来,过来有的拽衣袖,有的拽衣襟,都要和我照相。我有些吓懵了,不知道怎么回事,自己错在了哪里。

电视台的年轻人们见了,说声"快跑",把我从人群里拉出,一溜烟地跑过马路。我扭头一看,七八个阿凡提在我的后面跟着,扬着手,也跑过了马路。

也许,他们就是在这里,陪人照相,充当风景来讨生活的。这是我后来的判断。

我说,我的口袋还有钱的,不要叫这些老人失望,电视台的人说,你个瓜B,远处广场上还站着一些人的。

跑过马路以后,是一个地下商场的入口。我们钻进了地下商场。而商场的门卫挡住了这些跟随者。半个小时后,我们从另一个出口转出来了。我仍有一些心悸,往街面上看了看,已经不见这些老人的身影了。

这样我们又一边问路,一边走着,回到了宾馆。

宾馆叫其尼瓦克国际宾馆。它的前身,就是当年中亚探险家们的大本营,那个著名的英国东印度公司驻喀什噶尔办事处,后来又叫英国驻喀什总领事馆。那院子里有一棵高大的柳树,相传为瑞典探险家、大名鼎鼎的斯文·赫定所栽,大树已经过了它的盛年期了。现在像个垂暮老人一样立在院子的西北角、楼房与餐厅的通道旁。大树用铁栏杆围起来。铁栏杆上有一块铜牌子,上面有中文、英文介绍。

作者在喀什古城接受采访

◆ 大巴扎

　　"巴扎",系维吾尔语,意为集市、农贸市场,它遍布新疆城乡。新疆因地处丝绸之路这条中西贸易通道的中段,各族人民特别是维吾尔人具有重商、崇商、经商的传统。新疆各地的巴扎,就是他们长期从事商贸活动的场所。

新疆国际大巴扎

喀什入城式后的下午,按照行程安排,我们去喀什的国际大巴扎,那里有我的一个视频连线直播。我永远搞不清方向,汽车把我拉到大巴扎的门口。这门其实是一个象征性的门,因为里面是一个无遮无拦的大的河滩,这个巴扎想要铺多大,就可以铺多大。巴扎里边是一节一节的台地,有卖衣服的,有卖日用杂货的,有一个或几个大些顶着玻璃的大厅,里面隔成格子,一间间小商铺大约承包着那里。然后大厅后面台地上,有一溜长长的水果摊。我们去的时节,正是水果大盛的季节。牲口市场是必须有的,这是中亚地面大巴扎的特征,这里的牲口市场,好像在大巴扎东南的河滩低洼处。

我们最早选择大巴扎的拍摄,不是在喀什,而是在库车。那里是古龟兹国所在地,也是古代中国在经营塔里木盆地时,第一个建立西域都护府的地方。

那里有一个高大的烽燧,当年央视拍摄专题片《游牧长城》的时候,最后到达这里。主持人说,长城抵达嘉峪关以后,并没有结束它的行程,而是顺玉门关、阳关、敦煌,然后穿越楼兰,进入塔里木盆地,而它又经过漫长的行程以后,在西域都护府龟兹,以一个惊天大感叹号——龟兹烽燧,结束它的行程。

《游牧长城》的总撰稿人是周涛。周涛祖籍山西,他应当是在这喀什噶尔出生的。他最初的诗歌创作,就是对这座古城的赞美,对这块广袤大地的赞美,最后成为著名的边塞诗人之一。他好像年轻时曾

新疆喀什牲口大巴扎

担任过喀什团地委书记，后来调干，成为部队作家。新疆军区和兰州军区创作室主任。央视十频道开播前拍摄的那个《中国大西北》专题片，他也是总撰稿人之一，另两个总撰稿是北京作家毕淑敏大姐和我。

根据这些年，中亚考古的新成果，我的想法是，龟兹烽燧，也许只是一座孤立的烽燧，其性质是一座显示中央政权对这里实施经营的地标式建筑，一种宣誓式的建筑，它并不一定与万里长城连线，或者只是藕断丝连的连线，因为万里长城要穿过五百里险恶的白龙堆雅丹盐碛地面，几乎是不可能的，还因为在帕米尔高原的另一面，那个碎叶都督府，考古人员也发现了这种烽燧，而在更遥远的撒马尔罕，这个大唐也曾建立过康居都督府的地方，考古人员也发现了古城的东门，竟然叫中华门，那里有着许多地显示古代中国曾经统治过这个地方的历史古迹。

按照《游牧长城》中的说法，龟兹烽燧下面如今建成了一个国际大巴扎。我们曾想在那里举行一次直播，后来行色匆匆，只是在高速公路旁边，一个叫铁门关的地方，匆匆吃了一顿中午饭，就上车赶路。这样我们把拍摄和直播的地点，放在喀什。

夕阳凄凉地照耀着这一块中亚细亚大陆腹地，这远离海洋的地方。头顶上是雄浑的帕米尔高原。它的伟岸的身姿隐现在半天云中，随云彩的变化而变化。栗色的大地上，喀什噶尔河叹息地流过，有着无数故事无数传说的喀什噶尔城，庄严地仪态万方地耸立在旷野上。

趁着还有一些光线，我对着摄影机进行了视频直播，镜头将会同时出现在八家卫视上。

我的直播结束时，朗诵了一首俄罗斯大诗人普希金的《叶甫盖尼·奥涅金》的片段。普希金被称为俄罗斯文学的一切开端之开端，而这个开端就以《叶甫盖尼·奥涅金》开始，而这个诗的片段，则正是描写这种欧亚大巴扎的。

喀什城

奥涅金站在那高高的堤岸上，
忧伤的眼神注视着他脚下
这腾烟的河流。
在他面前，
玛卡尔叶夫喧腾着，喧腾着它的富饶。
印度人把假的珍珠，
欧罗巴人把冒牌的酒带到这里。
赌徒带来一把听话的骰子。
牧人们带来草原上挑剩下的马群，
地主，带来自己成熟的女儿——
——而女儿，是去年的时式。
每个人都在撒着两个人的谎，
到处都是商人的气息。
而那些风情女子，她们在这河水中洗浴着，
想要借助这神奇的水流，
洗涤自己那旧年的罪恶。
望着这腾烟的水流，我的眼神中充满忧伤。
我暗暗问自己。
我为什么不突然中风倒下，
以便解脱，
以便抛弃那些沉重的，牢牢地
追随着自己身体的思想。

喀什街巷

喀什新城街边手艺人

◆ 香妃墓

  香妃墓坐落在喀什市东郊5千米的浩罕村,是一座典型的伊斯兰古建筑群,也是伊斯兰教圣裔的陵墓,占地2公顷。据说墓内葬有同一家族的五代72人(实际只见大小58个棺椁)。第一代是伊斯兰著名传教士玉素甫霍加。他死后,其长子阿帕克霍加继承了父亲的传教事业,成了明末清初喀什伊斯兰教"依禅派"著名大师,并一度夺得了叶尔羌王朝的政权。他死于1693年,亦葬于此,由于其名望超过了他的父亲,所以后来人们便把这座陵墓称为"阿帕克霍加墓"。

  传说,埋葬在这里的霍加后裔中,有一个叫伊帕尔汗的女子,是乾隆皇帝的爱妃,由于她身上有一股常有的沙枣花香,人们便称她为"香妃"。香妃死后由其嫂苏德香将其尸体护送回喀什,并葬于阿帕克霍加墓内,因而人们又将这座陵墓称作"香妃墓"。

香妃墓

入住喀什的第二天，按照拍摄安排，我们去拜谒香妃墓。香妃是一位浑身充满美丽传说的维吾尔族女子，她的家世显赫，曾祖父为和卓（宗教首领）后裔，名叫阿帕克霍加，统治着喀什噶尔、叶尔羌、和田、阿克苏、库车、吐鲁番等六城，号称"世界的主宰"。香妃应当是这个叶尔羌王的重孙女。而这个墓园，在成为阿帕克霍加墓，在香妃安寝在这座家族墓地之前，它还有一个名称叫艾提尕尔清真寺。

香妃墓在城的东郊，距城中心大约有五公里的路程。那个地方叫浩罕村。我们去开着车，停在村口的广场上，而后坐上他们提供的驴拉车，穿过这约二百米的长长通道，来到一座有着鲜明伊斯兰风格的建筑物跟前。

建筑物就地铺开，可能就一层或者两层高吧！建筑物的四个角上，有四根高大的石柱，石柱半镶在墙壁里，柱顶各建一座精致的圆筒形邦克楼。建筑物由门楼，大、小礼拜寺，教经堂和主墓室五部分组成。

主体陵墓是一座长方形拱顶的高大建筑，高二十六米，底长三十五米，上面高擎着一弯新月。主墓室顶呈圆形，其圆拱直径达十七米，无任何梁柱支撑，宛若穹窿。

据说在这个墓室里，葬有这个显赫家族的五代七十二人。我们屏住呼吸，从正门缓步踏入墓室，映入眼中的，是一长溜一字儿摆放着的这些棺椁。迎门的、被放在最重要最醒目位置的，正是这香妃的棺椁。一个奇异的，据说身上带着沙枣花香味的维吾尔族女子，安静地

香妃墓棺椁

躺在家族的怀抱里，故乡的土地上。

红色的锦缎遮掩着棺椁。棺椁好像是透明的或半透明的。因此，依稀可以看见这位美人的一张俏丽的小脸。皮肤白皙，面容秀丽，脸上的每一块肌肉都绷得很紧，都生得恰到好处。这正是这些西域女子的特点。喀什、和田、吐鲁番都是出美女的地方。

但是这三地的女子，相貌浑然不同。吐鲁番的女子，脸圆如满月；和田地面的女子，头发乌黑，尖下巴，褐色的眼睛；而我们说的这喀什地面的女子，有着高贵的前额和细长的脖颈。

她一定是一个极度聪明的女子。她二十七岁入宫，据说之前曾有过婚史，是作为战俘或者联姻性质进宫的。她最初的身份是"贵人"，封号叫"和"，也就是"和贵人"。大约贵人这个角色，就相当于唐朝时期武则天那个"才人"。再后来她提升一级，叫"嫔"，"嫔妃"的"嫔"，最后，再封为"妃"，叫"容贵妃"，所以这个墓园，又叫"容妃园"。

女人是一种极其聪明的高级动物，她有一种极强的意会能力和适应环境的能力，当她明白了历史派给她的角色是什么样子时，她会得心应手地将这个角色扮演好，一直扮演到谢幕的那一天。

她先后两次随乾隆下江南。她的惊人的容貌，高贵的举止，小鸟依人式的一张俏丽面孔，待人接物的人情练达，这些都得到老皇帝的赏识。所以乾隆两次出行，作为随侍的她，地位都得到提升。

她死去后，据说人们用香车载着，用了三年时间，才将灵柩运回到这喀什噶尔。乾隆御批，给她的安葬处，棺椁前端，刻上一行《古兰经》文字。这是对他的容妃的尊重，也是对这个民族的尊重。亦是对宗教和文化的尊重。

她做姑娘时，名字叫伊帕尔汗。

沙枣树在每年暮春季节，会开满一树白花，树一般会长在沙漠和沼泽地相接的那个位置。一半根在黑沼泽里，一半根在沙漠或盐碱里。小风一吹，那花会散发出一种浓烈的香味，十里八里都能嗅到。说它浓烈，好像叙述的还不到位，当你骑着马，从一片沙枣林走过，你的马会因为这奇香沁入肺腑，不停地打着响鼻，而骑手的你，也会不停地打着喷嚏。沙枣应当是一种野生的枣儿，花期一过，便开始坐果，果实不大，上面生满白绒毛，秋天霜一杀，会变成赭色。沙枣可食用，不过味道要生涩一些。

我们在这墓室里逗留了很久。除了香妃，我们一行也向她的那些家族人物注目以礼。墓室里不准拍照，我给电视台的偷偷说了说，于是一个摄影师，把摄影机藏在衣襟下面，腿翘起，趁讲解员不注意时，为我拍下一张与香妃的合影。

香妃墓后面，是一个很大的庄园，建筑物平摊在地上。要过许多门以后，便是一座大的清真寺。我们都有些累，走到这里，也就停下了脚步，返回。

◆ 两个古人一个今人
◆ 三个陕西人：

张骞（约前164－前114），字子文，汉中郡城固（今陕西省汉中市城固县）人，中国汉代杰出的外交家、旅行家、探险家，丝绸之路的开拓者。西汉建元二年（前139），奉汉武帝之命，由大汉帝都长安出发，率领一百多人出使西域，打通了汉朝通往西域的南北道路，即赫赫有名的"丝绸之路"，汉武帝以军功封其为博望侯。张骞被誉为"丝绸之路的开拓者""第一个睁开眼睛看世界的中国人"。汉武帝元鼎三年（前114），张骞病逝于长安，归葬汉中故里。

班超（32-102），字仲升。扶风郡平陵县（今陕西省咸阳市）人。东汉时期著名军事家、外交家，史学家班彪的幼子，其长兄班固、妹妹班昭也是著名史学家。班超为人有大志，不修细节，但内心孝敬恭谨，审察事理。他口齿辩给，博览群书。不甘于为官府抄写文书，投笔从戎，随窦固出击北匈奴，又奉命出使西域，在31年的时间里，收服了西域五十多个国家，为西域的回归做出了巨大贡献。官至西域都护，封定远侯，世称"班定远"。永元十二年（100），班超因年迈请求回朝。永元十四年（102），抵达洛阳，被拜为射声校尉。不久后便病逝，享年71岁。死后葬于洛阳邙山之上。

喀什张骞公园

第三天我们又在喀什待了一天，直到第四天早晨才离开。行程安排得这么紧，为什么要在喀什滞留这么久呢？原来是在等签证。别的欧盟国家的签证，一次就办好了，但是英国正在跟欧盟脱钩，它的签证得单独办。等签证办好以后，旅行社的人会坐飞机，把签证带到喀什，交给我们。

这余下的一天，我去了喀什城中那个著名的班超盘橐城，去了位于疏勒县的张骞公园。

这是离开团队的单独行动，拉我去的是一位喀什中院的法官，李姓。这老李是西安市雁塔区人，当年大学毕业以后，找不到工作，于是只身从西安来到喀什，投奔老家村里的一个长辈，这样在喀什考上了法官。然后干到如今，三十多年了。在新疆，这种经历的人很多，说好听一点，是来支边，说不好听一点，人们叫他们盲流。记得那一年在乌市，我对自治区作协的一位诗人说，你如果有恒心，写一百个这样的盲流者新疆人的故事，那会是一部波澜壮阔的宏大叙事。那是人的命运，人和大地的命运，时代的大潮汐下一个个被冲得四散奔走的沙粒的命运。就像肖霍洛夫那个著名中篇《一个人的遭遇》那样的立意。

老李也应该再有两年，就满五十五岁退休，可以回到内地，见他九十岁高龄的老娘了。他之所以能找到我，是这么一个周折。他的老家拆迁，可能处理得有些不公平，于是回了趟老家，找到区上的拆迁办。这样他和拆迁办主任算是认识,成了朋友,彼此在一个微信圈里。而这拆迁办主任和我也是好朋友,也有微信沟通,我的那些行踪,发回来以后,拆迁办主任把它发微信圈。老李也就看见了。这样要了我的电话,开着他那辆破面包车,到其尼瓦克宾馆来找我。

他的那辆破旧的小型面包车,大约为他服务了许多年了,街头巷尾,喀什城的人大约都认识。前面的牌子,好像有喀什中院字样,后面的挡风玻璃上,大大地印着"婚庆主持"四个红字。老李说,法官是他的第一职业,做做婚庆主持,业余挣两个小钱,是他的第二职业,他还有个第三职业,就是中医针灸,每天晚上回到家里,客厅沙发上就会坐着很多求诊者。我说你这样做,同事肯定会有意见的,法院牌子后面再写上"婚庆主持"几个字,好像也不合适。他说,大家是有一些意见,眼红他的收入,不过老皮了,快要退休的人,别人说两句,装着没听见。

他这一阵子的工作,是在喀什周边一个名叫英吉沙的县去驻村。好像公职人员都有这项任务。路途中,他一边开着车,一边滔滔不绝地讲他驻队的村子,讲他为村上的老头老太太用针灸治疗腰腿疼的事,为年轻的人们主持婚礼的情形。他虽然有些吹牛,但是我相信,他是个见面熟,太能适应环境了,又懂得分寸,会把交给他的事情处理得很好。

电视台那些小年轻瞧不起这个人,说他那辆车太烂,说他说话粗俗,一身江湖气。听到他们的议论,我长叹一声说,人是环境的产物,是大地的产物,如果他是个谦谦君子,文弱书生,那他在这块地面上连一天也待不下去,他得长着个神仙手,从空中叼着吃,他得放下自己的身段,腰里揣把牌,谁耍跟谁来,跟三教九流都是朋友,这叫"混世事"。新疆地面,我见过许多这样性格这样风格的人。各个地方的地域文化杂糅地集于他们一身,生存本能把他们锻炼得无所不能。

喀什广场

老李开着车，在喀什市区转了一圈，后来车停在了一个十分宽敞的广场上，广场的正中间有一尊毛主席的塑像。毛泽东穿着呢子大衣，气宇轩昂向街头过往人群挥手。老李说，这是全国保留的唯一一座毛泽东广场雕像。

老李说，每一个到喀什的游客，都要到这里照相留念。你既然来了，务必要照一张的。

接下来去的地方是盘橐城。这是西域都护府班超，当年在这里修筑的兵营，我们来到这里的时候，大门是锁着的。大约是那个法院公务车牌的缘故，又大约是因为我们人人都长得像班超的缘故。门卫没有刁难我们，登记了一下，打开了这个园子森严的铁门。

三十六勇士的塑像停在那里，分列两旁。我们一直走到顶头，一个历史人物，我们的乡党，定远侯班超一身戎装，手按宝剑，立在那里，肩一天风霜。我轻轻地走上前去，挥手向他致敬。我在那一刻想起他的许多故事，他投笔从戎的故事，他率三十六勇士楼兰城火烧匈奴使团的故事，他担任西域都护、经营塔里木盆地三十余年的故事。他是长安城西郊之地兴平邑人。西安城往西二十公里，是咸阳城，咸阳城再往西二十公里，就是如今的兴平市了。

站在班超像前往下面看，那分列左右的三十六勇士，也个个身披铠甲，金刚怒目，手中的兵器仿佛还在鞘中飒飒作响。这是一些陕西人——关中、关东、关西一带出的大汉。关西大汉，击节而起，慷慨悲凉，说的就该是他们吼秦腔时的情景了。民谣说，山东的响马直隶的将，陕西楞娃站两行，这该也说的就是如今站立两行的他们了。

这三十六勇士的雕像上，都铭刻着他们的名字。离开这里的时候，我屏住呼吸，从一个又一个雕像前走过，轻声念叨着他们的名字。

雕像个个都是盆盆脸、碌碡腰、大屁股，典型的陕西人、甘肃人的形象。陕西所属的雍州那时候很大，如今的甘肃、宁夏、青海都属

作者在盘橐城

它辖管。

离开盘橐城时,刮起了小风,下了几滴带土星的雨,我说,这张骞公园在疏勒县,离城太远了,就不去了吧。热情的老李说,你一定要去,你是陕西人,去看一看咱乡党,说不定,张骞老人家正眼巴巴等着你的到来呢!我说,也对,为了这次行程,我行前还专门去汉中城固的张骞墓拜谒过。

老李开着他的车,出喀什城,顺着一条宽阔的公路,一直向西北,大约走了有不到四十公里吧,疏勒县城到了。穿过县城,前面有一座占地面积很大的公园,这就是张骞公园。

游客很少,我们从安检门经过。便来到公园中央那个高大的张骞雕塑跟前。这个号称"凿空西域第一人"的历史人物,博望侯张骞,立在一片蓝天白云下,眉头紧锁,满脸沧桑,手持一根节杖,正沉浸在自己的命运中。我有些双目潮湿,而这潮湿的原因,大约是因为小风将沙子吹进眼睛里了。张骞用他的双脚行走,扩大了中国人的视野,让中国人知道了世界很大很远。这大约就是汉武帝封他为"博望侯"的含义吧。

我对雕像说,我们的行走,正是用脚步向道路致敬,向开凿这条道路的伟大的先贤致敬。张骞开拓的这条道路,历史上叫它"西域道"。正像关中道、陇右道、河西道、楼兰道等这些称谓一样,"道"好像比"路"显得更厚重和凝重一些、仪式感一些。

晚上回到其尼瓦克宾馆以后,我将宣纸铺在地毯上,为这位热情的李法官,写了一幅字,写的是"西域雄风"这四个字。

李法官,名叫李百让。我对他说,班超经营塔里木盆地三十余年,张骞先后两次出使西域,加起来时间也是三十余年,而老李,在喀什,你也三十余年了,你也可以称"西域雄风"了呀!

当然,他们是大人物,神一样的存在,而你是小人物,吃瓜大众。

作者在喀什张骞公园

戈壁滩上猛烈的风会很快地将你浅浅的脚印抹平。

然而,历史教科书需要大注脚的同时,也需要一些小注脚呀,如果没有这些小注脚,历史会显得很空洞,让人难以捕捉。

我的话令老李感动。他说,他已经打了报告,也许很快就回到西安了,见上他的老母亲了。他本来想请我吃一次地摊上的烤肉,那个烤肉摊大约很有名。可是他的手机不停地响,是那些约好要他针灸的人,坐在他家沙发上打的。我说,你走吧,后会有期。

第二天早晨,天色未明,我们离开其尼瓦克宾馆,离开喀什噶尔城,继续我们的旅程,接下来要翻越帕米尔高原了,前方在等待着我们,呼唤着我们。这是二〇一八年九月六日。

帕米尔公路遇险

帕米尔高原，波斯语，意为平顶屋，中国古代称葱岭，古丝绸之路在此经过。帕米尔高原地跨中国新疆西南部、塔吉克斯坦东南部、阿富汗东北部，是昆仑山、喀喇昆仑山、兴都库什山和天山交会的巨大山结。面积约10万平方公里。帕米尔高原山体高大，平均海拔4500米以上，主要山峰均在6000米以上。西部塔吉克斯坦境内主峰共产主义峰海拔7495米，列宁峰7134米。

中国境内的帕米尔高原是其东部，在克孜勒苏柯尔克孜自治州和喀什地区境内。东以木吉谷地和塔什库尔干谷地为界，与西昆仑山相邻，南邻喀喇昆仑山。长260千米，宽50~100千米，由高原山地和高位山间盆地构成。有红其拉甫、明铁盖等山隘，是古丝绸之路南下印度、西去阿富汗、伊朗的重要通道。

帕米尔高原

我们二〇一八年丝绸之路万里行活动，出境选择的口岸是伊尔克什坦口岸。伊尔克什坦口岸是一个因路而设的口岸。早上我们从喀什出发，西南行大概八十公里，到达乌恰县，这已经进入克孜勒苏柯尔克孜自治州境内了。穿过乌恰县城，就要通过公路上一个国门性质的口岸。我们还在这里举行了一个象征性的出关仪式，电视台进行直播，让边检工作人员给我们钤盖一份通关文牒。早上六点我们从喀什出发来到这里，举行仪式前又要调试设备，又要摆队伍，还要扯旗帜，一下子折腾到下午两点。仪式的最后一项，就是我发表演说。我说：我们头顶的慕士塔格峰戴着银色的盔甲，我们将从它脚下著名的阿赖峡谷穿过，这里是世界上最美的山上公路之一。

这是一条很古老的道路，在帕米尔高原东侧半山上盘旋而上，沿着一条河流，叫克孜勒苏河。我请教当地人克孜勒苏是什么意思，他们告诉我是苦涩的意思，克孜勒苏河就是苦涩的水，它应该是喀什噶尔河上游的源头之一，公路伴着河流曲折而上。

这应当是一条帕米尔古道，千百年驼铃叮咚，商贾往来。苏联时期，将这条道路加宽，变成一条简易公路。而今，中国政府出资，再加宽、裁弯取直，变成一条高速公路。虽然名曰高速公路，但是由于新建，道路上所需的设施还有待完成。如今这道路上，车辆很多，大部分是那种巨无霸的载重货车。货车鸣叫着，艰难地爬坡。

这条古老的道路上流传着许多古老的故事。其中最著名的就是关

克孜勒苏河

于国人熟知的《花儿为什么这样红》这首歌的故事。

这个故事说,很早以前,有一支丝绸之路上的驼队从塔吉克村寨穿过,有一个在路边看热闹的小男孩,受驼商的引诱,就跳到驼峰上随队西行。天长日久,这个曾经的小男孩已经长大,成为一个丝绸之路驼队里的脚夫,又因为音乐的天赋和广阔的见闻,他又成了一个行吟诗人,坐在骆驼上,弹着热瓦甫,一路吟唱。当他行进到阿富汗高原上时,听闻贵霜王正在首都喀布尔为美丽的公主招亲,丝绸之路上四十多个国家的王子都觊觎公主的美貌和贵霜王的财富,他们都已经带着贵重的礼品赶来求婚。公主招亲,万国应招的消息像风一样在丝绸之路上传播。塔吉克青年也骑着他的骆驼赶到喀布尔城,希望一见公主的真容。塔吉克青年在招亲的现场对贵霜王说:尊敬的王啊,我是丝绸之路上一个一文不名的脚夫,我没有什么贵重的礼物献给尊贵的王、献给美丽的公主,我愿意用我的歌声来表达我对公主的倾慕和赞美,我在这颠簸的路途上创作了一首歌,我把这当作我的礼物。

说着这个塔吉克青年就弹起手中的热瓦甫唱起了《花儿为什么这样红》。结果他的歌声感动了满场的人,公主在听完这首歌以后,泣不成声,她已经深深地爱上了这个丝绸之路上的脚夫。然而国王是势利的,他不能允许公主嫁给这么一个穷小子,国王赶走了脚夫。但公主却要逃出王城,去追寻那个塔吉克青年。国王为了防止公主逃跑,就在城内修建了一座塔,将公主幽闭在塔里。公主就在塔里日夜哭泣,最终忧郁而死。

离开王城的塔吉克青年继续唱着幽怨的歌,在丝绸之路上行走,来到北海边,遥远的阿姆斯特丹,也像杜鹃啼血一样,歌尽倒地而亡。同伴们掩埋了塔吉克青年,并传唱着他的《花儿为什么这样红》,继续在丝绸之路上穿梭。这首穿越千山万水,传唱成百上千年的歌子,有一天,流传到了帕米尔高原深山里的塔吉克村寨。村民们说,那个当年的丝绸之路追风少年已经死在了遥远的异乡，但是他的歌声一直被流传至今。

到了二十世纪六十年代初，国家要拍一个电影，西部经典，叫《冰山上的来客》，天才的音乐家雷振邦先生担任音乐制作，为了寻找更贴合电影主旨的主题曲和插曲，雷振邦在新疆大地多方寻找素材和灵感。直到有一天在塔吉克村寨听到了这首《花儿为什么这样红》，雷振邦无比震惊，在当地录取旋律之后，稍加润饰，重新填词演唱，成为电影的主题曲。后来这首歌知名度甚至远远超过电影，成为家喻户晓的西部经典。

二十世纪九十年代末，为了配合中央电视台十频道开播，以及国家战略西部大开发事宜，中央电视台拍摄专题片《中国大西北》。我作为总撰稿之一参与其事。摄制组一位导演，他领着团队，找到了《冰山上的来客》电影故事主人公原型人物——民族战士阿米尔，并在他的向导下，我们找到了当年为雷振邦演唱《花儿为什么这样红》的那位塔吉克老人，请他又一次演唱了这首歌。与人们熟知的雷振邦修改版本相比较，大家觉得老人的原始版本更加苍浑，更加朴素，更加感人，更加悠远无尽。

关于那个囚禁美丽公主的事情，另一种说法是公主塔如今尚存，不过不是在阿富汗的喀布尔，而是在土耳其的君士坦丁堡。这是凤凰卫视记者告诉我的。是同一个故事的两个版本呢？还是历史上曾经发生过同样的两个故事？我们不得而知。

我们就在这样一条充满无数传说，饱经历史沧桑的道路上，依山临水盘桓而行。这条新修成的高速公路路面十分地光洁平整，只是公路上的辅助设施还没有完善，没有划线，没有栏杆，没有路标。

这条公路到底有多长呢，它有些奇怪。应该是从乌恰县出发走个一百多公里，那里似乎才是边检站，才在那里设卡对车辆进行检查登记。这时还在中国境内，我们能看见在公路两边有村民，以妇女为主的男男女女手里拿着棒子，目送着我们的车辆远去，据说他们是在维稳。他们身后的村子房屋都是整齐划一的，一眼就看出是当地集中移民搬迁工程修建的粉红色屋顶的房屋，所以我们判断，这肯定还在中国境内。

过了这个检查站以后，形成了长达一百公里的无人区。车行走着，我们能看见左手边是高山冰峰，云蒸雾罩着，据说还有一个天门，就是有一个二百多米高天然形成的石门洞，是冰川侵蚀形成的。车窗的右手就能看见莽莽苍苍的大山，低低高高的山峰一直铺向东北方向。山上可以看见的各种石头，基本都是破碎的，比如圆形的鹅卵石，还有那个红色的砂石，一片一片地斜插在山坡上，还有灰色的、青色的花岗岩，再有就是公路两边椭圆的杂石，仿佛就是唐诗里"一川碎石大如斗"描写的那样的石头，然后最有特色的石头就是写着"帕米尔古海"的那一块。这块石头十分巨大，横卧在路的一侧，石头呈白色椭圆状，上面还有两只乌黑的眼睛，叫人觉得奇异。石头上浑厚雄壮的"帕米尔古海"五个字是用汉字书写的，非常醒目，说明这里还在中国境内。

就在这无人区行进了三十多公里的样子，我们的队伍出事了，出了很大一件事。我们车队里的六号车翻车了，翻下深沟三十多米。此行一共是十六辆车，每辆车都有编号。六号车由陕西电视台的两位女编导，两位才华出众的姑娘轮换着驾驶，载着国际旅行社的负责人老张。

我们这次行程是由国际旅行社全程负责后勤工作，我们经过中国的安检的时候，老张需要赶在最前面，等一辆一辆盘查，由他交费后放行，等到十六辆车全部放行上路以后，他又需要从最后归位到车队第六的位置，这样他就不得不频繁地在车队里穿梭，忽前忽后。

帕米尔高原出境公路

6号车翻车

老张交完费用以后，着急要归队归位，他说他来开车。或许是劳累过度，从早上六点出发，一直到了下午的四五点，所有人都被折腾得疲惫不堪。老张从早晨出发时，就腰间背个钱袋子，四处张罗，他是真的累坏了。老张办完通关，付完费，也可能是追赶着急，一脚油门就往前冲。我当时坐在十号车上，我正在车上通过对讲机，给我们整个车队讲解帕米尔高原的形成，就看见六号车从我们车窗左旁呼啸上前，一次次超车，飘飘忽忽而过。过了大概十分钟时间，我的讲解突然被打断，对讲机里，说是坏事了，翻车了，六号车栽进沟里去了。

起初我还以为他们是在开玩笑，当我们的车开到事发地点，看见六号车还在往山下滚动着，我心里一紧，真的坏事了。后来旅行社老张告诉我，他当时突然一迷糊，看见旁边有一条辅道，他想从辅道超车归位。可其实老张以为的辅道只是当年施工队修筑公路时的施工道路，是一个大斜坡。我们大家都赶紧下到老张的车辆旁边，撬开车门，把老张拉出来，老张只是有点晕乎乎的，脸色煞白，人像傻了一样，却并没有事儿。车上的另外两个编导，坐在后排的编导说她正在打瞌睡，坐在副驾的姑娘受了重伤，腰摔断了，这个姑娘还刚刚在喀什给我做过抖音直播。虽然她自己本身系着护腰，也系着安全带，但还是腰椎被折断了，一直昏迷不醒。我们撬开车门，把这个姑娘从车上拉下来，刚好队伍里有一个医生，在医生的指导下，我们做了一个担架，把姑娘转移到公路上，再从车队里腾出一辆面包车来。

从这里到国外的奥什和回国内的喀什距离相当，但我们认为回国有更加熟悉的医疗环境，于是我们决定用这辆面包车把姑娘转移回喀什。临走的时候我拉着昏迷的姑娘的手，附在她的耳朵边对她说，你要坚强，要勇敢地迈过这个坎儿，要活下去，我们在前方等你，在莫斯科等你，或者在柏林等你，你好起来坐飞机来跟我们会合。姑娘虽然眼睛睁不开，脑子也糊涂着，但是眼泪就顺眼角滚了下来。这位姑娘在喀什南疆军区医院做了腰部的手术，又转院回西安休养，我们整个行程结束，从伦敦返回后，我又去姑娘疗养的红会医院看望了她。

姑娘经过一年多的理疗后，毕竟年轻，恢复得很快，现在已经扛着摄像机，重新上班了。命运很残酷，说让你出局，你就得出局。一个卑微的、无力的人，我们所能做到的，就是惨然一笑，以最大的意志力去面对命运。

车掉进沟里的高度，大约有五十米吧！运送伤员的车走了。而这六号车也摔成一堆烂铁了，这样此行一次就少了两辆车。我们处理了那辆报废了的六号车：将车玻璃上的"欧亚大穿越 丝路万里行"这样的字幅揭下来，将后车玻璃上那张从西安至伦敦的线路图刮掉，然后丢弃车辆，让它静静地躺在这山谷里，而后我们继续登程上山。

那个出事的地点就应该是鼎鼎有名的阿赖峡谷吧。由于有了方才那件事情，车辆接下来的行程，变得十分苦闷。人人哭丧着个脸，眼神中都是未消的恐怖。对讲机里也不再说话，只有头车偶尔地喊两句，提示路况。

又行进了大约五十公里，经过吉尔吉斯斯坦边防检查站。再接下来，汽车爬高，能看见左侧是终年积雪的山峰。再接下来五十公里路程，是顺着山势一个圆圈又一个圆圈往下旋。直到最后进入平原，看到简陋的吉尔吉斯村庄。再前行三十公里，到了晚上的十一点了，抵达了奥什市。

◆ 边关

口岸,具有基础设施和查验、监管机构,是对人员、货物和交通工具合法出入国(关、边)境进行检查检验和提供服务的交通枢纽,不同运输方式的交通网络运输线路的交汇点,国家或地区对外交通运输系统的重要组成部分,具有优越的地理位置和方便的交通运输条件。口岸作为交通运输网络枢纽和贸易交往的门户,在发展国内外贸易、促进国际友好往来、沟通地区间物资交流、方便人们旅行等方面发挥着重要作用。

中国口岸按开放程度分为一类口岸和二类口岸。新疆是古"丝绸之路"的重要通道,自古以来与中亚、西亚、南亚及欧洲等地有着密切而频繁的经济、文化交往,有着许多传统的商道和口岸。随着沿边开放战略的实施,新疆已成为中国西部对外开放的前沿,国家批准新疆对外开放的17个口岸中有航空口岸2个,陆地边境口岸15个。

阿尔泰山脉主峰——友谊峰

从中国、俄罗斯、哈萨克斯坦、蒙古四国交界的友谊峰，沿中哈边界往西南大概有二百多公里的地方，就是当年我当兵的地方，额尔齐斯河从这里流出国境进入哈萨克斯坦，并在二百里外形成了一个大的湖泊，叫斋桑泊。这里曾经是一个很大的口岸，这个口岸当年可以通货轮。货轮从斋桑泊装载货物，沿额尔齐斯河溯流而上，到达中国边疆口岸县城布尔津，就是布尔津河汇入额尔齐斯河的地方，在布尔津有个大的码头，从这里的码头卸货，再转内地。所以现在新疆境内的北疆，有许多日用品的名称是俄语叫法，例如：茶壶、茶杯、手枪甚至额尔齐斯河上行驶的汽艇。当地把汽艇叫普利模特，这就是俄语。额尔齐斯河上这样繁荣的通商，也应该属于丝绸之路性质的通商吧。这个口岸后来随着中苏关系恶化和额尔齐斯河水量下降，不再通航了。

流行歌《可可托海的牧羊人》中说的那个可可托海，是个矿区，属于新疆维吾尔自治区阿勒泰地区富蕴县。苏联人当年在可可托海开矿，矿石采下来后，就用卡车运到这布尔津码头，然后装船，再顺额尔齐斯河顺流而下，运走。

喀纳斯湖在友谊峰山下。该湖水外溢形成布尔津河，在布尔津城注入额尔齐斯河。另一条河叫阿克哈巴河，从阿尔泰山流下，经过哈巴河县城，也注入额尔齐斯河。苏联解体时，俄罗斯人在友谊峰下面，留了从蒙古国至哈萨克斯坦三十多公里与中国接壤的边界，理由是将来要在这里设一个口岸。

顺着中哈边界再往南走，又有一个吉木乃口岸。吉木乃口岸在额尔齐斯河还能通航通商的年代，它没有那么重要。它仅仅是一个边防会晤站。咱们中国这一侧是一个营级单位，对方也是一个营级单位，中间一座木桥连接，木桥上划一条象征性的白线。中国这边有事需要商量，就把边防站的国旗升起来。对方看见我们这边国旗升起，知道我们有事会晤。两国边防站会晤三次仍旧不能解决问题，就进行双方上一级的会谈。这个口岸我也很熟悉。吉木乃口岸后来成为北疆主要的货运口岸之一，二〇〇〇年的八月一日，我在吉木乃口岸看见载重货车入境，足足有二百多辆，都装载的是大家伙，可能是把外国某一个钢铁厂或者什么大型重工设备拉回来，经乌鲁木齐转中国内地。我也从这个口岸出过国境，办了一张护照，从吉木乃出境，到对面的哈萨克斯坦的集体农庄转了一转。

两国边境，有一条小小的浅浅的界河相隔。界河上拉着铁丝网。我在的那些年月，兵团人给界河上修个厕所，大便时，大白屁股对着对方哨楼。对方因此提过多次抗议。后来，兵团团场后撤十里，吉木乃县城也后撤十里，这里纯粹成为一个边防口岸和通商口岸。

沿中哈边界再往南走，下一个口岸就是著名的阿拉山口，它的口岸名字叫多斯托克。这个口岸对内有直通乌鲁木齐的火车，对外有直通阿拉木图的铁路。阿拉木图是苏联很大的一个城市，应该是苏联时期中亚的第一大城市吧。苏联有一个重要作家叫左琴科。中国人不一定人人都知道左琴科，但一定都会说"马大哈"这句口头禅，实际上，马大哈就是左琴科小说《猴子奇遇记》里的人物形象。左琴科其实是一个很严肃的作家，二战时期，他要上前线，斯大林说你是一个作家，你的使命是用笔给国家留下更宝贵的精神遗产，打仗的事就交给我们这些粗人吧。左琴科就这样避居在阿拉木图，写了一本书叫《日出之前》，就写一个得了忧郁症的人的故事，其实就是他自己，他得了严

新疆阿拉山口

重的忧郁症，医生已经判了他死刑了，但是他自己说他是一个大写的人，他一定要战胜来敌，战胜自己。然后他就一点一点反思深省自己，就像剥洋葱一样，一层层地解剖自己，最后剥到核心。核心是什么呢？核心是当年她母亲还怀着他的时候在田间劳作，曾遭遇了一次很严重的雷击，被击倒昏迷了几分钟。就这个沉重的精神创伤，从还在娘胎时候就埋下祸根，他的忧郁症就是从这里来的。等到他剥剖自己到达这个核心以后，他的忧郁症也好了。这就是他左琴科在阿拉木图完成的《日出之前》的主要内容。

阿拉木图还是中国音乐家、《黄河大合唱》的曲作者冼星海二战流落的城市。他好像从延安到莫斯科，再由莫斯科到阿拉木图。现在阿拉木图还有一条街道以这位音乐家名字命名。

苏联解体以后，阿拉木图成为苏联加盟共和国哈萨克斯坦独立后的首都。后来哈萨克斯坦又考虑到阿拉木图离边界太近，离吉尔吉斯斯坦太近，离我们中国的伊宁市也太近，才三百多公里吧，后来哈萨克斯坦就把首都内迁一千三百多公里，在阿斯塔纳建立新首都。

沿着漫长的中国西部边界再往南，就是最著名的霍尔果斯口岸。它现在是中国通往中亚、甚至欧洲最重要、最繁忙的口岸。它的旁边就是伊宁市。二十年前，新疆修了一条吐乌大高速公路，从吐鲁番经乌鲁木齐到大河沿。现在又修了一条独库高速公路，就是从独山子到库车，途中翻越天山的高速公路。我曾经从霍尔果斯出境到哈萨克斯坦，也走过这条公路。从乌鲁木齐到独山子。北疆准噶尔盆地有号称金三角的三座城市。一个是有炼油厂的独山子，第二个是有油田的克拉玛依，第三个是奎屯（现在叫胡杨河市）。

当年成吉思汗西征花剌子模就是从这里兵分两路，一路北上阿尔泰山，翻越阿尔泰山冰达坂，进入西亚、小亚细亚。另一路就是打通伊犁河谷果子沟，直扑伊犁。霍尔果斯口岸就是这么个性质，大量的

通往霍尔果斯口岸的果子沟大桥

货物从这里出境。

沿西部边界再往南，就是我们此次"欧亚大穿越 丝路万里行"活动出境的口岸。在喀什的附近，有三个可以出境的口岸。一个是吐尔尕特口岸，这个口岸翻越天山，可以到达中亚哈萨克斯坦的阿拉木图、吉尔吉斯斯坦的比什凯克、乌兹别克斯坦的塔什干、乌兹别克斯坦的撒马尔罕，再有一条公路通往塔吉克斯坦的首都杜尚别，通往阿富汗。一个是伊尔克什坦口岸，即我们此行出境的口岸。从该口岸至吉尔吉斯斯坦奥什州仅二百一十公里，比从吐尔尕特口岸出境到奥什近八百公里。第三个是卡拉苏口岸。卡拉苏口岸是中国与塔吉克斯坦两国间开放的唯一陆路口岸，海拔四千多米，位于新疆维吾尔自治区塔什库尔干塔吉克自治县西北部。

在我参与的这次活动的前一年，二〇一七年"丝绸之路万里行"活动主办方选择的道路就是从阿富汗往印度。但是因为当地战争局势，阿富汗境内道路不通，只能返回，在兰州改乘飞机，直飞新德里，再到玄奘求法的那烂陀寺。

帕米尔高原再往南，就是我们说的叶尔羌河的源头附近，有一个红其拉甫口岸，这个口岸现在也有人不断地在走，翻越帕米尔高原，就到了印巴争议的克什米尔地区。然后沿恒河而下，经过印度到孟加拉国，出印度洋。

二〇一九年的丝绸之路万里行活动，就是要沿着这一条线路，进入印度洋，经斯里兰卡到马来西亚、印度尼西亚等东盟国家返回广州。这个行程在二〇一九年也完成了，当时他们继续聘请我担任文化大使。因为我对海洋文化并不是十分地热衷，再考虑到一路上海陆空频换交通方式，实在过于颠簸，所以我就回绝了。

大西北边境，还有一些不太知名的口岸，行载货物的口岸，我这里就不一一叙述了。另有些历史原因形成的，边民贸易、狩猎、通婚而形成的通道，它们当不在叙述之列。

　　所谓的国家、国界、口岸，是人类社会在发展过程中，细化过程中，逐步形成的东西。俄罗斯天才诗人莱蒙托夫在流放的途中，望着天空列队而过的流云，曾这样吟唱道：

　　天空的浮云哦，永恒的流浪汉！
　　……
　　你们永远冷漠无情，永远自由自在，
　　你们没有祖国，你们也不会有流放。

新疆红其拉普口岸雪山

作者在伊尔克什坦口岸

◆ 亚细亚高原的诞生（一）

在世界七大洲中，亚洲面积最大，人口最多，名字也最为古老。

亚洲全称为亚细亚洲，意思为"东方日出处"。相传是由古代腓尼基人所起。公元前2000年中期，腓尼基人在地中海东岸（今叙利亚一带）建立起强大的腓尼基王国。他们凭着精湛的航海技术，活跃于整个地中海。甚至能穿越直布罗陀海峡驶入茫茫的大洋之中。腓尼基人称地中海以东的陆地为"Asu"，意即"东方日出处"；称地中海以西的陆地为"Ereb"，意为"西方日落处"。

"Asia"一词是由腓尼基语"Asu"演化而来的，音译为"亚细亚洲"，意译则为"东方日出之洲"。"Ereb"后来演变为"Europa"，音译为"欧罗巴洲"，意译即"西方日落之洲"。

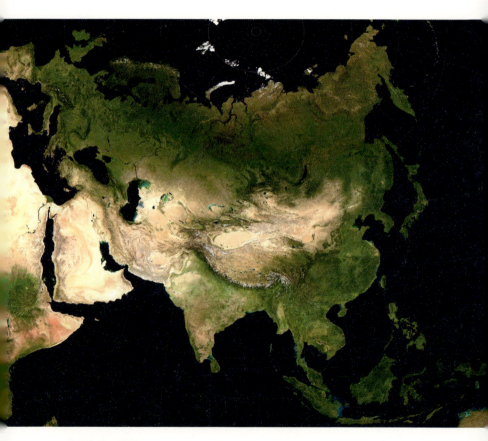

欧亚大陆卫星图

从这次行程开始第一天起,我就一直有一个罗曼蒂克的想法。这想法就是,当翻越帕米尔高原时,我要让车停下来,停在一个高处,头顶是慕士塔格峰闪烁在阳光下的白色盔甲,脚下是拥拥不退一直伸向东北方的崇山峻岭。我要在这里做一期现场节目,讲一讲一亿五千万年前那一场伟大的造山运动。正是这场造山运动,以及随后不断延续的造山运动,形成这世界第三极,帕米尔高原的诞生,形成这如今中亚地面的基本地貌特征,从而为人类的登场准备了一个大舞台。

大家知道,后来在翻越帕米尔公路时,我们的车队出了一点事情。

出事情的那一刻,我正在车上用对讲机,瞅着车窗外路边那块巨石上的"帕米尔古海"几个字,讲这块土地的沧海桑田、山谷为陵的历史。这时,事故让我的讲述打断了。而接下来帕米尔公路行程中,心惊肉跳的我,已经没有心情做这件事了。

中国有一本奇书,古书,名叫《山海经》。书中有这么一段奇异的记载:

> 昔日共工与颛顼争为帝,怒而触不周之山,天柱折,地维绝。天倾西北,故日月星辰移焉,地不满东南,故水潦尘埃归焉。

这话用现代人的口吻说,是这样子的:从前,共工与颛顼,争夺部落天帝之位。(共工在大战中惨败)愤怒地用头撞击不周山,支撑

帕米尔高原

着天的柱子因此而折断了，拴系着大地的绳索因此也断了。天向西北方向倾斜，所以日月星辰都向西北方向移动了；大地的东南角塌陷了，所以江河积水泥沙都朝东南角流去了。

小学的地理教科书告诉我们，中国的地形西高东低，共分三级。第一级是高耸云天的青藏高原，第二级是横亘在中国中部的鄂尔多斯台地，第三级则是东南丘陵。这个中国地理大格局的形成，真的如这神乎其神的《山海经》中所说，是共工的一次怒触不周山而产生的后果吗？

共工所触的这"不周山"就是葱岭，就是现今人们所说的帕米尔高原。为什么叫它"不周山"呢？玄奘在《大唐西域记》中告诉我们，葱岭的东南山脚，伸向塔里木盆地，西北山脚伸向费尔干纳盆地，山脚边缘逾一千四百到一千五百华里，且呈不规则、不周正状，所以葱岭别称不周山。

现今，对《山海经》的许多荒诞不经的传说，人们突然有了一个新奇的发现。这些传说中的许多竟然是真实发生过的，是人类初民时期的遥想记忆和瑰丽想象。

例如这个共工怒触不周山的传说，他并非空穴来风，它记录了一亿五千万年前侏罗纪时代的那场伟大的造山运动。那时，是地球的大洪水时期，我们这颗蓝色星球，为太多的海水所覆盖，浩浩森森，无边无沿。我们的东边有一个太平洋，在我们西边，则有一个准噶尔大洋。如今的中亚高原，如今的吉尔吉斯草原、哈萨克草原，以及俄罗斯东部草原，以及西伯利亚，以及塔里木盆地、准噶尔盆地，以及今天的甘肃、青海、宁夏，乃至今天的陕北高原等等，都为这蓝色的海水所覆盖。

这时候发生了一件重要的事情。非洲大陆的一个板块，突然脱落，而后，这脱落的板块开始缓慢地向东北方面漂移，直到有一天，这个板块猛烈地冲撞欧亚大陆板块。于是引起强烈的大地震，地震过后则是火山爆发，是地壳变动抬升，而在变动和抬升中海水逐渐地被挤出这个区域。

非洲是阿非利加洲的简称，"阿非利加"是希腊语阳光灼热的意思。位于亚洲的西南面，东濒印度洋，西临大西洋，北隔地中海与欧洲相望。东北角习惯上以苏伊士运河为亚非大陆的分界，大陆东至哈来角。

亚欧大陆则是完整的一块，它没有明显的分界线。也许，是这个板块过于硕大了，所以人们以历史的原因，人种的原因，文化的原因，将它们分称为两个大陆，欧亚大陆的最西端，在葡萄牙的里斯本。里斯本城外三十多里，有个罗卡角，人们在该岛上竖立了高高的方尖碑，上书八个大字：陆止于此，海始于斯。这是葡文，意思是说，广袤的大陆到了这里就停止了，浩瀚的海洋从这里就开始了。

猛烈地撞击，宛如人们所说的火星撞地球。这撞击的结果是大地震。在我们的这本书中记得曾经讲过另一次大地震，那就是释迦牟尼在一个简陋而偏僻的石洞里修行，有一天，他背后的石壁上出现了神的形象，佛的形象，这是一种昭示，昭示着佛教的诞生，佛教的创世纪从这一刻开始了。于是，突然发生了大地震，地动天摇，日月无光。这时五百天神从空中走下来，牵住释迦牟尼的手说，你完成了一件伟大的功德，佛教诞生了，"十方世界，佛光照耀，天上天下，唯我独尊。"念叨着这歌，让我们向山下走去吧，三十多公里外有一片菩提树森林。这里不是成佛处，那里才是成佛处，于是在五百天神的引领和簇拥下，在地震的余波中，在动人魂魄的阵阵梵音中，释祖离了石室，向那片菩提树森林走去。

那场地震当然也很重要，也值得永载史册。但是那场地震和我们现在所谈的这场地震，绝不是同日而语的事情。

罗卡角——欧亚大陆最西端

阿非利加洲一块大陆板块的脱落，以火星碰地球的威势，猛烈地冲撞欧亚大陆板块，于是大地震发生了。大地在颤抖，天昏地暗，日月无光。由于两块大陆板块的挤压，平面挤压又进一步造成错位相撞，地壳于是在这颤抖中一点一点地抬升，而海水沸腾了起来，痉挛了起来，四散而溢，纷纷逃逸。

伴随地震那轰隆轰隆的响声的是火山爆发。最初大约是一座火山爆发，岩浆从地底深层呼啸地涌出，而后天女散花一样，涌上天空，刺向晴空锷未残。接着是一座又一座的火山爆发。你数一数帕米尔高原有多少座奇异的山峰，你就知道当时爆发过多少座火山。

海水像着了火一样，洋面上飞扬着火焰。而飞腾着火焰的海水，一半被火焰烧干，一半被隆起的地壳挤到远处去了。

那干涸的准噶尔大洋的洋底则形成现在我们所看到的塔里木盆地、准噶尔盆地、费尔干纳盆地的风蚀雅丹地貌，这里我们后面还要谈。

喷涌的火山岩浆凝固了，冷却了，形成一座座山峰。这个喷涌和凝固不是一次完成的。而是无数次的喷涌，无数次的凝固，于是形成这帕米尔高原的众神之山，形成了这有别南极、北极的世界第三极。

岩浆在继续喷涌着。火红的岩浆像河流一样，向低处向东南方向而流。一边流淌一边凝固，于是高山大岭接踵出现，密密麻麻排空而立。它们是昆仑山，意思是南山；是喀喇昆仑山，意思是美丽的南山；是冈底斯山、较为低矮的库鲁克塔格山、祁连山以及终南山。

美丽的南山在陕西地面终止，在黄河风陵渡以一个华山一样的惊叹号终止，所以叫它终南山。

终南山是秦岭的陕西段。秦帝国龙兴于山的环拱之中的甘肃礼县，后又顺渭河与秦岭进入关中平原，于是深入中国大陆腹地的这座高大逶迤山脉，就又叫作秦岭。

这时候作为造山运动的余波，中亚地面开始刮起大风。这是地球

西岳庙南眺南山的休止符 —— 华山主峰

大磁场以及陆海比热差的作用。这场大风一刮就是两千万年。大风将准噶尔大洋洋底沉淀的泥沙，开始向东南搬运。这个搬运的结果是，西北黄土高原地貌形成了。

我们永远无法知道，那风有多么地猛烈。上苍之手将黄土借风神之手，向东南搬家，从而营造出亚细亚高原东南扇面的庞大无朋的一块区域。新疆地面有许多风口，例如疏勒风口，例如轮台风口，例如阿拉山口的风口，例如达坂城星星峡的风口，例如托里风口，例如额尔齐斯河河谷的风口。相信这些风口虽然可怕无比，但只是当年那场大风留下的余唾而已。

如今，这些老风口的风还十分强劲而猛烈。那次穿越星星峡，我们眼睁睁地看着所乘坐的汽车，被一股龙卷风掀翻，而我们自己，则趴在地面上，大气也不敢出。那场大风据说达到十四级。专家试图为我们解释这一现象，他们说这些可怕的风口，是地球在公转和自转中，形成了磁场，是那磁场在作祟。

俄罗斯人把这风叫黑风暴，新疆人把这风叫闹海风，陕北人把这风叫老黄风，专家则把这风叫沙尘暴。有一首流行歌曲《黄土高坡》，以惆怅的口吻吟唱道："我家住在黄土高坡，大风从坡上刮过；不管是八百年还是一万年，都是我的歌我的歌。"

黄土高原地貌就是这样地覆盖了中国大西北。黄土层最厚的地方在甘肃兰州东郊区，与贫瘠甲天下的定西高原接壤处。那一年我们的《中国大西北》摄制组，曾经在那里拍摄过。黄土层从公路至高高的山顶，约六百米到七百米薄厚。而第二厚的地方在陕西洛川县城南三十公里处，厚度在六百米，那里现在已经建成一座黄土高原地质公园博物馆，国家层面上的。

◆ 亚细亚高原的诞生（二）

  天山，世界七大山系之一，位于欧亚大陆腹地，东西横跨中国、哈萨克斯坦、吉尔吉斯斯坦和乌兹别克斯坦四国，全长约2500千米，南北平均宽250～350千米，最宽处达800千米以上，是世界上最大的独立纬向山系，也是世界上距离海洋最远的山系和全球干旱地区最大的山系。

  新疆天山又称中国天山或东天山，古名白山，又名雪山，因冬夏有雪，由此得名。新疆天山长达1760千米，占天山总长度的3/4以上，平均宽度300千米，拥有天山最高峰托木尔峰（海拔7443米），横亘新疆全境，是准噶尔盆地和塔里木盆地的天然地理分界，南北被塔克拉玛干沙漠和古尔班通古特两大沙漠环抱，吐鲁番盆地在其东部两支之间。其东部漫长的低暖余脉达到嘉峪关。是新疆地理的独特标志。

新疆天山

其实黄土搬家这项工作，自那时开始，就一直在进行着的，从未停歇。只是有个时期，规模大些，有时则规模小些。那每一次沙尘暴从西北大地升起，实际上就是一次黄土搬家的过程。这是大自然的杰作，或者说是大自然的有意而为之。只是其间的我们，不知就里，不知道这是怎么回事。

笔者曾经在西安的半坡遗址考察过半年，这是个距今约六千五百年的古人类居住遗址。专家给浐河畔的阶地坡面上剖了三个剖面。剖面上囤积着三层土，每层各二十米薄厚。最底下一层叫生土层，或叫原始土层，它当是那遥远年代被大风吹来的了。它的上面是文化层，它的起始时间当是从人类出现时开始。最上面一层二十米，是熟土层，或叫耕作层，它的囤积，大约是从人类开始晴耕雨读的时候开始的吧！你看，这黄土的搬家和囤积工作，大自然从来没有停止过。

黄土的来源处是那遥远的帕米尔古海。那里怎么有那么多的黄土可资搬迁呢？专家曾经对塔里木盆地，尤其是塔克拉玛干大沙漠那铺天盖地的黄沙的来源做过考察。它们最初应当是石头，也就说是山的一部分，后来崩裂，成为一块一块独立的大石头。再后来，亚细亚地面无遮无拦的大太阳炙烤着，石头热得发烫，这时候如果来一场猛雨，雨不需大，也不需时间长，只需冷雨一浇，石头便爆裂了，或曰炸裂了，于是戈壁滩布满了小石头。那些小石头再成为沙粒，成为粉末，成为细沙和黄尘，就是一件简单的事情。风吹着飞起又落下，河流推着它不停地打滚,棱角磨去,岁月的刀工将它变成了微尘。

塔克拉玛干大沙漠、古尔班通古特大沙漠,就是这样形成的呀。小石子被小的河流,冲刷进大河。大河翻滚着,再将它们冲刷和囤积,日久天长,囤积物就成了大沙漠。

专家的这种物理实验应当说是靠谱的。我就亲眼见过这种石头开花的奇异景象。那是二十多年前去罗布泊的途中所遇,我们走的是斯文·赫定所称的凶险的鲁克沁小道。途中要经过一座名叫觉罗塔格的矮山,太阳悬挂在头顶,炙热难耐,戈壁滩热气蒸腾,着了火一样。我们的四周,戈壁滩上布满了这种一半埋在土里,一半裸露在外面的黑石头,一头牛那样大。这时候突然响了两声雷,于是一阵瓢泼大雨。

雨很短,二十分钟吧!大雨过后,突然我们的四周就出现咔嘣咔嘣的响声,原来是那些黑石头,远远近近,一块一块地在爆裂。爆裂的碎石天女散花一样飞向空中,然后落下来,散布在戈壁滩上。这个情景大约持续了有半个小时。

觉罗塔格是黑花岗岩,而前面的库鲁克塔格是红花岗岩。新疆地面的黑戈壁、红戈壁、白戈壁,它们大约就是这样形成的。

我记得当那爆炸声最初响起时,我正蹲在地上对着一匹马的尸骸发呆,我口中正念叨着海明威那段著名的话:非洲最高的山,乞力马扎罗山的山顶,雪线以上,有一只豹子的尸体。没有人能明白,这只豹子跑到这既没有食物,也没有同伴,也没有爱情的地方,干什么来了!没有人能做出解释!

是的,我也不明白,这匹马跑到这一步一险的地方干什么来了。我开始推断这是罗布淖尔荒原上的普氏野马,后来发觉不是,因为马的四个蹄子上钉有蹄铁。后来我们分析,这是一个牧人从吐鲁番到楼兰,骑马从这凶险的道路上走过。马累死在路途了,于是骑手长叹一声,将马背上的褡裢卸下来,搭在自己肩上,然后告别了他的马,徒

天山脚下

步向旅程目的地去。

前面我们说了一块非洲大陆板块脱落，漂洋过海，东北而移，猛烈地冲撞欧亚大陆板块，从而引起强烈地震，引起火山爆发，从而导致帕米尔高原的隆起，地壳的抬升，世界第三极的诞生。

但这还不是最后的完成。中亚地面地理大格局的最后完成还有待于又一次的伟大造山运动，这就是天山山脉的横空出世。

在距今八千万年的时候，又一次造山运动开始了。在准噶尔大洋的洋底，那抬升了的地台上，那黄沙掠过、季风吹过的古海海盆，一座年轻的，高大的，雄伟的山脉拔地而起了。

它就是天山山脉，横亘在中亚高原广袤台地上的一座最重要的山脉，一个神一样的存在。它的西部连接帕米尔高原，它的东方延伸线一直抵达河西走廊西侧。自从横空出世以后，它应当还有一个较为漫长的发育期，从而令岩浆冷却，成为坚硬的山体，继而北冰洋的季风为山顶穿上一层厚厚的冰雪铠甲，继而有条条冰河流下，继而各种植被茂盛地生长起来，正像歌里唱的那样：天山雪松根连根。

天山山脉将这干涸了的准噶尔大洋的洋底一分为二。南边的那块我们习惯叫它"南疆"，也就是"南新疆"，地理书上的名称叫塔里木盆地，因为那条著名的河流横贯盆地全境。北边的这块我们叫它"北疆"或叫"北新疆"，地理书上的名称叫准噶尔盆地。之所以叫它准噶尔，那是因为它是漠西蒙古瓦剌两大汗国之一的准噶尔汗国腹地。

塔里木盆地的中央包着一块大沙漠，人们叫它塔克拉玛干沙漠，意思是进去出不来的沙漠。准噶尔盆地中央亦包着一块大沙漠，人们叫它古尔班通古特大沙漠。

而在天山、帕米尔高原以西，高加索山以东，兴都库什山以北这块同样属于准噶尔大洋洋底的地方，我们叫它图兰低地，这块低地的中央也包着一块大沙漠，我们叫它卡拉库姆沙漠。

在叙述中亚地理大格局的时候，让我们再谈一谈那横贯高原的河流，让我们在这里借助佛教经典传说中那个龙池的故事，用这个角度来谈。

传说在大雪山的山顶。有一个龙池，一条恶龙守在那里，那大雪山的吞云吐雾、云遮雾罩应当与它的作祟有关。在佛教的传说中，这条龙曾经显过一次形，那就是释迦牟尼寂灭日，当时有三股力量要拿抢这佛祖的真身舍利，一拨是护送释祖升天的五百天神，一拨正是闻讯赶来的龙池的龙王，一拨则是古天竺的八个邦国的王。释祖的弟弟阿难尊者说，释祖在天上，看见你们因他而起刀戈，他会很伤心的；这样吧，我把这释圣的遗物平分成三摊，交给你们供养吧。

经那八个王同意，然后阿难尊者再将那留在人间的那一份，分给他们，于是八个王回去以后，在各自国家的都城建立佛塔供奉舍利子。

而后来二百多年后统一了古印度八十六邦国，建立孔雀王朝的阿育王，破八塔，取出供奉的佛祖舍利子在世界十方建立八万四千塔供奉舍利子，弘扬佛法。这是后话了。

大雪山在哪里呢？专家们考证说这里说的大雪山，正是被称为世界屋脊的喜马拉雅山。而大龙池在哪里呢？喜马拉雅的山间，有着许多高原湖泊，所以专家们无从断定，到底哪一座湖泊是佛门经典中所说的龙池。

传说在龙池的四个角有四种动物向世界的四个方向张嘴大口喷水。

恒河，意译为"天堂来的水"，从龙池东面的银牛口喷出，顺帕米尔高原跌宕而下，穿越五印大地，注入孟加拉湾。印度河，从池南南面金象口中喷出，穿越五印大地，注入阿拉伯湾。

池西面是琉璃马口，马口中流出的是阿姆河，就是笔者在撒马尔罕朝圣后，第二日途经的那个阿姆河。阿姆河在张骞出使西域的年代，叫它乌浒水，该河注入咸海。

远眺冈仁波齐峰

冈仁波齐峰之南的玛旁雍错(意谓"不可战胜的碧玉之湖"),《象雄大藏经》记载它是亚洲四大河流的发源地。其东为马泉河,南为孔雀河,西为象泉河,北为狮泉河。

池北面琉璃狮子口流出塔里木河。塔里木河东北行到蒲昌海时，遇见巴颜喀拉山的阻隔，不能前行，于是汇水成海，后来变成潜流，从山底潜行而过，一千五百华里后，重出积石山，为黄河源。

这四条水系流向世界的四个方向。

至此，亚细亚高原上山形水势的摆布告以完成。嗣后的阶段，当然还会有一些小的修修补补的事情发生，但是地理大格局就算是完成了。

那龙池的传说大约也有一些地理根据的。发源于我国阿里高原的象泉河、狮泉河，它们是流经印度的印度河、恒河的上游。也就是说发源时，它们叫象泉河、狮泉河，而流入印巴境后，从入境的那一刻起，易名印度河、恒河。而雅鲁藏布江，它的别称则叫马泉河。

高山河流，各安其位。充填在它们之间的是荒漠、戈壁，是草原和苔原，是湖泊和绿洲。地造天设，舞台搭好了，现在这个世界，在静静等待着人类登场和表演。

中国和吉尔吉斯斯坦边界的村庄

吉尔吉斯斯坦村庄

阿尔泰山

　　阿尔泰山脉,呈西北—东南走向,斜跨中国、哈萨克斯坦、俄罗斯、蒙古国境,绵延2000余公里;中国境内的阿尔泰山属中段南坡,山体长达500余公里,海拔1000~3000米。主要山脊高度在3000米以上,北部的最高峰为友谊峰,海拔4374米。与天山山脉、昆仑山脉、塔里木盆地、准噶尔盆地形成"三山夹两盆"。

　　阿尔泰山山地植被、土壤垂直分布显著,富森林和矿藏,以产金矿著名,故有一说称,阿尔泰山,蒙语的意思是"金山"。又有一说认为,"阿尔泰"在哈萨克语中意谓"六个月"。阿尔泰语系即从阿尔泰山得名。

阿尔泰山

英国人类学家汤因比是世界所公认的二十世纪最重要的人类学家之一。他毕业于牛津大学，并且很长时间在这所大学服务。生前他曾经担任英国皇家科学院院长。他于一九七五年去世，他用毕生的精力写了两本书，一本叫《历史研究》，一本叫《人类与大地母亲——一本叙事体世界史》。

在《人类与大地母亲》一书中，他以讲故事的形式，将人类文明各板块的过往——他们的发生，他们的发展，他们的强盛，他们的胜极而衰，他们的消失，这五个阶段，理出思路，逐个分解。并且在这本厚厚的著作的结束语时候说：

也许经历过漫长时间流程考验，至今仍郁郁葱葱的中华文明，会是人类的福音，会给这个四处起火冒烟的当下世界，带来一剂良药！但是，这个文明必须时时保持清醒，以免陷入他们千百年来那种轮回往复的怪圈中去。

汤因比去世于一九七五年，这些话是这位学者去世前说的。

一位名叫池田大作的日本人，好像是摄影家，亦是作家，拜访汤因比。他拿了一张纸，纸上有各种问题，类似今天的人们玩儿的那种脑筋急转弯。那些年好像很流行这个。池田大作问了汤因比这样一个问题，这问题就是：假如让你重新出生一次，你愿意出生在哪里？出生在世界的什么地方？

阿德诺·汤因比是一个比尔乔亚式的回答：假如让我重新出生一次，我愿意出生在中亚，出生在阿尔泰山山脉，那是一块多么令人着迷的地方啊！那里是世界的人种博物馆，世界三大古游牧民族，古阿尔泰语系游牧民族、古雅利安游牧民族、古欧罗巴游牧民族。前两个都永远地消失在这块土地上了，而古欧罗巴人则迁徙到地中海沿岸，从马背上跳下去，开始定居，后来则砍下树木，以舟作马，开始人类的大航海时代。

我们的这次"欧亚大穿越 丝路万里行"，将结束于英国牛津大学。这是距英国伦敦一百三十公里的一座大学城，由四十个学院组成。整个大学像一个铺在平坦地面上的公园，每开一个门洞进去就是一所学院。

记得在这所大学城的十字路口，那个跨街的"叹息桥"的下面，我曾做了一场视频直播。我对我们这次行程做了简短的总结，我在向这所大学致敬的同时，也提到了已经故世的阿德诺·汤因比先生。

汤因比先生提到的那个阿尔泰山，是准噶尔盆地东沿、北沿的一座绵延悠长的山脉，直达西伯利亚。他有一段行程与天山山脉并行。天山山脉的行进到塔城地面以后，为两座短一些的山脉所接替，这两座山一座叫阿拉套山，一座叫木扎尔特山。

在天山北麓的臂弯处，如今的昌吉回族自治州吉木萨尔县境内，大汉王朝曾经建北庭都护府，就管辖着阿尔泰山中西段南麓的广大区域。该都护府，开始属安西都护府辖管，后来因为地位重要，上升为中央直辖，与安西都护府并立。

阿尔泰山据说从河套平原北的狼山北麓地面就开始发生了。这一点笔者没有实地踏勘过。阿尔泰山再往下走，中国近代史上还发生一场异常惨烈的战斗。那地名叫北塔山。在蒙古国独立以后，苏蒙联军

中国新疆阿拉山口阿拉套山高架桥

从北塔山继续试图翻越阿尔泰山，占领新疆的北疆，国民政府新疆省省长、可敬的杨增新先生率军大战于北塔山，后在哈萨克人的帮助下，没有让外寇得逞，保住了这一块丰饶的北疆草原。

再往下的阿尔泰山标志性的地方，就是它的最高峰，这座山峰给它命名为奎屯山，意思是多么寒冷的地方呀！成吉思汗在西征花剌子模时，曾经在这山下的额尔齐斯河边，一个叫平顶山的小小山头，召开誓师大会，而后兵分两路，一路翻越阿尔泰山冰达坂，一路打通天山峡谷果子沟，两路大军成钳形攻势，直扑西伯利亚和小亚细亚。成吉思汗在西征得胜而归时，曾经在这奎屯山下面的喀纳斯湖窝冬，并把这里的图瓦人作为他的一个部落，他的养马人。

奎屯山在成吉思汗之前叫什么名字，我们已经无从知道了，而在盛世才的年代，它易名叫友谊峰，后来又被军事地图上叫作三国交界处，现在则又被叫作四国交界处，因为俄罗斯人在与哈国划分边界时，在奎屯山与喀纳斯湖以西，给自己留了三十多公里一段边境线。它的理由是将来要在这里设一个口岸。

阿尔泰山继续向西北逶迤而行。境外的阿尔泰山，大约更为漫长，苏联作家将中国境内的阿尔泰山叫小阿尔泰山，而将哈境内和俄境内的阿尔泰山叫大阿尔泰山，与阿尔泰山相伴而行的就是那条著名的国际河流额尔齐斯河。一河汹涌的春水，仪态万方地从戈壁与草原中间流过。冬天，河面被冰封，冰层下面可以见到从北冰洋溯流而上的狗鱼在游动，而夜来，被冻裂的冰层炸了口子，河谷会传出惊天动地的冰层爆裂的声音。

夏天，春潮泛滥，阿尔泰山消融的雪水会汇成条条小河，注入额尔齐斯河。河面往往会宽到五百米以上，而河水会倒灌到河汊中去，这样的春潮期往往会从五月一直到八月。河流两岸高大的树木，主要靠这一年一度的春潮提供水分，而那春潮退出的稍微低洼的地方会形

额尔齐斯河喀纳斯五彩滩

新疆昭苏草原石人

成草块、草场、草原，没有见过水的地方，则依旧是戈壁、碱滩、流动的沙包子，以及沙包子顶端的一棵或几棵红柳。

阿尔泰山山下、额尔齐斯河两岸，布满了毡包与毡房，游牧的哈萨克，赶着牛群、羊群、马群穿行期间。夏天时候，他们往往会把畜群赶往阿尔泰山深处的高山牧场，把平原河谷地带的牧草留下来打成马草，秋天的时候，再转场，从高山牧场回到平原河谷。

在这块草原，以及更为广阔的这块中亚草原上，我们往往会看到草原石人。草原石人兀立在旷野上，沧桑古老，举目望天。我在遥远的哈萨克斯坦首都阿斯塔纳和一处度假胜地上，面对一个草原石人，曾经做过一次视频直播。

我脱帽向这尊斑驳的草原石人致敬。我动情地说，这是草原石人。这种草原上的古老遗存物遍布于中亚。它是哪个年代的？是哪一个民族留下来的？现在已经无从考证了，专家认为，它极有可能是突厥年代的产物。而它的竖立，通常有三个用途。第一，是牧人从平原牧场向高山牧场转场时竖在牧道上的路标。第二则是一个部落和另一个部落的游牧分界，譬如农耕文明中的地界。第三则是祭拜草原神的场所，或者为亡人的墓地做的标志物。

在阿尔泰山脚下，额尔齐斯河两岸，光秃秃的白戈壁、黑戈壁、红戈壁中间。有许多过去年代的坟墓，这些坟墓往往用石头围成一圈，大的会有一个篮球场那么大。坟墓的前面往往会横放一块鹿石，而树立一个或两个这样的草原石人。

厚厚的二十四卷本的《新疆文库》，里面记载的大部分内容，就是记载这些古墓葬的方位，目前状况，保护情形，发现以及被保护的时间。附带的还有一些珍贵坟墓的俯瞰图，鹿石的照片、石人的照片。这些散布于广大地面上的墓葬群，就是汤因比在他的浪漫主义的叙述中，那消失在这块地面的古阿尔泰语系游牧民族的古老遗存吗？也许有一天，洛阳铲会帮助我们揭开这片大地的秘密，而更大的可能性则是，它们将永远成为秘密，就像大地缄默地永远紧抿着它的嘴巴一样。历史既然已成历史，那么就让它永归历史。

吉尔吉斯斯坦

吉尔吉斯共和国,简称"吉尔吉斯斯坦",是一个位于中亚的内陆国家。其东边紧邻中国。比什凯克是吉尔吉斯斯坦的首都和最大城市。奥什市则是该国第二大城市。

在《史记》和《汉书》里,吉尔吉斯故地被称为"鬲昆""坚昆"。从西汉汉武帝时,吉尔吉斯大部分首次纳入中国版图。汉武帝又命李广利于太初元年(前104)、三年两伐大宛,使西域的许多城国相继臣服于汉。唐时吉尔吉斯斯坦再次纳入中国版图,唐朝贞观十四年(640)置安西都护府,统安西四镇,龟兹、疏勒、于阗、碎叶,辖境相当今新疆及哈萨克东部、吉尔吉斯北部楚河流域。元朝时吉尔吉斯故地为蒙古族察合台汗国地,15世纪后半叶吉尔吉斯民族基本形成。16世纪受沙俄压迫,自中亚的叶尼塞河上游迁居至今境。清朝时再次纳入中国版图,东部和南部大部分地区属于中国新疆,西部属于中国清朝藩属国浩罕汗国。

奥什列宁广场

列宁广场在市政府的广场前,这是苏联地区少量保留的列宁雕像之一。

我们从伊尔克什坦口岸出国境，翻越帕米尔，进入吉尔吉斯斯坦境内，晚上下榻在有"吉尔吉斯斯坦南方之都"之称的奥什。奥什是吉尔吉斯斯坦的第二大城市，位于费尔干纳盆地东南端，阿克布拉河出山口附近。在奥什所在的这片草原上，同样发生了许多故事。

世界三大草原王跛子帖木儿的六世孙、印度莫卧儿王朝的创立者巴布尔，就出生在奥什西面不远的安集延附近。当时奥什（属吉尔吉斯斯坦）和安集延（属乌兹别克斯坦）都是费尔干纳盆地草原的富庶之地，并没有属国之别。巴布尔就是从这里开始了他对北印度的征服。

吉尔吉斯斯坦南边靠着帕米尔高原，东边靠着天山，南部主要是草原，比较富饶。从奥什向北翻过横亘在吉尔吉斯斯坦中间的费尔干纳山，就进入吉尔吉斯斯坦北方。其北方靠着天山这边，有一个大湖。这个大湖在张骞出使西域的时候，告诉我们它叫热海，玄奘西行的时候告诉我们，这个热海的气候十分炎热，湖面上热气蒸腾，飞鸟从湖面飞过，直坠水面。这个大湖现在叫伊塞克湖。

在吉尔吉斯山脉北麓，靠近哈萨克斯坦的楚河岸边，有吉尔吉斯斯坦的首都比什凯克。在比什凯克以东，楚河流域的托克马克市附近。有历史上著名的碎叶城。碎叶城是唐朝在西域设的重镇，是中国历代王朝在西部地区设防最远的一座边陲城市，也是丝路上一座重要城镇。它与龟兹、疏勒、于阗并称为唐代"安西四镇"。"碎叶城"本意"小叶城"，关中话—西安话（古长安话）中"碎"是"小"的意思。当

碎叶城遗址鸟瞰

时建起这座城以后,叫什么城才好呢,大家商量,这个城子碎碎的(小小的),树叶大的一片城,就叫它碎叶城吧。学界主流观点就认为,伟大的浪漫主义诗人李白就出生在这里。当然,也有古书记载说他出生康居,康居在哪里呢?康居就是今天的撒马尔罕。

说李白出生在康居也说得过去,康居在李白生活的年代,属于昭武九姓。这块草原上有九个国家,其中领头的就是康居国。康居国领着他们到长安城来,找到李世民,表示他们愿意臣服归属。所以说,从李白性格和艺术特点来看,不论说他出生在碎叶还是康居,都说得过去。李白六岁的时候,翻过帕米尔高原,进入中国内地。李白那种奇幻的、奇妙的、夸张的艺术风格,完全符合他的少年经历。"少时不识月,呼作白玉盘。"中亚的月亮,费尔干纳盆地的月亮,就像个白玉盘一样,中夜在天,又白又亮。还有"白发三千丈,缘愁似个长",这种大胆的奇丽的夸张和想象,甚至他的那种张扬、目空天下的性格,都与那块土地对他少年时候形成的影响有关。所以一到汉地的汉文化语境来,马上就显出他的不一样来。

我们住在奥什,询问得知,到吉尔吉斯斯坦的首都比什凯克有五百多公里,到碎叶城也有三百多公里,因为要赶路,很遗憾没有去这两个地方看一看。

吉尔吉斯斯坦在当代出过一个很好的小说家,叫艾特玛托夫。他的成名作是名为《查密莉雅》的中篇小说。描写的就是吉尔吉斯草原上伊塞克湖畔发生在苏联卫国战争时期的一个故事。还有一部中篇叫《我的包着红头巾的小白杨》,描写一个一失足成千古恨的爱情悲剧。还有一个小长篇叫《白轮船》,写一个少年站在湖边,应该就是伊塞克湖吧,看着白轮船从远处过来,然后他一生都在等待着这个白轮船出现。

艾特玛托夫写吉尔吉斯草原,写草原的秋天,写云雀在高阔的天空飞着,写鹰隼像帝王一样,从帕米尔高原俯视盘旋,巡视着这一块草原。然后有我们内地叫狼牙刺、当地叫铃铛刺的耐碱灌木挂满了铃铛,风一吹,整个草原上布满了音乐。

当地的牧民在夏天的时候转场到天山的高山牧场,把平原地带的草场空出来,好休蓄牧草,等到秋冬季节,再从高山转场回来,回到平地窝冬。秋天的时候要打马草,在艾特玛托夫的笔下描写道,在炙热的太阳的照耀下,在一片苦艾草原上(就是端午时候我们插在门口驱邪避秽的艾草),一群牧人穿着开领衫,挥动大刈镰,在收割牧草。割倒以后,在太阳的暴晒下,牧草蒸发出苦艾的香味,整个草原上都是这种又臭又香的苦艾味道。牧草就地晾晒到下午,再用叉子把牧草卷起来,堆成草垛。当冬天的时候,大雪覆盖了整个草原,马牛羊没有吃的了,就把草垛打开了,叉些干草作为牲畜的夜草。

艾特玛托夫还写过一个长篇叫《一日长于百年》,有的翻译叫作"一天比一百年还长",主要表现他对世界的思考,对人类命运的思考。他去世前写的最后一部书叫《待到冰山融化时》。他在这篇小说里说,世界是一个整体,大家都生活在一条船上,假如有海难发生,每一个乘员都不能幸免。他就这样在他去世之前,告诫世人。

我从吉尔吉斯草原经过的时候,那是二〇一八年的秋天,他们国家的文化部部长,先期给我发过一个邀请函,就说他们在十月六日,要举行一次世界笔会,主要的议题就是关于艾特玛托夫的创作研讨交流,纪念艾特玛托夫去世十周年、诞辰九十周年。后来因为已经答应了这一次的丝绸之路万里行活动,我就把这次笔会活动推掉了,只是给他们发了一封贺信。未能亲身到会,也是一件很遗憾的事情。后来我推算了一下时间,开会的时候,我已经走到阿姆斯特丹了。

天山牧场

草原牧民用大刈镰割草归来

吉尔吉斯斯坦第二大城市奥什的苏莱曼圣山

苏莱曼圣山

阿斯塔纳，你早！

努尔苏丹，原名阿克莫林斯克、切利诺格勒、阿克莫拉、阿斯塔纳，1997年取代阿拉木图成为中亚国家哈萨克斯坦的新首都，面积952平方公里，人口150万（截至2018年）。努尔苏丹被称为欧亚大陆的心脏，是世界上最年轻的首都之一，也是中亚最现代化、最发达且人民生活幸福指数最高的城市。努尔苏丹在伊希姆河的旁边，位于广阔的哈萨克斯坦中北部半沙漠草原，距原首都阿拉木图约1300多公里。努尔苏丹四季气候宜人，生态环境良好，是哈萨克斯坦工农业的主要生产基地、全国铁路交通枢纽。

哈萨克斯坦和平与和解宫

在天山山系的外伊犁阿拉套山北麓，伊犁河支流大、小阿尔马廷卡河畔，有哈萨克斯坦最大城市——阿拉木图。它位于哈萨克斯坦东南部边境，靠近中国和吉尔吉斯斯坦边境。

阿拉木图是个历史性城市，在一九二九年到一九九一年间为哈萨克苏维埃社会主义共和国的首府，一九九一年《阿拉木图宣言》在此发表，宣告苏联停止存在。苏联解体后，阿拉木图成为哈萨克斯坦首都。因为太靠近国境线，距中国霍尔果斯口岸三百七十八公里，与吉尔吉斯斯坦仅一山之隔，一九九七年十二月十日，哈萨克斯坦迁都于中北部阿斯塔纳，但阿拉木图仍是哈萨克斯坦的金融、教育等中心。

阿斯塔纳是"白色坟墓"的意思，这个地名里边有一个悲怆的故事。这地方原来是空旷原野，一九三七年，斯大林将一批持不同政见者枪杀以后，蒙骗他们的遗孀说，丈夫想见一见她们，遗孀们信以为真，于是匆匆忙忙地坐上汽车，就这样被蒙上眼睛，一直拉到这遥远的中亚细亚荒凉地面。那时是冬天，大地上覆盖着皑皑白雪，像铺了一层裹尸布一样。所以流放的人们信口把它叫作"白色坟墓"。

这座监狱名叫"阿伊杰尔监狱"，据说类似这样的监狱在苏联境内约有一千四百座。这个监狱第一批被关押的人有一千六百多。后来不断地有进进出出，到底关押了多少人，无法统计，只知道一九五三年斯大林去世时，这座监狱撤销，活着走出的囚犯是八千多名。

阿伊杰尔监狱所在地现在建成了一个纪念馆，它的标志物是一个环状的纪念物，两侧左边是一个受难的男人形象，右边是一个受难的女人形象。雕塑下面刻着"希望"与"自由"这几个字。

大约每一个来阿斯塔纳做客的人，主人都会安排他们来这里参观。望着旷野这个沉重的历史遗产，你会感到一种深深的压抑，会感到刻在哈萨克民众心头的那种苦难的感觉，疼痛的感觉，很难随着时间的流逝而得到宽释。走进纪念馆大厅的正中间，是一个黑色的花朵的雕塑。这束黑色的花朵正挣扎着从坚硬的岩石和板结的土地上摇曳而出。天空是飞翔的鸽子，正在鸣啾着呼唤自由。

展厅上的照片和衣物记载了当年的情景。有一个楼房的照片，讲解员说，枪毙犯人通常在地下室进行，这时地下室上面的舞台要开音乐会时。用音乐会乐器的打击声来掩盖地板底下的枪声。每当这座楼房开音乐会，城里的人们就知道又有人要被枪毙了。我们参观时，翻译在翻译这一段的时候泣不成声。

解说员说，苏联时期共有上百万的哈萨克男人，因为政治的原因被秘密枪杀。二战时期，走上前线的上百万哈萨克士兵，成为烈士，没有再回到故乡。哈萨克斯坦现在全国的人口是一千七百万。

阿斯塔纳是一座建在旷野上的城市，所有的建筑物几乎都是新的，道路开阔。云彩在城市的上空漂浮，安详、静谧。这些建筑物可以说是五花八样，有欧罗巴风格的建筑，有亚细亚风格的建筑，有东正教的教堂，有中亚地面最大的清真寺，有一座穹庐式的建筑，人们说那是塞族纪念馆。纪念大概两千年前的时候在这片土地上生存过的塞族人。还有一座巍峨楼房的顶端，有个北京天安门式的建筑，人们说那是设在阿斯塔纳的北京饭店。街上的行人行色匆匆，当我从一个叫大汗营帐的购物中心出来时，草原上突然下起瓢泼大雨，在天桥下面一个哈萨克男人正在那里拉着手风琴。"你为我拉一曲《喀秋莎》吧。"我说。于是这位民间艺术家吱吱呀呀地拉起来。匆匆过往的美

作者在阿斯塔纳的阿伊杰尔监狱纪念馆前

哈萨克斯坦独立纪念碑

阿拉木图往阿斯塔纳路上所见东正教堂

哈兹拉特苏丹大清真寺

丽少女不时地弯下腰来,为他的琴盒里扔两枚硬币。

有一条河流名叫伊什姆河,从阿斯塔纳的城中心穿城而过。地理书告诉我们,伊什姆河是额尔齐斯河的一条重要支流(左岸支流),全程一千四百多公里,后来注入额尔齐斯河。因为曾经做过中国边防军士兵的我,曾经有五年的时间,抱着一支半自动步枪在中国境内的额尔齐斯河流入苏联的河口驻守过,因此对这条河有着很深的感情。额尔齐斯河从我驻守的那个地方向西流淌二百多公里以后,注入一个西域大泽,这个大泽叫斋桑泊,又叫斋桑淖尔。而后又继续流淌,进入俄罗斯西伯利亚地面以后,与鄂毕河汇合。以鄂毕河为名,继续向北流淌,一直注入遥远的北冰洋。由于这个缘故,所以我来到这个名叫伊什姆河的河边,望着它一江春水,匆匆北向。心中生出许多的感慨。它从理论上讲也属于额尔齐斯河流域。

二〇一八年,我曾率中国作家学者代表团,应邀到哈萨克斯坦访问。同行中还有两位西北大学的中亚史研究专家、两位年轻一点的作家朋友。四月二十三日世界读书日,我们参观了建在阿斯塔纳的哈萨克斯坦国家图书馆,我在图书馆的留言簿说:这个高贵、善良、勤劳、勇敢的中亚古游牧民族,走了数千年的时间流程,走到今天。致敬哈萨克光荣的兄弟,敬畏图书馆里每件珍藏——中国作家高建群。

而在随后纪念世界读书日及哈萨克斯坦国家图书馆建馆十四周年活动上,我讲话说,今天,全世界每个图书馆,都在举行类似的活动。提倡全民阅读,敬畏书籍典藏。我来自中国,我是一位写作者,中国最优秀的小说家之一。此一刻在我们的国家,大大小小的图书馆都被阅读者挤满。除了阅读之外,人们还亮起嗓子来朗读。在中国的一些图书馆里,大约会朗诵我的书,例如在我们陕西省图书馆里,他们正在朗读我的《最后一个匈奴》,而在另外一个民间性质的沙龙里,一群年轻的朋友,正在朗读我的《统万城》。他们给我发来了短信,我

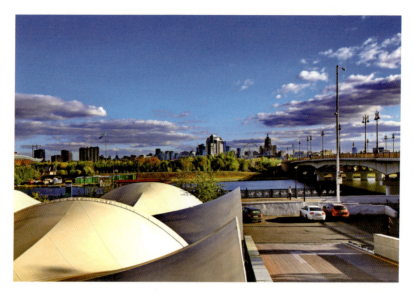

伊什姆河从阿斯塔纳穿过

伊什姆河畔眺望阿斯塔纳

回短信说，我正在遥远的中亚城市阿斯塔纳，哈萨克斯坦的首都。作为对我此行的纪念，作为对这个善良而高贵的中亚游牧民族的祝福，请一个叫"豆豆静华"的朋友朗诵我早年的一部作品《遥远的白房子》。

哈萨克朋友向我们屡屡推荐他们的民族诗人，现当代文学的奠基者——阿拜（伊布拉希姆·库南巴耶夫）。他们还将中文版的阿拜诗选送我们人手一本。哈文对中国作品的翻译，也在进行。比如这一次我们中一位女作家的书就在这次阿斯塔纳欧亚国际图书展中展示。该国一位欧亚大学的教授翻译了厚厚的鲁迅的文集、茅盾的文集，还在报纸上翻译出艾青、余光中的诗歌等等。作为中哈文化交流的一部分，同行的两位西北大学教授告诉大会，他们正计划出一套六卷本"哈萨克斯坦研究"丛书。

我在中哈作家论坛上演讲时，开头正是用了艾青的诗起头。我说，我从东方来，从山的那边来，踩着早晨的第一滴露珠来，循着天空中神鸟飞行的轨迹，来到我们的兄弟邻邦哈萨克斯坦。向哈萨克斯坦同行致敬，向正雄心勃勃迈向世界经济三十强的这个中亚重要国家致敬。我还说，一位哈萨克作家朋友对我说，高老师，你像写《最后一个匈奴》一样为我们哈萨克民族写一部史诗吧。我回答说，这得你们本民族的作家来写，一个过路客、观光客是很难走进一个民族的心灵的。当一位哈萨克牧人头戴三耳塔帽，身穿宽大的黑灯芯绒外套，腰间扎着宽皮带，下身穿着动物血染成的皮裤，脚蹬马靴，骑在一匹黑走马上，在旷野上，在雪地里长时间的一动不动地矗立在那里，守护着他的羊群。你永远不知道他在想什么，一个观光客很难走进他的内心。

我还说，一个民族要让自己的心灵变得广阔起来，强大起来，深邃起来，需要有两百个哲学家、两百个艺术家、两百个科学家来支撑。在座的朋友们，希望你成为那样的人，希望哈萨克斯坦在中亚细亚这块土地上光荣地站立。

哈萨克斯坦诗人阿拜像

在主人的安排下，我们还开着越野车一直向北，在哈萨克斯坦著名的旅游胜地布拉拜国家自然公园去参观。道路像箭一样一直向北，已经接近五月了，草原上还留着点点的残雪。中亚细亚栗色的土地啊！走了约两百多公里之后，进入茂密的森林地带，白桦林、塔松林铺天盖地，无边无沿。后来是冰封的湖泊和低矮的群山。主人介绍说，这里是哈萨克民族一位大汗的龙兴之地。在一个广场上，树立着一个高高的纪念石柱，石柱的四周布满了草原石人。整个中亚细亚的草原上，有许多的这种石人，当然这一组石人是旅游点上的象征物。陪同的导游带我来到一个石人旁，告诉我这个石人是匈奴人的。北匈奴在从亚洲到欧洲迁徙的途中，曾经在黑海到里海的这个区域流连过将近两个世纪。导游的这句话引起我很多的感慨。

这些年，随着我在西域地面的游历。我把自己当作一个世界主义者。当我从额尔齐斯河流域一路走过时，我向路经的每一座坟墓致敬，我把它们当作我们人类共同的祖先，我把自己当作他们打发到二十一世纪阳光下的一个代表。

这些中亚国家对苏联的感情，十分复杂，可以说是三分仇视，又三分警惕，但是又有三分不舍。记得在我的演讲开始时，陪同的哈萨克作家一再提醒我，演讲时不要提那个北方邻居，不要提斯大林。

哈萨克汗国阿布赉汗龙兴之地 —— 布拉拜

作者在布拉拜与草原石人合影

乌兹别克斯坦

乌兹别克斯坦共和国简称"乌兹别克斯坦",是位于中亚的内陆国家。公元 9-11 世纪,乌兹别克民族形成。13 世纪被蒙古人征服。14 世纪中叶,建立以撒马尔罕为首都的庞大帝国。16-18 世纪,建立布哈拉汗国、希瓦汗国和浩罕汗国。19 世纪 60 年代,遭俄罗斯帝国吞并。1924 年建立乌兹别克苏维埃社会主义共和国并加入苏联,成为苏联加盟共和国之一。1991 年 8 月 31 日宣布独立。

乌兹别克斯坦是世界第 6 大棉花生产国和第 2 大棉花出口国,世界第 7 大黄金生产国,同时也是区域内重要的天然气、煤、铜、石油、银和铀生产国。

乌兹别克斯坦帖木儿博物馆

言归正传，此次"欧亚大穿越 丝路万里行"活动，我们从奥什向西进入乌兹别克斯坦，横穿费尔干纳盆地的安集延、纳曼干，到达中亚最大的城市塔什干，也是乌兹别克斯坦首都。塔什干是乌兹别克语石头城的意思，因为它地处吉尔吉斯山西南向发育的支脉——恰特卡尔山脉的西面山麓冲积扇上，有巨大的卵石。塔什干同样是一个很古老的城市。

石国这个国名沿用了很多年，一直到唐朝昭武九姓的时代，石国都存在。张骞从石国带了当地一种非常美味的水果的种子回来，把它种在临潼山的北坡，后来这种水果非常受国人喜爱，并在中国广泛种植，这就是我们人人熟知的石榴，之所以叫它石榴，就是因为它是石国出产之物。

唐朝天宝年间，高仙芝以石国"无番臣礼"为由，征讨石国。石国请求投降，高仙芝允诺。不久高仙芝违背承诺，掳走石国国王及其部众，格杀老人与小孩，搜取财物。后来高仙芝入朝述职，将被俘的国王献于玄宗面前，高仙芝被授予右羽林大将军，并将石国国王斩首。侥幸逃脱的石国王子向黑衣大食（阿拉伯阿拔斯王朝）求救。

高仙芝先发制人，主动进攻大食。高仙芝从安西出发，在翻过帕米尔高原（葱岭），越过沙漠，经过了三个月的长途跋涉，高仙芝率领大唐联军深入阿拉伯人控制区域七百余里，最后在怛罗斯与大食军队遭遇。相持五天后，大唐联军里的葛逻禄部众突然反叛，与阿拉伯

塔什干清真寺

作者在塔什干阿姆河支流河畔

军夹击唐军,导致高仙芝失败,两万多人的军队,最后只剩下数千人返回。

怛罗斯是当时石国的重镇,位于吉尔吉斯山脉北麓的塔拉斯河畔,现在的名字叫塔拉兹,是哈萨克斯坦南部紧靠吉尔吉斯斯坦的江布尔州的首府。

乌兹别克斯坦首都塔什干在苏联时期,曾经叫过另外一个名字,叫伏龙芝格勒。伏龙芝是苏联杰出的红军统帅、军事理论家,就出生于吉尔吉斯斯坦比什佩克城,也就是今天的比什凯克。苏联为了纪念这个杰出的人物,为了褒扬伏龙芝的功绩,不但以他的名字命名了这个城市,还以他的名字命名了军事学院。

伏龙芝军事学院一度在塔什干办学,它与英国桑赫斯特皇家军事学院、美国西点军校以及法国圣西尔军校并称世界"四大军校",是俄罗斯乃至世界的军事家摇篮。伏龙芝军事学院不但培养了像崔可夫、格列奇科、朱可夫、沃罗诺夫这些威名赫赫的元帅、军事家,还是刘伯承元帅的母校。

几乎与所有中亚城市一样,塔什干也是铺展在草原上,建筑物也都不高,它最高的建筑物应该就是乌兹别克斯坦的议会大厦,大概有个二十多层。十分宽敞的道路就通向这样一座宽延铺展的城,又有一条河穿城而过,询问得知,这条河就是著名的药杀水的支流,我在河桥上还做过一段视频演讲。河水十分清澈,将城市分作两岸,再以桥连接。城市里有十分气派讲究的清真寺,好像也有天主教堂,各种宗教在其中并列着。各不相扰,共存共荣。

张骞前往撒马尔罕寻找月氏人,他告诉我们他穿越了两条河流,一条叫药杀水,一条叫乌浒水。乌浒水我们现在叫它阿姆河。而两条河流之间的这一块宽广草原,就是中国史书上称之为"河中地"的地方,就是河的中间的地方。这两条河流最终汇入咸海。现在咸海已经干涸了，我们的行程没有能够到达咸海，为了赶路，我们的车队没有偏离高速公路。

西北大学岳钰教授，在我们之后的二〇一九年的冬天，只身在中亚游走了一圈，他来到咸海，看见咸海一滴水也没有了，轮船搁浅在干涸的沙地里，像一个荒野文物一样废弃在那里。咸海为什么干涸呢，那是在苏联时期实行一个政策，想把这一片广袤的草原变成它的第二粮仓，在这里大范围垦殖，又修筑了大量的灌溉工程，引来阿姆河、锡尔河的水浇灌农田，种植的主要作物是棉花。

另外，塔什干的甜瓜名闻世界。在它面前，我们塔里木盆地的哈密瓜只能屈居其次。

我们路过的时候，汽车走几个小时，整个都是一望无际的棉花地。棉花都长得不高，我们经过的时候已经是九月中旬了，按照气候，这个时候棉花都应该成熟了，应该爆出白色的棉絮了，可这里却不是，棉花不但植株还很低矮，只有人的膝盖那么高，还才生着棉桃，好像灌溉也不是那么及时，干涸的条田上长着低矮奄拉的棉树。就是因为阿姆河、锡尔河的大量取水灌溉，使得最终流入咸海的水量越来越少，失去补充水源的咸海再由于渗漏和太阳暴晒，也就几乎成了干涸的"死海"。又一次我坐飞机飞往哈萨克斯坦时，在飞机上看见咸海所在区域十分地荒凉，风一吹过，飞沙走石，有点像我们的罗布泊的地貌。

◆ 撒马尔罕

撒马尔罕位于泽拉夫尚河流域的山间盆地,东北部有突厥斯坦山的支脉,南部有泽拉夫尚山的支脉,西南方是卡尔纳布楚里草原,北部邻近克孜尔库姆沙漠边缘。撒马尔罕意为"肥沃的土地"。

撒马尔罕是中亚最古老的城市之一,地处古丝绸之路的要冲,丝绸之路上重要的枢纽城市,有2500年的历史,为古代帖木儿帝国的首都。撒马尔罕连接着中国、波斯帝国和印度这三大帝国,善于经商的粟特人把撒马尔罕建造成一座美轮美奂的都城。

撒马尔罕市是乌兹别克斯坦第二大城市,1924年至1930年间,该市曾为乌兹别克苏维埃社会主义共和国首都,产棉花、丝绸、皮革、干果、葡萄酒并出口。当地手织地毯和制作陶器也久负盛名。

列吉斯坦广场

我们的行走始终沿着高速公路，从奥什到塔什干，从塔什干到撒马尔罕。

在撒马尔罕，我只停驻了一个晚上。昏暗的夜晚，干热得叫人喘不过气来的空气，散布在广袤原野上简陋的低暗的建筑，老城和新城四围那遍布的古老坟墓。

那空气十分地干燥，仿佛一根火柴就能点燃。当夜幕降临后，大地一呼一吸，慢慢地吐纳，于是这雾气就慢慢地消退了。接着是满天星斗，像一口大锅一样扣在我们头顶。接着，一轮又圆又大的月亮，从费尔干纳盆地的东头升起来了。十分的巨大，十分的魔幻，仿佛童话一样。那月亮甚至占据了东边的半个草原和半个天空，仿佛一幢矗立在那里的楼房一样。而人呢，像站在楼房底下一样。六岁之前的李白，他大约看惯了这样的月亮，就像此处那些敞着肚皮，光着脚丫，暮色中四处乱窜的男孩一样，所以他在后来的诗中说："少时不识月，呼作白玉盘。"

新城区和老城区，隔一条马路。我们的长途跋涉的十四辆汽车，加上那辆奇形怪状的卫星转播车，就停靠在路边。然后人从车上走下来，依次迈入老城。

当地的居民，一簇一簇地围在街口，看热闹。老人们头上围着布巾，坐在街口的某一个台阶上，抽着烟，面无表情地看着我们。妇女们则叽叽喳喳地，说出她们对这些不速之客身份的判断。孩子们一群一群地，像玩捉迷藏一样，绕着街口的建筑物四蹿。有几个半大孩子，将自己停在自行车上，一只脚点地，从四面包围着在路边一个台阶上歇息喘气的我，叫我生出许多的怯意。

这里的人，肤色深沉，褐色，面部的表情，因为成年累月地与风沙对抗，又承受无边无拦的中亚细亚阳光的炙烤，因此显得呆滞，褐色的面孔上那白眼仁特别地夸张。他就用那白眼仁死死地盯着你。然后突然间暮色中一声口哨，他们蹬着车离开了。我于是松了一口气，起身拖着沉重的步子，向马路对面的老城区走去。

所谓老城，它的主要的建筑，是几座大的清真寺，这大约是安拉之剑挥手向东，沿着费尔干纳盆地西沿，兴都库什山北沿，抵达撒马尔罕后，星月远征军留给这里的遗存。说遗存大约是不准确的，因为清真寺目前还在使用，且香火十分地隆盛。

我判断不清方向，那太阳落下地平线的方向，应当是西南方。太阳在这座巨大的清真寺的后方，停驻了片刻，便猛然一跳落了下去，于是西边的天边，红霞满天，给人一种奇异的感觉。记得我当时用手机拍了一张照片，注明撒马尔罕老城字样，发了出来。一位大学教授看了后，回言说，他臆想中的撒马尔罕，就该是这样子的，似梦似幻，无限庄严，因承载过那过重的历史而沧桑、疲惫。

我坐在另一座教堂的台阶上，摊开了一条蓝色哈达，这哈达是路过塔里木盆地的库尔勒时，当地人送我的。风十分地大，草原、戈壁地面，大约太阳落山，都会例行公事地刮上一阵这样的风。那风叫我想起一首流行歌的歌词：那里有风有古老的草原！我奋力地将蓝哈达铺开，用脚踩住，将这次"欧亚大穿越 丝路万里行"所携带的一本书，一个放大镜，一双老布鞋，一只茶碗（建盏），一饼最好的普洱茶，摊在蓝哈达上。

然后点燃三支香烟，将袅袅青烟腾起的三支香烟，整齐地放在哈

乌兹别克斯坦撒马尔罕沙赫静达大墓

沙赫静达大墓建于14世纪和15世纪,由13座陵墓和一座清真寺组成。"沙赫静达"意为"永生之王",是撒马尔罕的执政者及其家属的坟墓。建筑的基调为青色,以彩色陶瓷贴面作为装饰。其中最主要的一座是伊斯兰教创建人穆罕默德的堂弟库萨姆之墓。帖木儿大帝的妻子图玛—阿卡和侄女图尔坎—阿卡也葬在这里。

达之后，我身之前。

我双膝跪地，将那本名曰《我的菩提树》的著作，双手举过头顶，我依次向我们光荣的祖先，最初踏勘出西域道的张骞致敬，向自这里翻越大雪山，前往五印取经的玄奘致敬。

我说，为了准备这一次行程，我曾前往陕西汉中的城固县，向博望侯张骞告知我的此行，我还从张骞墓墓园封土上，抓了一把土，带在身边，而现在，允许我把这一把土扬向空中。晚风，你吹吧，让这抔土四散撒马尔罕旷野，我说，张骞会有所知觉的！

我还说，为了准备这一次行程，我还专程前往河南洛阳，偃师陈河村。我来到高僧玄奘的家中，我为他献上"万世玄奘"的牌匾，我还在院中那口井，用辘轳绞上来井水，用井水浇院子中那些已经枯萎了的花。当村上人告诉我，这家已经是绝户了的时侯，我痛苦地吼道，他是万世玄奘，我们都是他光荣的子孙。

我就这样做了。我就这样长久地跪倒在这中亚细亚灼热的土地上，跪倒在撒马尔罕老城。直到晚霞渐渐地隐入那过去被称作葱岭，现在被称作帕米尔高原的远处。

我长久地注视着那晚霞消失的方向。僧人玄奘就是在撒马尔罕停驻半年，从那里，顺阿姆河河谷，这帕米尔高原通往五印大地的最大的一个垭口，进入今天的塔吉克斯坦首都杜尚别，今天的阿富汗首都喀布尔，在拜谒了巴米扬大佛以后，进入印度河流域，继而进入恒河流域的。

我们记得，在高僧玄奘之前，还有一些人穿过这个山口，为世界创造过历史纪录。

张骞西行，正是为了寻找位于撒马尔罕的大月氏。他受汉武帝的委派，前往中亚，寻找匈奴人的宿敌大月氏，商谈联合行动，东西突击匈奴的事宜。

作者在撒马尔罕

历史教科书告诉我们,大月氏并没有接受汉武帝的建议,他们不想再打仗了。

关于大月氏人的故事,我大约得专门劈出一章来讲述,讲述在那遥远的中亚古族大漂移时代,这个中亚古族那漂泊的命运。西北大学有个王建新教授,在中亚地面,挥动洛阳铲,率领他的团队,挖掘遗址和古墓葬,为这个民族的迁徙史,寻找考古学意义上的实证。

此一刻,当我正在这撒马尔罕老城,以中国人几千年不变的那种古老而固执的礼仪,以充满仪式感的礼仪,祭拜这道路,祭拜这道路的开辟者和历史上的行走者时,王教授正带领他的团队,在阿姆河源头,在兴都库什山南界,在帕米尔高原那深深的山窝里,一个名叫喀布尔的名城,继续着他的寻找大月氏人的考古挖掘。

记得这上一年,在西安举行的"丝路长安"大学生艺术节上,王教授在我的前面演讲。乱糟糟的一头油腻长发,再好的西装穿在身上也显得邋遢,眼神在手臂指向远方时有一种梦游般的闪光,这是这位可敬的专家留给我的印象。

他演讲说,他们的团队中亚田野考古,二〇一九年就已经进入第十个年头了。他们从丝绸之路东天山段开始,那里是大月氏人的发生地,尔后到位于阿拉木图与比什凯克两城中间的那个巴尔喀什湖,然后再追寻到撒马尔罕。如今,撒马尔罕的考古挖掘已经告一段落了,再一年,将翻越帕米尔高原,进入阿富汗首都喀布尔,继续他们的追寻。

记得,我是接着王教授演讲的。我说,让我补充一段吧!大月氏王并没有接受张骞的建议,这一支人类族群继续地留在撒马尔罕。但是不久以后,由于一个不知名的中亚古族的侵袭,于是他们离开这里,继续举国举族的大迁徙。他们顺着阿姆河谷,走到杜尚别,又走到喀布尔,然后,在阿富汗苍凉高原上,建立了一个曾经辉煌一时的帝国,这个帝国名叫贵霜王朝。

在丝绸之路最为兴盛的某一个时期，道路上有四大帝国存在，一个是位于世界东方的中华帝国，一个是位于世界西方的罗马帝国，另外两个，就是位于丝绸之路中亚段建于喀布尔的贵霜王朝，和建于伊朗苍凉高原的安息王朝。

贵霜王朝为向西迁徙而路经这里的一支匈奴人所灭。这支匈奴，人们叫他嚈哒，或叫白匈奴。人类学家则叫他们印欧人种。

此刻，我在撒马尔罕老城，而可敬的王教授，他和他的团队正在那帕米尔高原深处的喀布尔挥动洛阳铲挖掘，挥汗如雨。

撒马尔罕有太多的故事，公元前三百多年的世界伟大征服者亚历山大大帝，大约也正是站在我今天的这个地方，对他的帝国军队说，世界的尽头在哪里？山的那面是什么风景？且让我们去看一看。说完马鞭一挥，顺着阿姆河谷，向帕米尔高原走去。

他大约也只走到今天的喀布尔城，或者说，还没有到喀布尔城，而在距喀布尔还有一百三十多公里地面。一场大战之后，留下一座名叫亚历山大里亚的城市，然后班师回朝。为了实现他的"世界的尽头在哪里？且让我们去看看"这个梦想。他将他的军队分成了两支，一支顺陆路返回，而另一支，一直穿越五印大地，顺印度河走到阿拉伯湾，然后乘船而返，回到马其顿。

那时，那撒马尔罕老城的建筑，肯定不是我现在看到的这样子的，亚历山大眼中的建筑，张骞眼中的建筑，玄奘眼中的建筑，当是另外的样子。东土大唐高僧玄奘，在一个我这样的黄昏中，叩开一座寺院的大门，挂单，尔后在这寺院里完成了他三个月之久的"夏坐"。

而这个世界的十字路口撒马尔罕，亦是佛教传入东方，传入中国的最重要的一条通道。根据《玄奘西行》专题片的导演，我的好朋友金铁木的考证，佛教的东传，正是在这里开始有了画像。而在此之前，只是将佛脚印作为崇拜物。另者，金导演还考据出，汉传佛教的著名掌故,汉明帝夜梦金人的故事,那两个自西方而来的身披黄金袈裟,深目高鼻的得道高僧,他们竟是来自这撒马尔罕。金导在拍摄中,找到了这两个高人的姓氏延续的族人(摄摩腾、竺法兰)。

根据官方的说法,正是由于这两个高僧的到来,开始了汉传佛教史。汉明帝刘庄将两位高僧,安置在一个名叫鸿胪寺的官衙里。高僧将他们乘骑的白马拴在寺门口的大树上。洛阳城的老百姓,嫌鸿胪寺这两个字眼夯口,于是俗称白马寺,于是从此,中土地面的凡有和尚居住的地方,都称"寺"了。

关于撒马尔罕,还有许多的故事。这里是成吉思汗西征花剌子模,支起大帐篷,设立指挥中心的地方。这里还是另一位草原王,被称为跛子帖木儿大帝的出生地,以及他建立帖木儿帝国时的都城。

关于帖木儿的故事,大约得专门劈开一章来介绍。中亚地面的城市里,布满了他的青铜塑像。这些中亚国家,将他们的建国史,追溯到六百多年前的帖木儿帝国时代。

我在乌兹别克斯坦首都塔什干,在国家议会大厦后面那个帖木儿塑像前做视频直播时说,你要了解中亚,你想了解中亚的历史和现状,你必须去了解一个人,这个人就是帖木儿。

帖木儿的陵墓,据说就在我席地而跪的这座清真寺的后边。风停了,暮色四合,开始有星斗出现。我揉搓了一阵自己的跪久了的膝盖,然后,以手拄地,猫腰站起来,开始收拾蓝哈达上面那些物什。

我曾经产生过一个奇异的想法,想将手头的这部我耗时四年写成的《我的菩提树》一页一页地撕下来,用打火机点燃,算是我烧给张骞、烧给玄奘、烧给那些历史人物的纸钱。但是,警察或者保安之类的人,自我跪到这里后,就一直在街角站着,从而打消我这个念头。

中途他曾经过来过几次,询问我。语言不通,我指了指自己胸前那个国家标志,他就算明白了过来。而当我将蓝哈达铺开,他笑了,他把我当成一个香客,一个朝圣者,一个游方僧,一路走来,叩着长头,宛如古人,向帕米尔的另一边走去。

起来之后,我一边打手势,一边说着帖木儿陵墓这几个字。他是明白了,向我的身后指了指。

夜色中,隐约能看见教堂背后,帖木儿那骑在马上的青铜塑像。塑像背后,就该是他的陵墓了。在塔什干,也有一座他的陵墓,传说那是衣冠冢,而葬埋过他真身的陵墓,就在撒马尔罕。

传说,斯大林曾经下令,挖掘帖木儿大帝陵墓,以确真伪。而当陵墓掘开的那一刻,二战爆发,德国闪电战袭击波罗的海岸边的那个布列斯特炮台,袭击斯摩棱斯克,于是斯大林紧急下令,将这座墓葬重新掩埋。

据开掘墓葬的专家说,覆土除去后,是一口黄金打造的棺材,那棺材上写着两行字:"假如上苍再给我二十年生命,我将让全世界在我的面前颤抖 —— 帖木儿。"所有的人在看到这几行字以后,都倒吸了一口凉气。越过六百年的岁月,人们至今能感受到这中亚枭雄的雄霸之气。

我没能到帖木儿的陵园去拜谒。天已经十分地晚了,灯光暗下去,老城恢复了死寂,而新市区那边灯光也出奇地少而黯淡。我是有一些怯意。而这时,人们在叫我,这是一个团队,我得和大家一块行走。

第二天早晨,我们的车队在市区低矮的民房间和简陋的街道上转悠了一阵,然后在路边的一个二层楼上吃了一碗拌面,尔后又在高速路口,那堆积如山的甜瓜地摊上买了些甜瓜,这样就上路了。这拌面叫人想起新疆的拉条子,甜瓜则叫人想起新疆的哈密瓜。两块盆地的吃食几乎一模一样,而这边则更粗放和原始一些。

当车走在高速路上的时候,人们说,往左看,那条河就是阿姆河,张骞和玄奘叫它乌浒水,那河上有座桥,桥那边就是塔吉克斯坦境了。

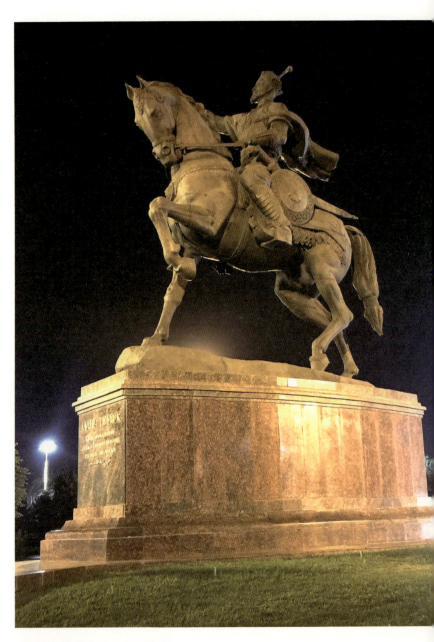

乌兹别克斯坦塔什干的帖木儿塑像

我把目光送过桥,送过那有着故事的帕米尔远方,而我的身子,则随着车向西南更西走去。去拜谒那雅利安民族的发生地,中亚最古的一座城市,老梅尔古城,拜谒那出汗血宝马的大宛贰师城(它如今是土库曼斯坦首都,名叫阿什哈巴德),去穿越里海,去顺着成吉思汗三千里草原黄金道,直扑莫斯科。那里有我的一次讲演,日子已经确定和公布。我得如期赴约。

再见了,撒马尔罕,这座被称为世界的十字路口的地方,这四大古老文明的交汇处,这世界三大宗教的交汇处。

在告别它的那一刻,我想起这座城市的另一件历史的光荣。撒马尔罕在有一段时期,曾经是一个名叫康居国的都城。大唐王朝曾在撒马尔罕设康居都督府,属二级都督府,归建于吐鲁番地面安西都护府管辖。而阿姆河和锡尔河流经的这片草原,被那时的中国人称为"河中地"。那是一段历史。

日暮下的撒马尔罕车站

◆ 大月氏人的五次迁徙

  月氏本是世居中国河西、祁连山一带的游牧民族,公元前二世纪为匈奴所败,西迁伊犁河、楚河一带,后又败于乌孙,遂西击大夏,占领妫水(阿姆河)两岸,建立大月氏王国。月氏西迁伊犁河、楚河时,逐走了原居该地的塞人(Saka),迫使塞人分散,一部分南迁罽宾,一部分西侵巴克特里亚(Bactria)的希腊人王国,建立大夏国。后来月氏复占大夏,月氏王亲辖巴克特里亚平原的沃野,而将东部贫瘠的山区分封五部翕侯治理。

新疆巴里坤月氏史前人类遗址

在这个偌大的中亚高原上,高山与草原之间,戈壁与河流之间,满布着那些匆匆而过的游牧民族留下的坟墓群。汤因比曾经无限向往地说,那是一块多么令人着迷的地方,那是世界的人种博物馆。世界三大古游牧民族,有两个都消失在那里了!而我们作为即便是普通游客、背包客,夕阳西下时刻,草原呈现出青苍色,在夜幕的低垂下,面对眼前这石头阵一样的坟墓,面对石头阵前横放的鹿石和竖立的草原石人,一定也会有这类似的感慨,并且想去探询这坟墓的秘密——它是谁的?是哪个人物的?是哪个民族的?这个匆匆而过的民族从哪里来?在此驻留以后走向了哪里?

月氏人是中亚古族,一个在匈奴崛起之前,曾经活跃在中亚的古游牧民族。后来的匈奴大单于冒顿,少年时就是被送到月氏去做质子的,可见月氏当初的强盛。月氏是哪个种族呢,是白种人还是黄种人,抑或是介乎白种人与黄种人之间的所谓印欧人种呢?专家们迄今为止都不能给他以确凿的指认。

因为没有任何资料能够证实月氏人是什么种族,所以关于其种族归属其实也完全都是推测。有的推测说他们跟羌族类似,有的推测则说他们和藏族类似,有的推测则说他们和突厥人以及蒙古人类似,甚至还有一些观点认为他们是日耳曼哥特人,或从古巴比伦迁来的西亚人种,等等。

就连他们的族名、国名"月氏"这两个字,它的发音是怎样的,现在也仍然没有定论。我们知道匈奴大单于冒顿，"冒顿"这两个字的古发音是"谋楱"，而迎娶了后宫美人王昭君的南匈奴王呼韩邪，"邪"在这个地方的发音是"叶"，那么月氏的古音是如何发的呢？过去以来流行的观点，"月"在这里读"肉"，"氏"在这里读"支"，这样它的发音就叫"肉支"了。

但是西北大学教授王建新先生认为，"月"还是应该读"月亮"的"月"，"氏"还是应该读"姓氏"的"氏"。记得二〇一七年在西安"丝路长安"大学生艺术节上，王教授那样读，我则这样读，双方还争执了一阵，那么是谁对呢？我们无从知道。举例说吧，目下这个世界上唯一能读懂那泯灭了的西夏帝国文字的李范文教授，会认、会写，能知道意思，但是就是发不出音。他对笔者说，那个年代又没有录音机，鬼知道这些文字古人怎么读它？

月氏的祖居地在敦煌、哈密、吐鲁番一带，也就是我们今天所说的古丝绸之路东天山段，或换言之说是东天山与阿尔金山、祁连山交汇的这一块盆地。不过最新的考古成果里，又把月氏人的祖居地向东边的嘉峪关以及河西走廊地面推进了许多。

匈奴强大起来以后，月氏和匈奴之间曾有过惨烈的战争，战争的结果是月氏大败。匈奴老上单于（冒顿之子）将月氏王的头颅割下来，充当他的酒器。这是王的骷髅头呀！老上单于用和田的白玉给这酒器镶上白牙齿，用巴比伦产的绿翡翠为这酒器装上两个绿眼睛，用金山（阿尔泰山）产的黄金为他打上头箍。

这样这件酒器就做成了。老上单于给这酒器里灌满了酒，平日就挂在他的马脖子上。一遇战事，单于先勒住马，从马脖子上，摘下酒器。先喝个半醉，尔后，将酒器重新挂回马脖子上去，腾出手将背上的独耳狼旗取下来，往前一招展，随着一声吆喝，他的马队就飓风般地冲向敌阵了。

新疆巴里坤草原

在那个中亚古族大漂移年代，除了打败强劲的对手月氏之外，匈奴人还打败过另一个强劲的对手东胡。匈奴冒顿大单于将东胡人赶回他们的老家大兴安岭地面。逃逸的东胡人后来分别躲在两架山上。等到战争结束，东胡这个民族没有了，逃到鲜卑山的东胡人从此叫鲜卑，逃到乌桓山的东胡人从此叫乌桓。我们知道，鲜卑族后世作为一个重要的草原民族，曾经在魏晋南北朝五胡十六国年代活跃了数百年，曾经入主中原，建都洛阳。而乌桓则为汉末时曹操所灭。《三国演义》中记载了曹操北征乌桓的故事。

为匈奴所败，月氏也就此分为两部，留居祖地的少数妇孺老弱，称"小月氏"，被迫西迁的多数部众，称"大月氏"。他们或是翻越天山巩留－特克斯冰达坂，或是从西天山与阿拉套山接壤的那个较为平缓一些的台地，进入伊犁河流域，进入今天被称作吉尔吉斯草原和哈萨克草原那地方。

那里有一处中亚著名的湖泊，叫巴尔喀什湖，前面我们说过，它的来水地是伊犁河。这地方的原住民是塞种，塞种是我们目前已知的中亚最早的原住民。大月氏大约与塞种有过一段时间的激战。战斗的结果是塞人被打败，他们向费尔干纳盆地的最南部兴都库什山南部草原迁徙，于是大月氏在巴尔喀什湖畔，居留了一段时间。

他们大约最初想把这里当作自己的第二故乡。但是和平与安宁并没有多长时间，又一个草原古族，飘飘忽忽，从塔里木盆地迁徙过来。这个民族那时候叫乌孙，现在的人类学家认为，他们正是哈萨克人的前身。或者说是他们的祖脉之一。

乌孙的祖居地在塔里木盆地，记载中说，那个地方叫赤河。赤河是哪一条河流呢？记得笔者在记述自己此行时，曾记述在喀什噶尔刚入城时，看到那高高的老城，看到城下面好像有一条干涸了的护城河，那河就是赤河。现在则叫乌兰乌苏河，它是喀什噶尔河的源头之一，

新疆伊犁草原

而喀什噶尔河是塔里木河的源头之一。

另外，现今的阿克苏城东北二百四十五里有军台，相传为古乌孙人祖居地。有一股水，叫赤水，有一座山叫赤砂，有一座城叫赤谷城。

乌孙人为高车人所驱赶。在那个中亚古族大漂移年代，这样的事情几乎经常发生。那么高车人是谁呢？他们应该也是一个中亚古族，原居地在贝加尔湖畔。

他们乘着吱吱呀呀的大轱辘车，车上坐着妇女儿童，男人则骑着马，护卫着大轱辘车，驱赶着牛羊，迁徙而来。

高车人落地生根塔里木盆地以后又叫丁零。西域诸书中有许多关于丁零的记载，并有楼兰为丁零所灭的只言片语。丁零在世事变迁中，后来又叫回纥、回鹘，他们一般认为是现代维吾尔人的祖先。或者说是他们的祖脉之一。

迁徙到巴尔喀什湖的乌孙人出现了一位英雄人物，他叫猎骄靡。史书上说，公元前一三八年至公元前一二九年，乌孙王猎骄靡长大，为其父报仇，遂率众西击大月氏，夺取伊犁河流域等地。大月氏被迫再次西迁，定居阿姆河北岸。

汉武帝的堂妹细君公主西嫁乌孙王猎骄靡。这是公元前一○八年发生的事情。促使这次胡汉和亲的原因是张骞在第一次出使西域无果后，第二次出使的目的地是巴尔喀什湖的乌孙，回国后他向汉武帝提出这个建议。

这样大月氏人在费尔干纳盆地、卡拉库姆沙漠一番漂移之后，来到撒马尔罕，将这里作为自己的第三个停泊点。他们修筑了王城，建立了国家，他们的国家由五个诸侯国组成。这五个诸侯国是休密国、双靡国、贵霜国、肸顿国、都密国。人称大月氏五部。

咸海那时候的水量应当还很大，而注入咸海的阿姆河和锡尔河，这两条从帕米尔高原流下来的河流，当时也水量丰盈。沙漠戈壁草原地貌，一旦引来水的浇灌，立即会成为郁郁葱葱的绿洲。这样这块被中亚史书上称为"河中地"的地方，就成为了一块适宜人类居住的农耕游牧绿洲。加之背靠着帕米尔高原，一旦中亚地面有战事发生，大月氏人可以举国举城遁入山中，硝烟散去后，再重回这里。

所以这就是大汉使臣张骞，万苦千辛，九死一生，终于寻到大月氏国，叙述完此行的来意时，大月氏王很冷淡的原因。大月氏王说，他的国家已经厌倦了战争，已经疲惫了漂泊，他们寻找到这样的好地方，又将这里改变得这么好，他们是不想再打仗了：天佑吾国吾民，我们就在这里苟存下去吧！

这样张骞无法，他在撒马尔罕又待了半年之后，见大月氏王主意已定，自己再待下去也是无趣，于是只好率着使团返回。这期间，他的副使曾顺阿姆河而上，到贵霜国。

大月氏后来又是为谁所驱赶，开始他的第四次迁移的呢？我们知道，大月氏以后，撒马尔罕又出现过一个重要的中亚国家，名叫康居。这个康居国曾率领包括自己在内的九个国家，派使臣前去长安城，愿意成为大唐王朝的附属国，而大唐王朝也曾经在撒马尔罕建立康居都督府。那九个国家我们叫它"昭武九姓"。汉文史籍称其原住祁连山北昭武城，被匈奴击走，西迁中亚河中地，枝庶分王，有康、安、曹、石、米、史、何、穆等九姓，皆氏昭武，故称昭武九姓。

大月氏于是又开始了他的另一次悲壮的迁徙，他们沿阿姆河谷走入帕米尔高原的深处，那里原来就有他们的诸侯国贵霜，于是迁徙此处后，这里成为大月氏人的又一个停泊地。

他们在今天的阿富汗首都喀布尔建立了丝绸之路上有名的王朝——贵霜王朝。在喀布尔，贵霜王朝人驱逐了原来居住在这里的大夏，大夏是谁呢？他叫巴克特里亚，是当年亚历山大大帝东征时建立的国家。亚历山大东征至此，就没有再翻越眼前的大山，而是让他的

阿富汗出土的巴克特里亚王国银手镯

远征军继续前行,直至翻越大雪山,穿越五印大地,来到印度洋岸边,然后这一支军队乘船返回希腊,而他自己,则率领另一部分军队陆路返回。他在返程前在这里打过一仗,战争结束后建立一个国家在这里用作纪念。这是张骞出使西域之前二百多年前的事。

强大的贵霜王朝后来为西迁的匈奴人所灭。这支匈奴人叫嚈哒。或者叫白匈奴。或者叫印欧人种。现在又有专家推断说,说不定这嚈哒是雅利安人种。

这支迁徙的匈奴人在灭掉贵霜王朝以后,潮水继续向前奔涌。记得我们讲过,大智者鸠摩罗什的父亲鸠摩罗炎,他们的家族在印度的一个邦国中世世代代为相,这其中的原因就是,他们的祖上某一个宰相守住了城池,阻挡住了匈奴人的马蹄,从此这个家族得到了这个崇高的荣誉。而匈奴人,他们则有自己的说法:这个地方真他妈太热了!我们不往前走了,留一个虚名给这守城的宰相吧!让这地方的人世世代代生活在酷热难挨之地吧,再见!

贵霜王朝就这样从历史的编年中抹去了,它的背影,模糊而苍白。它只留下一些口口相传的传说,和史书记载中的只言片语。这些传说,很多是将那些历史残片连缀在一起而编织成的故事。这些故事距离历史真相有多远,我们真是无从知道呀!所以《金枝》一书的作者英国人弗雷泽说:以今天人们的认知能力和思维定式,来推测那些遥远年代的事情,也许是距离真实很近,也许是谬之万里!

所以王建新教授率领的西北大学中亚考古队的发掘探询工作,就显得尤为重要。他们追寻着大月氏人迁徙的踪迹,而东天山,而西天山,而巴尔喀什湖,而乌兹别克斯坦撒马尔罕,而阿富汗首都喀布尔,一路挥动洛阳铲探询下去,寻找那些我们尚未知道的秘密,佐证那些我们已知的秘密。人类的好奇心,促使他们一直想弄清自己的前世今生。

我看了他们发来的许多现场图片,那里面有剖开了的墓葬,有出土的陶罐，有风干了的墓主的遗体，有服饰和铜耳环，有臂钏和铜镜，等等。仅在撒马尔罕一地，他们划了一个半月形的地域，划定图尔噶、阿鲁克陶、图尔—哈纳、拉巴特四个考察区，考察大月氏遗存，以及康居遗存。

我笨想，如果借助现在的医学器械，能从那些石棺中的亡人身上，提取些许基因的话，这一路挖掘和提供，将为我们提供更为准确的古代大月氏人的迁徙路线。

我笨想，如果将古游牧人的基因和现代人的基因采集下来做一比对，对于中亚古族大漂移时代最后的落幕，对于现代中亚人的寻根问祖，会给我们许多重要信息。

我还笨想，当年大唐高宗年代，曾有一场高仙芝与黑衣大食的河中地大战。大战的地点在江布尔城。那次阵亡有两万多唐朝远征军士兵。如果能找到那个古战场，并找到一些阵亡者的遗骸，采取基因，从而就可以证实那场江布尔大战是否真实发生过。

我还笨想，帖木儿帝国是一个曾经的存在，而帖木儿大帝是永远的中亚传奇，如果考古队能与乌兹别克斯坦方面合作，发掘这位于撒马尔罕的帖木儿陵墓，那将会是考古界一件惊天动地的大事。帖木儿自称是成吉思汗黄金家族的后裔，而专家们则认为他是吹牛，是攀龙附凤。如果能将陵墓掘开，如果能从这位王者身上提取一点基因，做个比对，那么这个六百年来的历史疑问就自然有答案了。

这支中亚考古队挖掘了十多年，以在撒马尔罕时期，队员人数为最多，达二十九名，其中除王建新教授，还有他的研究生，在校大学生、老师、助手，另外还有乌兹别克斯坦国家的专家。他们在撒马尔罕以及邻近的荒原上发掘了四十多处墓葬。相信他们的研究成果整理出来，公之于世后，会给中亚史研究、中亚古游牧民族研究、尤其是中亚古族之大月氏的研究，提供许多的重要信息。而王教授者本人，会成为此项研究的国内、国际上顶尖级的专家。

撒马尔罕考古告一段落。中亚严寒的冬天到了，西伯利亚寒流来袭，铺天盖地的大雪，一个礼拜就有一场。盆地的积雪，薄处一尺多厚，厚处可达两米。这些积雪直到第二年的四月中旬才可以融化。于是这支中亚考古队撤回了西安，而在第二年初夏再回中亚。十年来他们就是这样做的。而这次撤回后再一年的考古发掘地就是阿富汗高原的喀布尔了。

我前面提到的那次西安演讲，与王教授同台，正是在他撒马尔罕归来，即将又赴阿富汗之前。王教授先我演讲。他谈到，明年的大月氏课题探询，将要去喀布尔，寻找贵霜王朝的遗存，大月氏在此的活动踪迹，探寻这个古国的消失原因，尤其是，它消失后，那些失去国家的大月氏人最后的走向。

我是接着王教授的演讲走上台的。在开始我的题目之前，我说，我想延续着王教授刚才的话题再发挥一阵。我说，当代中亚考古活动中，有个学者名叫杨镰，年岁和我俩相当，已经在前不久前往尼雅古城的考察中车祸去世（愿他安息）。杨镰和他的朋友们这些年来对塔里木河流域的考察已经有许多的成果。他们在楼兰故址的沙漠中，发掘的那些被称为"楼兰文书"的纸张、布帛、简牍中，发现了一种奇怪的死亡了的中亚文字，这文字叫"佉卢文"，是大月氏人当年使用的文字。这文字甚至出现在官衙的判决文书中。例如，对一件民事纠纷的判案，它的判断书就是用汉文与佉卢文两种文字书写的。

而在和田文书中，人们也发现了这种死亡文字，且也是官方文书使用文字。而在尼雅遗址中，也有带有佉卢文的古简出土。这是说明了什么呀？说明贵霜王朝灭国以后，这些大月氏人又重新翻越帕米尔高原，回到塔里木盆地故乡。而后来，随着楼兰国的沙埋，于阗国的沧桑变迁，这个中亚古族大月氏最后融入塔里木盆地各民族中去了。

东天山巴里坤草原——王建新团队早年考古调查地区

王教授十分同意我的话。他说研究成果他都看到了，但是作为一个严谨的考古学家，他得有他的实地踏勘，他得为业已取得的历史信息再找一些实证，他还约我，来年去喀布尔的时候，邀我同去。

这就是一个中亚古族大月氏人的五次迁徙。在我叙述的途中，我不断遇到惊喜，那些我们在过去的叙述中断了的一些链条，竟因为大月氏的五次迁徙奔走，竟意外地与它们相逢，并将这些链条连接在了一起。例如贵霜王朝的都城，竟然是建在亚历山大大帝东征时建立的大夏（巴克特里亚）的都城基址上，世界在这里相逢，在这里碰撞，从而给叙述者一种奇异的感觉。

这就是挖掘了或一座，或十座或一百座中亚墓葬后，无声的洛阳铲为我们讲述的故事。专家们说，在经过这五次种族大迁徙之后，最后这个名叫大月氏的中亚古族风云流散，融入塔里木盆地各少数民族中去了。如我在过去年间写出的一篇叫《走失在历史迷宫中的背影》的文章中说，相信他们的血液，如今还在别的民族的血管中澎湃着，不羁地流淌着。

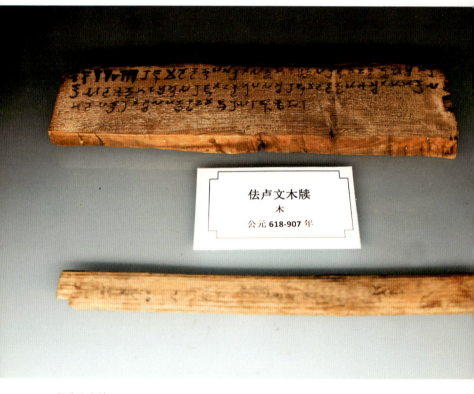

佉卢文木牍

◆ 老梅尔古城

老梅尔古城即梅尔夫古城，位于土库曼斯坦马雷市附近，是中亚地区丝绸之路沿线最古老、保存最完好的绿洲城市。这片宽阔的绿洲横跨了4000年的人类历史，至今仍保留着许多纪念性的建筑，尤其是过去2000年来的建筑。梅尔夫曾是宗教信仰和不同民族的大熔炉。绿洲上矗立的砖质建筑包括宫殿、清真寺、车店和数千幢民居。

旷野上的老梅尔古城遗址

离开撒马尔罕，我们仍是沿着高速公路行进，我们是中午休息的时候赶到布哈拉，在那里吃了午饭，也做了短暂的停留。看见在布哈拉老城，当地用黄土夯筑了一些墩台建筑，可能是要搞旅游吧，我们去看了一看。整个城市就像一个乡镇一样，有些低矮的民房，有些小酒馆。在小酒馆的门前就坐着一个漂亮的、长相有俄罗斯血统的美女，金发碧眼，肤色很白，细胳膊细腿，抽着土库曼斯坦当地的劣质的细嘴香烟。

布哈拉前面一个城市叫马雷，马雷再往前走三十公里，就是中亚最早的城市，叫老梅尔古城。老梅尔古城是丝绸之路上一个重要的节点，它的建城距今已经有二千八百多年，它是中亚的第一座城市，也是伊斯兰教进入中亚建立第一座清真寺的城市。老梅尔古城城治非常大，就在大沙漠里、戈壁滩上，四面的城墙，有的是以原有山岗就势而为，有的又是在沼泽地或者碱滩堆砌而成。在城的四个角上建有四个角楼，在城的西南方向，就有当年所建的第一个清真寺，在清真寺里有两处相隔离的住宅式建筑，供男、女信徒分别起居。

老梅尔古城和位于陕北、匈奴末代王赫连勃勃所建立的统万城一模一样，都是建在荒凉的戈壁滩上，四角都有城楼，都曾借助城治周边的土包、土丘等天然地势来构筑城墙，而且还有一个重要的相似点，就是它们的城墙上都有马面设置。马面就是在构筑城墙时候，预留一些窑洞一样的空间，一半在城墙墙体，另一半突出于城墙，并砌封成密闭的隐藏空间，这里面通常可以暗藏三十六个士兵，以及必要的武器、粮食、水等战备物资，一旦敌人即将登上城头、攻破城池了，这个时候把这么空心马面打开，哇的一声喊杀，冲出躲藏的勇士，或使钩镰枪专钩马腿，或者手拿大砍刀，连人带马一齐砍杀，往往能以这样的奇兵扭转战局或者制胜。现在在统万城残存的城墙上找到十三个马面，在那些已经残破了的城墙上，也一定有马面存在，只是坍塌了而已。我曾专门钻到统万城的马面里面去过，就从城墙的城头上下来，钻进马面里，然后再从马面的侧边小门走出来，很巧妙的城防设置。

我曾经一直以为这种空心马面设置，就是匈奴末代王赫连勃勃创造的。后来又在史书上知道，赫连勃勃统万城所采用的这种城防设置是在他攻破秃发傉檀南凉都城西平城以后，从那里学来的。直到后来我到了中亚，看了老梅尔古城以后，我才明白，原来草原民族的这种筑城设制早在两千八百年前就有了。谁知道到了后来，我又到了榆林神木的石峁遗址，就是距今四千二百年到三千八百年的石峁遗址，它的城治竟然也有马面这种设制，这说明了，就在黄帝部落游走于黄河中上游的时代，很可能就和草原文化沟通着的。

老梅尔古城和统万城，唯一的区别就是它比统万城大得多，因为中亚实在太辽阔了，可以很舒展地建设这样一座城。我们的车队从西北角进城，从东南角穿出，汽车全速经过，用了大概半个多小时。在城的北面，有很大两处墓地。其中一块据说是最后一代土库曼王的长眠之地，他们把王叫苏丹。土库曼末代苏丹被中亚枭雄跛子帖木儿所杀，土库曼国土也被统入他的麾下。而另一块墓地，则是土库曼王的两个追随者的墓地，他们为土库曼王修建了陵墓之后，他们也陪葬在附近。而老梅尔古城的东南城外，则主要是后来伊斯兰教徒的坟墓。

老梅尔古城还有一项很大的荣光，它就是一个名叫雅利安的古游牧民族的发生地，这里是雅利安人最原始的故乡。后来我们知道雅

土库曼斯坦老梅尔古城中亚的第一座清真寺

利安人就是从这里四散外迁。雅利安这个词,一种说法说它源自伊朗的波斯文,指"有信仰的人";另一种说法说它源自梵文,"高尚"的意思。希特勒曾经说他们日耳曼人是纯种的雅利安人,现在随着科学发展,人们可以通过基因鉴定来确认基因来源,鉴定发现,其实德国人身上只有一部分雅利安人的基因,伊朗人身上也有一部分,反而是中亚五国和北印度土著居民拥有雅利安人基因要多一些,大概有百分之四十吧。

我们在老梅尔古城休整停留,各家电视台都很想做一期节目,但都没有被允许。土库曼斯坦是一个奇怪的国家,被称为"中亚的朝鲜",不许拍照,不许摄像。陕西卫视曾交涉当地,说让笔者做一期节目,也没有被许可,就连使用手机照相也不被允许,微信也无法使用。后来倒是他们国家随行的电视台,让笔者做了一期节目。我们便商量说,能否把这一期节目,也传给我们中国的电视台。他们的工作人员说不行,称他们国家有严格的规定。

从老梅尔古城到阿什哈巴德,还有八百公里的路程。离开老梅尔古城,我们的车开始沿着高速公路,一路狂奔,当晚我们将歇息在阿什哈巴德。

在越野车风驰电掣般的行走中,我们的左手是苍凉的伊朗高原(公路行走中距离伊朗边界最近处仅三十多公里),我们的右手则是烟雾升腾、飞沙弥漫的干涸了的咸海。

车队行进了五百公里后,在一个大的土库曼集镇用餐。一块宽敞的空地,搭个塑料大棚。大棚里一行一行堆满了煮熟的牛肉羊肉。大家都进去了。我太累了,就在大棚门口那个大毡上蜷曲着睡了一阵。大毡上有四个当地人正在喝酒,一边喝酒一边用手抓着吃肉。

作者接受土库曼斯坦国家电视台采访

老梅尔古城遗迹

◆ 土库曼斯坦

土库曼斯坦是位于中亚西南部的内陆国。西濒里海,北邻哈萨克斯坦,东北部与乌兹别克斯坦接壤,东界阿富汗,南部是伊朗。属强烈大陆性气候,是世界上最干旱的地区之一。全境大部是低地,平原多在海拔200米以下,80%的领土被卡拉库姆沙漠覆盖。南部和西部为科佩特山脉和帕罗特米兹山脉。

土库曼斯坦历史上曾被波斯人、马其顿人、突厥人、阿拉伯人、蒙古鞑靼人征服。公元9-10世纪受塔赫里王朝、萨曼王朝统治。11-15世纪受蒙古鞑靼人统治。15世纪土库曼民族基本形成。19世纪60年代遭俄罗斯帝国吞并。1924年建立土库曼苏维埃社会主义共和国并加入苏联,1991年10月27日独立。1995年12月12日被联合国承认为永久中立国。

土库曼斯坦石油天然气资源丰富,天然气储藏量居世界第五。石油天然气工业为该国的支柱产业。而农业方面则以种植棉花和小麦为主,亦有畜牧业(阿哈尔捷金马等)。

阿什哈巴德 Gypjak 清真寺

老梅尔古城离伊朗太近了，我们所行高速公路左边三十公里以外就是伊朗高原，可以看见著名的兴都库什山，威狠狠的一座大山，绵延一千三百多公里，从帕米尔高原发脉，一路作为伊朗高原的北缘，延伸到土库曼斯坦的首都阿什哈巴德。我们离开老梅尔古城望着兴都库什山前行，下一站就到阿什哈巴德。

　　当我们的车在高速公路上行驶时候，通红通红的落日照耀在伊朗高原上，照在兴都库什山上，历史上很多人都以穿越兴都库什山为荣耀，亚历山大大帝说"我穿越了兴都库什山"，十字军东征穿越了兴都库什山，伊斯兰教的星月远征也穿越了兴都库什山，甚至成吉思汗远征花剌子模，也翻越了兴都库什山。

　　兴都库什山作为伊朗高原的北缘，是和阿姆河、锡尔河所在的图兰低地的分界线，也是伊朗与中亚邻国的国界线，所以伊朗就沿着山脉修筑了军事工事，每隔一段有一个碉堡，中间拉着铁丝网。在西边靠近阿什哈巴德附近的山上，仍然建有一些边防设施。

　　土库曼斯坦和中亚别的国家联络都不甚紧密，他们和伊朗人走得比较近，这可能和他们共有雅利安血统有或多或少的关系。中亚这些国家他们共同追溯的祖先是谁呢？就是称为塞人或者塞种的斯泰基人，这个游牧古族活跃在公元纪元开始之前三五百年，就是所谓的中亚古族大漂移时代。哈萨克斯坦就在首都阿斯塔纳修建了一个大的、像蒙古包一样的塞人纪念建筑。后来他们又把六百多年前草原枭雄的

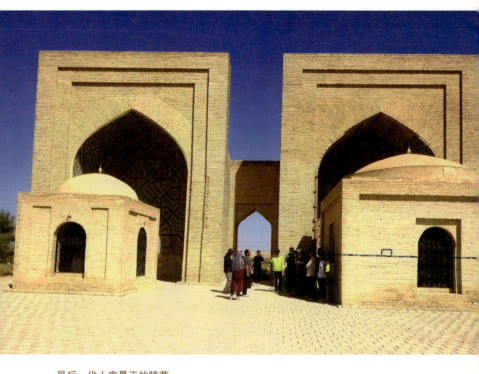

最后一代土库曼王的陵墓

帖木儿建立的王朝追为他们民族国家的起始。所以就在乌兹别克斯坦首都塔什干的议会大厦后面,他们城市的最中心位置,建设了帖木儿广场,建立了硕大的帖木儿雕像。在下榻塔什干的第二天早晨,我独自走到帖木儿广场,用手机拍下了帖木儿骑着高头大马昂首前进的照片。在撒马尔罕有帖木儿的坟墓,也有他的雕像。但是土库曼斯坦似乎对这样的部族血统和民族国家缺乏认同,因为帖木儿正是杀死最后一代苏丹并吞并土库曼领土的人。

至于土库曼斯坦人崇拜的又是什么呢?我们无法给出明确答案,但有一种强烈感觉。在我们在阿什哈巴德下榻的酒店前面,有鹿石,要么是把整块石头圆雕成鹿的形状,要么是在一块石板上浮雕一个鹿的形象,并且在好多酒店门口都有置放鹿石的现象,这不仅仅是在土库曼斯坦,甚至到了东欧的许多地方,还能在酒店、饭店门口见到鹿石。

无独有偶,鹿石的形象甚至大量出现在中国新疆的沙漠、戈壁、草原上,从新疆给我寄来的《新疆文库》上,可以发现在不论南疆还是北疆的广阔地域上,都大量分布着鹿的形象,戈壁滩或者草原上用石头摆成各种图案,在图案的前面往往有一个草原石人,这个草原石人是立起的,而近旁又往往横着一块鹿石。所以说,鹿石可能是某一个民族的崇拜物,鹿是一种图腾,至于到底是哪个古民族的图腾崇拜,学界却没有一个恰切的说法。

阿什哈巴德的南面就是兴都库什山,北面是卡拉库姆沙漠,可以看见沙漠的明沙在阳光下蒸腾闪烁,可以看见沙漠中熊熊燃烧着烈火,那就是传说中的"地狱之门"。那是一个直径约为七十米的大坑,一九七一年由苏联地质学家人为原因形成以后,坑内燃烧的大火四十多年从未熄灭。

我们的车行进在高速路上,天热得好像要着火一样,卡拉库姆沙漠的热气一浪一浪地往起扑,太阳在那雾气升腾中,都不那么明亮了,

"地狱之门"

大地上一无所有，只是在有小河沟的地方，长点红柳、长点芦苇，或者高速路的路基上长一点野草，更远处就只是茫茫无际的大戈壁、大沙漠。

我的感觉吧，我们整个穿越行程，中亚国家通关比较困难。这些国家还保留着很多苏联的官僚主义腐败遗风，在通关的过程中，总是被百般刁难。就比如给笔者开车的司机艾迪，他是哈萨克斯坦籍，他们国家和土库曼斯坦的一些历史纠葛一直延续至今。艾迪从奥什开始担任司机，可当我们的车队行将进入土库曼斯坦的时候，他说他的护照土库曼斯坦不认可，也无法办理签证。司机只能把车交还我们的人来驾驶，他又返回阿斯塔纳，从阿斯塔纳坐飞机到莫斯科等着我们会合，然后从莫斯科开始，再一次担任我们的司机。

进入土库曼斯坦非常艰难，一般游客根本不接待，不允许穿越他们的国家。对我们一行网开一面，让如此庞大的车队穿越他们的国土，是因为中国大使特别照会了他们国家层面的主管部门。就在海关，就来了两名当地的年轻人，他们说他们是志愿者，要给我们做导游。其中一个姑娘叫明莉，她说她在中国留学，在陕西师范大学念了一年预科，又到北京语言学院读了四年本科。我说你跟着我们，又不能付给你费用，你靠什么生活啊。明莉说，她别无所求，只是为了复习和练习她的汉语，为了她对中国的热爱。当然这也完全是一个说得过去的理由，起初我们还很感动，在这样的艰难入关的情况下，还能遇到这样的志愿者，实在是受宠若惊。另外一个志愿者是男的，他说他是一个外科医生，也是在陕西师范大学读完预科，在延边大学学的医学。

就这样，这两名志愿者在土库曼斯坦全程跟着我们，一个在最前车，一个在最后车。直到经过一个礼拜的行程，在里海的口岸，我们即将登上轮船、离开土库曼斯坦的时候，他们告诉我们，他们是国家安全部门的工作人员，随行是为了全程保护我们的安全。我们还开玩

作者在穿越卡拉库姆沙漠途中

穿越卡拉库姆沙漠即景

笑说,全程保护的另一个意思是不是就是全程监督。他们也笑了起来。两个年轻人其实也很热情,尤其是明莉还很风趣。

在高速路上,因为没有其他车,我们就把车停在路边,想要方便一下。当我们一群大男人,站在车的背侧,对着高速路的栏杆小便的时候,明莉从后面溜溜达达过来了,我连忙喊:大家赶快提裤子,明莉过来了。明莉走过来却说:没有关系的,你们中国人的那个小东西,我见得多了,你们尽管继续,我什么也没看见。然后人家吹着口哨,从我们背后,又溜溜达达地过去。

他们的高速路特别好,我们整整走上一天,只能见到几辆车,几乎没有车,就我们的车在走着。我们的车一入土库曼斯坦境,车队刚刚摆开,加足油,准备猛跑起来的时候,突然轰隆轰隆的声音铺天盖地压过来,大家吓坏了,抬头看见轰炸机擦着我们的头车,压着我们的车队,从我们的头顶上呼啸而过。接着又来一次,反复了好像三次,一次比一次来得低,一次比一次来得凶险,大家都吓坏了,不知道发生了什么了。后来我们才明白,这其实是一种警告,警告我们在他们的国土上不要有什么越轨想法,大家都心惊胆战的。

后来在首都阿什哈巴德,在行进的过程中,明莉突然要求我们把右边的车窗玻璃都升起来,不要向外面张望,说这里经过她们的总统府的围墙了。

他们国家的总统,我看那个长相,像是一个五十多岁的中亚人,戴一顶塔式的帽子,穿着西装,到处都有他的海报。羊圈里有他的海报,他怀抱一只羊羔。清真寺里是他祈祷的海报,幼儿园里有他抱着两个孩子的海报,马场里也有巨幅他骑着汗血宝马的海报。

外国货币在他们国家一律不得通行,我口渴想在路边买一瓶矿泉水,人民币他们不接受,我给他们美元,他们也不敢要,说收了就要大祸临头了。后来看见我一个老人口渴得可怜,送了我一瓶矿泉水。

阿什哈巴德远望土库曼斯坦电视转播塔

就是那种三斤装的矿泉水。

阿什哈巴德的电视转播塔,就建在兴都库什山的半山腰。而与此毗邻的,则是伊朗建筑的白色边防站,连城一线的哨卡和铁丝网。

我为什么能判断出那是阿什哈巴德的电视转播塔,因为夜来,那塔灯火通明,而从市区前往转播塔的弯曲的公路上,有许多汽车灯光。

阿什哈巴德城中,建有多座清真寺,这些建筑典雅、高贵、富丽堂皇,占地面积广大。

而在阿什哈巴德的城中心,竖立着高高的独立纪念碑,纪念这个国家在二十世纪九十年代初的独立。这种形式的纪念碑,记得在哈萨克斯坦首都阿斯塔纳,也在主人的盛情邀请下,参观过。

土库曼斯坦独立纪念碑

◆ 最后的骑兵

  阿什哈巴德位于土库曼斯坦南部卡拉库姆沙漠和科佩特山交界处，占地约300平方公里。典型大陆性气候，昼夜温差较大，日照极为充分。阿什哈巴德是土库曼斯坦首都，政治、经济、文化和科学中心，建于1881年，人口100万。也是土库曼斯坦乃至于中亚地区的重要交通枢纽，科学、文化和新闻事业较为发达。当地所产阿哈尔捷金马世界闻名。

  阿哈尔捷金马的记载最早见于公元前4世纪至前3世纪。此马产于土库曼斯坦科佩特山脉和卡拉库姆沙漠间的阿哈尔绿洲，是经过三千多年培育而成的世界上最古老的马种之一。此马体态匀称，威武骠悍，力量大、速度快、耐力强，性情暴烈，但驯服后却非常顺从。马神态威严，步伐轻盈。

  阿哈尔捷金马历史上大都作为宫廷用马。亚历山大·马其顿、成吉思汗等许多帝王都曾以这种马为坐骑。在中国历史文献中，阿哈尔捷金马被称为"天马"和"大宛良马"。据说，史书中的"汗血宝马"即源自阿哈尔捷金马。

土库曼斯坦阿哈尔捷金马雕塑

我们在阿什哈巴德停留了一天。

在这个盛产汗血宝马的国度里谈马，在这个有着无数关于马的传奇的城市里谈马，总给人一种异样的感觉。我们此行中，摄制组要去拍摄阿什哈巴德的一场马术表演，他们带着机器走了。我没有去，身体经过这么些天的长途颠簸以后，累极了，于是我一个人坐在下榻的宾馆门口，一个鹿石雕塑物的底座上，一棵桑树的树荫下，发呆。这家宾馆在首都的近郊，条件有点差，大家嚷嚷着，要换一个住处。但是所有的我们行走的路线，住宿的场所，参观的地方，都事先设定好的，土库曼斯坦那两个特工人员，监督着我们，不允许有丝毫改变。

阿什哈巴德，土库曼斯坦首都，中亚名城，它位于兴都库什山北边脚下，卡拉库姆沙漠南沿。咸海在它的北面，烟幕苍茫处，里海在他的西面，兴都库什山消失的地方。险峻的伊朗高原，就在这座城市的南方头顶上。沿山势的起伏，象征性地拉了一些铁丝网，隔一段，会有一座哨所或碉堡。兴都库什山贴近阿什哈巴德城的地方，有一个高高的电视转播塔，塔在夜晚灯火灿烂。应该是土库曼斯坦境内，因为可以看见那城市的道路通向那里。道路上有来来往往的车辆，盘旋而上。

这个国家曾经叫过大宛国。这个城市曾经叫过贰师城。这里就是当年汉武帝汗血宝马战争发生的地方。贰师将军李广利，率大军长途跋涉，出阳关，翻越帕米尔高原，而后抵达这里，为汉王室掳去两万

汉武帝茂陵出土鎏金铜马

该铜马即以西汉时大宛产的汗血马为模特精制而成

陕西西安南郊何家村出土的舞马衔杯仿皮囊式银壶

该银壶仿照西域游牧民族装水皮囊和马镫的形状综合制造

匹良马，以增强汉朝军队与匈奴骑兵作战时的军力。当然，当长途奔袭，形同槁木的贰师将军李广利出现在汉未央宫的麟德殿大门时，汗血宝马只剩下了两千多匹，且瘦骨棱棱，别的都累死在路途上了。但是，这些被称为"天马"的宝物，它的加入，毕竟使大汉军队的战斗力得以空前加强。

在古人的行旅记述中，这座城市距阳关是九千五百华里。我计算了一下，这个记述还是靠谱的。那么说，李广利将军，一来一回就是将近两万华里了。而从长安城到阳关，还有一段漫长路程要走。如是说来，此次征伐的艰辛，就可想而知了。

我是中国的最后一代骑兵，骑兵这个辉煌了近三千年的兵种，冷兵器年代的战争之神，在我们的手中得到最后完结。我的胯下曾经长时间地压着一匹马。它是一匹黑色的伊犁马，大走马。我写过一本书，就叫《我的黑走马》。我在书中的扉页上题签说：

草原上有一句格言：不要和骑走马的人打交道。那意思大约是说，那些骑大走马的人，已经过了青春和激情的岁月。青春不再，激情消退，他们开始变得世故庸俗，工于心计，斤斤计较，一个个都成了油腻的老男人了。所以在草原上，你遇见他们的时候，最好能知趣地走开，不要去招惹他们！

这段话好像是我在自说自话，自嘲而已。

那辉煌了近三千多年的兵种，在我们的手中光荣地谢幕，退出舞台，这件事给这些曾经的骑兵以怎样的心理影响呢？历史将近三千多年的重负，现在卸给了我们，而它却归于平淡，然而对这些骑手来说，他得承载着这历史的惯性，历史的重负，从马上走下来，迈着骑兵的罗圈腿，在城市的街道和农村的土路上，捱完他生命那剩下的岁月。

而就我个人而言，我的骑兵的罗圈腿（内罗圈），在故乡的城市的街道上整整走了十年后，才逐渐变直。

谁的一生如果到过北方，到过草原，并且有幸与一匹马为伴，那么，自此以后，无论他居家何方，工作如何，他的身体停止这马背上的颠簸了，他的思想，将永远处在颠簸中，处在一种好高骛远式的憧憬中，充满对远方和未知之境的向往中。他渴望着马蹄在远方响起，渴望着那往来无定的风在面颊上掠过，渴望着草原的花香和马粪被阳光暴晒后散发出的那种臭烘烘的香味。

马有三种运动姿势，一种叫走。这走又分为小走和大走。小走马行走起来，它的前蹄踩过以后，跟随的后蹄子恰好可以踩到前蹄窝上。也就是说，小走马的步幅不大，它主要是靠四条腿频繁的交替来走出道路的。大走马就不一样了。它们的后蹄窝落下去，往往要超过前蹄窝一拃长，甚至更长，它们是靠步幅走出道路的。那大走马行驶起来，腰身尽量地下压，放平，肚子都快贴近地面上了。四条腿，像大蚂蚱一样弯曲到极致。而骑手骑在马背上，像乘着一条船一样，晃晃悠悠。虽然身子平铺，但那马头是高扬着一蹿一蹿的。这大走马行走的情景，远远看，像从草浪上飘过。

第二种姿势叫颠。这颠也分为小颠和大颠。如果有个比喻，那它们的四条腿的电光火石般地移动，就像马拉松运动员的两条腿一样交替。它们的蹄子在落地之后的再度腾起，那蹄子是翻起的，就像歌曲里唱到的那样："翻飞的马蹄像银碗"。颠马大颠起来，蹄花翻飞，十分地好看。

第三种姿势叫奔驰，而在民间的俗称叫"挖蹦子"。其情形就是马的两只后蹄用力，两只前蹄齐刷刷地举向空中，骑手则抱住马脖子，身体像膏药一样贴在马鞍上，成为马的一部分。后蹄用力，前蹄向前猛地一剪，几丈远的地面就倏忽间抛在身后了。以此往复。以此往复。在我的经验中,我一直认为奔驰的马,它是以两个前蹄为一个单位,两只后蹄为一个单位,这样一剪一剪地前行的。但是专家们在截取慢镜头分解后,得出结论说,它们虽然是以两只前蹄、两只后蹄为单位完成这次剪跃的,但是两只前蹄落地仍有时间差,后蹄当然也是这样。——这样更便于迅速交替。专家们还分解了老虎奔跑的截图,好像也是这样。专家是正确的,他们用仪器说话。不过我还是觉得,我以前那种固定看法好像才是对的。

给你一匹马吧!它现在归你了,你得先让它认识你,知道你是它的主人,和它先培养一段感情。我们叫它无言战友。它来自昭苏军马场,一岁半口,在此之前还没有人骑过它。你将是第一个骑在它背上的人。它的走势,看起来可以压成一匹好走马。不过压出一匹好走马,需要三年的时间,你要有耐心。如果在乘骑中,你被摔下来了。记住,不要胆怯,抓住这溜缰的马以后,打它一顿,然后继续骑上它。如果你不骑,你以后就永远骑不上它了,它会蔑视你一辈子。

骑手应当做的第一件事情,就是为你的坐骑配上马具。这是马缰。在马号抓马时,你把马缰扔过去,搭在马脖子上,马就知道它现在被限制了,它会有些不情愿地走到你的跟前,接受你的调遣。这是马嚼子。嚼子上那根铁棍,从马嘴中穿过,铁棍两头,再各系上帆布带。骑在马上的时候,这帆布带放在胸前,想让马往左走,将左边拽一拽,想往右走,向右边拽一拽,想要奔驰,将带子一提,一勒嚼子,马头仰起,这时两腿一拍马刺,马蹄在戈壁滩上溅起火星,一场狂风暴雨般的奔驰就开始了。

这是马鞍。鞍桥部分,后面有个马鞘,用它一头连着马鞍,一头系在马尾巴根上。这是马镫,将马镫与马鞍连接起来的这条皮带叫马镫革。这个马镫是活的,一旦骑手摔马,马镫革与马鞍的连接部分,那个立着的铁钩会滑平,从而让马镫脱落。"脱镫"是一种严重的事情。这是鞍鞯,搭在马背与鞍子的中间,汲汗。最后,这是马肚带了。骑兵有一句口头禅:"骑手的命系在这马肚带上!"所以这马肚带一定要系好,系两道、系三道都可以,系的松紧程度,将两根手指能塞进去为好。

——这就是我这个前骑兵第一次接触马的记忆。为我讲述指导的是白房子边防站的副连长,河南人,姓陈。训练完毕,于是这些从内地赶到草原从军的巴郎子,分别牵上自己的马,到戈壁滩上溜达,所谓和马建立感情,然后到一条小河边,为马洗涮。那一刻天已经完全地黑了。远方的阿尔泰山,一颗明亮的星星升起,其大如斗,近旁的额尔齐斯河,发出深沉的叹息声。而我洗马的那条河沟,地图上叫他喀拉苏干沟,是额尔齐斯河的一条小小的支流。

关于马,我在三四十年前写过一个有影响的中篇,名字叫《伊犁马》。这部小说,新疆还将它译成维吾尔文和哈萨克文出版,政府行为,他们把这叫双语文学工程。该小说,先说了这么一个故事:

在我居住的这座城市的一个冬天的早晨,我听到了我当年的坐骑的嘶鸣声;一个菜农,驾着一辆马车,进城里拉粪。那塞进辕里拉车的正是我的马。

我扑上去,抱住我的马头,而马也认出了我,眼睛流出了滚滚热泪。于是我从菜农手里,将这匹马买下来,然后骑着它重返草原。来到哈萨克草原上,面对着眼前这云彩一样的马群,我热泪盈眶。"在没有我的日子里,你们还好吗?"我从口袋里掏出一把苍耳,一挥手,将他们挥洒在草原上!"我耽搁了你们多少次春天开花秋天结果呀!"我说。这苍耳,是我每年夏天,在晾晒自己带回内地的皮大衣时,随着柳条的抽动,它们从我的皮大衣的绒毛中蹦出来的。

作者在新疆那拉提草原骑马

在《伊犁马》中，我还谈了这样一个故事。陈副连长的坐骑是一匹乌黑发亮的马（相形之下我的那匹黑走马变成鼠灰色）。这马的一个蛋没有骟，这真是一件奇怪的事情。有一年冬天我代替马倌放马，这匹高大漂亮的黑马钻入牧民的马群中去了。结果第二年，草原上出现了这样的马驹，聪明的牧人于是来到边防站，用他们比赛获胜的黄马换走了副连长的这匹黑马。

有一次回草原时，陪同我的是昭苏军马场的原场长。我的眼前，天苍苍，野茫茫，马群像云彩一样的，在大地上游动。我当时陡然发了一声莫名的感慨。我说：做一匹种马是多么的幸福呀！你看，几十年过去了，草原上布满了它的子孙！就在我感慨连连之时，旁边的昭苏军马场原场长说：朋友，你这种想法很危险！你要知道一匹公马成为种马的概率只有百分之一，而被阉割的概率则占百分之九十九！场长这一句大煞风景的话，让我的下身顿时一阵阵收紧。

还有一次，乌鲁木齐阳光灿烂的秋天，世界汗血宝马大会在乌市召开。我恰好路经，我是从宾馆房间的报纸上得到这个消息的。于是我写了一篇《我的胯下曾经长久地骑过一匹汗血宝马》的文章，这文章后来发表在《乌鲁木齐晚报》上。

我说，伊犁马的身上有许多汗血宝马的特征。我说，由于地域的接近，同处于一块中亚草原上，因此，汗血宝马的某些宝贵基因，会遗传给伊犁马，譬如我骑的那匹伊犁马就是。我说，汗血宝马为什么有这个名字呢？一个原因是，它在高强度的奔驰中，身上的毛孔会向外喷血或渗血。这些血与毛孔中流出的汗交汇在一起，于是全身湿漉漉的，像从河里刚出来一样。而流血最多的地方是马的前胛部分，当骑手的我，冰天雪地里沿着额尔齐斯河河谷一路狂奔时，伸手往马脖子上一摸，手掌上便血淋淋的一巴掌血。而被称作汗血宝马的第二个原因是，一旦秋高马肥之时，那些事先封痂了的毛孔会自然张开，然

在土库曼斯坦独立纪念日活动上表演的阿哈尔捷金马

后会有汩汩的血液从毛孔中迸出，马因此永远不会胖，永远处在一种待命中。

我前面提到的马的那三种基本行走姿势，可以同时集中在一匹汗血宝马的身上。汗血宝马还有一个特异的功能，那就是在急速的奔驰中，如果前面有一个坑，或一只兔子、狐狸，它为了避开危险，会以两条后腿为支撑，重心后坐，然后整个身体九十度转弯，折身，也就是两只前蹄落到九十度方向。这是一位前中国骑兵分享给我的，这些马上的事情他都经历过。

这真是一种高贵的动物呀！法国作家布封赞美说，人类最高贵的征服，乃是对马的征服。一匹奔驰中的马，它永远不知道疲惫，如果主人不勒住马嚼子，它会一直奔驰到全身喷血，倒地而死。如果主人战死在疆场，他会一直守护在他的身边，如果主人还有一口气，它会双膝跪倒，让主人趴上马背。主人赴宴时喝醉了，只需将贪酒的主人扶上马背，拍一下马屁股，懂事的马，会将主人穿过草原，驮回他的毡房，然后用马头撞开房门。

那么人类第一次跃上马背，开始这种人马组合的奇怪存在，是从什么时间开始的呢？蒙古族学者孟驰北老先生推测是从三千多年前就开始了。从匈奴民族开始的，从雁北草原开始的。西方一些学者，对三千多年前这个人类跃上马背的历史时间没有异议，不过他们认为，那最先跃上马背的地点是在东欧平原，是由一个不知其详的游牧民族完成的。不过这个游牧民族也极有可能是从亚洲高原过来的牧羊人。

至于给乘骑的马背上配上鞍子，那应当在后。之前人骑在马上，是"光背马"，这马很难骑，一左右躲闪，人就滑下来了。能骑这种马的骑手，往往从娘肚子里就开始骑马了。所以他们的屁股会像膏药一样贴在马背上，而身体会随着马的颠簸而律动。最初的马鞍是没有马镫的，那为马鞍配上马镫，是这以后的事情。而据说最初的马镫是一个,后来才发展成了两个。两个马镫分列马肚子两边,这样骑手骑在马上,双脚踩下去,便有了两个可靠的着力点。

至于马蹄上钉的那马蹄铁,它则是更靠后的事情了。这马蹄与地面接触的,是碗状的角质部分,这角质像人的指甲一样会生长,长了会掰开,而碗状的核心,会生出死肉,并腐朽发臭,所以胯下的坐骑,年年都要修剪它的蹄子,用铲刀铲去角质外沿,用镰刀剜掉那发臭的死肉,然后给修好的蹄子上,敲敲打打,钉上铁制的马掌。这马掌大约最初是一块"U"状的马蹄铁,后来人们又给这马蹄铁上,安装上四颗防滑螺钉。马有了蹄铁,夏天走在滚烫的戈壁沙漠上,马蹄不致烫伤,而冬天马蹄铁的作用就更大了。马奔驰在冰河上时,四颗防滑螺钉,可以牢牢地抓住冰面。我们副连长的黑马,所以能够毫不费力地追上牧民的马群,就是因为牧民的马没有钉掌,蹄铁与防滑螺钉,能更好地抓地,从而大大提高奔驰的效率。

一九七五年的春天,我曾经带领我们班将全站的马匹,齐齐地给它们钉了一遍掌。而我的文学处女作——《边防线上》组诗,有一首就是写钉马掌的,诗的题目叫《装蹄员的心》。

这钉马掌的工作是这样子的。先用几根圆木,竖立四根,横担两根,扎成一个马架子。把马拉来,倒退着塞进架子里。装蹄员这时候要靠近,一扑钻进马肚子下面去,然后抱起马的一条腿,并让腿弯曲,把蹄子翻过来。马会踢,牛会弹。所以不要怕,钻进它肚子底下,它就踢不着你了。这时候给马蹄下面,垫一个木桩,然后把蹄子搭上面,开始把一个铲子夹在胳肢窝里,双腿一蹬,奋力铲下去。如果有去年残留的蹄铁、蹄钉,得先把它们清理掉。铲完蹄子,再剜去蹄心窝里的腐肉,就可以钉掌了。小锤子叮当响,把钉子钉了下去。如果要加四颗防滑螺钉,这时候拧上它。那钉掌的最后一道工序是,用小锤子,把马蹄上露出来的钉子尖窝回去。再用小镰刀,将马蹄的角质部分削圆,和蹄铁等齐。一只蹄子钉完了,再钉另一只蹄子。多么艰难的工作呀!

记得,在这次行程之初,我的任务是向道路致敬,同时,也是向草原致敬,向马致敬。此一刻,我就这样做了。在汗血宝马的故乡,谈论马,那是一件多么奢侈的事情呀!

◆ 大游牧者

　　游牧是在干旱草原地区通过骑马移动放牧的方式利用水草资源，以获取生活资料，并保持草场可持续利用的生活方式。现代考古发掘逐渐证明，游牧诞生的时间不会早于公元前1000年。有史可查的最早的游牧民族是公元前8世纪中叶，分布于阿尔泰山以西的西徐亚人，被称为斯基泰人。

　　游牧民族指的是以游牧为主要生产生活方式的民族，但是游牧民族也并不是居无定所，从中外的史集来看游牧民族是有隐秘的定居据点的。在游牧生产活动中，牧民并不如人们所想的那样无拘无束、自由自在。他们生活忙碌、艰苦，并经常遭遇一些难以预测的风险。

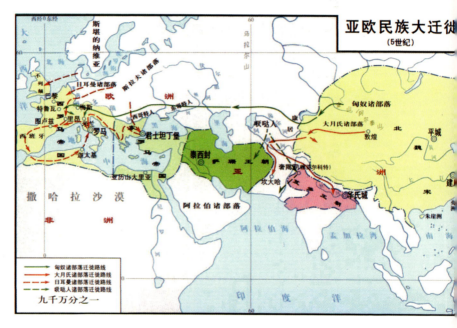

亚欧民族大迁徙(《世界历史地图集》张芝联等主编)

公元纪年开始前的五百年到一百年中，这辽阔中亚地面是迁徙者、游牧者、征战者横行无忌的年代。这些马上蛮族以帕米尔高原、天山、阿尔泰山为依托，风一样在这块世界的大猎场上来去。我们能够较为确切地知道的原住民大约是斯泰基人，也就是塞种、塞人。那是一个混淆不清的年代。人类学家将那个时代叫中亚古族大漂移时期。

匈奴人在那个时期，突然强盛起来，一个草原王诞生了，他就是冒顿大帝，一个被称为天之骄子、王中之王的人。一个深深镌刻于中国史书中的牧羊人。他曾经将汉高祖引诱到雁北草原的白登山，然后四面合围，刘邦的三万大军被歼灭，只带了两千人的亲兵，龟缩在白登山上。也许第二天早晨，冒顿的猎猎狼旗一挥，骑士们攻上山去，大汉王朝就没有了，中国的二十四史就得重写。夜来，刘邦采纳了陈平的计策，贿赂了冒顿的妻子。这样阏夫人网开一面，放刘邦从她的裙裾下逃走。

冒顿还率他的草原大军，攻破六盘山下的萧关，顺马莲河古道抵达咸阳渭河桥头。已经能看见长安城的角楼了。属下问他，不能再往前走了吧？匈奴人的疆界在哪里？冒顿于是说了一句流传两千多年的话，这话说：匈奴人的牛羊吃草到哪里，哪里就是我们的疆界。

这是世界编年史上的第一个草原帝国，那时的匈奴号称"百蛮之国"，意思是说这个国家是由一百个蛮国或蛮族滚动而成的。笔者灯下翻书，匈奴人去年有三万牙帐，意思是说有三万个家庭，第二年雨水充足，人丁兴旺，又得到雪山草原的庇护，上苍的恩赐，于是有了十万牙帐。开始我不明白，纵然人口繁殖得再快，也不能这样迅速翻倍增长呀！后来看《蒙古秘史》，成吉思汗与宰相的答问，当成吉思汗问他的宰相，怎么界定我们成吉思汗蒙古人时，宰相说：凡是世世代代居住在毡房和帐篷里的游牧人，都是咱们蒙古人。这样，成吉思汗每攻取一个地方，这里便成为蒙古人的一个部落。这就是蒙古人一夜间崛起于北方大漠的全部秘密。也就是在此前蠕蠕人的草原上的黑铁匠、突厥人突然崛起以及匈奴人突然崛起于漠北的全部奥秘。我在凤凰卫视世纪大讲堂的演讲中，当听众提问时，曾讲过这个话题。

北京大学的学生们问我，匈奴人、突厥人、蒙古人，它们有直接或间接的传承关系吗？我的回答说有的。我以陈序经教授《匈奴史稿》中的说法作举。我说，他们以草原狼作为图腾，以萨满教作为原始宗教，他们的生活习俗、服饰、军事建制以及攻城略地的方式，他们的相貌、体型等等，都何其相似乃尔。说到这里的时候，我引用了上面宰相的那段话，我说，每一个草原帝国突然崛起于北方，于大漠深处，他们的民族，他们所建立的国家，其实都是一个混杂着各游牧部落的游牧民族共同体。

当北匈奴王郅支大单于在北迁的途中，被大汉王朝北庭都护府的副都尉陈汤斩杀于伊塞克湖畔的时候，世人以为，这个横行无忌的古游牧民族的西迁一支，就像草原上的潜流河一样，就此消失于地表之上。谁知在二百年后，他们穿越了里海、黑海荒凉的碱滩，高加索险峻的群山，波罗的海云彩飘浮的天空，突然从喀尔巴阡山上冲入东欧平原，随后就是伟大的世界征服者，被惊呼为上帝之鞭的阿提拉的出现。记载上说，阿提拉的麾下有三十万草原上各游牧民族组成的庞大队伍。而在阿提拉的马蹄踏遍欧罗巴大地时，他每攻陷一个地方，比如今天的德国、今天的法国、今天的英国时，就以这里的人们组成的战队,作为下一次进攻的先头军。

阿提拉大帝死于公元四五三年。而在前一年,也就是公元四五二年,这位大游牧者已经完成了他对欧罗巴大陆全境的占领。最后,三十万大军将罗马帝国的首都罗马城团团围住。大约围城有半月时间,另一种说法是半年时间。如果阿提拉的独耳狼旗一挥,世界历史也许就将重写了。罗马皇帝瓦伦提尼安三世已经化装成平民逃出城去。罗马城城务现在由红衣大主教利奥一世主持。利奥一世一个星夜,化装出城,来到阿提拉的帐篷内与阿提拉签了一个城下之盟,这样阿提拉才结束了他的围城。

城下之盟主要有两项内容,一是将罗马帝国每年赋税的一半,上缴给建都布达佩斯的阿提拉匈人帝国,二是将罗马皇帝的妹妹敬诺利亚公主婚配给阿提拉。这样阿提拉同意了,撤兵了。他在罗马城外的军帐中举行了一个有唢呐吹奏、秧歌伴舞的婚礼,当然也少不得大家都伶仃大醉,然后第二日太阳冒红时,马的屁股后面驮着美丽的罗马公主,打马上路,拔营回程。

一年后,在布达佩斯,阿提拉大帝神秘死亡。那时候敬诺利亚公主已经怀有身孕。宰相,一个欧洲当地人,陪着公主掉头向东,回到东罗马首都君士坦丁堡。十月怀胎,公主生下一个男孩,取名叫"凯撒",也就是拉丁文"不正常状态下出生的人"的意思。这个男孩长大后,也做了罗马皇帝。罗马帝国历史上有三个名叫"凯撒"的皇帝,他不是那最有名的那个。

阿提拉既死,他的那个由草原上各游牧民族所组成的三十万庞大军队,一夜间如鸟兽散。记载上说,他的二十几个儿子率领军队,退缩回俄罗斯草原上,旋即被缓过来的罗马帝国军队,一路追打,逐个歼灭。

阿提拉的最小的儿子名叫夸腾齐克,他被俘虏和斩首,他的头颅被割下来,悬挂在君士坦丁堡的大游乐场的过道,一任风干。那些绅士贵妇去赴一场大型狂欢,从过道经过时,伸出戴手套的手,指着头颅说,这是一位从亚洲高原过来的牧羊人,他的父亲是阿提拉,他的曾祖是郅支,他的远祖是冒顿。

那些失败者后来都退回到俄罗斯草原去了。接着他们融入那块土地。俄罗斯境内有许多民族,大约近二百个吧!他们成为了他们中的一部分。当然他们的原住民是东斯拉夫人,但是,在这两千年中,风一样的来去中,会有许多的成分加入。包括后来成吉思汗大军,攻破莫斯科城,建立金帐汗国,包括后来的中亚枭雄跛子帖木儿对俄罗斯的侵袭,大败金帐汗国于高加索地区。这些,都使这块地面,因了东方鞑靼人的到来,人种结构发生了许多改变。

难怪康熙帝问属下,这些自称俄罗斯使者的人,是些什么人?属下回答:他们来自北方一个草原帝国,匈奴人曾统治过那个地方,他们很有可能就是遥远年代的迁徙到欧罗巴大陆的北匈奴人。而又难怪,我的行旅走到白俄罗斯首都明斯克时,在那条穿城而过的第聂伯河的支流上,一位白俄罗斯作家对我说:你们叫我们白俄罗斯,这不准确,那边叫俄罗斯我们叫白罗斯,乌克兰叫乌罗斯,虽然都是东斯拉夫人种,但是,我们更纯正一些,而他们已经融入许多来自东方的鞑靼人的成分了。

法国小说家格鲁塞在《草原帝国》一书中说:

> 阿提拉、成吉思汗、帖木儿……他们的名字出现在所有回忆录里。西方纪年学者们的、中国或波斯的编年史家们的记载里,把他们的形象大众化了。他们,伟大的野蛮人,出现于完全文明化了的时代,而在几年之间突然地把罗马世界、伊朗世界或中国世界变成一堆废墟。他们的来临,他们的动作和他们的失踪,似乎都是难以解释的,以至

匈牙利首都布达佩斯英雄广场上的阿提拉雕像

于实际的历史,将这些人看作是上帝降下来的灾难,对古老的各种文明的一种惩罚。

但是,人类从来不曾是大地之子以外的东西。大地说明了他们,环境决定了他们。只要认识到他们的生存方式,则他们的动作和他们的行为便会即刻一目了然的。草原制定了这种体格矮小和粗短的人,他们是不可驯服的,因为他们继续存在于那样的自然条件下。高原上的烈风,严寒酷暑把他们的面孔塑成为有细长眼睛的、颅骨突出的、汗毛稀少的,把他们的多节的身体坚硬化了。随移水草而居的畜牧生活的需要决定了他们的游牧制度,游牧经济的条件是他们和定居人民发生了关系,这种定居关系有时候是懦怯性的借贷,有时则是屠杀性的掠夺。

如果将出人意料地切断了我们历史的那三四个亚洲大游牧者,当作一件意外的事情,那是出于我们的无知。他们中有三个人实现了这种惊人的宏图,成为世界的征服者,但是还有多少阿提拉和成吉思汗,并没有成功。

是的,在这块被称为欧亚大草原的大斗猎场上,那三个大游牧者,只是侥幸的偶然的成功者。相信,还有更多的游牧人,还没有走出他的那片草原,就无名无姓地倒毙在了路旁。而还有更多的游牧人,怀揣着征服世界的梦想,准备在明天早晨登程上路。

东望长安城

在汉唐之间东西方文化交流的地图上,长安无疑是两千多年前"丝绸之路"的起点和东西方文化交流荟萃的盛地。当时欧亚大陆上外国人都将长安称为"胡姆丹"(Khumdan),在敦煌发现的写于西晋末年(312年前后)的粟特文信件真实地记载了西域各国经商贸易者称呼的"胡姆丹"就是中国长安。这证明长安外来译名"胡姆丹"作为一个国际性词语走进了千年历史的民族记忆,更是在古罗马、叙利亚、波斯等异邦远域传扬流播,在世界文明史上产生过重大影响。因此,长安一词成为现代西安历史文化的象征符号,在这块土地上留下了举世瞩目的外来文明遗产,值得人们仔细回味与衡量。

隋唐的皇室出身于汉人豪族和鲜卑权贵共同组成的关陇集团,也正是出于这种带有"胡风"的"混血",让内敛的中原汉族文化有了接纳外来民族和文化的底气。唐太宗李世民曾说:"自古皆贵中华,贱夷狄,朕独爱之如一。"大唐帝国成为中华民族的历史上最为开放与包容的国度。

大明宫遗址

王维《和贾舍人早朝大明宫之作》诗云：绛帻鸡人报晓筹，尚衣方进翠云裘。九天阊阖开宫殿，万国衣冠拜冕旒。日色才临仙掌动，香烟欲傍衮龙浮。朝罢须裁五色诏，佩声归向凤池头。

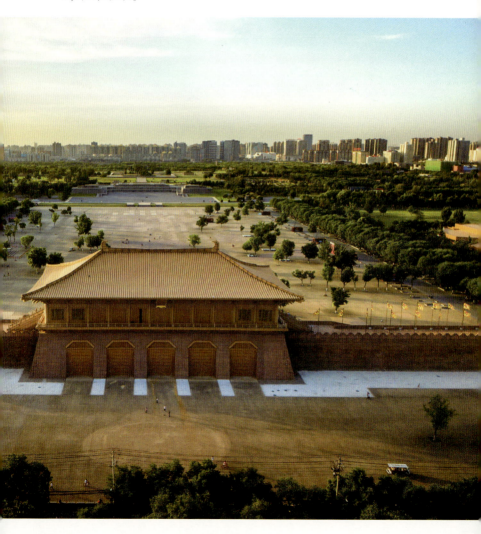

阿尔泰山像一个高耸的屏障，或者说像一个平铺的舞台。它的鱼脊般的东面一翼，是蒙古高原，是狼居胥山，是蒙古国首都乌兰巴托，更东边则是满洲里，是白山黑水。它的鱼脊般的西边一翼，依次是哈萨克草原，是吉尔吉斯草原，是突厥草原以及俄罗斯草原。

阿尔泰山的西边一翼，还可以更辽阔地展开，一直越过高加索山脉，越过伏尔加河、顿河、涅瓦河、第聂伯河，抵达东欧平原。如果这里我们讲一下欧亚地理大格局的话，那结论就是平铺在这块欧亚大陆中心位置的这个大草原，是一个游牧民族表演的大舞台。千百年来，草原在时时沸腾着，他们以八十年为一个周期，这些游牧者们，或涌向世界的东方首都长安，或涌向世界的西方首都罗马，向农耕文明、定居文明、城市文明索要生存空间。

中国人修筑了长城，修筑了直达遥远边疆的秦直道。他们沿着农耕线与游牧线交汇处，筑起这被称为"边墙"的长城。历代王朝的统治者，大约至死也不明白，为什么这些游牧人每隔一个时期，便越过长城线呼啸而来，马蹄过处，和平的村庄、富饶的田野遭到践踏。他们哒哒的马蹄，甚至抵达长安城外三十里地的渭河北岸，有的甚至破了城郭，在皇城里撒野了一回。例如东突厥人，他们就占领了长安城一个星期。

那顺着著名的马连道抵达长安城三十里地的是匈奴冒顿大单于。记得我们前面说过，他正是勒马站在咸阳桥头，手指长安城，说过那段著名的话的。进入过长安城,或者说攻陷了长安城,并且在城中短暂地驻留了一个礼拜的则是东突厥大可汗。

李世民奠定大唐帝国基业的最后一战,正是与东突厥在马莲道的那场大战。史书上说,他俘虏东突厥颉利可汗,将其流放河西地,东突厥五十万战俘,则被押解回长安城,成为城市居民,以填补城市之空。西突厥于是逃逸至中亚、西亚。

东突厥浩劫后的长安城,败落之状令人不忍细看。全城只剩下四千口居民,只剩下四辆牛拉车,在后来的一百零八坊,吱吱呀呀地走着。李世民填五十万东突厥战俘成为这座空城的居民,长安四周,又有一些战乱流民入城,这样全城人口就达到了一百多万。而到唐高宗李治与武则天年代,人口就更多一些了,密密匝匝地充斥满城。一代高僧玄奘大行,前去吊唁的居民信众达二百多万人,这个数字说明,长安城那时候的常住人口,最少已经有二百多万了。

所以古长安的人口胡汉混杂,这是不争的事实。游牧文化对这座城市的影响,以及对整个长江以北广大区域的影响,那是确凿的,以致延续至今。冒顿大单于的名号"冒顿"两个字,古发音叫"谋犊"。"谋犊"就是"毛孩子"的意思,西安城中一个小品艺术家就把自己叫"王木犊",其实也是这两个字。"谋"是什么意思呢?"谋"就是"毛"的意思,或"绒毛""细毛"的意思。"谋犊娃"就是乳毛未脱的小孩子的意思,"谋野人"就是毛野人的意思。而身上长的汗毛叫"满身谋",桃子未成熟时,长满白毛的毛桃,叫"谋桃","犊"这个字很好理解,牛犊子,小牛的意思。如是说来,冒顿这个称谓,吐露了这个世界历史上建立第一个草原帝国的大游牧者,他在还是毛孩子的时候,就登基上位,成为匈奴大单于。

同时也说明,古长安城与游牧民族,尤其是匈奴人的那种千丝万缕的联系。谁影响了谁的文化呢?互为影响吧!

见证了无数历史过往的大雁塔

鹰顶金冠

鄂尔多斯市青铜文化广场上以匈奴鹰顶金冠为造型的建筑

顺便插一句，已故的天才小说家刘绍棠先生，在他行将就木之前，曾给笔者写过一封短信。他是看了拙作《最后一个匈奴》后给我写这信的。先生说他是河北人，自幼生长在运河岸边，运河两岸各有一个刘村，天下匈奴遍地刘。他一直疑心他们是匈奴的后裔，他还为此写过一个中篇小说，叫《一河二刘》。

前不久，中国社会科学院一位年轻的学者找到我，拿出他的最新研究成果。成果说，从轩辕氏开始，以至夏朝，商朝，那时的国体，都有游牧性质，或半农耕半游牧性质。农耕成为这个东方文化板块的主体，是从周开始，从尧帝舜帝的农业官后稷开始。

中国文学的第一件作品叫《击壤歌》或者叫《尧舜古歌》。它笔墨虽嫌简约，但是还是准确地记录了当时田园农耕情景和农人的心理状态。"日出而作，日入而息，耕田而食，崛井而饮，帝力于我何有哉！"

渭河平原地面最大的一次民族交融，是那次西周末年申侯搬来的西戎大军，斩杀周幽王于骊山烽火台下那次（当然，后来还有许多次这类民族交融的事情发生）。渭河平原上扎满了帐篷，各路西戎大军事成之后迟迟不退，并且听任他们的马、牛、羊在庄稼地撒野。骊山过去叫临潼山，因为驻着骊戎，所以就成了骊山。黄河西岸沿线，古梁国地面，也驻满了帐篷。那个后来与秦国老皇后发生过许多故事的义渠戎，则驻营于陇东高原与陕北高原接壤的庆阳城。

中国历史上西周王朝，递进到东周王朝，就是在这个时期发生的，请神容易送神难，眼见得轰不走他们，继位的周平王说，惹不起还躲不起，那咱迁都吧！这样周王朝从丰镐二京，迁到东京洛阳。丰镐二京在西，所以称西周，洛阳城在东，所以称东周。

我们的叙述有些东拉西扯，其实它始终在围绕一条主线，这条主线就是游牧文化对这个东方文明板块的形成期和发展期所给予的重

骊山望关中

要影响,那胡羯之血对农耕文明的重要影响。

笔者在凤凰世纪大讲堂演讲时,以下面这一段话作为结束语:

> 站在长城线外,向中原大地瞭望,你会发觉,摇头晃脑的史学家们为我们讲述的二十四史正史观点在这里轰然倒地。从这个角度看,这个东方文明板块的历史,数千年来是以这样的形态存在着的,即每当那以农耕文明为主体的中华文明,日益孱弱,难以为继时,羌笛羯鼓起于北方,游牧民族的马蹄哒哒呼啸而来,越过长城线,从而给这停滞的文明以新的胡羯之血。

这篇讲稿原来的标题叫《胡羯之血与中华文明》。"胡羯之血"是国学大师陈寅恪先生的话。他说:李唐王朝身上亦有胡羯之血。后来节目播出时,编辑觉得"胡羯之血"这个字眼有点生涩,于是将演讲的题目改成《游牧文化与中华文明》。

汤因比笔下的那些游牧于阿尔泰山山脉的中亚古族,他们几乎都与中华文明板块有过或深或浅的接触。我们曾经面对这散布在草原上的古老坟墓遗址,为好奇心所驱使,产生过许多欲以探其究竟的冲动。选一座古墓葬遗址,用洛阳铲挖掘下去,解剖一个麻雀,去做那长长的历史探询。

就在我们在这里坐以论道的时候,有一位可敬的教授,其实在十年前就开始做这件事情了,他叫王建新,西北大学教授,中亚史研究专家,他所选择挖掘的与科考题目是大月氏人的墓葬。这个中亚古族的发生地——丝绸之路东天山段,这个民族的迁徙地——巴尔喀什湖,这个民族曾经休养和生息过一段时间的撒马尔罕,这个民族建立在阿富汗喀布尔城的、显赫一时的王国——贵霜王朝,以及贵霜王朝那为嚈哒所灭之后,他们重返塔里木盆地的故事。

西北大学是一所建在古都西安的综合性大学。在该校百年校庆时，我曾经给题写贺词说：秦砖汉瓦筑起西北第一高楼，经史子集奏响名校百年弦歌。该校的许多人文科学，都在全国层面处于领先地位，而在考古、中亚史、中亚游牧民族史研究方面，更是因了身处大西北的地理优势，领先和占据了更重要地位。

在这二百多个中亚古游牧民族中，挑选一个大月氏作为研究项目，用洛阳铲去惊扰那些古人的沉沉大梦，个中一个重要的原因，即他们乃是张骞当年凿空西域，万苦千辛，去寻找的对象。正是为了寻找他们，张骞的脚下一不小心，踩出了一条西域道。在丝绸之路这个话题大热的今天，关注大月氏人，寻找他们那消失在历史迷宫中那悲惨的背影，就是一件顺理成章的事情了。

第一次寻找大月氏是张骞和他的团队做的，这第二次寻找则是王建新教授和他的团队做的。不同的是，张骞团队寻找的是国王和王城，王教授团队寻找的是古墓葬遗址。

我此刻的行程是在阿什哈巴德，在里海岸边，站在这个位置上遥望东方，谈论古长安城，行旅者本人的心目中，充满一种奇异的感觉。

记得在我前面讲述土库曼斯坦的老梅尔古城时，我说，这座两千八百年前的游牧人建立的古城，与一千六百年前匈奴人建在陕北高原的统万城，何其相似乃尔。那么这说明了什么呢？说明在这块坦荡无垠的欧亚大草原上，游牧民族今日东海，明日南山，他们的触角或向东或向西，深深地嵌入农耕地区，说明他们自己之间，也有过历史的交融和融合。只是，这些我们不知道罢了。

◆ 里海的白轮船

　　里海虽称海,但却是一个巨大的内陆咸水湖,因为其面积足够大,以及其性质偏向于海水,所以叫海。里海位于欧洲和亚洲的交界处,是世界上最大的湖泊,是世界上最大的咸水湖,也是世界上接壤周边国家最多的湖,一共与5个国家接壤。

　　里海拥有与海洋相似的生态系统,海运业发达。里海在地理学上属性为'海迹湖',它与黑海最后分离成为一个内陆湖泊,距今不过1.1万多年。它长约1200公里,宽平均为320公里,有伏尔加河、乌拉尔河等大小130多条河的河水流入。里海的南面和西南面被厄尔布尔士山脉和高加索山脉所环抱,其他几面是低平的平原和低地。湖水总容积为76000立方公里。里海有50个岛屿,多为小岛。西北部的车臣岛最大,其次有秋列尼岛、莫尔斯科依岛、库拉雷岛、日洛依岛和奥古尔钦斯基岛。

土库曼巴希港口

土库曼巴希是里海土库曼斯坦一侧的港口,海岸边的褐红色山崖,隔里海正对着亚洲与欧洲的界山——高加索山脉。

黑海、高加索山脉、里海以及乌拉尔山脉,共同构成地理学意义上的亚洲、欧洲分界线。

我们的车行从土库曼斯坦首都阿什哈巴德出发，一天的行程，抵达里海岸边。这大约是土库曼斯坦最靠西的城市了。它叫土库曼巴希。沿着海岸边，突兀地生长出一溜红色的石山，迎着我们来路的这座红山为最高。立在路旁，红色的悬崖扇形地展开，像一面拓展的旗帜。后面的山稍微平缓了一点。城市居民区就在这扇向阳的坡坎上。

土库曼巴希在苏联时期，是著名的滨海旅游城市。劳动模范、作家、疗养期的病人，会作为福利性质，被安排到这里度假。中亚细亚的夏天，临着这一湾绿水，倒还是有一些凉意的。不过现在，游客已经十分稀少。宽敞讲究的宾馆，仅仅只住着我们这个车队。

里海是世界上最大的湖泊，位于欧洲和亚洲的交界处。它长约一千二百公里，宽平均为三百二十公里，有伏尔加河、乌拉尔河和捷列克河等一百三十多条河流注入。里海与咸海、地中海、黑海、亚速海等原来都是古地中海的一部分，经过海陆演变，地中海逐渐缩小，上述各海也逐渐改变它们的轮廓、面积和深度。所以，今里海是古地中海的一部分，地理学称之为"海迹湖"。

那么它究竟是"海"还是"湖"呢？就在我们从此路经后不久，里海沿岸五个国家，土库曼斯坦、哈萨克斯坦、俄罗斯、阿塞拜疆举行了国家联席会议，提出了一个说法，这口号叫"里海不是海，也不是湖，若要给它一个准确的定义，那就是：它是一片水域。"

里海和黑海原本是连在一起的，它们的分开才是一万一千年前的事情。在时间的长河中,这个一万一千年简直可以简短到不计。由于地壳变化,抬升,它们一东一西,分成两个海。

里海的主要来水是那条著名的伏尔加河,就是歌曲《伏尔加船夫曲》里歌咏过的那条河流,也就是俄罗斯巡回画派代表作《伏尔加河上的纤夫》所描绘的那条河流。当我们的车风驰电掣般地从这地老天荒之境驶过时,有一条细细的河流,从草原深处蜿蜒地流来,导游说:"瞧,这就是伏尔加河!"导游的话我是有些不太相信的。河道并不宽,也就是三十米左右吧,水是极深的,而且十分湍急,水颜色深蓝。这湍急的流水将草原与沙丘地貌勒了一条很深的河床。

导游解释说,准确地讲,这只是二分之一的伏尔加河。伏尔加河在接近里海后,分成两支,主要的一支沿西岸往南流,另一支沿北岸往东流。河流为什么要这样做呢?我们不知道,也许它自己有它的原因吧!

土库曼巴希应当是一个相当大的里海码头。码头顺着海岸线,摆了有十多公里长。码头上摆满了伸着长臂的塔吊。早晨,当一轮红日从红色悬崖的那个方向升起时,整个海宇,整个码头便罩在一片梦幻般的红光中。

我们在土库曼巴希等待了两天半的时间,眼巴巴地等待着里海深处那艘白轮船的出现。那情景,就像吉尔吉斯斯坦作家艾特玛托夫在他的著名小说《白轮船》中所描述的那样:一个怀着梦想的孩子,渴望诗与远方的孩子,静静地等待着童话一样的白轮船,在苍茫的远方出现。

直到第三天的中午,这艘白轮船才在遥远的海平面上出现了。它好像不动一样。但确实是在动。在我们的注视下,它缓慢地、好像不太情愿地驶入了土库曼巴希码头。停泊的那一刻,它长长地、响亮地拉了一声汽笛。尖利的汽笛声让绕着白轮船烟囱飞翔的海鸥,哗一声四散。

土库曼巴希清晨的太阳

土库曼巴希码头海岸线上伸着长臂的塔吊。早晨,一轮红日从红色悬崖的那个方向升起时,整个海宇,整个码头便罩在一片梦幻般的红光中。

我们的汽车开始装船。我们自己则排着队伍通关，通关以后则踩着旋梯登船。给我开车的来自陕西村的司机艾迪，他的哈萨克斯坦护照，没能从土库曼斯坦入境，于是折回阿斯塔纳，然后从那里乘飞机到莫斯科，再与我们汇合。我的车，现在是由电视台一位年轻的编导代开。

在登上轮船的那一刻，我返身下船，拍了一段视频直播。以白轮船为背景，以里海的万顷苍茫为背景，趁着夕阳还残留一抹余晖，挂在远方的高加索山的山巅，光线尚好，我清清嗓子，对着镜头说：

"这里是里海，这里是土库曼巴希码头。请让我在这里，把自己站成一个路标，东边手指处是亚细亚大陆，西边手指处是欧罗巴大陆。欧陆与亚陆，本来就是一块连在一起的大陆板块，并没有明显的地理界线。通常，人们走伊朗、土耳其那一条道路进地中海，会把伊斯坦布尔城旁边的河上那座桥，作为欧亚大陆的分界线，而如是走里海、高加索、乌拉尔、成吉思汗三千里黄金道，这介于亚细亚与欧罗巴之间的里海就该是它的假定分界线了。"

在乘坐白轮船穿越里海的第一个夜晚，我的心脏病突然发作，这条小命差点扔到那块地老天荒的苍茫水域上了。现在想来，还是一阵后怕。

我住在二十二号房间，在轮船的第三层。房间很小，两边靠墙支两张床，中间放个床头柜，进门的地方有个十分狭窄的卫生间。和我同住一室的，是甘肃电视台的梁主任。里海的夜晚，冷极了，而我们房间的头顶有一只抽风机在拼命地嗡嗡着，在不停地把冷空气送进来。

上了船后，我先是摸摸索索地顺着铁楼梯爬上三层，找到自己的房间，接着，接到通知说，要到停在底舱里的汽车上去取行李。我本来也没有什么行李，但是手机要充电，而烧水壶得拿上来，还有那一大包的药。这样，我又摸摸索索下到一层，然后再寻找进入底舱的门户。攀着铁楼梯往下走着,好容易下到底了,然后寻找我的十号车。十号车找到了,取下行李,然后再往上攀。我的心口突突地跳着,脸色苍白,冷汗直冒,扶着栏杆歇息了几次,才重新回到二十二号房间。

回到房间摸摸索索地泡了包方便面吃了。吃完后便和衣躺下。床上什么也没有,只一个硬木板,木板上铺着一个颜色已经发灰了的旧床单。我和衣躺下,蜷缩成一团。头顶上的抽风机,在使劲地叫着,冷风一波一波地往我身上吹。这应该是轮船的最高一层,它的上面就是里海冷风呼啸的上空。我冷得实在受不了了,于是将梁主任唤醒,问他能不能将这抽风机关掉。梁主任起来摸索了半天,说关不掉,这好像是船上的一个什么装置,统一管理着的。

我就这样迷迷糊糊地睡着了。睡到半夜的时候,被冻醒了,全身不停地哆嗦,打着冷战,上牙齿嘎嘎地磕碰着下牙齿。最要命的是气上不来了,两条腿还在使劲地抽搐。我明白,这是心脏病发作了。

在我的漂泊的命运中,在我动荡的生活中,突发过三次心脏病。一次是在甘南草原上,一次是在云南玉龙雪山,而这次,算是第三次了。我没有再叫醒梁主任,我决心自己来处理这件事。

你见过猫儿的死亡吗?猫儿在知道自己要死了,他不愿惊动这个世界。而是从主人的家里悄无声息地走出,然后来到森林中,或旷野上,或一堵墙的拐角,然后用爪子,象征性地刨上一个坑,自己卧在坑里,闭上眼睛去迎接那死亡。

早年间,在我居住的县城里,有一个乞丐,每天他从县城乞讨回来,都要在路上捡上一块砖头。他住在城郊的破窑里,没有人知道他捡这块砖头干什么。直到有一天,全城人都突然想起,怎么这么久不见那个乞丐的身影了呢?没有他,这城市好像缺少了点什么似的。于是,人们寻找到乞丐居住的那个破窑,结果发现,这破窑迎面的那一堵墙,那门那窗已经被砖头严严实实地堵住了。原来这乞丐捡砖头,就是为了这事。原来这砖头捡得可以将门窗封死的那一天，就是乞丐不惊不扰，离开人世的那一天。

我摸摸索索地掏出一瓶速效救心丸，倒了一把在手心，然后数也不数，将它们填进嘴里，压在舌头底下。热水壶当初泡完方便面后，还剩点水底子，我就把这口水喝了。这速效救心丸是我临出发时，年迈的母亲从她的口袋里掏出来的，她说也许能用得上。而现在，果然用上了。

还有一个小瓶子，装着老山参粉，这是一位企业家朋友，专门为我此行制备的。我于是又将这粉末，搓了一撮在口中。

接下来的事情是我想上厕所。肚子鼓了一股气。我想如果能放两个屁，或拉一泡大便，这气就放了，脑压就降下来了。于是我摸摸索索地溜下床，鞋也不敢穿，怕一低头，栽倒，就再也爬不起来了。这样我光着脚，扶着床沿，扶着墙壁来到卫生间。

我坐在马桶上使劲地努了好半天，突然有两个响屁放出来，接着哗啦一声，一泡稀屎拉出来了。身体于是一下子松弛下来。头也不像刚才那么晕了，现在头上有冷汗冒出。

"我得救了！我没有在这个名叫里海的地方，给团队添麻烦！"我鼻子有些发酸，哽咽着说。

当重新回到床上的时候，我的身体也不像刚才那么冷了。响动声惊醒了邻床的梁主任，采访了一天的他，睡梦中问我有什么事，要不要帮忙。我说不用了，岁月静好。

我静静地躺在床上，再也不能入睡，就这样想着事情一直挨到天明。在那段时间我回想自己的一生，回想着自己还欠这个世界什么账单，回想着生命是如此脆弱和短促，从这个白轮船时刻开始，余生该拣一些重要的事情做才是。

门外传来了嘈杂声，我披上衣服，扶着墙壁向外走去。同室的梁主任早已起了，带着架子去了甲板，正在拍这里海的日出。

里海的水是碱水，浅处是青灰色的，深处是蔚蓝色的。天空亦是一片灰蒙，浮云低垂在海面上。成群的海鸥在绕着轮船翻飞。一枚鲜红得像要滴血的太阳，从东方的海平面缓缓升起，仪态万方地君临我们的头顶。太阳的红光反射在海面上，海水出现千变万化的色彩。

那甲板挤满了人。大家都在看海，还有人攀上那高高的塔上去拍照。原来这轮船上还载了这么多的人。猛然，大家看见远处出现了的海岸，出现了有着高高吊臂的码头，尤其是，大家看见了那面红色的悬崖。

"巴库到了。巴库！巴库！"甲板上已经有人叫喊起来。但是喊声很快就停止了。因为我们的船就要驶向的码头，更像是我们昨晚上离开的土库曼巴希。后来，判断被证实了，果然船只要停靠的码头是土库曼巴希。接着又嘈嘈起来，说我们的船上有一名恐怖分子，所以行驶中被勒令返回。这个传言很快得到了证实，只见两个穿着制服的人，从船上押了一名乘客。乘客被反剪着双手，带下船去。

这艘白轮船又停泊了一会儿，好像在思考什么问题似的。终于，谢天谢地，它开始动了。汽笛长鸣一声，船分开海水，又向深海中驶去。

第三个早晨，白轮船终于抵达阿塞拜疆首都巴库。巴库那堆满鲜花的山岗，高大伟岸的楼房建筑，以及码头广场，那和煦的秋日阳光，在拥抱疲惫的我们。

就在我们抵达巴库的同一时间，一辆中欧班次"长安号"货运列车也同一刻抵达。这是一辆自西安发车，终点站是阿塞拜疆巴库的中欧货运专列。车头上，"长安号"那三个大字好像是西安国际港务区的主任请我写的。

我们没有在巴库停留。将车从轮船上卸下来以后，就赶快驱车绕着里海岸边，一直向西北，前往俄罗斯高加索要塞。

在里海的白轮船上回望土库曼巴希

作者在土库曼巴希码头

东边手指处是亚细亚大陆,西边手指处是欧罗巴大陆。

中亚枭雄跛子帖木儿

帖木儿，帖木儿帝国创建者。绰号"帖木儿兰"（即"跛足帖木儿"）。帖木儿早年臣属于东察合台汗国。1362年，与内兄、赫拉特领主迷里忽辛起兵反抗东察合台贵族，通过扶持傀儡的方式分治河中地。1370年夺得西察合台汗国政权，自称"大埃米尔"，定都巴里黑，建立帖木儿帝国。后迁都撒马尔罕，改称"苏丹"。

1388年至1390年间，征服花剌子模、阿富汗，降伏东察合台汗国。在此期间，屡次西征，征服波斯全境。1391年及1395年，分别在昆都尔察河谷、捷列克河战役大败金帐汗脱脱迷失，北上扫荡金帐汗国。1398年东征印度德里苏丹国，摧毁德里、旁遮普、克什米尔地区。1399年起出征叙利亚，大败马穆鲁克王朝。1402年在安卡拉战役大败奥斯曼帝国。经过一系列的征服，形成东起北印度，西达小亚细亚，南濒阿拉伯海和波斯湾，北抵里海、咸海的大帝国。1404年11月，率20万军队准备攻打中国明朝，1405年2月病逝于讹答剌，享年69岁。其后裔巴布尔创建了印度莫卧儿帝国。

里海西岸的巴库港口

巴库位于大高加索山东端深入里海的阿普歇伦半岛,为岗丘起伏平原,并有沙丘、盐湖,富石油和天然气。

巴库是阿塞拜疆共和国首都,里海最大的一个港口,外高加索第一大城市和交通枢纽。

在这欧亚大穿越的行程中,我一直想找一个机会,用最平静、最客观的叙述,向中亚枭雄跛子帖木儿致敬。找一个最近的距离,找一个最佳的视角,把这个被民间高度神话了的人物,还原成为可以触摸的普通人。

现在这个地点找到了。在穿越高加索山脉的时候,人们说我们正在跨过的这条河,名叫捷列克河,是北高加索的主要河流。它的源头是大高加索山脉的深处,它的去向是远处的里海。这一处陡峭的河岸,湍急的水流,绵延铺展开的丘陵草原,正是当年帖木儿大帝与金帐汗国大汗脱脱迷失盘肠大战的古战场。这地方现在的名字叫达吉斯坦。不要看我们眼前所见者,平静,安谧,水流一澈见底,两岸绿草如茵,那六百多年前,这里是大兵团顺捷列克河两岸一字儿摆开,厮杀声响彻长长的河谷,血流漂橹,被砍落的人头满地乱滚的情形呀!

正是这捷列克河战役一仗,跛子帖木儿奠定了他以河中地(地理学上叫它图兰低地)为核心,以世界的十字路口撒马尔罕为都城的庞大帝国的基业,在灭掉金帐汗国之后,又逐渐地侵食和灭亡伊利汗国、窝阔台汗国、察合台汗国,将成吉思汗为他的四个儿子所设的四大汗国纳入帖木儿帝国的版图。

金帐汗国控制着的是最典型的北部草原路线。中国作家邓九刚写的长篇小说《驼道》,讲述的也正是这一丝绸之路成吉思汗三千里草原黄金道所发生的故事。由于驼铃叮咚,商旅奔走,所以中国人把这条道路叫"驼道",它是有别于自伊朗高原、奥斯曼帝国而进入地中海的另一条商道。从我的这次行走经验来看,这条道路过于漫长、空旷,草原狼出没,强盗断路,实属凶险之路。

商队从黄河大河套——鄂尔多斯地区出发,就可以沿着七河地区进入南西伯利亚,再通过高加索以北的各条支线,抵达热那亚共和国控制的克里米亚港口——卡法,或是亚速海上的亚速城,如果转向北方就可以走俄罗斯城市抵达立陶宛控制的波罗的海东岸。当然也可以经乌克兰大草原西进,抵达波兰控制下的利沃夫城。至于金帐汗国的都城萨莱,就是这个贸易网络的中心。

而立国河中地的帖木儿汗国,控制的是典型的中部贸易路线。商队无论是从七河流域出发,还是选择更狭窄的费尔干纳,都要以河中地区作为十字路口,再通过撒马尔罕这样的绿洲大城后,可以选择向南去往印度河流域,或者向西进入花剌子模与呼罗珊。

所以这帖木儿汗国与金帐汗国的捷列克河之战,是地缘政治的产物,同时也是商贸往来的产物,是为争夺丝绸之路草原道枢纽地控制权而战。

这情形正如立国于大河套地区的西夏王朝,以黑城为屯兵之城,完成对河西走廊四郡,对阳关、玉门关的占领一样,西夏的目的,也是为了争夺这财源滚滚的欧亚贸易通道。而实际的情形也确实是这样的。由于陆上丝绸之路的堵塞,由于中国的政治经济中心东移,于是海上丝绸之路兴起,而昔日繁荣昌盛的陆上丝绸之路,逐渐寂寥。

公元一三九一年,约七万人的帖木儿骑兵从撒马尔罕出发,首先向西进入伊朗地区,在控制了位于波斯和两河流域(幼发拉底河和底格里斯河)的外围地盘后,开始向北翻越高加索山脉。公元一三九五年,大军进驻到捷列克河流域,来到南岸,向北岸的金帐汗国脱脱迷失大汗叫阵。

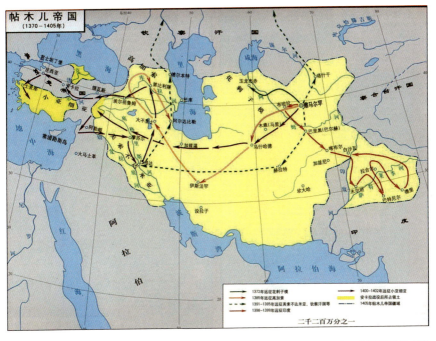

帖木儿帝国疆域示意图

战争已经不可避免。金帐军队被迫在河的北岸列阵，全力堵住捷列克河上的主要渡口。他们的兵力相当，帖木儿汗国是倾一国之兵，金帐汗国也是倾一国之兵。因此，谁战胜谁都是情理之中的事情，变局只在于双方统帅的排兵布阵以及临场应变能力。

中亚枭雄跛子帖木儿先是数次拔营移动军队，带着金帐人在河对岸跟着移动。如是三天后，下令留在营地里的随军妇女和后勤人员都换上士兵服饰，以便迷惑疲惫不堪被拖得疲于奔命的对手。然后自己率领主力军，在暗夜里偷偷移动到下一个渡口，顺利渡过了捷列克河。

一三九五年四月二十二日，脱脱迷失终于决定今天有你没我，有我没你，来一场决一死战。他的部队靠着捷列克河的河岸展开，意大利投石炮支起，形成了一条长达五公里的防线。帖木儿对此是求之不得，也立刻将麾下的七个军团按照常规操作布阵。在最初阶段，当帖木儿大军还没有完全渡过捷列克河时，脱脱迷失军队还占有一定的优势，但是随着渡河完成，帖木儿将他的兵团一字儿排开，并挖掘好战壕和工事，埋伏好弓弩手，战局就开始改变了。

在最初以及后来的相持阶段，脱脱迷失的可汗卫队，金帐突厥，曾经对帖木儿军左翼构成了大范围侧击。溃败逃跑的帖木儿军，将敌人引入帖木儿临时搭起的大帐，帖木儿本人也被迫陷入近身肉搏。最后靠着中路闻讯赶来的五十名骑兵救驾，方化险为夷。

更为血腥的战斗在中路上演。为脱脱迷失作战的步兵成功挡住了河中骑兵的几轮攻击，并出动俄罗斯贵族亲卫队进行反攻。但这些人又接着被河中步兵的壕沟阵地所阻挡，遭遇到从两翼合围而来的帖木儿骑兵夹击。俄罗斯人的骑兵败退后，河中骑兵再次扑向对手的步兵盾墙。后来，意大利雇佣兵和俄罗斯步兵一起慢慢将战线推向了帖木儿军阵地。使用重型战斧和戟的披甲战士，开始破坏木板工事，为身后的同伴杀出一条血路。河中步兵一面用长矛和佩刀抵御，一面依靠迂回的骑兵，让对方暂时停下。

相持中，谁的意志稍微薄弱一点，谁就会崩溃。在惨烈的各条战线上，金帐军队的右翼却突然掉了链子。原来两位突厥指挥官因为久攻不克而发生激烈争吵，使得部分人愤然退出。此时的帖木儿右翼已经获得优势，他们迅速调转矛头向着金帐中路军猛攻。脱脱迷失已经没有多余的部队可供调遣了，自己也遭到越来越多的追兵攻击。眼见得胜利无望，于是带着少数随从逃离战场。

战役的最后时期，帖木儿调兵增援被压制的左翼，从而完成了对脱脱迷失部队的最后一击。在确认自己完全获胜之后，帖木儿迅速地整顿了全军秩序，开调精锐骑兵开始追击，希望能够抓住脱脱迷失，但后者一头钻入附近的沼泽，向着伏尔加河流域逃去。

追至金帐汗国首都萨莱后，帖木儿一鼓作气，踏破该城，一把火将萨莱烧掉。出于打击金帐汗国威权的和重创北方贸易路线的考虑，帖木儿下令屠城，并将整座城市几乎完全摧毁。中亚之王的恐怖名声，也在伏尔加河开始蔓延，连远在北方的莫斯科都紧闭城门，准备防御帖木儿大军的到来。

站在捷列克河北岸高丘上，这脱脱迷失当年架设意大利投石炮的地方，这帖木儿当年强渡捷列克河的地方，我感到那厮杀声犹在昨日。我不明白帖木儿的七万大军，是如何渡河的。时逢四月，河流的春潮泛滥期已经到来，河面会比现在要宽上几倍，而河流会是很湍急的。我不明白他们会怎么渡河。如果有船只，那也是寥寥几艘，根本不够敷用。

记得我曾经在另外一本书里，写过阿提拉大帝率领着他的三十万的草原兄弟，横渡莱茵河的故事。三十万骑兵，一个猛冲跳入河中，河流被人和马瞬间填满。那些骑术好的士兵们，他们会在泅渡中一直骑在马的身上，当然前提是这匹马的游泳技术也要好。而更多的骑兵，他们是脱离了马背。掉进水里，然后用手抓住马的尾巴，马龙一样地在前面游动着，骑手在后面抓着马尾巴，就这样一直游到对岸。

帖木儿大军横渡捷列克河，大约也是会这样子。

大战过后的捷列克河谷，人的死尸、马的死尸，像草垛一样，堆满了河谷。还有一部分尸体漂入河中，堵塞了河流。河流被血染得通红，一条浸血的长带子，穿过草原，一直流向远处的里海。

帖木儿的出生地是号称世界的十字路口的撒马尔罕。过去的说法是，他是一个普通牧民的孩子，现在人们则认为他的父辈或祖辈应当是氏族酋长，或部落首领的角色。当然是低层的。他的族籍，他自称是成吉思汗黄金家族的后裔，但是专家给出的定语是：突厥化了的蒙古人。他和成吉思汗家族没有任何血脉关系，只是他曾经有一个妃子，是蒙古贵族、皇室后裔，再就是他在起事之前服役的东察合台汗国，是当年那四大汗国的延续和变化后的称谓。

至于他为什么是个跛子，是小时候得了小儿麻痹，一只脚跛了呢？还是少年时不小心坠马，断了一条腿，痊愈后就成了跛子？还有一种说法，说他是早年服役于东察合台汗国军队，打仗受伤的。这第三种说法是帖木儿本人自我介绍时说的。那些凡成就大事的人，张嘴就是谎言，所以他的话也不能当真。

有人说了，他不可能是早年小儿麻痹，这样当兵时体检过不了关的。诸位，一个跛子骑在马上，借助马的四条腿奔驰，只要他不下马，你是不知道他是个跛子的。即使下马，牵着马在草原上走几步，那又如何？长年累月地以马背为家的人，他们的膝盖会严重地弯曲，成为内罗圈，而坐在马鞍上的屁股，或者叫后臀，两疙瘩肉会严重地后坐，从而大马靴一穿，走起路来，也是一瘸一瘸的。比如我吧，当我从草原回到内地以后，每每有人问我：你的腿是怎么了？

帖木儿是帖木儿帝国的奠基人。一三七〇年，伤兵跛子帖木儿在他的家乡撒马尔罕起事。他杀死当时西察合台汗国的统治者忽辛，扶持傀儡统治者，自己则成为河中地的最高统治者。他宣称自己是察合台汗国的继承人，定都巴里黑，后迁都撒马尔罕，从而建立帖木儿帝国。

立国后，东攻东察合台汗国，继而，夺取波斯和阿富汗，攻占两河流域。一三八八年征服花剌子模。一三八九年到一三九五年，进攻金帐汗国（旧称钦察汗国），在著名的捷列克河战役中，灭脱脱迷失大军，并毁其首都萨莱城。一三九八年，顺阿姆河而上，进入北印度，入侵德里苏丹国，屠杀战俘十万人，战后撤出。一四〇〇年，帖木儿率兵进攻叙利亚，整个叙利亚领土被占领，名城大马士革被焚毁。

一四〇二年春，帖木儿动用十四万大军，进攻正处于上升阶段的奥斯曼帝国。七月二十日，在安卡拉战役中大败奥斯曼帝国，虏其苏丹（国王）。

上面说的只是一些大的战役，至于那些小的战役更是不计其数。例如距离撒马尔罕约八百公里的老梅尔古城，也是毁于他的铁骑之下，而最后一代土库曼斯坦苏丹被他杀死。老梅尔古城我们知道，这是中亚最早的城市，丝绸之路名城，建城至今已有两千八百年。

人生的晚年帖木儿大汗筹划和发动了他的最后一次军事冒险，开始了他对大明王朝朱棣的军事远征，他事先做了周密的战争准备，将河西走廊地面的军事布防、山形水势、汲水点等等，都派细作画了地图，对二十万大军的粮草供应，后勤补给，也做了安排。大明军队当时是一百三十万，而帖木儿帝国的军队是五十万。他推测了一下，觉得强悍的帝国军队，有把握打败大明，于是给朱棣下了战书。

一四〇四年十一月，帖木儿从撒马尔罕出发，挥军东征明朝。一四〇五年二月十八日，帖木儿病亡于哈萨克斯坦讹答剌，从而令这场东征无疾而终。

讹答剌位于今哈萨克斯坦奇姆肯特市南帖木儿车站东面，锡尔河注入咸海的入海口附近。

帖木儿死去的那一刻,他的儿子已经带领先头部队,抵达今天的乌鲁木齐附近。那地方当时叫别失八里,历史上它是大唐王朝的北庭都护府所在地,现在则叫吉木萨尔。

先头部队正在犹豫不决,不知道取哪条行军路线为好,是绕道弓背型的蒙古高原直插北京城呢,还是走河西走廊,走关中道过黄河,沿这条河谷平川地带,步步为营直取北京。这时传来帖木儿驾崩的消息。这样,人类避免了一场过早的世界大战。

帖木儿时年六十九岁。那天驻营期间,他喝了太多的酒。大汗平日喝的大约是些低度酒,那日阿拉伯世界为他送了些高度酒,大汗把握不住,于是喝醉了。喝醉后高烧不退,帐中随行医师,束手无策。他在回光返照之际,嘟囔了一句:永远不要放下自己手中的——剑!说罢,头一歪,死去。

帖木儿死去后,对大明王朝的战争已经无法进兵,于是先头部队撤回。而接着帖木儿帝国内部,四个儿子,诸多孙子,开始权力之争。这个建都于中亚河中地,给中亚史以及世界史留下深深痕迹的草原帝国,逐渐衰落。

后来,帖木儿的六世孙巴布尔,曾经重返南亚次大陆,在火烧了的德里的旁边,建了一座新德里城,并建立了一个显赫的王朝——莫卧儿帝国。莫卧儿被认为是"蒙古"二字的音译,该帝国统治北印度相当一段时间,著名的旅游胜地泰姬陵,就是一位莫卧儿皇帝的妃子的陵墓。

正当莫卧儿帝国强盛地沿印度河、沿恒河向海岸线发展,意欲攻取印度全境的时候。世界已经发生了变化,一个时代已经结束,而另一个名曰"海洋时代"的时代已经开始。号称"日不落帝国"的英国,从恒河入海处孟加拉湾、印度河入海处阿拉伯湾登岸,建立了一个准

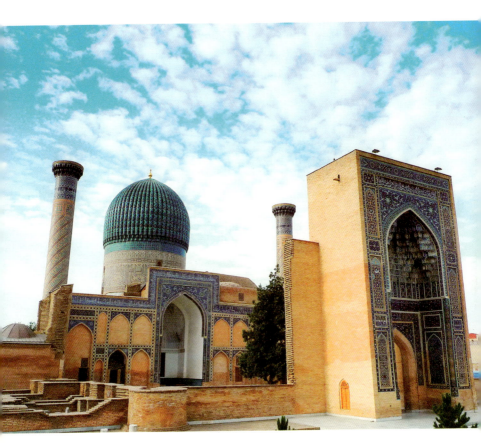

乌兹别克斯坦撒马尔罕帖木儿陵

国家——东印度公司。东印度公司的雇佣军向上游推进,遏制和打击了莫卧儿帝国的国力。

帖木儿陵墓位于他的故乡撒马尔罕。其墓造在一所清真寺的圣龛后面。凿开圣龛作为墓门。

而笔者在前面曾经说过一件事,二战前夕斯大林曾经命令凿开帖木儿石棺,以判真伪。后来陵墓掘开,石棺盖上写着这样一行字:假如再给我二十年时间,世界将在我面前发抖!众人看了,都倒吸一口凉气,很能感到这中亚王的雄霸之气。这时苏德战争爆发,斯大林随令重新填埋,并对惊扰陵园表示歉意。

纪念碑倾圮了,
花岗岩腐烂了,
流传他的英名要靠农夫悲凉的小调!

这是英国大诗人拜伦勋爵的诗句。

在高加索山脉

高加索山脉为南欧和西亚的分界线,位于黑海与里海之间,呈西北－东南向,横贯格鲁吉亚、亚美尼亚和阿塞拜疆3国,是俄罗斯与格鲁吉亚、阿塞拜疆等国的国界线。属阿尔卑斯运动形成的褶皱山系。长约1200千米,宽200千米,山势陡峻,海拔大都在3000～4000米。

大高加索山脉是亚洲和欧洲的地理分界线,从黑海东北岸,即在俄罗斯塔曼半岛至索契附近开始往东南偏东延伸,直达里海附近的巴库为止。小高加索山脉则几乎与大高加索平行排列,两者由隔开了科尔基斯和库拉－阿拉斯低地的苏拉姆山脉所连接。在小高加索山脉东南方矗立着塔雷什山脉,是厄尔布尔士山脉的西北部分。小高加索山脉和亚美尼亚高原构成了外高加索高地。

山脉北侧称前高加索(或北高加索),属温带大陆性气候;山脉南侧称外高加索(或南高加索),属亚热带气候。主要河流有库拉河、库班河等。

格鲁吉亚高加索地区

这一块地域的地形是这样子的。分别发源于帕米尔高原和天山的阿姆河和锡尔河,在图兰低地汇于咸海,咸海往西是里海,里海往西是黑海。黑海往西是爱琴海,是地中海。前面说了,古地中海时代它们都是古地中海的一部分,后来沧海桑田,山谷为陵,地壳抬升,海水退去后,它们各自成为独立的水域。地质学把这样形成的湖泊叫"海迹湖"。

如是推测,中亚地面,或曰西域地面,那一系列湖泊的形成,该是"洋迹湖"了。因为这地方当年是古准噶尔大洋的一部分,后来准噶尔大洋的大水退去之后,它们作为独立的湖泊而存在。因为这些湖泊,都有丰盈的来水河流,所以在中亚地面每年降水量只有二十毫米(罗布淖尔荒原数值),而年蒸发量高达二千多毫米的极端天气情况下,它们能够坚守至今。

高加索山脉自西北向东南,横贯于黑海与里海之间,像一柄带鞘的腰刀,东西两头翘起,横跨在两海之间。它的最高峰是厄尔布鲁士峰,海拔五千六百四十二米。传统上把大高加索山脉的分水岭作为南欧与西亚之间的分界线。

高加索一词。不仅指山脉本身。亦指包括山脉两侧的广大地区。

黑黝黝的、高耸的山峰两侧向远方展出的丘陵、森林、湖泊、河流和草原地带。北侧称前高加索,与乌拉尔山相望。南侧称后高加索,即我们的车队路经的那个要塞所在地。整个地区占地四十四万平方公里。高加索地区从库玛基地和马内奇盆地向南延伸到俄罗斯、格鲁吉亚、土耳其、亚美尼亚、阿塞拜疆边境，同时包括俄罗斯的最南部（包括达吉斯坦、车臣、印古什、北奥塞梯等几个俄联邦的共和国）、格鲁吉亚、亚美尼亚、阿塞拜疆以及几个少数民族自治区。大高加索山脉从黑海北部的塔曼半岛向东南延伸到里海的阿普歇伦半岛，长约一千二百多公里。高加索山脉位于库拉河与阿拉斯河谷之间。

我们在俄罗斯高加索的通关，遇到了一点麻烦。车队被在海关口岸滞留了一天一夜。这一天正是二〇一八年农历的八月十五日中秋节，好大好亮的月亮呀，它从东方哈萨克草原的那一头升起来，占据了东边的半个天空。让人疑惑这是一部动画片的镜头。月亮后来缓缓地在天空行走，当它君临我们滞留的这海关的上空时，有海关的建筑物作比照，它的一半隐在楼房后边，一半向前头探询着我们，显得更大、更亮。整个海关以及四周的广袤大地，都笼罩在一片如梦如幻的白月光中。

我所以确凿记得这天是八月十五中秋节，是因为西安交通广播的著名主播人雅风打来电话，让我晚上做个广播连线，对着八月十五的月亮，讲一讲中秋节。我在电话中对她说，我是在"欧亚大穿越 丝路万里行"的路途中，现在正在高加索海关被卡着，时间不对，乌市时间与北京时间相差两个小时，阿斯塔纳与北京相差四个小时，莫斯科与北京相差八个小时，而这高加索，应当是相差七个小时了，因此你算一算，这里和西安时间对不上，晚上的预约你另找人吧！

现在想来，那次没有去播，对我是一个损失，对广大听众也是一个损失，不管是几点，爬起来播就是了，把这路途上，万万千千风景，描绘给听众，该是一件多么有意义的事情。况且，陕西交通广播是一个很有影响的媒体，雅风是这家媒体的"一姐"，可以毫不夸张地说，西安城街道上三万多辆奔驰的出租车，都在听这陕西交通广播，而公

夕阳中的阿塞拜疆

园里散步的老年人，亦有许多手里拿个小收音机，一边散步一边听"雅风时间"。

海关应当是有一个前门，一个后门，我们这十五辆车（十四辆车加一个卫星转播车，原本是十七辆车，另外那两辆穿越帕米尔高原时，一辆出事，一辆去送伤员了），被卡在这中间五公里的道路上。我们的护照被检阅过许多次，我们的车，乘员被赶下车，车上的所有物品，被卸下来翻腾一遍，再装上。即便如此，还是不予放行。大家都坐在车上，又冷又饿，披着个冲锋衣棉袄，哭丧着个脸，对着天空的大月亮发呆。

我此行带了二十条烟。我每天抽三盒，这样一月抽十条，两月抽二十条，我们的行程是七十天，到时候还会有十天的短缺，到时间再随便买点儿西欧的那种细支烟，凑合着抽吧。按照海关的规定，一个人通关时只能带两条，担心被没收，于是我将一些烟放进大转播车里的保险柜里，还有几条让女同志拿着，还有几条，给海关人员散发。

我们被滞留的原因找到了，终于找到了！原来，这是苏联解体后，新设立的海关，大家的业务都不太熟。这个关隘，也从来没有过过这么大的车队，况且还有一台怪模怪样、头上的卫星坐盘不停旋转的大家伙。尽管我们的所有通关手续都十分完备，海关方面还是拿不准，于是层层上报，层层推诿，就这样折腾了我们一天一夜。

谢天谢地，终于放行了！这一群面色铁青饥肠辘辘的人们，迅速地爬上车，猛轰油门，车从海关打开的铁门空隙飞驰而过。海关人员，一个穿着宽大的制式棉服，挺着个大肚子的中年人，站在门口，背转了身子，好像有些不好意思。

我们的车队离了海关，绕了一个弯，在路旁吃饭。吃完饭，急着赶路，因为三天以后，在莫斯科，有个新闻发布会，会上有我一个演讲。消息已经发出去了，我们得卡那个时间点抵达。

我们现在沿着外高加索一侧的山脉行走。行走到半夜的时候,来到一个黑黝黝的山峰下面,头顶上是驻兵的要塞,山间平坦处则是一个小镇。我们在这里找一个小饭馆吃饭。小镇上来来去去有许多的士兵,他们应当是巡夜的。要塞里灯光忽明忽暗,碉堡隐现在高加索山脉那冷冰冰的黑色剪影中,不时有夜哨兵的枪刺闪过。

吃饭途中我接到一个来自西安的短信。一位女网友看了陕西卫视新闻联播,知道我们苦难的行程现在正穿越在高加索山脉,于是发了一首俄罗斯天才诗人莱蒙托夫的《致高加索》,并注明说,莱蒙托夫活了二十七岁,这首诗是他十六岁时写的:

高加索!你这遥远的地方!
你这淳朴的自由的故乡!
你也充满了种种的不幸,
你也受到了战争的创伤!

莱蒙托夫也是我所崇拜的作家。他被世界文学史称为"在俄罗斯最黑暗的时期,顽强地勇敢地发出正义之声的作家",他还是一位著名的小说家,他的天才作品《当代英雄》塑造了俄罗斯文学,第一个"多余人"的形象。那借小说人物毕巧林之口说出的内心独白,被称为"多余人"的宣言:

如今,在这儿,在这枯寂的要塞中,我暗暗地问自己,我为什么抛弃了那命运为我安排的有着和煦的阳光和绿荫的海滩,而执意要把自己交给漂泊呢?噢,我明白了,我是不会屈服于这种命运的。我是一个在双桅贼船上生活惯了的水手,不管这海岸怎么诱惑我,一旦那双桅贼船的桅杆出现在遥远的海平面上的时候,我将狂喜地不顾一切地向它奔去，什么也不能把我阻拦！

因为莱蒙托夫，又因为这是在高加索要塞，我的心情再也不能平静。我不再吃饭了，提了半个羊腿，拿了半高杯鲜啤酒，走出餐厅。

我们的车顺着大街停了一行，那些巡逻的士兵以及夜深了还未入睡的居民，围着我们的车，在指指点点。车上有中国国旗，所以他们知道这是中国人，这车来自中国。我们的车后挡风玻璃上，都有一个用漆喷上的路线图，弯弯曲曲的，一头是西安，一头是伦敦，这他们看了也一目了然，知道我们的行程。车很脏，铺满了泥浆和灰尘。那最脏的一辆车的后挡风玻璃上写着这么一句话——不到伦敦不洗车。

士兵们围着这辆车指指点点，开怀大笑。我凑上前去看，原来他们用手机将这句话拍下来，再翻译成俄语，从而知道了这句幽默的意思，见到我来，他们指着这句话向我竖大拇指。

我从这车拿下自己最好的烟，最好的茶，散给这些大兵兄弟。一个长官模样的人，则掏出他的装着莫合烟的烟荷包，我表示我不会卷烟。他笑了，拿出一绺二指宽的纸条，将莫合烟往上一撒，两只男人粗糙的大手一卷，卷好后又用舌头一舔，这样一支莫合烟就卷好了。

他将莫合烟卷递给我，并且说这烟荷包是他老婆给他绣的，他要是送人，他老婆知道了会骂他的，否则，他真想把这烟荷包也送给我。

见说，我知趣地摆了摆手。他掏出打火机，为我点着烟，于是烟火一明一灭，我有滋有味地抽起来。一边抽着一边不忘竖大拇指。

我还从车上拿出我此行带的书，长篇小说《大刈镰》。此行，它将作为礼仪用品，送给沿途那些政要们。我拿出两本，趴在车头上签名，一本送给这位长官，一本送给他们要塞的图书室。书递给他们后，一个士官模样的人用手机将书的内容简介拍下来，再用手机翻译成俄文，然后将这本书的内容讲给大家听。

长官会说几句中文，他竖起大拇指说：骑兵，最后的中国骑兵。

作者与俄罗斯高加索要塞边防人员

这是草原的故事，马的故事，青春和激情的故事！说完，在士兵的乌拉声中，紧紧地拥抱我。

他指着自己身上的马裤和大皮靴说，他也是骑兵，高加索山地的骑兵！现在，几天不骑马，屁股就会发痒。

这样我们照相，一批一批地照相。拿着我的那本书照。直到后来，我们车队的所有人都吃完饭走出来了，我把电视台的头介绍给他们。又照了一阵相后，我们爬上车，大家作告别状，离开这个要塞小镇。

接下来，我的感觉是，我们好像从这里翻越了高加索山脉。山不甚高，也不甚陡，因此翻越时也不大费力气。由于是暗夜行走，路边的景物也模模糊糊。直观的感觉是翻山之前，高加索连绵的山脉在我们的左手，这里应当是外高加索。而翻过山之后，车的方向变了，虽然这山依旧是在左手，但这次是向西，我们进入北高加索了。

还有一座更著名的山脉，叫乌拉尔山脉，我们下来将沿着它的一侧前行。乌拉尔这个地名对中国人来说真是太熟悉了，在广播还在盛行的年代里，每天的天气预报几乎都要提乌拉尔这个山脉的名字，只要提到西伯利亚寒流，接着预报的就是乌拉尔的种种气象数据。

播音员会说：有一个大气压槽，已在北冰洋上空形成，它正顺着乌拉尔山向东南漂移，预计什么时候到达我国新疆北疆，什么时候抵达内地；这场影响中国大部分地区的西伯利亚寒流，将带来一个降雨降雪过程。云云。

◆ 在乌拉尔山脉

　　乌拉尔山脉是欧、亚两洲的分界线。乌拉尔山脉北起北冰洋喀拉海的拜达拉茨湾，南至哈萨克草原地带，绵延2000多千米，介于东欧平原和西伯利亚平原之间。乌拉尔山脉西坡较缓，东坡较陡。山势一般不高，平均海拔500米至1200米；亚极地1894米的人民峰是乌拉尔的最高峰。山脉的宽度为40千米至150千米。中段低平，成为欧、亚两洲的重要通道。乌拉尔山脉还是伏尔加河、乌拉尔河同东坡鄂毕河流域的分水岭。

乌拉尔山脉的村庄

进入高加索山脉以后,这里的山形水势,这里的气候特征,这里的茂密的森林和广阔的草原,这里的清洌甘甜的空气已经完全是北大西洋暖流和北冰洋寒流所形成的造化之物了。中亚草原的那阳光炙烤、空气干裂的内陆气候,和赤地千里、飞沙走石的地表特征,现在随着我们的行程已经被抛在了身后。

　　而接下来,我们行走的乌拉尔山脉,它的东西两翼,一翼接受北冰洋的季风吹拂,一翼接受地中海和大西洋季风滋润,它的植被更为茂密,河流和湖泊更为众多,两翼的草原伸展得更为辽远,在欧亚大陆这坦荡的一望无垠的草原上,乌拉尔山脉给了它纵深感和厚重感。

　　前面我们说过,高加索山脉像一柄带鞘的腰刀,横担在里海与黑海之间,大致上呈东西走向。那么乌拉尔山脉,它的走向则像竖起来的带鞘的腰刀,也就是说,和高加索山脉形成一个"丁"字形,平铺在广袤大地上。不过这是一个倒着的"丁"字形,那一竖杠是乌拉尔山,那一横杠是高加索山。

　　乌拉尔山脉自遥远的北冰洋而来,它北起北冰洋喀拉海的拜达拉茨湾,两千五百公里向南延伸,直达里海与黑海地区,末端直抵哈萨克草原地带。乌拉尔山脉中分东欧平原和西西伯利亚平原,是欧亚两大洲分界线。乌拉尔山脉的最高点位于其北部的人民峰,高一千八百九十四米。是的,不算太高,典型的平原地貌上的山脉。地理学上把这叫中山或者低山类型。

在叶卡捷琳堡郊外三十公里处设置的欧亚大陆分界线标志

在漫长的地质史上，乌拉尔山地区原先是一个大地槽，那时候的欧亚大陆是被大地槽分隔开的。到距今约二亿八千万年后的石炭纪末期以后，经过翻天覆地的地壳运动，大地槽隆起，演变为山脉，然后又几乎被风化侵蚀所夷平，最后又垂直隆起成为欧亚大陆之间的界山。

有条条河流从乌拉尔山流下来，乳汁般地滋养着这块大地。前面我们提及注入里海的有一百三十多条河流，它们一半来源于乌拉尔山脉，另一半则来源于高加索山脉。其中第一大河伏尔加河，第二大河乌拉尔河，就发源于乌拉尔山。而第三大河捷列克河则发源于高加索山。

伏尔加河有两个源头，东源即发源于乌拉尔山西坡，被称为卡马河。东西向横切俄罗斯中部丘陵地带的西源，则被认定为伏尔加河正源。作为欧罗巴大陆流程最长，流域面积最大的河流，伏尔加河的流域总面积占了东欧平原的三分之一（一百三十六万平方公里），穿过俄罗斯人口最密集的地区。仅从这点来看，也能看得出伏尔加河对俄罗斯的重要。俄罗斯人也因此把伏尔加河称为母亲河。

伏尔加河与卡马河合流之处，位于今天俄罗斯联邦"鞑靼斯坦共和国"境内，合流之后的伏尔加河，开始向南穿越南俄草原，并最终分成两股注入里海。就地缘政治地位来看，今天鞑靼斯坦共和国的首都，河口附近，伏尔加河河畔的"喀山"，与圣彼得堡、莫斯科处于同一等级，这三座城市是俄罗斯三大历史名城。很显然，伏尔加河－卡马河河口地区能够受到这样的重视，得力于它在整个伏尔加河流域中的枢纽地位。斯拉夫人要想控制伏尔加河流域全境，仅仅渗透到上游地区的莫斯科，肯定是不够的。

喀山市处于俄罗斯的中部、鞑靼斯坦共和国的西北地区，西接楚瓦什共和国和马里埃尔共和国，距离莫斯科市七百九十七公里。喀山位于欧洲最长的河流伏尔加河中游左岸，伏尔加河与喀山河交汇在喀

喀山克里姆林远眺伏尔加河河畔的喀山市区

山城东，城市被青山环抱。喀山河自北向南穿城而过，最终在喀山的城东与欧洲最长的河流伏尔加河交汇。

当这只双头鹰的一个头对着西方的时候，乌拉尔山、高加索山两座雄伟的山脉做它的依靠。而这个双头鹰的另一个头，对着东方的时候，喀尔巴阡山以及东欧平原，以及乌云翻滚的里海、波罗的海做它的依靠。

"鞑靼"这是个明显的带有异族属性标签的称谓。它告诉我们斯拉夫人对这一地区的整合还够不上彻底。事实上，这个重要的地缘枢纽一直以来，都在接受着来自亚洲的影响，那最早占据于此的就是呼拉尔人。

"鞑靼人"几乎是自认为高贵的欧罗巴人，对来自亚洲高原的几千年来一波又一波的牧羊人的一种统一称呼。他们不屑于将这些唐突的侵入者细细分辨，而统一以"鞑靼人"名之。当然了，当某一个大游牧者占据他们的城市，成为他们的王的时候，他们这时才不得不屈尊，去找他们正式的族名，并探寻他们的来龙去脉。

法国小说家格鲁塞说，世界三个大游牧者——阿提拉大帝、成吉思汗、中亚枭雄跛子帖木儿，他们的名字写进所有的历史教科书中，他们的英名被世界传颂。但是呀，如果将切断我们历史的那三四个亚洲大游牧者的出现，仅仅当作一件意外的事情，那就是我们的无知了。他们之中有三人实现了这种惊人的宏图，成为世界的征服者。但是还有多少阿提拉与成吉思汗没有成功，而是倒毙在了路途上，又还有多少年轻的亚洲高原的游牧者，正筹划着某一天早晨出发上路。

前面我们曾经谈过，上帝之鞭阿提拉大帝，死于匈牙利布达佩斯。他死后，他的三十万大军如鸟兽散，他的二十几个儿子，被回过神来的罗马帝国军队，一路追打，从而被歼灭于俄罗斯草原。

那么，问题现在是，他们不可能被一个不剩地歼灭。应该有许多

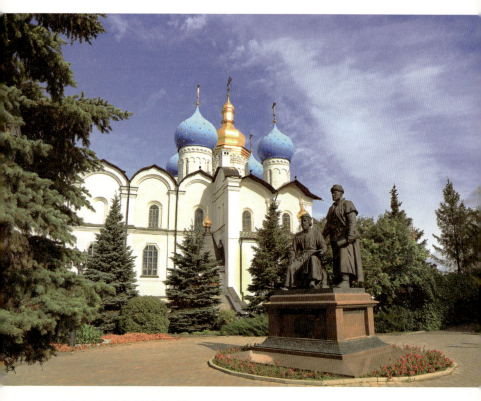

喀山克里姆林宫建筑师的雕像

雕像位于克里姆林宫内,用于纪念鞑靼塔塔尔族的建筑师,是他们最早设计了木制的喀山克里姆林宫。

的溃兵散布在了俄罗斯草原上,而在辗转腾挪中,还会有许多人遁入乌拉尔山、高加索山。这些高耸的山岗、陡峭的河谷和遮天蔽日的林地,成为他们的庇护所。

在欧洲的许多文典中,以及那些口耳相传的传说中,六世纪的时候,乌拉尔山脉一带,草原上有不知其数的匈人出没。冬天来了,他们会骑着马,带着冷兵器,从某一个山口遁入山中。山窝里有乌拉尔人的村庄。这些游牧人会穿着毡靴,带着一股子冷气,踏入乌拉尔人的毡房。吃得酒足饭饱之后,他们会占据乌拉尔人的妻子或者他们的女儿。似乎这是一件天经地义的事情。他们会在这个山窝里窝一个冬天,这叫"窝冬"。直到第二年暮春和初夏积雪融化,山口开了。于是这些凶恶的不速之客,提起自己用动物毛皮做成的皮裤,披上上衣,蹬上马靴,骑马离去。

后来他们的孩子就出生了。孩子如果是男孩,长到十三岁的时候,成人礼一过,他们会收拾停当,跨一匹马,到草原上去寻找生身之父。他们用他们的面孔来做比对,找自己的父亲。那些游弋的匈人,你永远不知道他们在干什么,是在这草原的某条道路上,做拦路的强盗吗?还是又重新啸聚在了一起,准备对某一个定居文明地区,再掀起一场风暴?

一个孩子找到父亲。经过再三的辨断和交谈,认定了,没错了。于是他说,这双新靴子太紧了,拔不下来。他坐在地上,将一条腿伸向父亲,让他为自己脱靴子。不知深浅的这位匈人父亲,于是单腿跪下来,伸出双手,去抓那马靴。这时,儿子会闪电般地从马靴里拔出一柄闪亮的匕首,然后双手握着,大叫一声,向眼前这个男人的胸口刺去。

这种动作孩子从他一出生就在练习了,因此万无一失,这匕首准确地插入那男人的心脏。

男人用双手捂住向外喷血的胸口。他的脸上满带着疑惑,他的恐怖的眼神似乎在问:这是为什么?这是为什么?

男孩平静地抽出插在这男人胸膛上的匕首,用手一推,男人仰面朝天,"啪"的一声倒在地上了。男孩踢了他两脚,然后说:"你侵犯了一个女人,我这是为她挽回那丢失了的尊严和被玷污了的荣誉!"

男孩骑着他的马,又牵着这个男人刚才骑的马,马蹄哒哒地离开这片草原。就在他离开不久,草原上空逡巡的苍鹰发现了这具死尸,它们绕着死尸巡视几圈后,见没有危险,就翅膀一合,敛落下来。草原狼则是顺风嗅见了这刺鼻的血腥味,于是奔跑着向这里赶来,黄瓜嘴张着,长舌头滴滴嗒嗒地流口水。

那男孩骑着马渐渐地消失在草原的尽头,为地平线所遮掩。他是回那乌拉尔山山坳里的村庄去了呢?还是从此开始他流浪草原的岁月?我们不知道。也许不久,在这片草原上会有一个面色忧郁的英雄出现了。

当然大部分从乌拉尔山走出来寻找父亲的孩子,他们并没有这种剧烈的举动,他们有另外的想法。他们在找到自己的匈人父亲之后,便不太情愿地加入了这草原上忽聚忽散的匈人队伍。他们会很快地适应这种游牧生活并接受自然生存法则。也许当他们长大成人后,他们自己又会成为这乌拉尔山村唐突的闯入者。

那些方志、典籍和旅行者的札记中,记载着不少这样的故事。笔者愿意将它录一两个在上面。

就在几年前,有好事的人类学家,对乌拉尔山区共十七个人类族群进行了基因提取测试。得出的结论是,这些乌拉尔人身上六成的基因来自西亚人种,四成的基因来自南欧人种。这个基因测试准确地反映了乌拉尔山脉历史上的民族融合和民族迁徙过程,它被称为枢纽是表述准确的。

乌拉尔山乡即景

阿提拉围攻罗马城，并与红衣大主教圣·来奥签下城下之盟，撤兵的时间是公元四五二年，而他死亡的时间是公元四五三年。而我们见到的典籍中记载的这些乌拉尔山匈人、高加索山匈人出现的时间是公元六世纪初。从五世纪刚过半时阿提拉死亡，到半个世纪后，这些溃败的匈人走入两山，从时间上说是吻合的。

乌拉尔山还在它的东坡孕育了一条著名的河流，这就是鄂毕河。那东面孕育的，向北冰洋奔流的条条河流，基本上都是鄂毕河水系。

发源于中国境内阿尔泰山的额尔齐斯河，在此之前我们已经对它有过许多的描述，阿尔泰山最高峰友谊峰，以及友谊峰下那个绿宝石般晶莹的喀纳斯湖，我们也已不陌生。著名中国诗人白桦曾经站在额尔齐斯河口作诗说："这是中国境内唯一一条敢于向西流淌的河流。"

额尔齐斯河在穿越漫长的哈萨克丘陵以后，在结束了阿尔泰山对它的管束以后，在乌拉尔山下，它与鄂毕河相遇。同样地，鄂毕河也摆脱了乌拉尔山的管束，两条大河汇合在了一起，牵手在了一起。而后，它们合水一股，以鄂毕河为名，北向而去，直接注入北冰洋。

喀纳斯湖的风景和乌拉尔山的风景极为相似。高耸的山岗，众多的湖泊，高可摩云的西伯利亚冷杉，塔状的云松，开满野花的草地，清冽甘甜的空气。这都是北冰洋季风的造化。不同的是，喀纳斯湖是多么地袖珍啊，而乌拉尔山脉，无遮无拦，大而无当。

流经俄罗斯境内，有四条大的河流，它们分别是额尔齐斯河—鄂毕河、伏尔加河、涅瓦河和东欧境内的第聂伯河。我们在这不经意的叙述中，已经谈及了前两条。在我们接下来的行程中，记得还跨过涅瓦河，导游说这是涅瓦河，我的眼睛似乎有些不太相信。水流似乎也不大，在长满绿树的丘陵地带穿梭。这也许是涅瓦河的上游吧（俄罗斯河、莫斯科河也都是涅瓦河的支流）。我许多年前到过涅瓦河注入芬兰湾的那个地方。水势汹汹，俄罗斯人在那里造了一座城市叫圣彼得堡。涅瓦河从城的中心，穿膛而过。入海口处是高高的炮台。第聂伯河在东欧平原上，接下来，我在白俄罗斯首都明斯克，和一位白俄罗斯作家有过一次对话。我们就在河边，那美丽河流从明斯克城穿城而过，令整座城市柔美而轻曼。这条河是第聂伯河的一条主要支流，名叫斯维斯洛奇河。

我们的"欧亚大穿越 丝路万里行"车队，沿着乌拉尔山脉一侧，车速加到最大，风驰电掣，路途上一整天的时间，你几乎遇不到一个人、一辆车，所以我们的车可以尽情地撒野。逶迤的乌拉尔山脉在远处，与我们并行。高速公路两侧，则是一平如镜的草场。我们到的这个季节，牧草已经收割完毕了，草场上每隔一段，就有垛起的圆状的草捆子。这些草捆子外面用白色塑料纸包裹了，它们一捆一捆，整整齐齐地码在一起，摆成各种图案。

我对这打马草的工作真是太熟悉了。我的右手大拇指上现在还有磨镰刀时，大刈镰割下的一块刀痕。不过俄罗斯草原的大草场，它的收割是用收割机，那打捆也是这机器同时完成的。这些打捆的马草既不会腐烂，也便于风干，且可以内中有一点点发酵，从而杀去草腥气。

冬天的时候，这些牧草，将会被拉走，卖掉，而其中有一部分会被卖到中国。

苏联时期，曾经在这乌拉尔—高加索地区进行了一个雄心勃勃的计划。要将这些草场开辟成粮仓基地。结果这个计划实施几年以后，由于地表植被遭到破坏，黑风暴吹起，天昏地暗。苏联人见了，吓坏了，赶紧将这些农场搬走，将这些垦殖地重新变成草场。

我们眼前见到的这一碧万顷、一平如镜的大牧场，它就该是那退耕还草的地块了吧！

后来我们的车队脱离了乌拉尔山的管束，进入伏尔加河流域。夜来则下榻在一个名叫罗斯托克的俄罗斯名城。

乌拉尔山间的村庄和草场

乌拉尔山间的河流

双头鹰

俄罗斯国徽为盾徽。1993年11月30日,俄决定采用十月革命前伊凡雷帝时代的、以双头鹰为图案的国徽:红色盾面上有一只金色的双头鹰,鹰头上是彼得大帝的三顶皇冠,鹰爪抓着象征皇权的权杖和金球。

双头金鹰雄视东西两边,代表俄罗斯是一个地跨亚欧两大洲的国家;三顶王冠象征着国家是统一的俄罗斯联邦;金球和权杖象征国家的统一是神圣不可侵犯的权力;在中心的小盾牌上,勇士圣·乔治(俄罗斯的主保圣人)跨上白马,用长矛杀死了恶龙,象征俄罗斯民族不忘历史,继往开来,勇于同一切困难、敌人做斗争的精神。

俄罗斯国徽

俄罗斯联邦，首都莫斯科。俄罗斯位于欧亚大陆北部，地跨欧亚两大洲，国土面积一千七百多万平方公里，由一百九十四个民族构成。主体民族为俄罗斯人。

俄罗斯历史起源于东欧平原上的东斯拉夫人，混血的罗斯人是俄罗斯人、白俄罗斯人和乌克兰人的共同祖先，基辅罗斯是东斯拉夫人建立的第一个国家。

九八八年开始，东正教（基督教的东部分支）从拜占庭帝国传入基辅罗斯，由此拉开了拜占庭和斯拉夫文化的融合，并最终形成了占据未来七百年时间的俄罗斯文化。

一二八三年，莫斯科大公国正式建立。

一五四七年，莫斯科大公伊凡四世加冕称沙皇，建立克里姆林宫，莫斯科大公国逐渐发展为东北罗斯的政治、经济文化和宗教中心，领导其他公国摆脱了蒙古鞑靼的统治，使俄罗斯成为一个独立国家。

一六〇五年，戈杜诺夫猝死，俄罗斯进入一个混乱时代。直到下诺夫哥罗德的米宁和波扎尔斯基率领民兵把波兰侵略者赶出莫斯科以后，这一动荡时期才终于结束。

一六一三年，开创罗曼诺夫王朝。一七二一年，彼得一世在与瑞典王国进行大北方战争胜利后，被俄罗斯元老院授予"全俄罗斯皇帝"的头衔，俄罗斯正式成为俄罗斯帝国，并于十八世纪中后期，叶卡捷琳娜二世统治时达到鼎盛。（如前所述，大清康乾年间，有三个俄罗

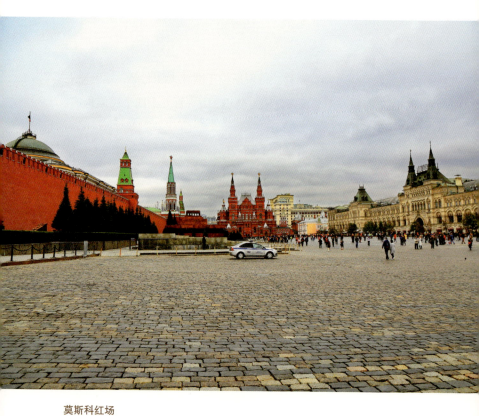

莫斯科红场

斯的使者,来到北京,商谈后来签订的《尼布楚条约》事宜。康熙问道:这个北方草原大国,目下的国主是谁?大臣们回答说:是个女流之辈,寡妇,悍妇,中国人形容这种女人是河东狮吼,据说是十分强悍,男人都怕她。)

在亚历山大一世统治时的俄罗斯参与了全欧抵抗拿破仑的反法同盟,并成为战后神圣同盟的领导者。

全盛时的俄罗斯疆域北起北冰洋,南达里海南部,西起波罗的海,东达阿拉斯加(一八六七年卖给美国),其国土面积二千二百八十万平方公里。据一八九七年人口普查,俄罗斯帝国共有一亿两千五百六十万人口,至一九一四年达一亿六千五百七十万人口,仅次于中国清朝和大英帝国。

十九世纪中叶至二十世纪初期,俄罗斯先后逼迫中国政府签订了一系列不平等条约,伙同英国对中国的帕米尔地区进行两次私自瓜分,将中国东北和西北的大片领土纳入其版图,策动外蒙古与中国分离,并武装侵占了江东六十四屯(一九〇〇年),唐努乌梁海(一九四四年被正式并入俄罗斯)等地区,共计使中国丧失了三百三十多万平方公里的领土。

一九一四年八月,政局动荡不定的俄国参加一战,不堪的战局直接导致一九一七年爆发二月革命,尼古拉二世签署退位声明,俄罗斯帝国灭亡。俄罗斯共和国和俄国临时政府成立。但同年就被布尔什维克通过十月革命推翻,成立俄罗斯苏维埃社会主义共和国。

一九二二年十二月三十日,苏维埃社会主义共和国联盟正式成立。俄罗斯联邦同乌克兰、白俄罗斯和外高加索联邦(包括阿塞拜疆、亚美尼亚和格鲁吉亚)一起加入,后扩充至十六个加盟共和国(东斯拉夫三国、外高加索三国、中亚五国、摩尔达维亚、卡累利阿-芬兰)。

一九九一年八月,苏联发生了八一九事件,九月六日,苏联国务

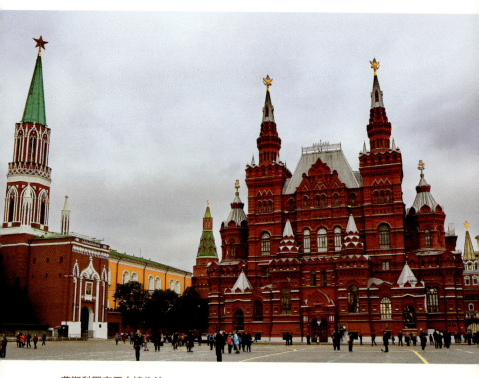

莫斯科国家历史博物馆

委员会通过决议,承认爱沙尼亚、拉脱维亚、立陶宛三个加盟共和国独立。十二月二十六日苏联最高苏维埃共和国院举行最后一次会议,宣布苏联解体,十六个加盟共和国各个独立成为主权国家。

那天我们从罗斯托克出发,一路向北。查查地图,罗斯托克是伏尔加河的下游城市,我们现在直扑俄罗斯首都莫斯科,其实是顺着伏尔加河谷,走向河的上游。

这一天走了一千三百五十公里路程,从早上七点一直到晚上十一点半。这是我们七十天的"欧亚大穿越 丝路万里行"中一天辗出路程最多的一次,人整个的都被跑傻了。

俄罗斯大草原上的植被覆盖,令人惊讶!铺天盖地的大森林(相形之下,莫斯科以北,号称两千公里奥林匹亚大道两侧的森林覆盖率还要更高),一览无余的大草原,是它的主要基调。

汽车行进在一座又一座的小山丘和草场之间,山丘上长满了树木。好像总是在下雨,雨是中国人叫的那种雷阵雨,或者叫过云雨,或者也叫白雨。我们的汽车从小丘中间穿过时,哗啦啦一阵雨。二十分钟以后车下了小丘,进入草原,就又是丽日蓝天了。

路上几乎没有见到一个人、一辆车,也就是说只有我们的车队在独行。只有在穿越一条河的时候,才看见河岸边有了红色屋顶的房子,有牛群羊群在吃草,这条河就是有名的顿河——静静的顿河呀,哥萨克人居住的地方!"我们世世代代在这里出生,我们世世代代在这里死亡!"顿河在我的匆匆一瞥中,河面好像也不是很宽,但河床很深,像从草原和沙丘之间拉出了一道蓝色的深渠似的。这里的地面呈白色,地质学上叫它"灰土地带"。

世界三大游牧者阿提拉、成吉思汗、帖木儿,他们都和俄罗斯草原发生过许多的接触。他们都曾乘马从这成吉思汗三千里草原黄金道,盛装舞步而过。

沃罗涅日附近顿河草原上的女牧羊人

那阿提拉的年代，北匈奴已经越过里海、黑海，越过俄罗斯大草原，迁徙的步履到达了欧洲。这样说，那从俄罗斯大草原迁徙而过的是他的祖先，是从郅支单于到天之骄子阿提拉之间，这二百多年间发生的故事。

那时候的俄罗斯大草原，莫斯科公国、基辅公国还没有建立，偌大的草原还大约处于半蛮荒状态。有城堡，有村庄，有散布在草原与湖泊、高山与密林中的牛群、羊群、马群。"来了，他们来了！他们是些什么人，我们不知道！是上帝打发他们来惩罚作恶多端的我们吗？他们是上帝手中正在抽向我们的鞭子吗？"

早晨起来，城堡里的人们，睁开睡意惺忪的眼睛，朝城墙外百米看去，于是看见远远的东方地平线上升起一朵乌云，后来乌云四散，平铺在地面上，滚滚而来，匈人的十万引弓控弦之士，就这样过来了。

法国作家格鲁塞在《草原帝国》一书中说：

使郅支措手不及，而被斩首（公元前36年至公元前35年）。在这次仓促事变后，我们再也没有看见追随郅支向咸海方向逃亡的匈奴人的踪迹，这些西方的匈奴人是没有历史的，因为他们缺少同某些大的文明民族的接触，而中国却曾经给了我们一些有关东匈奴的报道。只等到公元后第四世纪末，约370至375年间，当他们的后代都渡过了伏尔加河与顿河而侵入欧洲时，我们才又在我们的古代历史上重新发现了这种匈奴人，当时他们的领袖是巴拉米尔与阿提拉。

蒙古人说：莫斯科是蒙古马踏到的最远的地方。

成吉思汗在他波澜壮阔的西征中，在他建立横跨欧亚大帝国的壮举中，大汗本人他到过莫斯科吗？笔者掌握的资料有限，不敢妄断。不过他麾下的两员大将，哲别与速不台，两个被称作蒙古军最好的战略家的人，都曾被委任率领骑兵一集团，约两万五千人，去追击，穿过波斯而逃亡的花剌子模算端摩诃末，此一刻，成吉思汗本人则坐镇建立在撒马尔罕的可汗大帐中，目送手挥，指挥这支西征的远征军深入欧洲大陆腹地。

史书上说，这支西征远征军的每一场攻城略地，都惨烈无比。花剌子模算端死后，他们继续向西推进。两个蒙古将领把格鲁吉亚军队在梯弗里斯附近击得粉碎，再从这里，他们回到阿塞拜疆，蹂躏今伊朗西北部的了马腊格。同一年，侵入埃及，在蒙古人攻占的每一个城市里，他们都采取了屠城的政策。

尔后，两位将领带兵，重回阿塞拜疆，然后取道阿塞拜疆，进入高加索地区。当时居住在这里的钦察人向俄罗斯求救，于是，一支八万人的俄罗斯军队在迦里赤、基辅、车尔尼戈夫、斯摩棱斯克领地的大公们的带领下，沿第聂伯河而下。战争发生在克伦迦河或喀尔乌斯附近，这是在马里兀波耳附近投入阿速夫海的一个小河流。迦里赤大公与钦察人没有等到基辅人的到来即行作战，他们打了败仗，向后逃亡。基辅大公木斯迪司拉夫一人在阵地上坚持了三天，随后投降，随后被蒙古人杀害。

接着，这支西征的蒙古人将克里米亚的货栈抢掠一空。尔后，哲别和速不台在察里津附近渡过伏尔加河去攻击在喀马河流域的保加利亚人，和那在乌拉尔山区的康里突厥人。最后，这次西征落幕，他们回到撒马尔罕，与成吉思汗大军汇合。

这应当是蒙古人的第一次西征，是后来的蒙古军征服欧罗巴大陆的一支序幕曲。更大的一次征服是在成吉思汗去世之后，这次远征，成吉思汗家族的几乎所有重要人物，都悉数登场。军队人数十五万人。实际的统帅是征服了波斯、俄罗斯和中国的那个速不台，他在当时年约六十岁。

蒙古军势如破竹,很快占领了俄罗斯南部草原。莫斯科,在当时还是一个不起眼的小城,一二三八年二月,蒙古军占领,并摧毁它。继而占领乌克兰,进军波兰,铁骑踏遍匈牙利多瑙河两岸。"外星人来了!上帝之鞭惩罚我们这些有罪孽的人来了!"面对蒙古人的铁蹄所向,整个欧罗巴大陆一片惊呼。

成吉思汗大汗后继任的窝阔台大汗,于一二四一年十二月十一日辞世。他是这次西征的名义上的总统帅,他的离去使这次蒙古军西征戛然而止。

随后,正如我们所知道的那样,这一块硕大无朋的欧亚大草原,按照成吉思汗的遗嘱,划分成四个汗国,分封给他的四个儿子,这四个汗国分别是:金帐汗国(前期叫钦察汗国)、伊利汗国(又叫伊尔汗国)、窝阔台汗国和察合台汗国。这四大汗国摆布在欧亚大草原上,维持了二百多年。

而类似于莫斯科公国、基辅公国这样散布在东欧平原草原上的小公国,作为傀儡政权,被保留下来,成为金帐汗国羽翼下的附属国。

下来就该是中亚枭雄跛子帖木儿的登场了。

我们前面谈到他,他与金帐汗国脱脱迷失大汗,曾经在高加索地区的捷列克河上有一场大战,这场大战决定了金帐汗国的灭亡。我们细想一下帖木儿的行军路线,而波斯,而两河,而阿塞拜疆,最后决战高加索。这个线路图与二百多年前成吉思汗那两位将军的行军路线图一模一样,像踩着前人的脚印重走了一遍一样。由此推测,他的战无不胜是有原因的,每次大的行动,他都心细如丝,做了周密的准备。

我们知道,这个帖木儿,是成吉思汗四大汗国的终结者。当然,这个终结的方法不同,有的是将它歼灭,有的是钻进它肚子里,建立一个傀儡,进而取而代之。一个半蛮荒之地的牧羊人,竟有如此的宫廷智慧,决策万里,我们不知道,他的这些智慧是如何得来的。

清代画家姚文瀚绘元太宗（窝阔台）像

金帐汗国寿终正寝以后，久久蜷伏在金帐汗国羽翼下，忍辱负重二百多年的莫斯科公国，终于有了出头之日。他们突然一夜间强大起来。他们迅速地填充了这块偌大草原的域内之空。而帖木儿汗当年与奥斯曼帝国的战争，侵蚀了奥斯曼帝国一半的领土，并夺得了里海入海口，现在这些都成为了俄罗斯未来帝国的囊中之物了。

而到最后，随着帖木儿东征中国死在路途上，帖木儿帝国随之土崩瓦解，这个欧亚大草原核心地带，就没有再能有制约俄罗斯帝国崛起的力量了。

所以史学家们常以无限叹喟的口吻说，这是宿命！这个帖木儿大帝，好像是为未来的莫斯科崛起而生的一样，他先灭掉在俄罗斯莫斯科公国头顶上的宗主国金帐汗国，接着又打击奥斯曼帝国，削弱这个新兴帝国的国力，最后，在他撒手长去之后，留下域内真空，给俄罗斯办了一件好事。是天意吗？是宿命吗？我们不知道！

有好事的专家对比了一下当今地图，惊奇地发现，剥离了其他十五个加盟共和国之后，现今的俄罗斯联邦，它的占地幅员恰好就是当年的成吉思汗金帐汗国的地图。

闲言少叙，我们此次"欧亚大穿越 丝路万里行"的一个重要节点城市莫斯科到了。我将在莫斯科做一场演说，时间定在二〇一八年九月二十四日的上午十点。

莫斯科郊外的风光

在莫斯科的演讲

莫斯科，是俄罗斯联邦首都。莫斯科地处俄罗斯欧洲部分中部、东欧平原中部，跨莫斯科河及支流亚乌扎河两岸。莫斯科位于三种地形交接处。西北接斯摩棱斯克—莫斯科高地。南接莫斯克沃列茨科—奥卡河平原。西南部有捷普洛斯坦斯卡亚高地。东面是梅晓拉低地，有坚硬的沙丘，海拔约160米。莫斯科因有运河与伏尔加河相通，是俄罗斯乃至欧亚大陆上极其重要的交通枢纽，也是俄罗斯的政治、经济、文化、金融、交通中心以及最大的综合性城市，是一座国际化大都市。

1147年，莫斯科沿莫斯科河而建，从莫斯科大公时代开始，到沙皇俄国至苏联及俄罗斯联邦一直担任着国家首都，迄今已有800余年的历史，是世界著名的古城。莫斯科拥有众多名胜古迹，是历史悠久的克里姆林宫所在地。莫斯科城市规划优美，掩映在一片绿海之中，故有"森林中的首都"之美誉。

晨光中的莫斯科

二〇一八年九月二十四日莫斯科时间上午十点，在莫斯科阿尔巴特街一座高层三楼宴会大厅，我作为本次行程文化大使，作了题为《亚细亚在东，欧罗巴在西，张骞一直在路上》的演讲：

亚细亚在东，欧罗巴在西，张骞一直在路上

2018丝绸之路品牌万里行媒体团车队自8月29日起，从古丝绸之路的起始点——古长安城（今西安）出发，披星戴月，到莫斯科时已经走了26天的路程，行程超过一万公里。

亚细亚在东，欧罗巴在西，张骞一直在路上。我们走的是人类历史上迄今为止最为重要的一条道路，它叫丝绸之路，又叫茶叶之路，又叫陶瓷之路。我们光荣的祖先张骞，在二千一百多年前，将它走通。从此中华文明板块融入了世界，从此这条横贯欧亚非的大通道上，商贾云集，驼铃叮咚，它成为物流大道、商贸大道。我们用行走，向历史致敬，向张骞致敬，向千百年来在这条道路上行走过的每一个匆匆背影致敬。我们把自己看作是张骞的后之来者。

是的，张骞一直在路上。

今天，我们风尘仆仆，来到欧亚大草原的中心地带，来到伟大的俄罗斯，来到莫斯科这个国际大都市，来到普希金的故乡、托尔斯泰的故乡、陀思妥耶夫斯基的故乡，我们谨献上对友好邻邦的崇高致敬。

对此，我准备了许多赞美之词，由于时间原因，原谅我不能够尽兴表达。

陕西处于中国地理版图的中心，大地原点。北京时间，它的观测位置就在陕西境内的两个县份。陕西的省会是西安市，也就是古长安城，也就是古丝绸之路的起始点。

长期以来，丝绸之路这条通商大道，源源不断的财富，或涌向世界的东方首都长安、或涌向世界的西方首都罗马，令这个置于丝绸之路东端的古城，成为富有、繁荣、文明的世界级大都市。

陕西还是中华民族的主要发祥地之一。我们的先民最初就在渭河、泾河流域栖息。中国的第一部文学作品集名字叫《诗经》，里面大量的篇幅，描写了泾渭流域先民们三千多年前的生活。而中国的第一部重要的、集史学与文学价值于一身的巨著《史记》，它的作者就是陕西韩城市人。

中华民族始祖轩辕黄帝陵墓，在陕西黄陵县桥山之巅。

千古一帝，秦始皇的陵墓则在西安市临潼区骊山脚下。与秦陵毗邻的就是世界第八大奇迹——秦始皇兵马俑。那是我的家乡。人们说，兵马俑出土的那些众多的面目各异的陶俑，就是在陵前起窑，用骊山脚下这一块地面上的人们的面孔取像的。从这一点来说，眼前这个讲述者，就是一个活着的兵马俑。你们看我一眼，就等于去了一趟中国，去了一趟兵马俑博物馆。

历史上，有周、秦、汉、唐……十三个朝代在长安定都。中华民族历史上最辉煌的一段记忆，亦是在长安。文化人有"秦中自古帝王都"的说法。

长安城是一个四方城。它的四面用城墙围定。在唐朝的时候，这座四方城被打成一百零八个格子，号称一百零八坊。格子内是街区，而笔直的道路将它们分开。长安城的城墙之外，则是周秦汉唐八十二座帝王陵墓，里面埋葬着八十三位历代帝王。

时间的原因，原谅我只能蜻蜓点水、挂一漏万地介绍。

这次莫斯科"一带一路"文化经贸推介会，来了许多陕西的企业和品牌，希望推介会成功，世界是一个整体，大家都在一条船上。

这次来的一些企业，我有一定了解。比如西凤酒，我也是这家酒业的文化顾问，一部中国文化史酒气冲天。我给西凤酒拟过一个广告词，叫"我有西凤酒，一醉三千年"。

另外，汉中仙毫，我也是他们的文化顾问，这家茶叶集团来自张骞的故乡。当年张骞出使西域，从家乡的茶园里采了些茶叶，背上行囊，于是，这被西方人称为"神奇的东方树叶"的饮品，便开始风靡世界。

我想我的饶舌到这里该结束了，因为还有别的专业人士会有更详细的介绍。

最后，着重想要说的是，这是我新近完成的一本书，一部名叫《大刈镰》的长篇，是我向草原致敬，向马致敬的书，刚刚在"2018中国书博会"上亮相，荣登图书排行榜前十名的一本书，我送给大会。

附带说一句，三个月前，上海合作组织西安峰会召开时，俄中贸易协会主席、俄罗斯首席经济代表谢尔盖先生曾来我位于西安的"高看两眼"工作室相访，我曾经将这本书送给他。

最后，我真诚地祝福伟大的俄罗斯，国家昌盛，人民幸福。

2018 年 9 月 24 日于莫斯科

俄罗斯方面致辞的是一位干练的女国务活动家，个头不高，短发，语言坚定而有力，她叫嘉丽娜·库里科娃，是俄中友好协会第一副主席。后来回国后，我在《新闻联播》上还多次见过这位女士的画面，看来她是这一领域的一个重要角色。

作者在莫斯科城外小憩

我的演讲结束时,脱开稿子,我说了一段俄罗斯文学的伟大传统,我说我是普希金的热爱者,我可以把普希金所有的诗作倒背如流。我的这句话引起满场热烈的掌声。当我演讲完毕,走下台后,一群听众,主要是俄罗斯中年妇女,将我围在了楼道上,鼓着掌,要我朗诵一首普希金的诗给她们听。我说,我不会俄语,她们说,你就用汉语朗诵吧,我们只是想听一听,普希金的诗变成汉语以后会是什么感觉。这样,我请嘉丽娜·库里科娃主席翻译说,高先生朗诵的这首是普希金的《致大海》,俄罗斯大文豪普希金一生有个愿望,想去东方,去中国和印度看一看,但他始终没有成行。于是他来到大海边,对着东方写下这首诗。而在写作的途中,惊闻英国大诗人拜伦去世于希腊半岛,因此这首诗还有一个副标题叫"兼致拜伦"。

我开始朗诵了,在一群热爱普希金的人们中间。已经是九月下旬了,莫斯科寒风凛冽,风吹得树叶飘落满街,夜晚还有一场雨夹雪。这些中年妇女衣着虽然整洁,但是却明显地感觉到是熨烫过的旧衣服,她们都是普通市民阶层,她们对文化的热爱和敬畏,让我强烈地感到这个民族的高贵,和蓄存在民间的文化力量,我在临离开俄罗斯境,在斯摩棱斯克的高速路旁做一次视频连线时,再一次说到我在那一刻朗诵时,面对这些俄罗斯朋友时的感想。

致大海

再见吧,自由奔放的大海!
这是你最后一次在我的眼前,
翻滚着蔚蓝色的波浪,
和闪耀着娇美的容光。
好像是朋友忧郁的怨诉,

好像是他在临别时的呼唤,
我最后一次在倾听
你悲哀的喧响,你召唤的喧响。
你是我心灵的愿望之所在呀!
我时常沿着你的岸旁,
一个人静悄悄地,茫然地徘徊,
还因为那个隐秘的愿望而苦恼心伤!
我多么热爱你的回音,
热爱你阴沉的声调,你的深渊的音响,
还有那黄昏时分的寂静,
和那反复无常的激情!
渔夫们的温顺的风帆,
靠了你的任性的保护,
在波涛之间勇敢地飞航;
但当你汹涌起来而无法控制时,
大群的船只就会覆亡。
我曾想永远地离开,
你这寂寞和静止不动的海岸,
怀着狂欢之情祝贺你,
并任我的诗歌顺着你的波涛奔向远方,
但是我却未能如愿以偿!
你等待着,你召唤着……而我却被束缚住;
我的心灵的挣扎完全归于枉然:
我被一种强烈的热情所魅惑,
使我留在你的岸旁……
有什么好怜惜呢? 现在哪儿

才是我要奔向的无忧无虑的路径?
在你的荒漠之中,有一样东西
它曾使我的心灵为之震惊。
那是一处峭岩,一座光荣的坟墓……
在那儿,沉浸在寒冷的睡梦中的,
是一些威严的回忆;
拿破仑就在那儿消亡。
在那儿,他长眠在苦难之中。
而紧跟他之后,正像风暴的喧响一样,
另一个天才,又飞离我们而去,
他是我们思想上的另一个君主。
为自由之神所悲泣着的歌者消失了,
他把自己的桂冠留在世上。
阴恶的天气喧腾起来吧,激荡起来吧:
哦,大海呀,是他曾经将你歌唱。
你的形象反映在他的身上,
他是用你的精神塑造成长:
正像你一样,他威严、深远而深沉,
正像你一样,什么都不能使他屈服投降。
世界空虚了,大海呀,
你现在要把我带到什么地方?
人们的命运到处都是一样:
凡是有着幸福的地方,那儿早就有人在守卫:
或许是开明的贤者,或许是暴虐的君王。
哦,再见吧,大海!
我永远不会忘记你庄严的容光,

我将长久地,长久地
倾听你在黄昏时分的轰响。
我整个心灵充满了你,
我要把你的峭岩,你的海湾,
你的闪光,你的阴影,还有絮语的波浪,
带进森林,带到那静寂的荒漠之乡。

站在这大厅外面的台阶上,我脸颊绯红,眼睛里喷着火,两只手臂张开着,一扬一扬,脚跟踮起,身子前倾,像一个真正的演说家一样,忘我地进入自己的朗诵激情中,在这遥远的异地莫斯科,在这普希金的故乡的国度。

这些围观者得到了极大的精神满足。当然朗诵者我也得到了一种极大的精神满足。朗诵完毕后,大家长久地沉浸在一种激情中,一种高贵的情感中。随后是鼓掌,是拥抱,是拍照。

随后我悄悄地溜出了人群,下到了一楼,在大门口的一个角落里,坐在台阶上,点燃一支烟。

莫斯科位于北纬五十五至五十六度,东经三十七至三十八度之间,地处东欧平原中部,莫斯科河畔,跨莫斯科河及其支流乌扎河两岸。莫斯科市区被一条周长一百零九公里的环城高速公路包围,市区南北长四十公里,东西长三十公里,面积一千多平方公里。大莫斯科(包括环城公路以内地区)面积九百多平方公里,全市总面积为二千五百一十一平方公里。

莫斯科位于三种地形交接处,西北接斯摩棱斯克-莫斯科高地,南接莫斯科沃列茨科-奥卡河平原,西南部有捷普洛斯坦斯卡高地,东面是梅晓拉低地。

莫斯科的常住人口是一千万,流动人口是二百万,主要以俄罗斯民族、乌克兰民族为主。就城市占地面积而论，它应当属于欧洲第一大城市。而就居住人口而论，它应当是第二大。欧洲人口最多的城市应当是英国的伦敦，那里的常住人口也是一千万，但是流动人口有一千三百万之多，加起来城市人口就是二千三百万。这些流动人口大多居住在城中之城——伦敦金融城里。我们的这次行程的最后一次活动，将在伦敦金融城举办。

给我这个旅行者的感觉是，莫斯科这座国际大都市像一个飞来的阿拉伯魔毯，平铺在这欧亚大陆的中枢地带，它向东向西向南向北，条条大路通向无垠的远方，可以说风行八面，视通万里。前面我们说了，撒马尔罕号称世界十字路口，而土耳其伊斯坦布尔、里海、乌拉尔山，亦称世界十字路口，而就在我行将前往的白俄罗斯明斯克，亦称东西方交汇地带，然而我的感觉是，莫斯科好像才是。

给我的另一个感觉是这座城市体积的巨大，当九月二十三日我们的车队进入莫斯科郊区的时候，应当距城市中心还有一百多公里吧，就看见有条条的道路，道路上车辆挤满，眼前是一片灯火辉煌的所在。

在我演讲的第二天，我们启程，告别莫斯科，沿着著名的奥林匹亚大道，直奔斯摩棱斯克。

这条大道为一九八〇年在莫斯科举办第二十二届夏季奥林匹克运动会而专修的。起自莫斯科，终至明斯克，全程二千公里。宽敞的高速公路，箭一样笔直，径向西南方向直去。高速公路的两边是密密匝匝的西伯利亚冷杉树。

由于白俄罗斯的分离，所以我们的出境口岸在斯摩棱斯克。在我们的车行就要告别莫斯科边境时，我请车停下来，在高速路一侧做了一次视频直播，直播以我们飞驰的车队和公路边的大森林作为背景。

对着镜头我说：

奥林匹亚大道

作者在斯摩棱斯克挥手告别俄罗斯

各位朋友，我们的行程现在来到了斯摩棱斯克，我的旁边就是著名的 2000 公里长度的奥林匹亚大道。

我们从里海与高加索入境，现在从斯摩棱斯克出境，用了一个星期时间，从南到北穿越了俄罗斯全境。我是一个前中国边防军士兵，曾经有 5 年时间荷枪守卫着额尔齐斯河河口。我曾经深切地感受到苏联在边境陈兵百万，给予中国的压力。我是亲历者，我有资格这样说，莫斯科国徽是一个双头鹰，一只鹰头鸟瞰着西方，鸟瞰着东欧、中欧和西欧。一只鹰头鸟瞰着东方，中亚以及中国。苏联的解体令全世界都松了一口气，15 个加盟共和国的剥离，等于将这只双头鹰的羽翼整整减去了一圈。

我想说的第二段话是，俄罗斯这个民族是高贵的有教养的民族。他们的文学以普希金为一切开端的开端，陀思妥耶夫斯基的对俄罗斯民族性格的拷问和鞭挞，列夫·托尔斯泰的博大和良善，使他们的文化传统如此深厚而坚不可摧。这样的国家，这样的民族是有未来的，是一定能够重新站立在世界超一流国家行列的。我看见了俄罗斯普通民众对文化的热爱和敬畏，这种文化意识确保他们一直向前走。

第三段话则是说，他们国土幅员如此辽阔，草原、森林、湖泊如此郁郁葱葱，空气如此洁净。在这七天中，我们每天都大口呼吸着这甘冽如同甘露的空气。感谢这大自然慷慨的赐予，我祝福伟大的俄罗斯好运，我祝福这个产出过普希金、陀思妥耶夫斯基、列夫·托尔斯泰的伟大国家繁荣昌盛。

白俄罗斯明斯克斯大林防线主题公园里的军事设施

白俄罗斯明斯克斯大林防线主题公园附近宁静的田野

◆ 斯维斯洛奇河上的畅谈

明斯克位于欧洲东部、第聂伯河上游支流斯维斯洛奇河畔,白俄罗斯丘陵明斯克高地南部。明斯克市是白俄罗斯首都,是白俄罗斯的政治、经济、科技和文化中心,也是明斯克州首府,现在是独联体总部所在地,还是苏联宣布解体的地方。

斯维斯洛奇河穿城而过的明斯克

我们一路走来,从古丝绸之路的始发地古长安城出发,穿越中亚五国,穿越巴基斯坦、阿富汗、伊朗边境,穿越里海和阿塞拜疆,穿越广袤的俄罗斯原野。今天,从二战名城斯摩棱斯克,进入白俄罗斯,来到明斯克。

我们一路走来,唯一的目的是学习。第一是学习,第二是学习,第三还是学习。《百年孤独》开头是这样的情景:一位魔术师拉着一个大冰块,穿过一个叫马孔多的小镇。小镇道路两旁所有的铁器,都飞起来了,劈劈啪啪地落在这个冰块上。小镇的人们惊呼道:圣迹出现了!"哈哈,朋友!这不是圣迹出现,而是因为这个冰块中包着一块大磁铁。"

各文明板块产生的文化成果、文明智慧,是人类的共有财富。一个聪明的国家,一个聪明的民族,会懂得吸收,海纳百川,有容乃大,无问西东,为我所用——这就是我一路行来的想法。

24日,我在莫斯科演讲时,我说:我向俄罗斯光荣的文学传统致敬,向普希金致敬,向陀思妥耶夫斯基致敬,向列夫·托尔斯泰致敬。俄罗斯广袤的原野上,不但产生遮天蔽日的茂密森林,也产生一个又一个痛苦的思想者。

当我说出,我熟悉所有的俄罗斯经典作家的主要作品,我能将普希金所有的诗歌倒背如流时,台下响起雷鸣般的掌声。

当我请白俄罗斯作家国沙先生介绍一下白俄罗斯文学的现状时,

国沙先生说，苏联解体以后，白俄罗斯成为一个独立的国家。我们也正在努力寻找白俄罗斯文学在世界文学大格局中的位置，我们一直在努力，我们有个天然的优势，即处在东方与西方的中间位置——世界中心，我们可以左右逢源，同时接受东方和西方两个方向来的文化滋养。

中国当代文学的现状是不能令人满意的。虽然我们每年有几千部的长篇小说出版，但大部分是泛泛之作。我们多么平庸呀！我们缺少像列夫·托尔斯泰《战争与和平》那种长江大河式的宏大叙事，缺少陀思妥耶夫斯基《卡拉马佐夫兄弟》那样撕肝裂肺地对俄罗斯民族灵魂的拷问。中国的改革开放已经四十年了，这个大变革的时代出现了多少故事，多少人物，我们不敢走近，或没有能力走近它和表现它，我们欠下这个时代一笔债务。

大先生鲁迅去世后，郁达夫先生为他的灵堂写的挽幛是：一个没有天才出现的民族，是愚昧的生物之群；一个有了天才出现而不知道爱惜的民族，是不可救药的奴隶之邦！

我们刚从明斯克市区穿过时，夜色中看到一条穿城而过的大河，宁静、蔚蓝，国沙先生告诉我，那是著名的欧洲第三大河第聂伯河的一条主要支流，叫斯维斯洛奇河。

《第聂伯河》是我听过最忧伤的歌，或者说最悲凉的歌，没有之一。当年北京赴延安插队的知青，聚会时常唱起这首歌，我不知道这首歌的名字，我这大半生来问过许多人。后来，西安外国语大学的俄语系主任、一位资深的女教授告诉我，它叫《第聂伯河》。说完，这位白发苍苍、气质高雅的老人和她的同事一起唱起女声小合唱。

女教授说，有一部苏联的著名小说，叫《钢铁是怎样炼成的》，奥斯托洛夫斯基的作品，影响了几代中国人。有个叫孙维世的女孩，周总理的干女儿，回国后将它排成一部话剧，叫《保尔·柯察金》，在北京的舞台上演出,《第聂伯河》就是这部话剧的主题歌。

这天晚上,明斯克的晚上,对着作家国沙,对着电视机镜头,我也唱了一遍《第聂伯河》,声音哽咽,有眼泪流出来。这是只有我这个年龄段的人才有的一种记忆:

在乌克兰辽阔的原野上,在那清清的小河旁,长着两棵美丽的白杨,那是我们亲爱的故乡!啊,白杨树叶飘落地上。

我把新作《大刈镰》送给国沙先生,请他指正。我说,这是一本向草原致敬的书,向马致敬的书,作为中国的最后一代骑兵,这是对那个辉煌了近三千年兵种的一种悼念,也是对我苍凉的从军年代的祭奠。

书中有六幅图,我逐一向国沙先生介绍。我指着那一幅挥舞着大刈镰的画图说,我的大拇指上至今还有一道深深的伤痕,那是在打草的间隙,磨镰时被割伤的。那是在中亚草原,苏联吉尔吉斯作家艾特玛托夫笔下的苦艾草原。插图中,还有一幅草原石人。我对国沙说,中亚地面,以及辽阔的欧亚大草原上,布满了这种石人,按照专家的推测,这些石人是突厥年代的产物,它的用途通常有三种,一是牧人游牧时莫拜天地的神物,二是从平地向高山牧场转场时的路标,三是游牧部落牧放牛羊时的分界线。

今年的10月4日,是艾特玛托夫去世十周年、诞辰九十周年纪念日。那里将要召开一个国际笔会,本来我应吉尔吉斯总统之邀,要去参加那个笔会,向这位草原之子、大山之子献上敬意。因为与有约在先的2018丝绸之路品牌万里行活动时间上冲突,只好放弃了。

我们从莫斯科经过,从博罗季诺俄法古战场经过,从斯摩棱斯克经过,从明斯克经过,路过这些古战场,凭吊怀古,我想起中国古人的那两句诗:九里山前古战场,牧童拾得旧刀枪。

末了,既然我们前面提到了艾特玛托夫,那么就用艾特玛托夫的晚年作品《待到冰山融化时》的一段话作结：世界是一个整体，大家都在一条船上；假如有海难发生，谁也不能幸免！

2018年9月26日晚对话
2018年9月27日早追记于明斯克

乌龟背着自己的壳在旅行，井底之蛙带着自己的井在旅行，你无论旅行得再远，将自己这百十斤的臭皮囊抛得再远，你其实还是一直在壳里，在井里，你等于没走。沿途的风景很难进入你的眼帘，迎面而来的风很难进入你的内心。

当行程开始的时候，我就告诫我自己，将过去的自己完全地抛开，腾空身子，以狂喜的初心去迎接每一处风景。但是，行进到这里，我明白了，我是做不到的。你永远抛不开阅历和年龄带给你的重负和经验。

国沙先生是白俄罗斯国作家协会副主席。中文说得极好，感觉好像经常来中国。对中国，对西安，对兵马俑都熟悉。上面那一篇类似短文的东西，是我与国沙先生的对话记录。第二天早晨，电视台的人像蜜蜂一样，扛着机器去明斯克街头采访去了，我一个人坐在宾馆的大堂里，向前台要了几张打印纸，凭记忆记录下来的。

在写作的途中，我给自己的舌头底下压了三颗速效救心丸。大堂里，阳光从落地窗上射进来，十分明亮，窗户外的河流腾着白烟。整个明斯克城，因了这穿城而过的河流的缘故，笼罩在柔曼的轻纱中。大堂里仍然不准抽烟，因此我在写作的途中，不时地停下来去户外抽一支烟。

大堂经理是一个十分漂亮的白俄罗斯姑娘，坐在柜台后面扬起一张小脸，面色淡漠地看着我写作。她的尖尖的鼻子叫我想起了网络上

作者在明斯克追记与白俄罗斯作家的对话

流行的一句话:假如埃及女王的鼻尖没有那么高,世界历史也许就会重写了。这大约是个涉外酒店,来去的客人很多,因此姑娘对这个写作者欣赏的目光好像已经习以为常。

在我的这次行程中见过的最漂亮的一个姑娘,是在中亚的布哈拉老城。大家都去老城参观和拍摄去了,我坐在车里,透过车窗,我看见老城出口对面的一个院子里,走出一个一身素白的女子。她是出来抽烟。倚着门框,掏出打火机,点燃一支细支香烟,向天空吐了一口烟圈。她的皮肤白极了,面白如雪,金黄色的头发蓬松在中亚细亚炙热的阳光下。两条细腿交叉着站立,整个一个芭比娃娃的形象。

那院子里有嘈杂声,大约是人们在吃饭,喝酒和娱乐。我无从判断这姑娘是做什么的,是女招待吗?或者是客人带来的女宾?后来我下了我的十号车,向姑娘走去,想打个招呼。走到半途,我又胆怯了,停在了路口这边。我的衣着也太寒碜了,蓬头垢面。姑娘后来看了看我,用眼睛白了我一下。一支烟抽完,她将烟头在门框上摁灭,然后一转身回了院子,眼前的风景消失了,我的眼前又是一片中亚细亚的蛮荒,而耳畔,传来那从院子里放出来的音乐:有一个地方很远很远,那里有风有古老的草原。

在欧盟总部布鲁塞尔的演讲会上,我的邻座坐着一位黑人美女,她,乌黑的浓密的头发用一个白色的箍儿箍住,褐色的面孔十分俊美,双眼皮,眼睛里黑白分明,猩红的嘴唇,脖子上戴着一串琥珀项链,衣着华丽。名片上是欧盟中国贸促会副秘书长。我的经验,那些肤色乌黑发光的黑人,一般是刚移民来,或做难民来的非洲、南美洲的新移民者;那些肤色较浅的一般是移民的第二代,而类似这位美女的肤色应当是第三代了。这里插一句,我本书前屡屡提到了俄罗斯文豪普希金,他自称是彼得大帝的黑奴,他的肤色就应当是这样的。他的身世往前追三代或四代,彼得大帝远征非洲,归来后带来一个黑人保姆,于是有了后面的繁衍。

我把书写好的文章随即发了出来,随后我在旅行途中,这篇文章散见于国内的报章杂志、网络平台。而在将这篇文章收录于本书时,我没有做一个字,甚至一个标点符号的改动。那是历史记录,是我对这次行程的一个纪念。一想到这是我舌根底下压着速效救心丸写成的文章,此一刻我的心就有一丝痛楚。

那首著名歌曲《第聂伯河》,我第一次听它,是从一个北京赴延安插队的知青那里听到。那时我刚刚脱下军装,在一个不大的单位当文书。他个头很高,腰身像蚂蚱一样弓起,身上一到冬天,就穿一件失漕了的,原本是蓝色,现在已经是发白发黑的西领大棉袄。传说他是个小偷,每年春节前回京探亲时,火车上偷一路,回来时火车上再偷一路。而在单位上班时,他是一个本分的人。早晨上班了,他揉着个眼睛,哈背着个腰,左右两个大襟,双手捉着,迈一步,大襟一扇,唱一句:在那乌克兰——停顿一下,再迈一步,接着唱——辽阔的原野上——等走到车间门口,落在那句"白杨树叶——飘落地上!"打一个嗝,停止。这是我听到的最为悲怆的歌曲了。现在,尽管歌唱家把它修饰得那么美,歌词也唱得那么完整,但是,这首歌当年带给我的震撼力已经没有了。

第聂伯河是欧洲东部的第二大河(第一大河为多瑙河),发源于俄罗斯瓦尔代丘陵南部混交林地带的沼泽地,河流先由北向南流,先后流经俄罗斯的斯摩棱斯克州、白俄罗斯和乌克兰,最后在赫尔松西南三十公里处注入黑海,河流全长二千二百八十五公里,流域面积五十点三万平方公里。

人们习惯将第聂伯河划分为上第聂伯河与下第聂伯河,上第聂伯河是从河源至乌克兰境内的基辅,下第聂伯河是从基辅至河口。每当春暖花开之际,河流上游的冰雪融化,河道变宽,穿过乌克兰中部,水资源十分丰富，使土地得到滋润。这也是乌克兰被称为"欧洲粮仓"的主要原因。

明斯克市是白俄罗斯的首都，是白俄罗斯的政治、经济、科技和文化中心。这里还是宣布苏联解体的地方。一九九一年十二月，苏联三个发起国首脑，俄罗斯总统叶利钦、乌克兰总统克拉夫丘克和白俄罗斯最高苏维埃主席苏什科维奇在明斯克以西的别洛韦日森林聚会，决定签署别洛韦日协议，解体苏联。

明斯克是古丝绸之路进入地中海地区的一条重要贸易通道。明斯克这座城市的意思就是"贸易之镇"。

明斯克市圣灵主教大教堂

圣灵主教大教堂是明斯克东正教重要活动中心，始建于1633年，属巴洛克风格，最初是天主教女修道院的主教堂，1860年转为东正教教堂，1870年教堂开设圣灵修士修道院。

白俄罗斯首都明斯克市中心的胜利纪念碑

◆ 波兰——德国

波兰是波兰共和国的简称,是一个位于中欧,由16个省组成的民主共和制国家。东与乌克兰及白俄罗斯相连,东北与立陶宛及俄罗斯的飞地加里宁格勒州接壤,西与德国接壤,南与捷克和斯洛伐克为邻,北面濒临波罗的海。

公元1025年建立波兰王国。1569年与立陶宛大公国共同组建波兰立陶宛联邦,成为欧洲强国之一。18世纪下半叶开始衰落。并于俄、普、奥三次瓜分波兰中亡国。拿破仑战争期间在法国的扶持下短暂复国,建立华沙大公国。拿破仑·波拿巴战败后,再次被俄、普、奥瓜分。一战后恢复独立,成立资产阶级共和国。但不久又在二战中被苏联和纳粹德国瓜分。战后建立波兰人民共和国。1980年爆发团结工会大罢工,1989年实行总统和议会制,同年改名为波兰共和国。1999年加入北约,2003年加入欧盟。

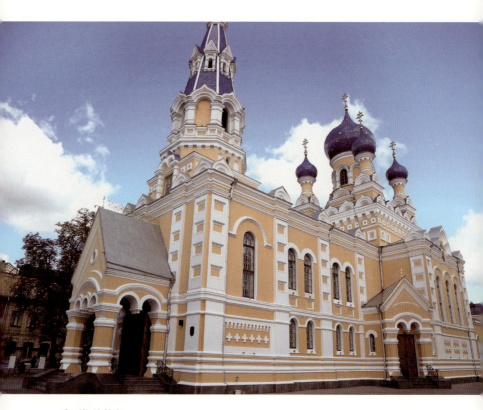

布列斯特教堂

我们从一个有名的地方——布列斯特通关进入波兰。布列斯特是十八世纪时沙皇修筑的一个北方要塞，或叫北方堡垒，或叫北方炮台。二战时，这是德国希特勒对苏联发动闪电战最先开始的地方。

双方在这个要塞堡垒有过长时间的撕咬，战斗十分的惨烈。

白俄罗斯曾拍过一个电影，叫《布列斯特要塞》。它还被苏联人命名为"英雄要塞"称号。我们在此之前经过的明斯克，二战中苏德双方军队曾有过长时间的拉锯战，战火中明斯克城被摧毁，我们此行所见到的明斯克，是战后以斯维斯洛奇河为依托，在河流两岸重建的新城。

而我们更早之前经过的，俄罗斯斯摩棱斯克二战期间的城市争夺战则更为激烈，更为残酷，因此战后它被苏联人命名为"英雄城市"。

这个今天被称为奥林匹亚大道，自莫斯科而明斯克的二千公里路途，当是当年德国希特勒一步一血，最后重兵合围莫斯科而走过的道路。

布列斯特要塞是现在白俄罗斯通往波兰的通关口岸。

在这个口岸上，我们遇上了大麻烦，从而车队在口岸中间停滞了两天两夜。

事情是这样子的。白俄罗斯这边已经放行。但是我们的车队在波兰口岸通关时，该口岸检查出了，我们的十五辆车的行驶证上都没有加盖白俄罗斯海关的图章。我们每个人的护照上倒是加盖了，但是车辆使用的那薄薄的一页纸上，缺个图章。

"从俄罗斯边境到白俄罗斯边境，六百公里，你们的车是从空中飞过来的吗？"戴着大盖帽的海关人员揶揄我们说。

我们的签证倒是盖了，那行驶签证为什么就没有盖呢？我们回忆了一下。入白俄罗斯口岸的那一天，恰好是中白两国宣布签证免签的启动日。我们很兴奋，白俄罗斯海关的官员也笑容满面。我们递上护照，他们看也没看，啪啪啪把图章一盖，然后手往旁边一指，说那里有个小饭馆，你们去吃饭吧。吃完饭后，我们再开车回来，只见海关门大门洞开，官员们站在那里，朝我们挥挥手，这样我们十五辆车，就一溜烟地入境了。

波兰海关面色铁青，态度蛮横，指示我们的车队要返回去，重新穿越白俄罗斯全境，从那个海关加盖图章。我们一再哀求，但是对方置之不理。一趟是六百公里，来回就是一千二百公里，真惨呀！

后来我们闹明白了，他们是要我们的车辆，交纳进入欧盟境内的汽车的入境费，或是道路的路桥费。

于是汽车卸下了我们，返身回去加盖图章。这样可怜的我们，被搁置在海关中间的道路上，像上一次自高加索口岸入关时的情形一样，形同一群孤儿。最后，旅行社的人员联系了一辆大巴，把我们这些被汽车抛下的人，先行通关，送往波兰首都华沙。

从布列斯特到华沙，是大半天的行程。夜来，我们入住在华沙城的一个酒店里。大家都很着急，车队的电视台领队尤其着急，因为此次行程有一个大日子，十月三日是两德合并日，现在是他们的国庆纪念日。我们的车队，务必在前一天赶到，以便在第二天早晨，参加国庆纪念日的柏林入城式。我们是来自中国的友好使者，一半代表官方，一半代表民间。

这样我在华沙城的一家宾馆，算是舒舒服服地睡了一觉。第二天

华沙老城

中午的时候旅行社通知：现在退房，带上行李，咱们去城中一座中餐馆吃饭，吃完饭后再到华沙老城去看一看，坐在那里，等咱们的车队。

这样我便背起我的大皮包，随他们行走。我的这个皮包，是二百美元在斯摩棱斯克一家大型超市买的，里面一层一层，可以装很多东西。我的此行中一些重要东西，护照、身份证、人民币、美元、银行卡之类都装在里面。买这个包的时候，电视台的年轻的朋友们，陪我在超市里转了很久，最后选定这个包，付了钱，我们才发现这个包原来也是中国制造。

吃饭的时候，中餐馆老板将我的包夸赞了半天，然后说，先生你要看好你的背包，华沙号称是欧洲的第一大贼城。而且这里的小偷专对中国游客下手。

后来，在华沙老城，当我的这只还散发着皮革香味，油黑发亮的斯摩棱斯克皮包丢掉以后，我才想起那位中餐馆老板（河北人）的话是多么正确。

阳光和煦地照耀着华沙老城。有一个广场，游人如织。一个用红砖砌成的旱桥，在广场的南侧。旱桥底下是一条干涸了的河沟，广场的正前方是一所高大的教堂，侧左方则是一处城堡风格的古建，好像附着也有一所教堂。

旱桥的两边，有两溜砖砌的实心的栏杆。我就坐在这一面的砖砌栏杆上，手里拿着茶杯，腋下夹着我的皮包，皮包的带子挎在肩上。步履蹒跚的我，坐在这里喘气。

另一边的砖砌栏杆上，坐着一个中国女人，她是在我坐在这里之前或之后，坐在我对面的，我无从知道。她很瘦小，衣着也很单薄，手里在飞快地织一件毛背心或毛袜，毛线团放在附身携带的一个纸袋子里。

在两手飞快的编织中，她会突然停顿下来，瞥我一眼，当我注意她时,她又低头去打毛衣了。

从她那悠闲的姿态里,我委实看不出她是什么职业,她不是留学生,这我可以肯定,因为她已经过了留学生的年龄了,而她的气质,也与留学生差距甚远。那么她是一个站街女吗?也不像,一是衣着,并不招人眼目,二是在那里坐着打毛衣时,也并不怎么左顾右盼。我想,她靠打这毛线活儿来养活自己,在这异国他乡,肯定是不行的。她大约是在等人,她说不定还有另外的职业。

电视台的这些年轻人,一会儿游览过来了,拿起手机,要我拍一段抖音,一会儿又扛着摄像机过来,要我来一段视频直播,还有的,大屁股一挤,把我的可怜的斯摩棱斯克皮包挤到一边去,然后搂着我的脖子和我拍照留念。

我在那一刻很迷糊。华沙的午后的阳光洒在额头,我的头脑有些发昏。谁说了,一个人在出事前后,就是这种精神状态。

旱桥上游人如织,不断地过人。有两个年轻人,打闹着,从我的眼前跑过去。还有三个年轻人在我面前站成一排,挡住我的视线,他们在以广场远处的教堂为背景拍照。

突然,旱桥上的一切嘈杂都消失了,旱桥上没有了人影,而我定睛一看,我对面坐着的那个打毛线活儿的女子,也不见了,旱桥砖砌的栏杆上现在是空荡荡的了。

这时候我突然意识到了我的包。我伸手往腋下一摸,往身体的左侧一摸,空空荡荡,不知什么时候包已经不见了。只有那个还剩下半瓶水的保温杯,还忠实地贴着我的身体左侧。

于是我爬上旱桥栏杆,站在那里,冲着整个广场大声地叫起来:"谁见了我的包!谁看见有谁拿走我的包!"

广场上停止喧闹,载歌载舞的人们停下来,向我挥手,就近站着的一位老者眼中充满了怜悯。

后来我推断，那位坐在我对面打毛线活的中国女子，是在分散我的注意力，盯梢我；而那两位打闹着从桥上跑过去的小年轻，是将我的目光朝他们身上引，就在那一刻，从广场那边有人伸出手，将我背在屁股后面的皮包顺走；那三个小年轻在我面前拍照，挡住我视线时，那个打毛线活儿的女子趁机溜走。

华沙市警察局没有告诉我这些，这是我自己推断的。

旅行团的负责人领着我们所有的队员，翻遍了华沙老城所有的垃圾桶，寻找皮包和护照，但是都没有找到。按照他的说法，护照对他们是没有用处的，所以在拿到包以后，小偷会顺手把护照扔进就近的垃圾桶。

后来，华沙老城广场上过来了一辆巡逻警车，我们团队里有一位年轻的编导，好像姓王，他上前把这警车拦住，他会英语，说了这件事，并且说，我们左前方那个古建上有个摄像头，只要查一查，这个案子就可以破了。警察问这个包里都有什么。小李说这个包里除了有护照，还有人民币、美元、银行卡、身份证等等一系列的东西。小李的话叫警察重视了起来。

小王说要和警察一起去查录像。警察说不必了，他们自己去查，有情况他们会及时通报我们。

接下来心慌不定的我，就是给西安家中打电话，作废了身份证，作废了银行卡。旅行社还告知我说，护照、身份证没有了，你现在成了无证难民，你得做好随时被遣返回中国的准备。

晚饭是仍然回到中餐馆去吃的。饭端上来的那一刻，中国驻波兰大使馆打来电话，说有个叫高建群的中国公民，他丢失的护照找着了，华沙市警察局给大使馆打来电话说，一位华沙市民捡到了一份中国护照，交给了警察局。

我在这一刻全身一下子松弛下来，甚至激动得要哭了。我问大使

作者在华沙老城丢包处

馆是怎么知道的。小王说,他在我皮包丢失的第一时间,向大使馆告知了这事。

这样,我约了小王,还有旅行社的负责人,搭一辆出租车赶往华沙市警局。接待室里,接待我们的是一位金发的女警。她站在柜台里面,拿出一本护照,将护照上的照片和眼前的这个我对照了一下。"高建群——你!"她用生硬的汉语,这样问我。而我,使劲点点头。

然后,她用双手把护照递给我,我则用两只手接住。

接住护照后,我像怕它又飞了一样,将它装进我贴身的口袋里。尔后,又伸出手,竖起大拇指,对这位金发女警说:谢谢您!用我们中国人的表达方式说:你是最美警察。听到我的话,这位金发女警察露出了笑容。

这时从接待室里屋,走出个男警,一个魁梧的中年汉子,他手里拎着我的斯摩棱斯克皮包,"这是你的吗?先生!"我说是我的。他于是把包递过来:"你看看包里丢没有丢什么东西?"我见说,接过包,将它平搁在柜台上,手伸了进去。里面空空如也。每一层都空空如也。皮包里所有的东西都不见了。

那男警又说,如果没有丢东西,那就不立案了,这件事就算画上句号了。如果丢东西了,那我们得立案,而先生你,你得在华沙停留最少三天,协助我们查案!

见说,我赶紧把包一提,拎在手里,我说:"没有没有,什么也没丢。只要这护照找到了,什么都找到了!"

听到我这话,大家都笑起来。那位男警,摇晃着身子,重新走回了里屋。

这样我在一张收据上签了个字,然后我们向金发女警,作告别状,然后我们飞也似的从这里逃了出来。

车队是在第二天早晨才抵达华沙与我们会合的。这样我们又回到了原来的酒店,原来的房间,住了来华沙城的第二个夜晚。

第二天从华沙出发,前往德国柏林的时候,我已经是一个一文不名的穷流浪汉了,下来还有三分之一的路程,我真不知道自己该怎么走。

在离开波兰国境的通关口岸时,我对电视台小王说,记得给大使馆打个电话,就说高建群的护照找着了,谢谢他们,回到国内后,高先生请他们喝茶。

我们的"欧亚大穿越 丝路万里行"车队,进入了德国境内,高速路十分地宽阔,道路两边是密不透风的高大树木,我们的车行,迎面而来的是一个又一个绿色的浪头。道路上现在车辆开始增多,大部分的汽车是那种庞大体量的集装箱载重汽车。

晚上我们在德国首都柏林下榻,准备参加第二天十月三日的入城式。谢天谢地,尽管遇到了许多的险阻,但是我们没有误下之前的安排。

但是第二天的入城式取消了,从而让我们空忙活了一场。是德国方面取消了国庆的这一入城式庆典活动呢?还是那仪式进行了,没有邀请我们,或者我们主动没有参加?上述这些情况我都不知道,也懒得去问。

这样我们在柏林住了一夜,晚上在一家中餐馆吃了一顿粗制滥造的中国饭,早晨则在柏林大教堂前面的大广场,拍了几张照片以后,登程继续我们的疲惫而苦难的路程。

我们这是前往杜塞尔多夫,那里是德国诗人海涅的家乡,德国著名的工业基地。我们将取道那里,前往荷兰首都阿姆斯特丹。

不过我们此行与德国的缘分并没有结束,在阿姆斯特丹、海牙短暂停留之后,我们的车队还将折回德国境内,在德国经济首都法兰克福,我将有一场演讲,那场演讲的标题叫《东方与西方是一个汽车轮子的距离》。

柏林大教堂

在欧洲境内,在欧盟境内所有的边防口岸都已撤销,当年的口岸只留下一些光秃秃的建筑物,有些口岸还留有一些海关人员,但是只是象征性地站在那里。例如我们将来经过的那个阿尔卑斯山最高峰勃朗峰,峰下是个三岔路口,三岔路口通向三个国家,它们是瑞士、意大利和法国。但是三个海关都只有空无一人的建筑物竖在那里,让一看到关口就心存胆怯的我们,一颗悬心款款地放下。

非但海关,所有欧盟成员国的边界,也都可以自由通行。新华社记者聂先生告诉我,欧盟国家为了民众通关便利,牺牲掉一部分政府利益,以老百姓的福祉为施政目标,在这些国家中,老百姓就是爷,政府千方百计地做好一些事情,以便讨得选民的欢心。

这样我们一路向北直扑杜塞尔多夫。

出了柏林城以后,最初的路面有些窄。路是钢筋水泥结构,十分的坚固。导游告诉我们这是欧洲最早的高速公路之一,当年希特勒修的。平时用水泥桩子将路隔开,战时,水泥桩子一取,就是飞机起降的跑道。路上的负荷量这么重,但是近百年了,还是完好无损一直使用。

这段路跑过以后,就是宽敞无比的八车道路面了。一侧四道,这四道中,最靠里的那一道,是高速道,你尽可以在上面飙车,怎么快都不算违规,而且公路管理部门还鼓励你快一点、再快一点,以便减轻公路的负担。第二道是中速行驶道。我们的车队大部分在这个线框定的路面走着,只有个别车,年轻人,一跨行驶到快车道上,将车开到二百四十迈,夸耀自己的驾驶技术。第三道是慢行道,第四道是停车道,应急车道。德国人严谨的思维,将每件事都规划到妥妥帖帖。

我们这一路走来,踩着油门,黑开,一路上没有见到过一个收费站阻拦。中国人没有享受过那没有收费站的公路,在那样的路面上行车,你有一种自由飞翔的感觉。

各国的油价都各不相同,最便宜的是阿塞拜疆,一公升九十五号

作者在大诗人海涅家乡德国杜塞尔多夫海涅雕像前

汽油是三元五角（后面都是用人民币换算价），俄罗斯境内的汽油价，我们入境时是一公升九十五号汽油五元五角，出境时，油价降了一毛，是五元四角。欧盟国家境内的汽油价格基本固定在七元四角，当然各国有一些小的变化。

我们在驶过一片台地之后，进入德国重工业城市杜塞尔多夫。杜塞尔多夫城的中心有个海涅广场。这位浪漫主义诗人从杜塞尔多夫他的家乡出发，前往柏林，接着又到巴黎，又到伦敦，而成为世界性的诗人。有一条半开的河沟，海涅广场就建在河沟两边，河沟上隔一段就有一座考究的桥。在河沟的最北头，一处小小的水洼旁边，竖着一尊海涅像。

这尊大理石塑成的海涅像，高贵，典雅。海涅披着一件长袍子，头上蒙着头巾，面颊上有一种惶惑的、耶稣蒙难式的表情。他的身子前倾着，长袍拖在地上。他的左手好像拿着一卷纸张，右手则握着一支鹅毛笔。

他在苦吟创造着他的惊世的诗篇。他是在创作《西里西亚的纺织工人》呢，还是在创作《德国，一个冬天的童话》？

我在海涅雕像前，朗诵了一首他的诗，那也许是他最著名的一首诗。海涅雕像耶稣蒙难式的表情，让那首诗突然涌上我的心头。在朗诵的途中，我请电视台记者为我录下这段视频：

我们现在是在德国杜塞尔多夫，在海涅广场。这里是大诗人海涅的家乡。我身后的这座雕像，就是记述海涅创作时，手握鹅毛笔的情景。海涅的一生创作过无数的诗，那么此一刻他在创作哪一首诗呢？哦，缪斯的牧笛在吹奏，海涅肩一天风霜向我们走来，他的愁苦的脸上饱含着对人类的大怜悯，和对旧世界的最大的蔑视，他的嘴里念叨着的诗是：

> 再见了,
> 油滑的男女。
> 我要登到山上去,
> 从高处来俯视你们。

在我们做节目的途中,有一位中国面孔的年轻人,年岁大约与我的儿子相当。他领着他的小男孩,在旁边静静地看着。而远处有一位老人坐在轮椅上,那应当是他的父亲。

经过简短的交谈,他告诉我他是北京人,目下在这里一家工厂工作,已经加入德国籍。他的父亲从北京过来看他,他今天抽空陪老人出来逛公园。年轻人问我这雕像是谁,我说这个是海涅,德国大诗人。这大男孩儿有些不好意思,他说常来这里逛公园,却不知道这雕像是谁,不过现在是知道了。

我告别了这位诚实、谦恭的中国大男孩,祝福他们全家,然后归队。我们的车驶向德国与荷兰口岸。

欧罗巴·处处水域

欧洲,全称"欧罗巴洲",名字源于希腊神话的人物"欧罗巴"。希腊神话中的腓尼基公主欧罗巴,被爱慕她的宙斯带往了另一个大陆,后来这个大陆取名为欧罗巴,也就是现今的欧洲。根据神话,欧罗巴是欧洲最初的人类,也就是说欧洲人都是她的孩子。

欧洲位于东半球的西北部,欧洲东以乌拉尔山脉、乌拉尔河,东南以里海、大高加索山脉和黑海与亚洲为界,西隔大西洋、格陵兰海、丹麦海峡与北美洲相望,北接北极海,南隔地中海与非洲相望。大陆东至极地乌拉尔山脉,南至马罗基角,西至罗卡角,北至诺尔辰角。

欧洲面对大西洋,背靠亚洲腹地,处于大陆西岸的位置,水平轮廓破碎,陆地与海犬牙交错,多半岛、岛屿、海湾和内海。整个欧洲地势的平均高度为340米,地形以平原为主,南部耸立着一系列山脉,总称阿尔卑斯山系。欧洲的河网稠密,水量丰沛,最长的河流是伏尔加河,长3690公里,第二大河是多瑙河,全长2850公里,是世界上流经国家最多的河。

欧洲面积世界第六,是世界人口第三的洲,仅次于亚洲和非洲,99%以上人口属欧罗巴人种,比较单一。欧洲是人类生活水平较高、环境以及人类发展指数较高及适宜居住的大洲之一。

阿姆斯特丹

我的感觉，在西欧，一个接一个的水域，好像才是地表的主体、母体，而那些陆地，是掺杂漂浮在这些水域中的，像一块舢板，客居其间一样。

波罗的海，你从一千公里的远处，就能看见那海面上铅灰色的乌云翻滚。云彩占据了整个的西边天空，风儿驱赶着乌云，像有八万四千只大尾巴绵羊在急匆匆地奔驰。那羊群并不是安静地行走，而是互相追逐着、穿插着、跳跃着。阳光有时候会从乌云背后射出光线，给一朵一朵云彩的顶端抹上一丝光亮。

北海则宁静而深邃，缄默而博大。我是在荷兰海牙海岸那一处看海的，我们就下榻在海岸。那是一个伸手不见五指的漆黑夜晚。我们边走边问，穿城而过，天黑的时候来到海边码头。码头上拥拥挤挤停满了大大小小的轮船。我们要看的海，要看的这两海交汇处，当在新填起的一片海滩的五公里外。我们决定要亲手撩起那海水，运气好的话还会拣几个贝壳，于是摸黑，用手机打出的光照路，踩着厚厚的沙土，向北走。我们遇见了几拨孩子，大约是放学后到这海边玩耍的，双方都有些怕对方，绕开走。

北海展现在我们面前。海浪哗哗地漫上沙滩，打击着我们的脚背。四周一片墨黑，只有在那遥远的海的深处，有星星点点的移动的灯光，那是正驶向港口的船，或刚离开港口，驶向它的目的地的船。

我们久久地凝视着那黑暗深处，站了很久，一任那北大西洋暖流带来的暖湿海风吹拂着脸颊。我们甚至能感到，深邃的北方，神秘的北方，那远处有海上女妖的歌唱，她在诱惑过往的船只，诱惑我们这些远离大海、在内陆出生和长大的人们。

地中海宁静而美丽，像一位慵懒的贵妇，躺在阿尔卑斯山的臂腕里。在我们的穿越中，许多次与地中海相遇，而第一次相遇（尼斯），是在我们第三次翻越阿尔卑斯山时，从险峻的高山怀抱中钻出来，有一面老崖。百尺老崖的下面，静静的地中海，铺在大地上，蓝宝石一样的海水，波澜不惊，横亘在我们面前。这个孕育了地中海文明的海洋，这个欧罗巴大陆的上所有的水域都曾是它的派生物的海洋，我想我此刻唯一能做到的事情是向它脱帽致敬。

前面我谈到三次穿越这欧洲第一大山——阿尔卑斯山。那第一次是从法兰克福抵达布鲁塞尔，再从布鲁塞尔抵达日内瓦，在接近日内瓦的时候穿越的。第二次就是从日内瓦前行八十公里，抵达阿尔卑斯山最高峰勃朗峰，然后从这瑞士、法国、意大利三国交界处，顺左手那条长长的坡道直下，去意大利米兰。而这第三次，就是我上面所说从米兰翻山，前往法国马赛。

大西洋则是一碧万顷无遮无拦，那碎银子般的日光洒在大西洋那波光粼粼的洋面上，洋面上海鸥翻飞，成群的海鸥一会儿贴着洋面飞行，一会儿又团成一团，飞向高高的天空。假如有船只来临，海鸥群会飞过去，绕着那船只的桅杆尖叫着盘旋。

太阳是个魔术师，它的每一个时辰的光照，都使这海水发生变化。那海水最美的时刻会发生在晚上，太阳将落未落之际。大西洋那边，有一溜海岸线，那里就是非洲了。红色的光焰照耀着那一片神秘大陆，晚霞中，天上的云彩，地面上的海水，海峡两岸的所有景物，都笼罩在一片童话般的红光中。

那最美的一处大西洋风景，是在葡萄牙的罗卡角。

是的，它叫罗卡角，"罗卡"是岩石的意思。它距离葡萄牙首都里斯本，大约三十多里。这里是葡萄牙的最西端，也是整个欧亚大陆的最西端。

为我们此行提供车辆支持的是上海一家公司，他们大约早有计划，要在罗卡角为他们的车拍下广告。事先，就从国内带来了模特儿和摄影师。拍摄时，他们选中了我的十号车做道具。一个模特儿长裙飘飘，站在十号车的车顶，摆着姿势，于是摄像师啪啪啪地按着快门。背景是红光映照的大西洋和罗卡角的那个十字方尖碑。

当地人把这种地形叫"海岬"。大约是说，这是大西洋避风的港湾的一块突出的岩石。在突出的岩石上，竖着一座灯塔和一个面向大洋的十字架方尖碑。那方尖碑上写着"陆止于此，海始于斯"，意思是说，广袤的欧亚大陆板块到这里就停止它向前的伸展了，而浩瀚的大海从此处开始，伸向无垠的远方！我问了一下，导游告诉我，方尖碑上的字，是葡萄牙文。

还有一次与大西洋的接触，是从英吉利海峡穿过。这边是法国，那边是英国，这海峡又叫拉芒什海峡。我们的汽车被装进大车里，人则下了车坐在包厢里，二十分钟时间，便从这海峡通过了。而大西洋在我们的头顶喧哗。

在我们匆匆的行旅中，我发觉，所有的这些闻名遐迩的大都市，都是大航海时代的产物。有些城市是建在大洋边的，有些则是建在大海边的，有些则是建在一条大河的拐弯处的，他们最初都曾经是码头，甚至小小渔村，后面随着海上贸易的发展，码头变成了城市。为了纪念这座城市的历史，很多老码头虽然已经弃用了，但是人们还是将那些老码头保留着，修一个纪念碑楼，或一处喷泉，来纪念它们，纪念这座城市的过往。

在著名的红酒之都法国波尔多，它们的那条主要街道，都是三层

罗卡角十字架方尖碑

建筑。主人告诉我们说,这三层是在不同的年代加盖的。第一层,是几百年时间的老旧建筑了。后来城市经济不景气,都快要死了,中国人爱喝的 XO,救了这座城市的经济。由于城建部门不准拆迁老房子,于是人们又在上面加盖了二层,这二层大家就叫它 XO。这几年随着经济的复苏,这第三层就又盖起来了。

濒临大西洋的波尔多,也有一个我上面说的那纪念性质的老码头,这里是一七八九年法国大革命的发生地。雨果曾经为它写书。波尔多城有一个广场,广场的正中竖着一座高大的纪念碑,纪念碑上写着"自由战胜枷锁"几个大字。广场在老码头的右前方。

看到欧罗巴大陆的风和日丽,水晏河清,看到这里人们的举止有礼,悠闲而富足,我是部分地明白了,为什么我这次路经的中亚、西亚,大地山川河流树木,以及因为缺少水分滋养而枯槁,甚至性格如此暴烈的人们,一切都骚动不安,一切的事物都呈现出一种极端的倾向。这是环境的产物,是海洋性气候和干旱的大陆腹地气候带给的影响。人是大地之子,是环境的产物。大地诞生了他们,环境决定了他们。

我们的行程,还将延续一些日子。在那些日子,我还将在这些重要节点,要有演讲。例如在法兰克福,在欧盟总部布鲁塞尔,在世贸组织总部日内瓦,在意大利米兰,在西班牙马德里,在巴黎,在伦敦金融城。不过总的来说,这次行程已经过去大半,已经给人接近尾声的感觉了。

那天,我们是从一片树林中,穿越德国和荷兰边境的。这里虽然已经没有口岸了,但是在人们的心理上,似乎还是觉得应当停顿一下为好。树林中,有几匹马在草地和湖边悠闲地吃草,林子深处有个中餐馆。我们在这里停车吃饭。吃完饭开一会车,一出树林,便是荷兰的绿毡一般的牧场了。一群群的花肚皮奶牛或聚或散,布满了偌大的草原。风吹着,湿漉漉的,既不冷也不热,这是从北海吹来的风。

德国荷兰边境即景——马在湖边草地悠闲地吃草

海牙北海海滩

我们西向而行，抵达荷兰首都阿姆斯特丹，在该城小住两日之后，于是再往前八十公里，把这块陆地走到顶端处，这就是荷兰中央政府所在地、荷兰国王居住办公地——海牙。在这里，暗夜以观沧海，白日里参观国际法庭以后，车队再折回来，向东南行走。这一段好长啊！主要是一道道的高地和垭口，一天的行程以后，到达法兰克福。

　　莱茵河从法兰克福绕城而过，蔚蓝色的河之波拍打着这座德国名城。在这里举办完活动之后，我们再起身，穿过波恩，平直地西行，一段路程以后，抵达比利时首都布鲁塞尔。

　　布鲁塞尔是比利时的首都和最大的城市，也是欧盟的主要行政机构所在地，北大西洋公约组织总部驻地，有欧洲的首都之称。布鲁塞尔位于塞纳河畔，分上下两城，上城依坡而建，为行政区；下城为繁华的商业中心。布鲁塞尔沿海岸线下行半天的车程，是法国首都巴黎。现在的布鲁塞尔城，难民或站着或坐在墙根、或平睡在睡袋里，充斥了这座城市的大街小巷。在布鲁塞尔的城市广场上，有着好多尊小男孩儿在撒尿的雕像。人们说，历史上发生过一件事，侵略者在攻城时，用炸药包要炸开这座城门，这时候，城中一个小孩子早晨爬起来，走出门外撒尿，就这样把那炸药包的火捻子给浇灭了。城市得救了，事后，人们把这撒尿小男孩的雕像，作为城徽。

　　在布鲁塞尔，我们的车队发生了这样一件事。整个车队停驻在宾馆的地下车库里，但是，那台卫星转播车车身太高，上面还有一个电线转盘，停不进去。于是司机把车停在街道的另一侧。清晨起来，我们打开窗户，突然发现停在路边的转播车不见了。代之而在的，像从天而降似的，整个的路面一侧摆了有五公里长的一个一个地摊。这些地摊有的是服装档，钢丝床上，两棵树之间的吊绳上，都挂满了旧衣服、牛仔裤、纱巾、女人的胸罩和内裤。有的是杂货档，锅碗盘勺，日常杂物，应有尽有。有的是蔬菜水果档，蔬菜水果一摊一摊地，一

作者在比利时布鲁塞尔撒尿小孩雕像前

作者在布鲁塞尔周末市场

直排到马路的转弯处。

而熙熙攘攘的人群，在这些地摊中转悠。从衣着上看，他们一部分是城市的平民，而更大部分，则是最近才涌入这座城市的中东难民。有一位年轻的黑人美女，脸蛋和头发一样黑，她在一个胸罩前徘徊了几次，摸一摸，问一下价钱，就又离开了。她后来买了没有，我不知道！当我后来下了楼，来到这个胸罩跟前的时候，出于好奇心看了看价钱，是两欧元，也就是二十元人民币。

卫星转播车丢了，我们的领队慌忙给布鲁塞尔的警局打电话。警局接到报警后，说了三句话。第一句话是，你们的车没有丢，昨天晚上半夜时候，被拖进了警局院子。第二句话是，你以为你们是谁？星期天这座城市的主要街道，都要让给摆地摊的，就是比利时女王的车，停在那里，都得照样拖走。第三句是，罚款五百欧，请来交钱，取车。

五百欧换算成人民币，就是五千元。车找回来了，这就是万幸，我们的领队于是去交罚款领车。原来今天是星期天，难民和穷人的节日。而等到了下午，仿佛像吹了一阵风一样，街道上这些地摊又都消失了。街道又都恢复成了原来的模样。

从布鲁塞尔，我们穿越瑞士，抵达日内瓦。人们说，城市里边这个湖是日内瓦内湖，城市外边那个更大的，直通往法国的湖，才是日内瓦湖，而我们来的方向，路经的那个小湖叫安纳西湖，湖面上有一座十九世纪的铁桥，铁桥上挂着个牌子，上面写着"爱情桥"。这桥，是这地方当年一个名叫卢梭的十六岁少年，与二十八岁的贵媚华伦夫人第一次约会的地方。

日内瓦有二十万常住人口，连同伏尔泰小镇的郊区人员算在一起共四十万。这里是联合国四大总部所在地。他们在世贸组织大楼里，为我们此行的活动布置了一个会场。我在会上作了《手的大拇指和脚的小拇指》的演讲，并且将我的长篇小说《大刹镰》作为礼品，送给

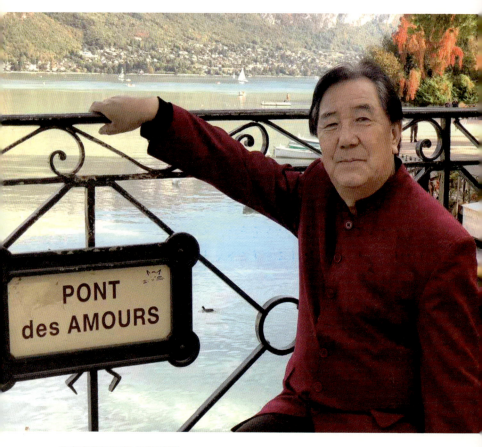

作者在安纳西湖"爱情桥"

与会的官员们。

随后我们进入意大利,在米兰与意大利国家电影学院院长座谈,探讨将我的长篇小说《最后一个匈奴》改编成中意合拍的大电影的可行性。随后再抵达热那亚、摩纳哥、马赛。摩纳哥是个国中之国,在地中海岸的一个山坳里,全国人口两万多人,我们的车队驶进那深沟里,在城中心一个中式的大饭馆用中午饭。

然后我们翻越比利牛斯山,进入一个像大舢板一样漂浮在大西洋与地中海之间的伊比利亚半岛。

这里是西班牙的马德里,号称阳光之城,大西洋气流吹过,见风就雨,而雨一旦骤停,立刻就是碧海蓝天。从马德里出发,穿过那个铺天盖地的橄榄树林,进入葡萄牙的里斯本。

从葡萄牙的多尔图,顺着大西洋海岸一直往北,绕一个半弯以后,离开了伊比利亚半岛,进入法国的波尔多。

再笔直往北,就是著名的世界大都市,法国首都巴黎。塞纳河穿越而过,埃菲尔铁塔高耸在城市的中心,塞纳河的左岸。骄傲的法国男人法国女人们衣着整洁,脖颈高挺,像走台的模特一样,从巴黎大剧院前面的广场昂首走过。古老的巴黎地铁在咔咔咔地运行。地铁里每个巴黎人,手中都捧着一本书在阅读。

从巴黎穿越大西洋,就是英国了。在英吉利海峡的旁边,有个著名的二战旧战场,叫诺曼底。

英伦三岛漂浮在大西洋的波涛中,仿佛三朵并蒂莲花开放在这一泓大水中。伦敦是这座世界大都市的首都。看见这样的地理特征,你会明白,当年的日不落帝国之所以建立海洋霸权,所以舟船驶向它想去的地球的每一个地方,是因为它确实是有地缘优势,临海优势。

我在越过英吉利海峡,进入伦敦市区的那一刻,突然想起英国大诗人拜伦的那几句诗。在一个雾伦敦的早晨,拜伦勋爵乘一辆华丽马

诺曼底镇

车，左臂挽一个白人美女，右臂挽一个黑人美女，开始他的在欧罗巴大陆的游荡，写作他的天才的欧罗巴史诗《唐璜》，他临行前，丢给这座城市的几句诗是：

要么是我不够好，
不配住在这个国家。
要么是这个国家不够好，
不配我来居住。

拜伦后来再也没有回来过，他死在希腊半岛上，死时好像是四十二岁。死后就葬在希腊。当游历到希腊的时候，那里正在发生独立战争，他吟了一首诗：

菩提树下舞蹈着我们的姑娘，
面白如雪，面红如酡。
一想到这样的乳房要用来哺乳奴隶，
我的眼睛就为眼泪所迷。

吟罢，他用他的《唐璜》所得到的全部稿费，组织了一支希腊独立军，自任总司令，开始为希腊独立而战，直到几年后害热病去世。
——我把我在后面行程中要经历的路线，在这里凭记忆提前写了。这原因之一是趁我这一阵子脑子还清楚，路程所见历历在目，于是鼓足气力将它们录出。第二则是，在后面我的叙述中，大概会把更多的注意力放在演讲本身，从而忽视了对于行程的记录。所以我现在这样做了。我觉我的叙述还是清晰的，欧罗巴大陆，它的主要的城市，主要的水域，我把它们像压缩饼干一样，压缩在这节了。

轮渡中的车队

车队驶出英吉利海峡轮渡后碾上英国国土

阿姆斯特丹书简

　　阿姆斯特丹是荷兰首都及最大城市，位于荷兰西部的北荷兰省，是享誉世界的旅游城市和国际大都市。阿姆斯特丹平均海拔为2米，城市主要地形是平原，西南部是一片人造森林，北海运河将阿姆斯特丹与北海连接起来。阿姆斯特丹气候宜人，天气情况主要受到来自北海的气流影响。

　　阿姆斯特丹的历史最早可以追溯到13世纪时的渔村。人们曾在附近阿姆斯特尔河上建筑水坝，阿姆斯特丹就得名于此。而后由于贸易的发展，在荷兰黄金时代一跃而成为世界上重要的港口。17世纪由于海上势力的扩张，迅速称霸世界，而被后世称为"海上马车夫"。阿姆斯特丹，作为荷兰第一大城市，从渔村到大都市的发展过程，经历了辉煌与破坏，以及世界大战的洗礼，从一定程度上讲，它的历史也是荷兰历史的一个缩影。

阿姆斯特丹运河

阿姆斯特丹书简

我们的行程来到荷兰首都阿姆斯特丹,这是 2018 年 10 月 4 日,也就是说从德国柏林到荷兰阿姆斯特丹的路程,我们只用了一天的时间,记得是 10 月 3 日,我们还在柏林等待着参加入城式,如今一天以后我已经坐在阿姆斯特丹看海了。

阿姆斯特丹是一座十分美丽的城市,街道宽阔而平整,古建筑物和新树立的建筑物错落有致地交织在一起,海风吹着,既不冷,也不热,也不潮湿。高速路在进入市区前,在城外绕了一个大弯。我们下榻的宾馆,就在这大弯的高架桥下面。

阿姆斯特丹的历史最早可以追溯到 13 世纪时的小渔村。人们曾经在附近阿姆斯特尔河上建筑水坝,阿姆斯特丹就得名于此。原来的名字意指"阿姆斯特尔水坝"。

阿姆斯特丹是荷兰首都及最大城市,人口约 110 万,位于该国西部省份的荷兰省,是世界著名的国际大都市。在上个千年之初,一群冒险者乘着由挖空的原木做成的船从阿姆斯特尔河顺流而下,并在河的沼泽湿地之外修建了堤坝。"阿姆斯特丹"这个词最早于 1275 年 10 月 27 日被记录在册。

在这座城市的编年史中,曾经在建成后两次被外敌占领,一个占领者是法国的拿破仑,一个占领者是德国的希特勒,但是这是一个顽强的城市，战火过罢，劫后余生，它又站立起来，迅速地恢复经济。

也曾经有两次，它的经济繁荣达到了顶端，成为欧洲航运中心和世界融资中心，即便经历了两次战争的摧残，如今它仍作为欧洲的重要城市、欧洲的四大港口之一，傲立在这北海之滨。

17世纪被认为是阿姆斯特丹的第一个黄金时代，荷兰商船从阿姆斯特丹开往北美洲和非洲，以及如今的印度、斯里兰卡、印尼和巴西，由此构建了世界贸易网络的基础。

荷兰东印度公司与荷兰西印度公司发行的大量股票为阿姆斯特丹商人所拥有，这两个公司所夺得的海外属地后来演变为荷兰的殖民地，阿姆斯特丹也在此时成为了欧洲航运和世界融资的中心，1602年，荷兰东印度公司的阿姆斯特丹办公室开始出售自己的股票，并成为世界上第一家证券交易所。

然而，从18世纪开始，阿姆斯特丹的繁荣开始褪色。荷兰与英国、法国之间的战争，打击了处于巅峰的阿姆斯特丹。后来，荷兰被拿破仑率领的法国军队占领。直到1815年，摆脱法国统治的荷兰与比利时和卢森堡组成荷兰王国，这座城市才迎来发展的第二个春天。

19世纪末期也被称为阿姆斯特丹的第二个黄金年代。阿姆斯特丹-莱茵运河的成功开掘也使这座城市直通到了莱茵河地区，并由此进入欧洲的腹心地带。同时，北海运河也缩短了城市与北海的距离。两项工程极大地促进了与欧洲与世界其他地方的商业交流。1906年，作家约瑟夫·康拉德，用"海之眼"精辟地从海边眺望阿姆斯特丹的景象。

资料在这里提到了作家约瑟夫·康拉德，这康拉德，大约就是写出过著名长篇小说《水手吉姆爷》《黑暗深处》的那个作家。以前我以为他是美国作家，后来发觉他是英国作家。这次在阿姆斯特丹，我才明白他是波兰籍，从二十几岁开始，他从马赛港登船，然后做了水手,在地中海、波罗的海、北海这些大水域中漂泊。

而作家在这里说的"海之眼",是对阿姆斯特丹的赞美吗?是说这座滨海城市是北海的眼睛吗?我这里只是推测,因为我没有读过这话原文。

不过《水手吉姆爷》中一句话,我光最近就说过几次。一位中国富商从中国大陆撤资,把他的金融帝国往英国伦敦搬。网民们纷纷议论,于是笔者也按耐不住,动嘴调侃了几句。我在微信朋友圈是这样说的:"这只老狐狸大约嗅到什么风声了。小说家约瑟夫·康拉德在《水手吉姆爷》中说:大船沉没的时候,老鼠最先离开;老鼠并不知道接下来将要发生什么事情,但是,直觉告诉它,是时候了,该离开了,再不离开就晚了。这是有着二十多年水手经验的作家康纳德,他的经验之谈。"

阿姆斯特丹的街头汽车并不多,大量的是自行车和穿着运动服跑步的人们,市民们说,首相是长期坚持骑自行车上班的,这给市民们树立了一个榜样。阿姆斯特丹人都以骑自行车为一种时尚。

前面是北海,后面则是一片看不见边际的大森林,森林中布满了小溪湖泊和沼泽。有条条的林间小路。我曾经和一位队友在这树林中走了两个小时,我们只见到过一个人,是一个穿着运动衫跑步的中年妇女。小河上常常会有铁质的桥,那位队友是位企业家,他停下来跳到桥底,把这小桥上钢制的部分摸了个遍。他说,这是德国人制造的。防锈处理得真好,这桥都100年桥龄了,还是棱是棱、角是角,就连螺丝帽儿,只要上点儿油,就可以拧下来。大森林的尽头是高速公路,有一群马在路边安详地吃草。

原先我们以为这是原始森林,后来听人介绍才知道它是一片人工林,不过栽植的时间大约很长了,大约在300年前修筑莱茵河至阿姆斯特丹的运河,以及修筑阿姆斯特丹到北海的运河时,就开始在城的

作者在阿姆斯特丹内河边

四周,营造这些林木绿色屏障了。

阿姆斯特丹的地理海拔高度是两米,这是不是会给人一种担心?即海水再上涨两米,这城市就被淹没了。回答是不会的,整个城市其实有一半的面积是填海造陆造出来的,有许多条河流,它们流向大海。有些河流是天然河流,有些则是在人工填海中留下来的,留下来的水域做成运河,这种情况在阿姆斯特丹还不太明显,当我们取道前往海牙的时候,又不断地要路过一些类似于海又类似于河的水域,导游说,这就是填海时留下的水域,可以把它们叫内海,也可以把它们叫内河。

我们所居住的宾馆就是建在这样的水域边上,从后门儿出去就是这蓝汪汪的直通北海的内海了,上面有船在航行,岸边的小码头上也停泊着一些船。宾馆修了可以踏脚的板子,上面放上茶桌,我此刻在艰难地用圆珠笔写阿姆斯特丹书简时,就趴在这样一个茶桌上。

记者们都采访去了,而随行的几个民营企业家,他们去市区看色情表演,阿姆斯特丹是一座奇怪的城市,我们理解意义上的所谓"黄赌毒"在这里都是合法的,甚至受鼓励的,只要不越雷池,一切在规则中进行,政府都是允诺的。而令人惊讶的是有了这些的存在,这座城市仍然保持着高贵和整洁,阿姆斯特丹是全欧洲安全系数排名第四的城市。就世界范围而言,排名也在前列。

每天清晨,这座城市的人们会把北边一碧如洗的天空用滑翔机的飞行打出白色的方格,在这方格布满天空后又从中穿行,打乱出各种图案。他们这是作为著名旅游城市在吸引游客吗?他们所在天空描绘出的那些立体主义图画,令我突然想起荷兰是印象派大师梵高的故乡。

有一首古老的歌,在我的"欧亚大穿越 丝路万里行"的漫长行程中,时不时突然涌上心头,回响在我的耳边。那是来自遥远的东方,中亚细亚雪山的歌,它由一位骑在骆驼背上的赶脚客,一路唱来。在塔吉克村寨的传说中,这位赶脚客最后走到这丝绸之路的一个尽头,这遥远的北海边,杜鹃啼血,歌尽而亡。

我愿意把这支歌作为丝绸之路的路歌,起码来说让它作为我们这一次行程的路歌。

而此刻,在阿姆斯特丹城的一角,在内海的一块水域的茶桌上,在我应邀为中国的报纸写作纪行文学——《阿姆斯特丹书简》的时候,我多么愿意把这支歌的传奇经历写出来,与朋友们分享。

这首歌的名字叫《花儿为什么这样红》,因为一部电影的缘故,这首歌在中国家喻户晓,成为一直在传唱的西部经典。且让我们眺望东方,眺望我们苍茫的来路,从慕士塔格峰讲起。

慕士塔格峰在头顶闪耀着白光。一条古老的道路从塔吉克村寨穿过。一位路边玩耍的塔吉克少年为这驼铃声所蛊惑,于是跟着行走,最后跳上了驼背。

在漫长的行走中,少年成为一名年轻的脚夫,成为一名抱着热瓦甫吟歌的行走歌者。这一天驼队走在苍凉的阿富汗高原上。而在喀布尔河流经的喀布尔城中,喀布尔王正在给他的年轻貌美的公主招亲。丝绸之路沿线四十个国家的王子都来求婚。他们垂涎这王朝的财富,仰慕这公主的美貌。他们从本国带来了丰厚的聘礼。

年轻的脚夫离开了道路,从高原上骑着骆驼走下来,叩开喀布尔城厚重的城门。他怀里抱着热瓦甫:"尊贵的喀布尔王呀,我是一个丝绸之路上一文不名的脚夫,一个行吟的歌者,我没有什么可以献给您和高贵的公主。"青年抱着热瓦甫,猛烈地弹拨起来。他说:"在流连颠沛的道路上,我创作了一支歌,这支歌的名字叫《花儿为什么这样红》。我把它献给王,献给公主。"

青年歌唱起来,声音嘶哑,仿佛杜鹃啼血。歌声飘浮在王宫的屋顶。在场的所有人都被这歌声感动了。尤其是公主,她在那一刻流下了眼泪。并且深深地爱上了这位脚夫。心灵在呼唤心灵,公主觉得自己是最懂得这首歌的人。

但是这个王是势利的，他可不能让自己的掌上明珠嫁给一个流浪者，一个一文不名的脚夫，一个因为长年累月的丝绸之路披星戴月的行走，身上带着野蛮气息的人。他的公主得待价而沽。于是王挥动鞭子赶走了这位求婚者。这样，脚夫重新踏上道路，继续着他的行走。而那位高贵的公主，在皇宫的后花园里昼夜哭泣，因为思念这脚夫忧郁而死。

另一个传说的发生地是在阿塞拜疆的巴库。而第三个传说的发生地是在土耳其的君士坦丁堡，传说国王为囚禁公主，建造了一座塔，这塔叫公主塔。公主塔作为丝绸之路上的一景，现在还存在着的，供人们参观游览，供人们在这里展开想象，供人们凭吊这故事。

被扔出城外的年轻的脚夫，唱着《花儿为什么这样红》继续行走，穿过里海，穿过黑海，穿过波罗的海，最后，在阿姆斯特丹港湾，脚夫杜鹃啼血，歌尽而亡！

青年悲惨地死去了，死在遥远的异国海岸，死在笔者此一刻正在写作书简的这地方。但这还不是最悲惨的，那最悲惨的是，歌手死了，但是这支歌还没有死，它又被道路上一代接一代、一拨又一拨的脚夫传唱着，仿佛丝绸之路的路歌一样传唱。就这样口口相传，伴着骆驼客们的晨昏。直到有一天，一个骆驼帮路经慕士塔格峰下面的这个塔吉克村寨，唱起这首歌时，于是村上人知道了，当年那位追风少年，如今已经死亡在路途，死亡在遥远的岸。

20 世纪 60 年代初，中国要拍一部电影，西部经典，叫《冰山上的来客》。天才的音乐人雷振邦，要为这部电影选一个主题歌，鬼使神差地他来到这个帕米尔高原怀抱中的塔吉克村寨，并采访到这首歌。后来稍加润色，令它成了《冰山上的来客》的主题歌，唱响全国。20 世纪 90 年代末，中央电视台 10 频道开播前，要拍一个大型专题片《中国大西北》，我是总撰稿之一。

我们其中一个摄制组，由高宏民导演带队，先拍了南疆和田的治水，然后由当年电影中民族战士阿米尔的扮演者领路，前往帕米尔高原，寻找到当年雷振邦先生收集民歌的那个村寨。

当年那位为音乐家演唱《花儿为什么这样红》的塔吉克老人还健在，他弹拨着热瓦甫，为摄制组再一次演唱了这首著名的歌。摄影师做了全程录像。高导说，大家一致觉得，原唱似乎比改编更真诚、激情，更原生态。配着帕米尔高原凛冽的风，歌里有凄美，也有爱情。慕士塔格峰闪耀着白光，夜色幽暗。塔吉克村寨里，热瓦甫的弹拨声中，老人以苍老的声音，为这群电视人讲述了我上面说的，关于这首歌背后的那些故事。

高导当时任甘肃电视台国际部主任，这个组以该部为班底组建。我没有随这个组去帕米尔。而是随安导带的组深入罗布泊古湖盆拍摄，在一个雅丹下面呆了13天。安导这个组，是以陕西电视台国际部为班底组建的。

如今我随"2018丝绸之路品牌万里行"一行，沿着那位脚夫，那位行吟歌者走过的道路，来到这天之涯、海之角的阿姆斯特丹，这遥远的岸。唱几句《花儿为什么这样红》吧，为那帕米尔高原的追风少年，也为行程已经超过14000公里的疲惫的我们。

2018年10月7日于布鲁塞尔

写完这篇文字的第二天，我们就告别了阿姆斯特丹，前往更靠西的海牙，也就是说把这一块大陆走透，走到它的极地，走到它大陆与海的交汇处。

在人生的路途上,
又有多少机缘,
向星空了望!
在人生的行程中,
又有多少个夜晚,
见星空如此安详!

这好像是中国诗人郭小川的诗,诗名叫《望星空》。

我们将在海牙小住,而后折身向南重回德国,在法兰克福有我的演讲。

上面这些文字是笔者在旅程中写的,其中有一半的篇幅,写在阿姆斯特丹内河的那张茶桌上。此一刻,在西安的家中,我翻开手机看我当时自拍的照片,穿一件陪伴了我一路的那件红色的中式服,手拿一支圆珠笔,背景是内河的平静的港湾,是一艘鸣响汽笛,要穿城而过,行驶去北海的游船,游船上挂着红红绿绿的彩旗。

照片上的我目光是多么地忧郁啊。一张愁苦的脸,仿佛沉浸在那无边的苦难中,腮帮子有些鼓起,这是舌根儿底下压着三颗速效救心丸的缘故。

荷兰阿姆斯特丹专为自行车建立的停车场

荷兰阿姆斯特丹风车小镇

在日内瓦、在法兰克福——两份演讲稿

法兰克福位于美因河右岸,临近美因河与莱茵河的交汇点,坐落在陶努斯山南面的大平原上。市中心和内城在美因河北岸,美因河上众多的桥梁把内城与近郊萨克森豪森地区连接在一起。法兰克福是德国第五大城市及黑森州最大城市,德国乃至欧洲重要工商业、金融和交通中心。

法兰克福的历史可以上溯到公元元年前后,那时莱茵河和多瑙河是罗马帝国的北方边界,但两河并不相连,其间无险可守,因此罗马人修筑了连接两河的长城。这座长城连绵数百里,从法兰克福附近经过。于是人们在这里设置了驻军营地,这一带成为边境要塞。随着罗马帝国的崩溃,这时军营圮毁,日渐荒芜,几乎被人遗忘,直到8世纪才再度兴起。传说查理大帝打了败仗,逃到美因河边,找不到向导,无法渡河。危急之中看见一只母鹿涉水过河,大军也随之过河,转危为安。为了纪念这件事,查理大帝下令在当地建筑一座城市,取名法兰克福,意思是法兰克人的渡口。公元794年法兰克福作为查理大帝的行都首次载入史册。此后法兰克福一直是德意志的重要政治舞台。

法兰克福

东方与西方是一个汽车轮子的距离
——2018年10月10日法兰克福演讲

我们从东方来,从山的那边来,踩着早晨的第一滴露水来,循着一条古老的名曰"丝绸之路"的道路而来。

我们是用脚步丈量,用车轮丈量,一寸一寸地行走,从古长安城来到莱茵河畔的世界金融之都、德国的金融中心——法兰克福。

掐指算来,此行已经走了45天时间,行走了15000公里路程,是一寸一寸地从大地上碾过的呀!仅就河流而论,我们穿越了黄河、塔里木河、锡尔河(张骞时代叫药杀水)、阿姆河(张骞时代叫乌浒水)、顿河、伏尔加河、第聂伯河、多瑙河、莱茵河等等。

就我个人的感觉而言,恍惚中,觉得东方和西方是如此之近,是一个汽车轮子的距离! 我坐上车以后,打一阵瞌睡,车一停,人们说这是西方了。

东方走近西方,或者说西方走近东方,是这样一寸一寸地完成它的文化的过渡的。乍一看有很多的差异,包括肤色、着装、语言,以及山川地貌、文化形态。如是这般的一次行走,或者叫丝绸之路考察,你会发觉大家互为邻里,鸡犬之声相闻,世界是一个整体。

我们走的是一条古老的道路,这条道路叫丝绸之路。它是迄今为止人类历史上最为重要的一条欧亚非大通道,它是商贸大道、物流大道、文化沟通与交流大道。

公元纪年前138年,一个叫张骞的中国人,受中国皇帝的委派,开辟出这条通往外部世界的道路,中国人把张骞的壮举叫"凿空西域",将他叫"凿空西域第一人"。汉武帝封他为"博望侯",意思是张骞的壮举令中国人的视野变得辽远、变得广阔。知道了世界远比前人所知道的要大得多。中国人为自己过去的无知、过去的坐井观天、过去的夜郎自大而羞愧。

自此,中华文化板块逐步融入了世界。或者换言之,在此之前各个孤立的世界各文明板块,由于这条道路的开通,封闭被打破,地域边缘被打破,相互融入,世界因此成为一个整体。

我们已经无从知道,两千多年前,我们那光荣的祖先,当他翻越雪山,穿越荒漠,撑着每日西沉的落日,向西向北行进的时候,他口里是不是怀着渴望,唠叨着"世界的尽头在哪里?山的那边是什么样的风景?且让我等去看看!"

反正,当汽车轮子风驰电掣地从欧亚大平原一掠而过,我的渴望的心,这样呼唤着远方!

在法兰克福,在这德国的土地上,我突然想起,"丝绸之路"这个称谓,竟然是一百多年前一个德国人为它命名的。这个德国学者叫李希霍芬。

1860年,普鲁士国王派了一个庞大的外交使团,前往中国,商谈建交与通商事宜。使团中有一位27岁的年轻学者。使团从广州登岸,前往北京,受到了李鸿章的接见。这位年轻的学者,为清廷大臣李鸿章的风度所吸引,将自己的姓氏也叫作"李",名字则叫李希霍芬,全名则叫费迪南·冯·李希霍芬。

李希霍芬大约在中国待了一些年头(当然也去过周边国家,例如日本),1873年才回到德国。使团在大西北考察的时候,李站在祁

莱茵河流经法兰克福市区

连山的一个山头上，见河西走廊地面，这古老的道路上，一支驼队正摇着驼铃从大戈壁驶过。驼队马帮川流不息，前不见头，后不见尾。细细一打听，驮的是丝绸细软。李希霍芬在那一瞬间突然明白了，盛行于欧洲中世纪的神奇之物——中国丝绸，就是从这条道路上驮运过去的呀！他于是脱口说出"丝绸之路"四字。

而在此之前，人们把这条道路叫"西域道"。

李希霍芬回到德国后，担任柏林地理学会会长，柏林大学校长。他用毕生的时间写了一本书，这本书就叫《中国》。在书中他正式提出丝绸之路这个概念，且细致地用地图做了注解。

中国人则为了纪念李希霍芬为丝绸之路这个地理概念命名，将祁连山李希霍芬站立的这个地方，德语命名为李希霍芬山脉。

这就是一个德国学者与丝绸之路的故事。丝绸之路不独是中国的，也是世界的，是人类共同的财富。当我们站在莱茵河畔，讲述丝绸之路与德国文化这一段渊源时，倍感亲切。

请允许我在这里，向你们伟大的国家致敬，祝福国家昌盛，人民幸福。向德国文化的伟大传统致敬，向文化巨人歌德致敬，向尼采致敬，向伟大的思想家马克思致敬（我们刚刚从他的家门口——特里尔小城经过）。

我们的车轮还将向前滚动，下面还有三分之一的路程。条条大道通罗马，我们将沿着丝绸之路古道，向它走去。

其实严格地讲来，道路有许多条，它不是固定的，行走间只取一个大致的方向而已。戈壁荒原上，人走过去了，这人的足迹就是道路。中国的伟大僧人法显说："哪有道路呀，倒毙在路途上的先行者的累累白骨就是路的标识。"

我们还将去巴黎，这世界艺术之都，向长人如林的法国古典经典作家们致敬。2014年秋，在西安大唐西市，古丝绸之路开始的地方，我曾与诺贝尔奖2008年得主让·克莱齐奥举行过丝绸之路东西两端高端对话。他的"我是法兰西土地上自然而然地生长出的一棵庄稼"这句话,给我留下了极为深刻的印象。希望这次能见到他。另外,我还想到塞纳河畔,到枫丹白露森林这些印象派画家所描绘的风景中走一走,让自己短暂地在这古典精神中窒息三分钟。

最后一站是伦敦。

当初办签证的时候,英国大使馆的签证官问我,为什么要去英国,是不是要去投亲靠友,养老!我说,错!英国大诗人拜伦的墓地,最近刚从希腊迁回伦敦的名人公墓,我想去为他献上一束花。当年这位有名的浪子,驾一辆奢华马车,在欧罗巴大陆游荡,写作他不朽的史诗《唐璜》。最后,他来到希腊半岛,用他的稿费组织了一支希腊独立军团,自任总司令。后来,害热病死在希腊半岛。英国政府最近开恩,允许诗人的遗骸归葬故乡地。

车轮在滚动着。当写下上面的文字的时候,我想说世界很大,世界很小;远方很远,远方很近!此一刻,一艘白轮船正在莱茵河上驶过。轮船上一声汽笛声,好像在呼应我的这句话。

2018 年 10 月 10 日
忆写于法兰克福莱茵河畔一条长凳上

法兰克福大教堂

日内瓦

日内瓦位于日内瓦湖的西南角流入罗纳河之处,被阿尔卑斯山和侏罗山两大山脉环绕。其南、东、西三面都与法国接壤,自古是兵家必争之地。

日内瓦是瑞士联邦的第二大城市,也是一个世界著名的联合国城市。湖上大喷泉是日内瓦的象征,日内瓦湖光山色四季皆具吸引力,同时也是世界各国际机构云集的国际化城市。日内瓦以其深厚的人道主义传统、多彩多姿的文化活动、重大的会议和展览会、令人垂涎的美食、清新的市郊风景及众多的游览项目和体育设施而著称于世。日内瓦也是世界钟表之都,钟表业与银行业成为日内瓦的两大经济支柱。

日内瓦

手的大拇指和脚的小拇指
——高建群日内瓦演讲稿

这里是日内瓦。这里是联合国世贸组织总部。地中海的阳光是多么的灿烂呀！如梦如幻。日内瓦湖和阿尔卑斯山，拥抱着这座19万人口的袖珍小城。

这是我新出的一部长篇小说，名叫《大刈镰》，刚刚在2018年中国书博会上亮相，并接受了喜马拉雅长达一个多小时的视频直播访谈。这次丝绸之路万里行它是礼品。现在这本最新作品，赠送给这座城市，赠送给这个世贸组织。

这是一本向草原致敬，向我胯下的那匹马致敬的一本书，是对我青春和激情岁月的祭奠。我是中国的最后一代骑兵，或者换言之，骑兵这个辉煌了近3000年的兵种，在我和我的战友们的胯下得到了最后完结。它所以完结，有两个原因，一是冷兵器年代结束，骑兵已经失去了位置，第二原因则是养活一匹马的费用相当于养活三个士兵。

我当兵的地方在中亚。那里有一块草原，叫阿勒泰草原。那里有一座西北－东南走向的大山，叫阿尔泰山。有一条经过4000多公里流程，穿越西伯利亚，注入北冰洋的河流，中国段和哈萨克斯坦段，叫额尔齐斯河，进入俄罗斯境内、乌拉尔山区以后，易名鄂毕河。

这本书叫《大刈镰》。大刈镰是中亚地面牧民们收割马草时用的大镰刀。前面有一个两尺长的刃子，斜安在一个一人高的木柄上。木柄中段还有一个把手。打草时，人们排成一行。半直着身子，一路刈。大刈镰沙沙响，牧草一行一行倒下了。这是人类最初收割牧草的形式。

中亚细亚地面的阳光，炽烈而又透亮。摊在地面上的牧草，要晾晒一阵，去掉水汽，然后缓缓等黄昏的时候，用铁叉将它卷起，垛成一个个印象派大师莫奈式的大草垛。

请看，这是我右手的大拇指，大拇指的指头蛋上，有一道长长的深深的刀痕，这刀痕就是大刈镰锋利的刀刃削的，是草原留给我的刻骨铭心的记忆。

打马草的地方在额尔齐斯河南湾。一群精壮的哈萨克男人，挥舞大刈镰在打草，我也混在他们中间。休息的时候，这磨镰刀有两个程序。第一个程序是，给地面垫一个小铁砧，将镰刀搁在铁砧上，然后用一个小锤子叮叮咚咚地敲。第二个程序则是，将镰刀刃儿平放到脸前，齐眉高，木柄挂地，然后从戈壁滩上拣个小鹅卵石石蛋儿，右手的大拇指和食指握住石头蛋儿，这样挥动着在镰刃上来回擦，在擦的时候，还不停地"呸呸呸"地向镰刀上吐唾沫。

我是农民，农民磨镰刀，是将镰刀往磨石上磨，而这牧民磨镰刀，是将石头往镰刀上去磨。旁边站着的我，好奇心驱使，于是也弯腰拣起一块小石头，竖起镰刀，沙沙地磨起来。并且在磨的同时，也学着样子，不时地朝镰刃上喷两口唾沫。

突然的事情发生了，在一次挥动中，我的大拇指的半个指头被大刈镰锋利的镰刃割下来，只连了一层皮，鲜血直流。我大叫了一声，用另一只手捂住这根指头，后来边防站的医生给我缝了三针，指头蛋保住了，但是却留下了这道深深的伤痕。

这就是大拇指的故事。

说完手的大拇指，那么下来说说脚的小拇指的故事，或者准确一点讲,叫脚的小拇指指甲盖的故事。

它出自我整整 25 前出版的一部长篇小说《最后一个匈奴》。这部小说被誉为陕北高原史诗,是对这块土地一百年沧桑史的一次庄严巡礼,崇高致敬,因此它又被称为中国版的"百年孤独"。它带来的另一项巨大荣誉是,"陕军东征"这个代表中国当代长篇小说创作高度的历史事件,正是在《最后一个匈奴》北京研讨会上提出来的。

匈奴民族是震撼了东方世界和西方世界的古游牧民族,中亚地面是他们的主要游牧牧场,北匈奴穿越辽阔的欧亚大平原,穿越热海(伊塞克湖)、咸海、里海、黑海、地中海,在布达佩斯建立强大的匈奴汗国,阿提拉大帝的马蹄踏遍了欧罗巴大陆,罗马帝国差点毁在他的手中。

留在原居住地的匈奴人,则掀起长达 286 年之久的魏晋南北朝、五胡十六国之乱。在这个历史阶段的中期,匈奴王赫连勃勃,在陕北建统万城,完成了匈奴民族在行将退出历史舞台前最后一声绝唱。

《最后一个匈奴》就是写他们的故事,而故事的着重点不在凭吊历史,而是描写当下。那掉队的匈奴士兵走入一户陕北窑洞,于是在苍凉的高原上,一个生机勃勃的人类族群诞生了,婴儿的第一声啼哭,便带着高原的粗犷和草原的辽阔。

"请注意孩子的脚指甲盖,那是浑圆的完整的一块,而汉民族的小拇指的指甲盖,往往分岔,不规则地分成两半!"这是小说中的描写。

这个细节一时节引起许多的热闹话题,而我也无数次地予以解释。直至 25 年后的今天,还常常有人提起它。

我曾经请教过一位中国社科院民族史专家,他告诉我,我的描述是正确的和准确的,并且不独匈奴民族,那些活跃在中亚草原的 200 多个古游牧民族,脚的小拇指指甲盖都是浑圆的一块。

当我将我的这些所得告诉亲爱的朋友们时,我在这一刻感到十分得愉快!我一直想强调,此一刻,我站立的地方,是在这欧洲中心,在日内瓦。

一想到是在这遥远的地方,谈这些话题,我就有一种异样的感觉。

我们的行程还要继续,也许进入意大利境内后,我会讲述阿提拉大帝围攻罗马城的故事,讲述七百年前的一个叫马可·波罗的意大利人,自西而东,穿越丝绸之路的故事。而在这次行程结束,回到西安家中后,我会详尽地将撒马尔罕之子、跛子帖木儿大帝的故事写出来,因为如果不了解他,你就根本无法进入中亚的过去时和现在时。

我的饶舌到这里就该结束了。此一刻,窗外日内瓦湖上那个据称是世界上最高的喷水柱,正天女散花一样向空中喷散着水花。阿尔卑斯山这欧罗巴最高的山脉,缄默地、威仪地停驻在远处。此刻我想说,在座的所有的我们,都曾经是历史的一部分,又都是已经穿越历史,正面向未来的人类族群。

2018年10月12日于日内瓦

双城记——马德里与里斯本

马德里是西班牙首都及最大都市，位于西班牙国土中部。地处伊比利亚半岛梅塞塔高原中部，瓜达拉马山脉东南麓的山间高原盆地中，海拔670米。南下可与非洲大陆一水为限的直布罗陀海峡相通，北越比利牛斯山可直抵欧洲腹地，地理位置十分重要。在历史上因战略位置重要而素有"欧洲之门"之称。

马德里也是南欧地区的旅游、文化中心，历史文化遗迹丰富，现代旅游设施齐全，服务业发达。

里斯本是葡萄牙共和国的首都，位于欧洲大陆的最西端。位于伊比利亚半岛的特茹河河口，西濒大西洋，是典型的海洋城市，城北为辛特拉山，城南临塔古斯河，是欧洲大陆最西端的城市，南欧著名的都市之一。

里斯本是工业城市、国际化都市，如今是葡萄牙的政治、经济、文化、教育中心，亦是欧洲著名的旅游城市。里斯本港是国际海港。里斯本西部大西洋沿岸有美丽的海滨浴场。

马德里皇宫

比利牛斯山是欧洲最大的山脉阿尔卑斯山的西延部分。

阿尔卑斯山脉主干向西延伸为比利牛斯山，向南延伸为亚平宁山脉，向东南延伸为迪纳拉山脉，向东延伸为喀尔巴阡山脉。当年北匈奴人的进入，就是从喀尔巴阡山呼啸着进入东欧平原，进入多瑙河两岸的。阿尔卑斯山脉可分为三段。西段西阿尔卑斯山从地中海岸，经法国东南部和意大利的西北部，到瑞士边境的大圣伯纳德山口附近，为山系最窄部分，也是高峰最集中的山段。在蓝天映衬下洁白如银的勃朗（"勃朗"在法语中是白的意思）峰（四千八百一十米）是整个山脉的最高点，位于法国和意大利边界。中段中阿尔卑斯山，介于大圣伯纳德山口和博登湖之间，宽度最大。有马特峰（四千四百七十九米）和蒙特罗莎峰（四千六百三十四米）。东段东阿尔卑斯山在博登湖以东，海拔低于西、中两段阿尔卑斯山。

这个伟大的山脉，在它行将结束它的西南行程，进入大西洋与地中海接壤的这一块辽阔水域时，起了一座高山，叫比利牛斯山，然后这山脉像一串闪光的项链一样，系住一个向水中伸进的半岛，这个半岛叫伊比利亚半岛。从地图上看，伊比利亚半岛像漂浮在大西洋与地中海之间的一片枫叶，半岛东南入口，是比利牛斯山，半岛西南，隔直布罗陀海峡，海峡大约是四十公里的距离，与非洲大陆相望。

两个颇具传奇色彩，颇具个性魅力的欧洲国家，同时也是世界经济强国，西班牙、葡萄牙就像摊煎饼一样平摊在这个半岛上。背倚比

阿尔卑斯山

作者在欧洲第一高峰、阿尔卑斯山脉主峰勃朗峰下

利牛斯山，面对茫茫大海，面对非洲大陆。

西班牙的首都名叫马德里，位于这片枫树叶的最核心，或者说伊比利亚半岛的最核心。其市区人口约三百四十万，都会区人口则约六百二十七万多。马德里大约是阳光之城的意思。我们在马德里居留的这几天，灿烂的阳光普照着天空和大地，洒满马德里城的每一个角落。即便有雨，雨说下就下，一场豪雨过后，晴空一碧如洗，城市的白色的建筑物则更明亮了。人走在大街小巷，如走在画中。

葡萄牙的首都是里斯本，这座城市是一座纯粹的滨海城市，海上湿漉漉的铅灰色的乌云，海风一吹就过来了，于是噼哩啪啦一阵豪雨，你还没有找到避雨的地方，雨说一声停就又停了。在十六世纪大航海时代，里斯本是当时欧洲最兴盛的港口之一。里斯本是葡萄牙共和国的首都和葡萄牙最大的海港城市，位于欧洲大陆的最西。当然，也是欧亚大陆的最西端。记得，我们在之前介绍过那个罗卡角悬崖上的"陆止于此,海始于斯"十字架方尖碑。里斯本位于北纬三十八度四十二分，西经九度五分，伊比利亚半岛的特茹河河口。市区占地面积约八十四点八平方公里，人口大约是五十六万多。是的，不是很大。

自新石器时代开始，里斯本的地区已经就有伊比利亚人居住。公元前二〇五年起为罗马人统治，当时的统治者把这个地区升格为市。可是到公元五世纪起相继被蛮族占领，而在八世纪时更被摩尔人所夺取，信奉伊斯兰教的摩尔人除在市内建了许多清真寺外，还建了许多房屋和新的城墙。摩尔人一直统治里斯本到一一四七年，他们被阿方索率领的十字军击败，使得里斯本重回基督徒的手中。一二五六年，里斯本正式成为葡萄牙的首都。

机械的资料堆砌不是我的风格，不带感情色彩的客观描述亦不是我的风格。因此我下来换一种口吻，像拜伦勋爵那样说话。当年浪迹欧洲的大诗人拜伦，一踏上伊比利亚半岛，他就拨动六弦情，动情地

里斯本老城区

吟唱道：美丽的西班牙，风流的圣地，阿西乔高举过的义旗在哪里？

是的，这地方最早的原住居民是伊比利亚人，在公元前的二〇五年，罗马帝国把它的版图扩展到这里。马德里、里斯本、巴塞罗那、波尔图这些城市应运而生。这些城市最初都应当是蕞尔小城，它们是在后来的世事沧桑中逐渐成为中心城市的。巴塞罗那紧倚着比利牛斯山，波尔图则在半岛的另一面，濒海而筑。

罗马帝国在这个半岛上，沿着大西洋海岸线，修筑了许多的要塞。那些临海的二三百米的小山头，罗马人在上面修起炮台，修起驻军的兵营。炮台的侧翼，建一座基督教堂。教堂的外面，山腰间的位置，是一个大广场，然后高高低低的石砌的民居，围绕广场而建。后来，随着城市的扩展，人口的增多，这民居便一直顺着山坡铺展到平原地带。这时有一条路，和远方相通，而炮台下面，会是可以停泊船只的港湾。

这座当时还处于半蛮荒状态的半岛，大约最初就是这样开辟出来的。在我们的人从马德里到里斯本，再到波尔图的行程中，见过许多这样的先是罗马人建立，后来被摩尔人占领和改造，最后又被三国联军收回的这样的小城。那些教堂被占领者反复改造，为己所用的历史痕迹，告诉我们这些历史细节。

公元五世纪的时候，西哥特人曾强势侵入这个地区。那一阵子，我们知道，罗马帝国正面临灭顶之灾，天之骄子、上帝之鞭阿提拉大帝的马蹄，正在欧罗巴大陆肆虐。公元四五二年，阿提拉率领他二十万之众的草原兄弟，在占领欧洲诸国之后，最后包围了罗马城，靠了红衣大主教圣·来奥的出城斡旋，签下城下之盟后，阿提拉才撤兵，回到布达佩斯。而在第二年，也就是公元四五三年，阿提拉大帝神秘死亡，整个罗马帝国才从马蹄下颤颤巍巍重新站起。

到了公元七世纪到八世纪，这个半岛重新沦陷。这个沦陷期是一

罗马人建立的要塞

罗马人要塞下的小镇

个长达六百年的漫长时间,一群摩尔人乘着木筏子,从非洲大陆越洋而来,他们登岸以后,人口迅速的增长,其人口数量有一天超过原住民,于是摩尔人推翻了西班牙王室和葡萄牙王室,建立国家,开始统治这个半岛。

伊斯兰教在中东兴起之后,安拉之剑挥手向东和向西。向东,它逐步地占领了中亚地面(我们记得,土库曼斯坦的老梅尔城,是中亚第一个建清真寺的地方),并翻越帕米尔高原,顺着印度河抵达阿拉伯湾,又顺着恒河抵达孟加拉湾。星月远征来到恒河中游的那烂陀寺,把这座大寺烧毁,将大寺围墙上的每一块石头都过了三刀。

那时,大唐高僧玄奘刚刚离开那烂陀寺十年。他在他的传记体游记中说,告别戒贤法师离开那烂陀寺后,他在路边枕着包袱,做了个奇怪的梦,梦见这个当时世界上最大的寺院,十年后要毁于一场大火。

安拉之剑向西的挥舞,则受到地中海的阻隔。受到当时针插不进滴水不漏的基督化国家和民众强烈抵制。于是传教士折身乘船前往非洲。一些年后,在非洲大陆,一个阿拉伯与非洲土著混血的种族出现了。他们建立了国家,这个国家叫毛里求斯。而这些人类族群,叫毛利人,毛利人进入西班牙、葡萄牙后,又被称为摩尔人。

摩尔人统治了西班牙、葡萄牙六百年,这里成为伊斯兰国家。在这块地面,留下许多关于摩尔人的传说。美国现代文学之父华盛顿·欧文,曾经写过一本小书,名叫《阿尔罕伯拉》,就是记述他的西班牙苍凉高原之行,写那些古城堡、古寺院中奇奇怪怪的故事。我查了一下地图,遗憾的是作家描绘的那些古城堡和寺院,我们无缘一见。因为我们是从马德里出发,向西往里斯本,而后沿海岸线一直向北行走,而华盛顿·欧文则是从马德里出发,径直向北,深入到比利牛斯山的纵深。

后来西班牙王室、葡萄牙王室不甘屈辱,求助于当时主要的三个

贝伦塔

贝伦塔的建筑风格上大量使用了摩尔人和阿拉伯人的艺术元素,比如说岗亭顶端的胡椒粉盒形状的炮台。

欧洲国家，英国、法国和德国，于是三国组成联军，翻越比利牛斯山进入半岛，赶走了摩尔人，帮助他们王室恢复统治，帮助基督教之天主教在这里确立。

那些众多的摩尔人或叫毛利人都到哪里去了呢？我问博物馆的讲解员，讲解员说，三分之一的摩尔人在这次征战中被杀，三分之一则逃回了他们来的地方，另有三分之一百姓改宗天主教，这是一四四七年时候的事情。

这样，西班牙王室和葡萄牙王室重新立国。

立国不久，这两兄弟国家之间又屡屡发生战争，今天你吞并了我，明天我又吞并了你。最后他们携手说，咱们真愚蠢，为什么要兄弟相残呢？咱们有这精力，有这国力，不如去拓疆开土征服世界。于是在一个晚上西班牙、葡萄牙两个国家在神父的主持下，签了个瓜分世界的协议，协议上说，世界的西半球是西班牙的，东半球是葡萄牙的，兄弟两个各占半个地球，各不相扰。

据说这个协议确曾有的。参观过博物馆的人看到过这个协议。我是没有见到，我问博物馆的讲解员，签协议的那个时候，这两个如此雄心勃勃的国家，他们是多少人口？讲解员回答，西班牙是五百万人口，葡萄牙是三百万人口。

于是，在签完协议的第二天，两支舰队分别从马德里和里斯本出发，这些有着维京海盗基因的伊比利亚人吹起号角，扬起风帆，驶向大西洋，开始他们堂吉诃德式的冒险历程。

西班牙船队从大西洋而太平洋向西，最后登上一块大陆，这块大陆现在叫南美洲，船队将军先在沿着太平洋海岸线，打下一块儿地方，建立一个国家，给这个国家命名叫秘鲁。这是这块大陆上开始的第一个国家，将军本人则自任总督。接着打下第二块地方，仍由他兼任总督，建立的这个国家叫厄瓜多尔。接着又建立第三个国家，叫玻利维

大航海纪念碑(右)

亚,就这样一口气建立了三十多个国家。

这个将军叫什么名字我没有记住,我们的行旅从他家乡的那座小城经过,那是大西洋上的一个要塞,要塞的炮台侧翼是一座基督教堂,教堂的下面则是广场那将军的青铜雕像,骑着马的样子,有点儿像中亚枭雄跛子帖木儿,我们不懂西班牙语,并不知道他是谁,后来与当地居民用英语交流,他们领着我们来到雕像前念出他的名字,并且说南美大陆就是这个将军开辟的。我有些不同意他们的说法,我说,从人们的常识说,这个雕像上的人是一个侵略者殖民统治者负面人物。当地居民则说,我们不这样认为,我们觉得他是民族英雄,是本城的骄傲。因为我们是游客,也就不好再说什么了。

葡萄牙船队则从大西洋而太平洋向东,有一天他们来到东方的一个岛上,刚登上岸,结果看见了先期到来的英国人。英国人说,这岛我们已经捷足先登了,你要占领,去登旁边的那个小一点的岛吧。

这个大一点的岛叫香港,这个小一点的岛叫澳门,它们分别被英国人和葡萄牙人统治了一百五十五年和一百二十二年,二十世纪末才回到祖国的怀抱。

我在西班牙马德里作了一场演讲,演讲的题目叫《马德里——阳光的城》,演讲很成功,这个成功来源于三个原因,一是早晨的时候突然一场好雨,大雨过后,阳光是如此明亮,从而给人以难得的好心情。第二则是为我翻译的那位中国留学女博士,博古通今,水平真高。她说,在马德里这座热情好客的城市里,三分之一居民是中国人儿,在我演讲中谈到塞万提斯的堂吉诃德时,她在翻译时发挥说,塞万提斯的家乡离马德里不远,朋友们明天的行程会遇见那村庄那风车。第三则是在我演讲之前,一个西班牙妖娆女郎和一个黑人男青年,先跳了一场踢踏舞,为演讲热场。

我的演讲摘其大要如下:

西班牙特鲁希略小镇建于十五世纪的圣马丁教堂

教堂前面的这尊雕像便是特鲁希略小镇引以为傲的"英雄"弗朗西斯科·皮萨罗。

西班牙将军

弗朗西斯科·皮萨罗(1476—1541)是西班牙早期殖民者,开启了西班牙征服南美洲(特别是秘鲁)的时代,也是现代秘鲁首都利马的建立者。

西方世界第一部真正意义上的长篇小说来自西班牙。这是西班牙文学的光荣，这小说的名字叫《堂吉诃德》，小说作者则叫塞万提斯。

一个名叫堂吉诃德的西班牙古怪绅士要离开他的城郭，他的故乡，他的橄榄树家园，出发去征服世界了，他怀着匡正时弊重建光荣的中世纪梦想，在一个马德里阳光灿烂的早晨出发。

他从旧货市场上买来一副生锈了的盔甲挂在身上，买来一把生锈的长矛，给那长矛的尖头与长柄连接处滑稽地系上一缕红缨，他又从牲口市场上买来一匹风一吹就倒的、瘦骨嶙峋的老马，打扮停当后开始上路。

他带了个仆人，这个仆人叫桑丘，一个滑稽人物，因为中世纪骑士总是有仆人相随的，这是标配。他心目中的理想女性则是那个矮矮胖胖的厨娘，她在看着他的英雄，赞许着他的每一个举动！"而我所做的这一切的一切，都是为了得到她的几声喝彩！"堂吉诃德如是说。

对于这座城市来说，这是一个节日，他们的一位昨日邻居，这座城市的一个伟大儿子要去出发去征服世界了。

请这座城市搭上彩门为他送行，请贪睡的姑娘们穿上节日的盛装为他送行，请铁匠用锤子敲打出钢铁里的音乐为他送行，请城市的清洁工给街面上洒些水，再撒些花瓣，以示庄严。

我谨以以上的致辞向西班牙文学致敬，记得20多年前在中国的西安，我曾与西班牙作家有过一次对话，他们一行7人，作协主席是一位瘦削的老人，现在如果还活着，年龄大约已经很大了，他的夫人名叫卡门，穿一件红风衣。

记得在西安皇城宾馆的座谈会上，当我说出我心目中的理想女性是法国作家梅里美塑造的吉卜赛女郎卡门形象时，这位穿红风衣的女作家一声尖叫过来拥抱我，她说，我就是卡门，西班牙的卡门！塞万提斯的故乡叫阿尔卡拉，距马德里据说很近，一个小时车程，我们明

堂吉诃德雕像

天将要行经的高速路经过那里。

上面就是我在马德里的演讲,我这里只是一些客套话,此处摘其大要而已。会场是在三楼,演讲完毕,我有些疲惫,于是来到阳台上,坐在茶桌前休息,马德里灿烂的阳光照在我的额头,我长久地处于一种恍惚中,似乎有一种堂吉诃德附体的感觉。第二日早晨,我们出发告别了马德里,前往里斯本,出城不远便是铺天盖地的橄榄树林,这些橄榄树叫人想起台湾已故作家三毛作词的《橄榄树》的几句歌词:

不要问我从哪里来
我的故乡在远方
为什么流浪
为什么流浪远方
为了我梦中的橄榄树
不要问我从哪里来
我的故乡在远方
为什么流浪
流浪 远方 流浪

在车上,我们哼唧着这歌儿,在橄榄树密布的西班牙广阔原野上穿行。

出城不远,橄榄树丛林中露出一丝红色屋顶,屋顶上方有一辆风车的大轮子在咔咔转动,人们说,那就是西班牙最伟大作家塞万提斯的故乡,或者换言之,是愁容骑士堂吉诃德的出发地。导游说,这房子,这风车都是新建的旅游性质的设施。

在接近葡萄牙边境时,我们的车停下来,加油,我倚着路边的橄

西班牙高原远景

苍凉的西班牙北部荒原长满了橄榄

榄树作为背景,照了几张照片,照片上的我乱糟糟的头发,眼皮耷拉着,一脸愁苦状,伊比利亚原野上的风吹得人站也站不稳。记得照片传到网上以后,西安的朋友们心疼地说你多么得疲惫啊,你忘记自己多大年龄了。

我们路经的旷野上,长满了遮天蔽日的橄榄树。树木在吹拂的海风中耸立着。我们中国人餐桌上用的橄榄油,绝大部分就来自这块地域。

我们在里斯本又小住二日,然后沿着半岛西边、北边的海岸线,而波尔图,而波尔多,而巴黎。

作者在西班牙苍凉荒原上,背后是一望无际的橄榄树

我和西班牙作家玩东方幽默

西班牙王国,简称西班牙,位于欧洲西南部的伊比利亚半岛,地处欧洲与非洲的交界处,西邻葡萄牙,北濒比斯开湾,东北部与法国及安道尔接壤,南隔直布罗陀海峡与非洲的摩洛哥相望。领土还包括地中海中的巴利阿里群岛,大西洋的加那利群岛及非洲的休达和梅利利亚。

西班牙地势以高原为主,间以山脉。海拔3718米的泰德峰为全国最高点,本土最高点为海拔3478米的穆拉森山。中部的梅塞塔高原是一个山脉环绕的闭塞性高原。北有东西绵亘的坎塔布里亚山脉和比利牛斯山脉。比利牛斯山脉是西班牙与法国的界山,长430多公里。

由于山脉逼近海岸,平原很少而且狭窄,比较宽广的只有东北部的埃布罗河谷地和西南部的安达卢西亚平原。西班牙主要河流有埃布罗河、杜罗河、塔霍河、瓜迪亚纳河和瓜达尔基维尔河。

西班牙风光

前面在马德里演讲时曾回忆说，我二十多年前在西安的皇城宾馆有过一次与西班牙作家代表团的座谈。恰好我现在找到了当年我写的一篇游戏文字。那么我这里也将这文字收录于此，这是二十多年前我的文字，既然木已成舟，我这收录的《我和西班牙作家玩东方幽默》也就不做丝毫的改动了：

西班牙作家代表团一行七人，由中国文联派员陪同，北外一名西班牙研究生充当翻译，来到西安。他们提出要和陕西作家对话，这样我们也就凑了七八个人，赶到客人下榻的皇城宾馆。一张长方形的桌子上，营垒分明，双方分宾主坐定。

一开始气氛就闹得有点紧张。西班牙作家首先介绍了他们的人，计有某主席、某著名作家、某著名剧作家等等。陕西方面也是这么个介绍法，不同的是，在介绍时，增加了一项，比如某某获过某某奖之类。

大约这奖项说得有点多，而介绍者又面露得意之色的原因吧，那位瘦瘦的，大约70岁以上的西班牙作协主席有些不高兴了。他有些不礼貌地打断了介绍，说获奖这一项就免了吧，因为在西班牙，光文学奖这一项，就有几千种，每个西班牙公民，只要你有一点小钱，且有这个嗜好，都可以自己设个奖，玩一把热闹。

这位主席还说，在西班牙，衡量一件作品是否重要，那要看他的书的印数。他还拿自己做例子说，他的书印数高达200万册，所以他是目前活着的西班牙最重要的作家。

我在一旁,这时有些不高兴。尽管我对介绍者那样絮絮叨叨地介绍获奖,觉得有些小家子气,且对中国文坛的评奖,到底有多大的公正性,也保留看法,但是,现在看到西班牙作家如此轻蔑中国作家,于是打断了该主席的话。

我说,区区200万册,在中国,是个稍微有实力的作家都可以达到的印数,至于那些重要的作家,他们的印数可能达到千万册以上。比如今天在座的省文联主席李若冰先生,他的《柴达木手记》当年几乎成为一代人的教课书,中国有10亿人,你说这印量该有多大呀!还有过世的柳青的《创业史》、杜鹏程的《保卫延安》,它们的印数都该在千万册以上的。

我这话说得有根有据,把主席先生给呛住了。他面露不悦之色,张了张口,不再说话。

既然这次对话的主旨是中国文学与西班牙文学的交流,那么下来双方介绍各自国家的文学和对对方国家文学的了解。叫人吃惊的是,西班牙作家对中国文学的了解,几乎等于零。在座的,他们不知道任何一位当代作家,而对几千年的中国文学史,他们仅仅知道一个叫李白的诗人,和他的"床前明月光"。

我们则对他们知之甚多。我们中一位年青作家,甚至能将当代西班牙的几位重要作家,悉数点来。

我那天带了几本书,作为礼物送给客人。那是一本叫《古道天机》的长篇,在小说中,我塑造了一位陕北高原上的骑士式人物张家山的形象。在书的题记中,我写到:这是一个大智慧,一个大幽默,一个额头上印着悲剧印记的人。他令人想起西班牙苍凉高原上那个唐吉诃德的形象。只是较之唐吉诃德的年代,我们的张家山已经没有马可代步了,所以他的深口布鞋上沾满了泥土。

我以唐吉诃德这个话题开头,接着谈到美国现代文学之父华盛顿·欧文描写西班牙的《阿尔罕伯拉》,法国作家梅里美以西班牙为背景的小说《卡门》,以此作为我对西班牙文学,对那个遥远国度的敬意。

正当我谈到,卡门的形象,是我最喜欢的文学形象时,席间的那位唯一的西班牙女作家,一位身穿红色夹克,风姿绰约,大约年龄四十岁上下的女性,突然尖叫起来。"我就是卡门!我就是卡门!"说完这话后,她过来热烈地拥抱我。我有些架不住,赶紧坐下来,点上烟。

原来她也叫卡门。在西班牙,大约叫"卡门"的姑娘很多。

翻译介绍说,这个卡门也是一位作家。除了作家的身份外,她还是在座的西班牙作协主席的夫人。听了这话,我瞅了一眼作协主席,看到他的脸色很难看。于是我决心再逗一逗这老头。

作协主席的名牌半袖衫的口袋上,整整齐齐地别了四支笔。我故作仰慕状。我问主席,这些笔是干什么用的。见我问话,作协主席来了兴奋。他拔出第一支笔来说,这是签字笔,为读者签名时用的。接着又抽出第二支笔,说这是航空笔,飞机上用的。接着又抽出第三支笔,说这是铅笔,写小说时打草稿用的。最后抽出第四支笔,说这是誊写稿件时用的。

我决心玩一回幽默。我先卖个关子。我介绍说中国有位相声大师叫侯宝林。侯老先生已经过世。生前,他说过许多相声段子,其中有个段子就是关于胸前别四支钢笔的故事。

侯宝林说,在我们中国,那些胸前别一支钢笔的人,通常是小学生,这一支钢笔表示他已经开始学文化了;那些胸前别两支钢笔的人,通常是中学生,两支钢笔表示他已经相当地有文化了;那些胸前别三支钢笔的则是大学生,是大有文化了。那么,胸前别四支钢笔的人是什么人呢?

见主席先生正在洗耳恭听,脸上一副洋洋自得的样子,于是我稍做停顿,说,在我们中国,胸前别四支钢笔的人,通常是修理钢笔的。请翻译——

当翻译将我的话翻译过去以后,那位作协主席则颓然地坐在那里,脸上的光采消失了,半天,他说:"在我们西班牙,修理钢笔这个职业已经早就没有了。大家都富有,钢笔用坏以后,顺手就扔掉了!"

主席可能平日在西班牙是个职高位显、养尊处优的人物,大概很少有人敢和他这样开玩笑。我见主席脸上有些挂不住,有些尴尬,于是赶快解释说,侯老先生这是东方大智慧、东方大幽默,纯粹是逗人一笑,主席先生千万不要介意。

主席见我这么说,脸色和缓起来。不过,他显然是对我心存芥蒂的。记得那次吃完饭,送西班牙作家上车时,主席早早地钻进了车里,甚至和我礼节性的握手都没有。他大约觉得自己的尊严受到了侵犯,尤其是在年青的卡门面前。

我的话显然起到了作用。他们觉得遇到了对手。刚才那种君临天下的坐姿消失了。那位鼓掌最凶的西班牙作家,还隔着桌子给我递过来一只雪茄:"古巴雪茄!"我说:"古巴雪茄!"他点点头。

下来我说,中国作家对西班牙文学知之甚多,这说明中国作家的谦虚和广纳百川的胸怀,那么,西班牙作家对中国知之甚少,这说明了什么呢?这说明了,欧洲中心论在作祟。欧美文化以强势的姿态出现,视别人的地区的文化为边缘文化,并且在冷战结束以后,悄没声息地在完成着它的文化侵略。

我的话引起了中国作家的共鸣,同时甚至引起了西班牙作家的共鸣。西班牙作家说,处在欧洲边缘的他们,同样地也感受到了这种文化侵略的来势汹汹,他们其实也一直为保卫自己的民族文化传统而努力着。他们还举影视为例，说国家对美国好莱坞影片的进口，采取限制制度，以发展本国的影视业。

至于文学，西班牙是怎样扶持的呢？主席说，西班牙大约有两万个图书馆，如果有好书，重要的书，但是销量不行，那么，将由国家出资，买上两万册，分送到各地图书馆去。这样即帮助了作家，又扶持了严肃文学。

话题后来又转到了所谓的"宝贝系列"上，大约是因为畅销书这个话题，令在坐的人想起了那些"上海宝贝""广州宝贝"这一类型的书。西班牙作家说，在他们西班牙，目下也正流行这一类文学，且在年轻人中销量颇大。西班牙将这种文学称为"潮湿文学"。为什么叫"潮湿文学"呢？他们说，这种书只能用一只手捧着读，另一只手则腾出来去干事情，一会儿工夫，下身就潮湿了，所以叫"潮湿文学"。

对于宝贝文学或潮湿文学，我则没有那么刻薄。我说我前一阵子见到过上海的棉棉，我以前辈作家的口吻对她说："每一朵鲜花都有开放的权利，至于这花开的大与小，艳与素，那是另外的问题。"

在对话中还响起一次掌声，那掌声是缘我而引起的。

那位一直没有说话的西班牙剧作家，突然冷不丁地提出一个问题，他问，你们中国是怎样培养作家的。这话问得突然，也叫人不好回答。我明白他的意思，他是想问文联、作协这些机构，作家班、文学院这些机构对业余作者的发现和培养问题，但是我故作不知，这样回答他——

我说，我们中国天津有一位大作家叫孙犁，他说过一句天才的话：作家是生活本身培养的！请翻译——

当翻译将我的话翻译过去，西班牙作家齐声鼓掌。而那位剧作家，从此以后，脸色通红，局促不安，再没有说一句话。

当然，我们中那一位剧作家，也说了一句傻话，他问，在你们西班牙，剧作家是由剧院发工资，还是国家发工资。这话一出，西班牙作家不依不饶了，他们说，通常，是剧作家在自己家里造好剧本，然后去找剧院自荐，而最多的情形是，剧作家自己搭一个班子，依照剧本选演员，然后把剧本搬上舞台。

  我得承认，这些西班牙作家都是他们国家的重量级作家，这从谈吐中你能立刻感觉出来。因此那天确实是一次势均力敌的对话，对话结束后，我感到自己比写一篇文章还要累。而我的那些谈锋所向，赢得了西班牙作家的尊敬，叫他们记住了西安这地方而不敢小觑。

◆ 秋冬相交季节的巴黎

　　巴黎是法兰西共和国的首都和最大城市,也是法国的政治、经济、文化和商业中心,世界五个国际大都市之一。

　　巴黎南靠中央高原,东至洛林高原,北邻阿登高地,西到阿莫里坎丘陵,处在巴黎盆地的中央,地势低平。塞纳河蜿蜒穿过城市,形成两座河心岛。

　　巴黎建都已有1400多年的历史,它不仅是法国,也是西欧的政治、经济和文化中心。

巴黎塞纳河

我们入境法国的口岸，占地面积很大，空旷，宽敞，仿佛另一个协和广场。当然比这个口岸更大的是入境英国的口岸，因为那里还有一个火车站，各种车辆，被排成长队，然后被装上火车之后，从海底隧道，穿越英吉利海峡。

口岸空旷的原因是，欧盟区所有国家的口岸，都予以撤销，欧盟区的九亿多民众，可以自由来往，甚至好像也没有边界这一说了。边界线当然有，但是民众来往，也可以自由穿越。驻欧洲的新华社记者朋友告诉我，为了方便民众的出行，欧盟各国政府，牺牲了部分的政府利益，造福于民。

一位法国海关的女警，马尾辫，坚挺的鼻尖，尖下巴，粉白的一张小脸，上身穿着大警服，下身是大摆裆的马裤，脚上一双大头皮鞋，向前外方迈着。一只手插着裤兜里，一只手拎着个警棒。我们的车停在这个广场上的时候，我拿起手机，以海关那拥拥不退的集装箱货车为背景，拍了一张她的照片。

大约各国的海关，都把自己最拿得出手的女人们放在这里，以便给游客最好的第一印象。女警发现了我在拍照，她拎着个警棒走了过来，离我三步远的时候，她停下脚步，用警棒指指我的手机，示意我把照片删掉。我删掉了。她摇摇头，转身离开。我冲着她的背影说：漂亮！她大约对这种游客的奉承话早就听腻了。转过身，用警棒指了指车的方向，叫我们乖乖地坐回自己的车里去，不要在这海关重地随便走动。

我们这个团队一位电台的女主播,倒是始终坐在车里面,车也不下。原来她的护照在日内瓦丢了。大家在湖边野餐,她的车门没有关好,结果让人把包给拎走了。护照丢了以后,她也不敢给人说,混在我们的队伍里往前走,装傻。她丢失护照的事情,是在巴黎被发现的。虽然海关不需查验护照了,但是入住宾馆时,是要查验的,这样这位可怜的姑娘不能再随我们前行了。她被作为难民,遣送回中国。

在我们前往巴黎的路途上,在路边的一个饭馆时,我的手机不停地响。原来是报纸和网站约稿,他们说,一个叫金庸的中国大作家去世了,他生前和你还有一些交往的,华山论剑,碑林谈艺,等等。这样,我在饭馆里扒拉了两口饭,然后坐在饭馆门口的台阶上,写了一篇悼亡文字。查查金庸去世的时间,那天是二○一八年十月三十日。

巴黎,世界的艺术之都,法兰西共和国的首都。这里是法国政治、经济、文化、商业中心,是印象派美术发源地,芭蕾舞的诞生地,电影的故乡,现代奥林匹克运动会创始地。

巴黎位于法国北部巴黎盆地的中央,横跨塞纳河两岸,著名景点有埃菲尔铁塔、凯旋门、协和广场、卢浮宫、巴黎圣母院、凡尔赛宫等等,公元六世纪起,巴黎成为法兰西王国的首都。

巴黎城区占地面积一万两千平方公里,二○一六年的人数统计为一千一百万大巴黎区人口。城区像一块大披萨,平摊在塞纳河两岸。这块大披萨被打成二十个方块,形成巴黎的二十个区。巴黎最近的入海口,是三百六十公里外的塞纳河英吉利海峡河口。塞纳河是巴黎主要的河流,全长七百七十六点六公里,包括支流在内的流域,总面积为七万八千七百平方公里。

时值秋冬相交季节,天气冷极了。我们穿上了带着的所有的衣服,仍然感觉到冷。天空阴沉沉的,冷风嗖嗖,巴黎城区那些铅灰色的建

巴黎协和广场喷泉和方尖碑

筑物,矗立在风中,好像也像我们一样在瑟瑟发抖。风卷起树叶,打在人的脸上,生疼。风最大的地方,在塞纳河边。

因为我在一所大学,兼任人文学院院长,所以我在一张宣纸上,写下了一段话,之前,在柏林大教堂前,手捧着这张纸拍过一张照片传回了学校。现在,来到巴黎,埃菲尔铁塔是巴黎的标志性建筑,因此我想在这里再拍一张。

我不能动用车,因为电视台只准我为他们赞助单位代言,不许说别的,所以这事我得悄悄来做。等到行程结束后,这照片登出,电视台就奈何不得我了。这样,我找了两个与我们一路同行的汽车保障厂家师傅,搭着地铁来到塞纳河畔的埃菲尔铁塔前。

巴黎的地铁,上三层,下三层,左三层,右三层,蜘蛛网一样布满了城区的地下。据说,在这二十个区的任何地方,只要你想乘坐地铁,周围五百米处,一定会有个地铁入口。而进了入口,不停地倒车,你就可以抵达这座城市的任何地方。人们说,巴黎最重要的交通选择就是地铁。

在塞纳河畔,以埃菲尔铁塔为背景,我捧着那张纸,照了一些照片。风很大,大极了。两个师傅,一个帮我拎这张纸,一个照相。风吹着这宣纸哗哗直响。塞纳河在我的身边流淌着。水不甚清澈,呈灰白色,大约也是因为刚下过雨的缘故。这就是那留下过无数传说的塞纳河呀!

我们的回程仍然搭乘地铁,倒了三次车,从一个出口出来,回到我们下榻的宾馆。我们是住在这二十个区中的哪个区块儿的,我始终也没有弄明白。

接下来我们的车队要做一次秀,即排成个长队,从著名的香榭丽舍大街穿过,从凯旋门穿过,然后在协和广场,绕广场三圈,办一次活动。香榭丽舍大街有点儿像北京的东西长安街,不过要短一点儿,

日落时的巴黎埃菲尔铁塔

只有两公里长。那著名的爱德华凯旋门,在大街的中途。我们经过时,凯旋门正在维修,上面布满了脚手架,而下面,堆砌了一堆堆的建筑材料。我们的车队在凯旋门也绕了三圈,向它致敬。

协和广场在香榭丽舍大街的顶端。一个偌大的广场,四周布满了青铜塑像,广场中间好像有一个大的喷泉。我们的车队和警察交涉了半天,得到他们的允许,车里的音乐播着马赛曲,缓缓地绕着广场转了三圈,尔后停下来,而随行的那些商家们,展出自己的产品宣传广告牌,开始秀。

天太冷了,我躲在车内,车开着暖气,我赖着不下车。广场上除了我们,还有一些中国游客外,人很少。巴黎市民,大约因为怕冷,都躲在家里去了。正当我在车上的时候,一位妖妖娆娆,服装艳丽的女子,高跟鞋一扭一扭地,穿过广场,走到我的车前,笑着敲我的车窗玻璃。原来这是一位中国女子,西安一家美术博物馆的馆长,她说:"高先生,听说你带的烟抽完了,我穿过大半个地球来看你,给你带几条烟来!"我这一刻真的很感动。接着,又有几个北京的画家过来了,他们说商家给他们发了些欧元,现在,咱们去吃法国大蜗牛,吃到自己肚子里的东西才是自己的,吃完后去看卢浮宫。这样,我给电视台的人打了个电话,告了假,就和这女士、这几个画家一起走了。

"巴黎真是个好地方!"说这话的人是法国大作家大仲马。这个写过《三个火枪手》,写过《基督山伯爵》的大仲马,就要死了。他躺在哪家医院里,我们现在已经闹不清了,反正就是这二十个区的某一家医院。老小伙躺在病床上,颤巍巍地从口袋里摸索了半天,摸出两只铜板,放在嘴上亲一下,然后分别用两手抓住,放在身边敲着说:"巴黎真是个好地方!巴黎待我真不薄!记得,这个穷小子从乡下来的时候,身上只带了五个铜板。你看花了大半辈子,尽情地挥霍了,怎么也花不完。眼看这就要走了,撒手长去了,还剩两个!"

巴黎大剧院

在巴黎大剧院,我又想起他和他的儿子的另一个典故。小仲马的《茶花女》上映了,轰动巴黎,他给大仲马写信说:"父亲,《茶花女》演出成功了!它堪比你的任何一件作品!"大仲马见了信,莞尔一笑,拿起鹅毛笔回信说:"亲爱的孩子,我的最好的作品就是你呀!"

我这"欧亚大穿越 丝路万里行"一路走来,作为文化大使,在出发仪式上就说过,这次行旅,完全按照大仲马所说的"历史是一枚钉子,在上面挂我的小说"这样的创作原则来实施。我将在这古老道路上,用放大镜寻找那些历史的钉子,然后在这钉子上面,兴风作浪,御风而舞。如今在巴黎,在这大仲马的国家,在我的艰辛与苦难的行程行将尾声时,我想说,这位文化大使的初衷,起码是部分地做到了。

关于河西走廊四郡,关于塔里木盆地,关于帕米尔高原,关于撒马尔罕,关于里海,关于高加索和乌拉尔,关于那世界三大草原王的故事,关于莫斯科、明斯克,关于波罗的海、北海与地中海,关于西班牙那个堂吉诃德出发的橄榄林和风车的村庄,关于七百年前的威尼斯商人马可波罗,等等等等,我用我诚实的脚步穿越了它们,我把它们昨日的传奇和今日的现状介绍给世界。虽然行色过于匆忙,但是我想我还是部分地做到了。

我来到巴黎圣母院,向雨果笔下的这座巴黎标志性建筑致敬。而在此之前,在波尔多,一七九三年法国大革命开始的地方,《九三年》这部雨果著名小说描写过的地方,我曾向广场上竖立的"自由战胜加锁"的九三纪念碑致敬。

有一句话在这里不知道当说不当说。难民潮正给欧罗巴大陆带来一场灾难。也许,危言耸听一点儿,欧罗巴大陆的沦陷将是指日可待的事情。难民已经涌入法兰西大地的每一个最偏远的山村,而在难民的口中,巴黎已经成为他们的故乡地,他们把巴黎叫作"巴黎斯坦"。

难民潮对东欧、中欧、西欧的影响,我在柏林就感觉到了。柏林

香榭丽舍大街

也被难民称作他们的"柏林斯坦",而在法兰克福,当我在莱茵河边一张石凳上,写作我的《东方和西方是一个汽车轮子的距离》这篇演讲时,一群半大的难民孩子,男女都有,就在不远处的草地上横七竖八地躺着,用白眼仁看着我。我有些胆怯,于是匆匆收了笔,绕着他们离开。另一个地方是布鲁塞尔,由于这里是欧盟所在地,这座城市具有世界性质,所以街道上挤满了难民。布鲁塞尔广场旁边的一条街上,都是书店。书店只卖一种书——《古兰经》,既然这书店能长期开,说明这书是有销量的。另一个横行无忌的地方是法国第二大城市马赛。一群大孩子开着大马力的摩托,轰轰隆隆地从街上一冲而过,街道上行走的那些白人原住民慌忙让路。日内瓦也是一个难民大量聚集的地方,因为这里是联合国四大总部所在地,在难民们的眼中,这座城市也属于世界的。

当然,难民潮最为聚集的地方还是巴黎了。在我们一行离开巴黎几个月之后,香榭丽舍大街就发生了黄背心运动,而在离开一年之后,巴黎圣母院就又遭了一场大火。虽然法国当局把这些事情没有和难民潮和宗教联系起来,这是他们的高明之处,但是,他们应是有联系的。我在巴黎时,就已经预感到这个乱糟糟的城市,一定会有什么事情发生的。

我在巴黎圣母院门口经过,台阶上坐满了难民。行走间,不时有难民伸脚绊我一下,然后伸手要抽烟。我给一支,不行,他要两支。他将一支点着抽,另一支夹在耳朵根上。

英国的情形大约好一点。但是也好不到哪里去。虽然有英吉利海峡的阻隔,虽然英国政府正在明智地完成着他们与欧盟的割裂,虽然他们在重建海关,但是,新华社记者告诉我,英国连续四年,出生孩子起名第一多的是"默罕默德",英国政府觉得有些奇怪,于是做了调查,原来,穆斯林家庭出生的第一个男孩儿必须叫这个名字。

对于难民潮给予欧罗巴大陆的风险，专家们用两桩历史旧事来做比照。一桩就是我上面几次提到的，摩尔人对西班牙、葡萄牙的入侵，大家知道，摩尔人占领这块地面长达六百年之久。而另一桩则是日耳曼人对于德国的占领。这些至今还没有被弄明白是从哪里来的一个外来民族（或是东斯拉夫人，或是北欧维京海盗，或是从中亚老梅尔古城来的雅利安人）来到这里，原住民收留了他们。他们的人口迅速膨胀，当人口超过原住民时，建立拜占庭帝国。伟大的罗马帝国正式被拜占庭所取代的。

一位宗教问题专家在深入研究后说，当穆斯林人口超过百分之十三以后，这个地区的伊斯兰化进程将不可逆转。欧洲诸国，现在都面临这种局面。

我是一个观光客，一个偶然的机会，因有一条古老道路，从这里通过，来到这里。我也许不该多嘴说这些事情。我所以骨鲠在喉，不吐不快，是受一个一百多年前的名叫斯文·赫定的瑞典探险家的鼓励。

斯文·赫定就是那个发现楼兰故城，发现小河墓地的瑞典探险家，那个探险时总喜欢住在喀什噶尔英国东印度公司驻噶办事处的先生。他的第一次中亚探险，是从北京出发，经张家口，穿越蒙古高原抵达新疆的。这条道路走过之后，他给中国政府一个忠告：如果不赶快修一条从蒙古高原穿过，抵达新疆的铁路，这块儿地方，就有被丢失的危险。

我们是观光客，这里我们不说这么多。

当我来到巴黎圣母院门前，举手向它致敬时，巴黎圣母院正在维修，电影中吉卜赛女郎，美丽的伊斯梅尔达，领着她的小公羊跳舞的那个地方，横七竖八地躺满了难民。而在丑人卡西莫多向下伸头探望的那个窗口，虽然也有人向下探望，但这不是卡西莫多，只是正在忙碌的装修工人。

巴黎圣母院

巴黎真是个好地方，世界的艺术之都，他为全人类提供的文化的乳汁、艺术的乳汁，大约世界上很难再有别的城市能够比较。

当我在巴黎的夜间散步的时候，我想起巴尔扎克。那时候的巴黎人都知道，夜晚那个喝了太多的咖啡，穿着件睡袍，蹒跚地行走在大街上的人，是刚写完《高老头》或《搅水女人》的大作家巴尔扎克。同时，我还想起左拉，那个用鹅毛笔写出《我控诉》的充满正义感的作家。想起福楼拜，想起莫泊桑，想起开一个家庭沙龙，把巴黎城的所有男艺术家都弄得神魂颠倒的、被称作贵妇兼荡妇的乔治·桑，想起写作《卡门》的梅里美。想起留两撮小胡子，短短胖胖的，从莫斯科偷偷溜过来，汇入沙龙的俄罗斯大作家、《死魂灵》的作者果戈理。

这次行程紧束，我没能前往塞纳河畔的枫丹白露森林，那里是印象派画家写生的地方，莫奈、德加、塞尚、雷诺阿、梵高等等印象派经典画家，常去的地方。须知，我在写作代表作之一、长篇小说《最后一个匈奴》的时候，案头上备有两本书，它们成为我的写作指南，一本就是《印象派的绘画技法》，另一本则是英国大诗人拜伦的皇皇大作《唐璜》。前者是教会我像魔术师一样点石成金，后者则教会我气吞万里宏大叙事。

梁园虽好，不是久恋之家。我们在世界艺术之都巴黎，待了三天，怀着一颗虔诚之心、敬畏之心，我尽可能地去了一些过去只在书本上和传闻里知道的地方。金黄的落叶堆满我心间，我现在已不是青春少年。拖着旅途疲惫的两条老腿，如饥似渴，感受着这艺术之都带给我的这心灵的快乐，浸润在这艺术的殿堂中，我满足而快乐。

离开巴黎时，我们举行了一场发布会，是在巴黎市中心一幢楼房的二楼宴会厅举行的。西安的一所民办高校，来这里举行了一场中国特色的舞蹈演出。高校校长叫黄藤，他穿着中式的衣服，宽袍大袖，在舞台上舞了一回太极剑。

嗣后，我们就告别了巴黎，前往这次"欧亚大穿越 丝路万里行"的最后一站，英国伦敦了。

◆ 国际范儿伦敦城

伦敦是大不列颠及北爱尔兰联合王国首都，位于英格兰东南部的平原上，地形平坦，地势较低，跨泰晤士河下游两岸，距河口88千米。2000多年前，罗马人建立了这座城市。几百年来，伦敦一直在世界上保持着巨大的影响力。19世纪初到20世纪，作为世界性帝国——大英帝国的首都，伦敦是一座全球领先的世界级城市，是全球最富裕、经济最发达、商业最繁荣、生活水平最高的城市之一，在政治、经济、文化、教育、科技、金融、商业、体育、传媒、时尚等各方面影响着全世界，是全球化的典范。

伦敦桥

英国嚷嚷着要脱欧,其实英伦三岛从来就是一个独立的地理板块,和欧亚大陆板块,没有任何的勾连,我在此前好像说过,英伦三岛像漂浮在大西洋这汪大水中的三朵并蒂莲花,所以说,英国人不论从地缘政治上或民族心理上都与欧盟诸国有不小的隔阂。

这个历史上被称作约翰牛的牛逼轰轰的民族,在人类大航海时代曾经号称是"日不落帝国"的世界强国,一部世界近代史简直就是英国远洋船队征服世界的历史,在东方,他们建立的东印度公司实际上是一个准国家,而他们对于中国的进入,一直是以这个跳板为支撑的。

没有东印度公司的登岸,北印度地面的莫卧儿王朝,现在大约还统治着印度全境,而当我此次行程中,在喀什噶尔那过去叫东印度公司驻喀什噶尔办事处,现在则叫其尼瓦克宾馆下榻时,我仍然感到大潮汐过后,这个昔日的日不落帝国留在大地上面的雪泥鸿爪。

英国是大不列颠及北爱尔兰联合王国的俗称,包括英格兰、苏格兰、威尔士以及北爱尔兰等,英伦三岛一词是中国人对英国或大不列颠的别称,英国人不这样说,别的国家人也不这样说。这个称谓最早见于清朝。雍正年间,一本叫《海国见闻录》的书,又有些年月后,清道光年间曾任职海关的梁廷栋在《海国四说》中说:"英吉利三岛孤悬于大西洋中,迤东两岛相连,北曰新葛兰,西别一岛为以耳兰。"

伦敦,是大不列颠及北爱尔兰联合王国的首都,欧洲第一大城市和最大经济中心,二千多年前,罗马人建立了这座城市。几百年来,伦敦一直在世界上保持着巨大的影响力。十九世纪初到二十世纪，作为世界性大国——大英帝国的首都，伦敦在政治、经济、文化、科技诸领域上的卓越成就而成为世界上最大的城市。

伦敦是世界上最大的经济中心之一，也是欧洲最大的城市。伦敦和纽约并列为世界最顶端的国际大都会，金融业是伦敦的支柱产业，伦敦是全球最重要的银行、保险、外汇、期货和航运中心。有十九家世界五百强企业的总部位于伦敦，百分之七十五的世界五百强企业在伦敦金融城设有公司或办事处，此外，全世界的跨国公司和金融机构于伦敦设有分支机构，全球大约百分之四十五的货币业务在伦敦交易，伦敦证券交易所是世界最重要的证券交易中心之一。

伦敦位于英格兰东南部的平原上，泰晤士河横穿其中，城市中心坐标为北纬五十一度三十分，东经一度五分，大伦敦面积为一千五百七十七平方公里，二〇一六年人口约为八百九十万，这次我们的行程中，在伦敦金融城举行产品介绍活动，伦敦金融城的市长介绍目下伦敦常住人口是一千万，流动人口是一千三百万。加起来是二千三百万之巨。

在《圣经·罗马书》中，有关伦敦的记载是从公元五十年始，伦敦这一地名来自凯尔特人凯尔特语，在公元四十三年入侵英国之后，他们修筑了一座跨越泰晤士河的桥梁，此后他们发现该地的地理位置有利，又修筑了一座港口，公元五〇年前后，罗马商人又在桥边兴建了一个城镇，伦敦由此而诞生。

告别巴黎，我们踏上前往伦敦的旅途中。途中，在英吉利海峡边的一个宾馆里歇息了一夜，天十分地冷，宾馆建在旷野上，全部的游客就只有我们这个车队。我们将第二天早上启程通关。

英国虽然还没有脱离欧盟，但是海关已经开始验收，费了两个小时的周折以后，我们的车队被批准入关，而后，车队排成一条长龙，

伦敦眼

经过一个坡道下去开始装火车。车辆被装上火车以后，司机和乘员下来，坐在这火车上的客运硬座车厢，车开动了。这是通过英吉利海峡隧道，感觉到光线有些暗，空气有些稀薄，二十分钟后，汽笛一声长鸣，火车灯暗了，我们来到英国的土地。

车现在左行，离岸三十多公里后有一个大的停车场。我们在这里停车，一人吃了一个汉堡包，喝了一杯咖啡。停车场上黑压压地停满了载重汽车，一排一排的百辆不止。这些集装箱有些当是从中欧西欧陆路方向而来，有些则是从海边码头上卸下的，记得我当时围着这些庞然大物转了转，不明白这集装箱里装的都是些什么，后来回国后看新闻。说是有为数颇多的越南偷渡客，冻死或窒息而死在这些载重车拉的集装箱里了。

又前行一百多公里后，伦敦到了。这座二千三百多万人口的世界大都市，坐落在一块平坦的原野上，我们走进它，向它叩问，向它致敬。

我们下榻在城郊的一个宾馆里，好遥远的路程，汽车摇摇晃晃，大约从灯火昏暗的街道上穿行了有四十多公里，方才到达我们的住地儿，第二日还要再回到城里，在伦敦金融城举行活动。

金融城是个城中之城。

这里大约就是人们说的寸土寸金之地。四周布满了考究的摩天大楼，其中有一座写着中国银行字样。狭窄街道，穿行其间。在这些大楼中间，辟出一块空地，我们此次"欧亚大穿越 丝路万里行"的收官仪式将在这里进行。

十几辆汽车冲洗一新，在空地上摆出一个造型。空地中央，搭了个垫脚的木台。陕西卫视以及八家卫视要在这里进行实况转播。伦敦金融城的市长，一个绅士模样的老头，由他的女秘书开车送来，他将在仪式上讲话。中国方面陕西来了一位官员，他也将作讲话。而中国驻英大使馆一位文化参赞，主持这项活动。

那位中国官员见了我,过来打了声招呼。那位文化参赞也过来说和我很熟。他姓赵,是西安一所大学的副校长,由外交部征召,来这里做文化参赞的。在表演仪式上,那位会舞太极剑的民办大学校长,也领着他的团队来了。他的一招"白鹤亮翅",一招"金鸡独立",招来阵阵掌声。

仪式结束以后,市长离去。我将他一直送出这块空地,送到大门口。今天好像是周末,女秘书开车将他送来后,就开车回去了,他现在则自己打车回去。这就是可敬的英国人的风格。伦敦有两个市长,一个是行政区的市长,一个是金融城的市长,同一级别。人们说,因为金融城为这个城市、为这个国家在提供着巨额财富,所以,这个市长好像更重要一些。

在金融城举行完官方的收官仪式以后,第二天下午,在伦敦市中心的一幢楼房的二层大厅,还举行了商界的最后一次参展活动。中国来的茶叶商介绍他们的茶叶,称这为"东方树叶",用"临洮易马,汉中买茶"这句古语,来介绍该地茶叶种植的久远。来自中国的白酒商,则讲起汉武帝犒劳霍去病大军,将军将一坛酒倒入一个泉子里,供三军将士畅饮,从而创造了一个名叫"酒泉"的城市的故事。

伦敦最繁华热闹的地方,现在是中国城。熙熙攘攘的十字街口,布满了中国商店、中国餐馆,行走着中国游客。中国人是一个特别能适应环境的民族,有一块立足之地,有一口吃的饿不死,于是一代一代地就凑凑活活地生存下去了。

伦敦城有一个著名的所在,叫海德公园。我们在城里转悠,三转两转,就从不同的方向,不同的路口,走入这个公园。给人的感觉,这个公园才是城市的主体,而街道和建筑物,只是依附于公园的点缀而已。

欧洲的许多城市,也都是这样子:丘陵,从丘陵穿过的一条小路,

伦敦华埠

小路边的长椅，草地，高大的树木，这些构成了城市的基本面貌。整座城市像一个大的公园。给我的感觉，那些拄着拐杖的老人，好像一整天都在这长椅上坐着晒太阳，发呆。

海德公园像这座城市的风格一样，平铺在地面上，大而无当。行走在公园里，恍惚间你会以为是在英格兰乡间行走。绿草间白色的道路上，会有一位乡间的行吟诗人，一边走一边吹着风笛。

高大的乔木，叶子在风中一片一片地掉下来，它们应当是橡树。草地一眼望不到头，有条条白色的小路，从草地上穿过。休闲的人们在草地上野餐，孩子们在嬉戏。姑娘们三五成群，在用手机拍照，记录下她们的青春年华。

有一个大湖，一条小路绕着湖畔，转了一个大圆圈。草地上有看林人的小木屋，胆大的松鼠从树上蹿下来，来到小路中间，打着立桩儿。一群又一群的白天鹅，一会儿在水中，一会儿又腆着屁股，在岸上行走。

一切都各安其位。

这叫我想起中国先贤们所憧憬的那种"天人合一"的理想。

在海德公园的西北角，有一个演讲角。据说，这个演讲角是从卡尔·马克思开始的，一直传承延续到今天。马克思在写《资本论》的时候，写作累了，于是在公园里散步，人们围上来，请教他一些问题。马克思于是站着开始讲。讲的途中，有人给他的脚下垫一个凳子，或者塞一架小梯子，于是马克思就站在凳子上或梯子上演讲。

这个演讲角每天都拥拥不退，聚集着一摊一摊各色人等。有的演讲者站在小梯子上手握一本《圣经》，挥舞着，唾星四溅地在骂。有的演讲者，挥舞的大约是一份报纸、传单什么的。有没有人听，这并不重要，重要的是演讲者要完成他的宣泄。

人们告诉我，政府是可以随便骂的，不骂你骂谁。在海德公园的

伦敦海德广场的演讲角

演讲角，踩在一架小梯子上的人们，主要是在骂英国女王。土地是英国王室的，站在女王的土地上骂是非法的，但是只要离开地面，哪怕只有一寸，英国女王就管不了你了，你怎么骂都是正当的。而这个公民权利，是马克思当年为人们争取到的。

我们在伦敦停驻了三天，尔后驱车前往距伦敦一百三十公里的牛津大学。我们的行程将在那里画上句号。

牛津大学是一座建在旷野上的大学城。别无他物，只这大学就是一座城。那条从伦敦来的高速公路，可能也是为这所大学而专修的。大学在我们来之前有三十九所学院，我们去时正在庆典，一所基督学院又告成立。

我们去时，适逢有几所学院，正在举行研究生的毕业典礼。典礼在大学图书馆楼前面进行。仪式结束后，同学们由家长陪着，走上十字大街。这是朝气蓬勃的年轻一代。白人、黑人、各色人种都有。校方介绍说，我们这所大学，是为英国培养首相，为世界培养领袖的，撒切尔夫人、梅姨夫人以及约翰逊先生，都是牛津大学的毕业生。

牛津大学街道的十字路口，跨街有一座桥，是这所大学的标志性建筑。据说这座桥是从威尼斯那里仿造而来的，桥名叫"叹息桥"。

我在这叹息桥下面做了最后一次视频直播。

我们在牛津大学城里住了一夜。这里的夜晚十分地冷，有着淡淡的月光，我大约一夜没睡。我来到操场上，那里停着一长溜摆放得整整齐齐的汽车，我找到我的十号车，将它用湿抹布擦拭了一遍又一遍。车上里的里程器显示"22000"字样，也就是说，此行中，它载着我，已经走了二万二千公里，也就是说，跑了绕地球半圈还要多的路程了。一想到这里我就怀疑自己是在梦中。

也许我的一生，将分两个阶段，即这次大穿越之前的阶段，和穿越之后的阶段。人是需要有经历的，这个经历带给了我太多的东西。

牛津叹息桥

而书本上得来的知识，和你用双脚亲自踏勘过的大地上的知识，完全是两回事，不可同日而语。如果，如果我年轻二十岁时候，有过这次行程，那我以后的文学创作，一定会有许多不一样的地方。抚摸着我的十号车，我感慨地这样想。

早晨来了，有同行的人走过来，我让他为我拍了这张和十号车分别的照片。

嗣后，我们的车由司机开着前往码头。车将被装进集装箱，打包，用轮船运回中国。而我们自己，租了两辆大巴，离开牛津，前往伦敦希思罗机场。我们在希思罗机场登机，直飞中国长沙，然后长沙转机，回到西安。回到西安的日期，是二〇一八年十一月八日。记得，我们是二〇一八年八月二十九日从西安启程的，这样掐指算来，此次"欧亚大穿越 丝路万里行"恰好是七十天时间。

英国国会大厦

◆ 马可·波罗的丝绸之路穿越以及后世的四个女追随者

马可·波罗是世界著名旅行家和商人。1254年生于威尼斯一个商人家庭。马可·波罗17岁时，跟随父亲和叔叔前往中国，历时约4年，于1275年到达元朝的首都，与元世祖忽必烈建立了友谊。他在中国游历了17年，曾访问当时中国的许多古城，到过西南部的云南和东南地区。回到威尼斯之后，马可·波罗在一次威尼斯和热那亚之间的海战中被俘，在监狱里口述旅行经历，由鲁斯蒂谦写出《马可·波罗游记》。

《马可·波罗游记》是马可·波罗记述他经行地中海、欧亚大陆和游历中国的长篇游记。他依据在中国17年的见闻，讲述了令西方世界震惊的一个美丽的神话。这部游记有"世界一大奇书"之称，是人类史上西方人感知东方的第一部著作，它向整个欧洲打开了神秘的东方之门。

威尼斯马可·波罗故居

此刻我在西安的家中,作坐地游,记录我的这一次大穿越经历。一切的所经所历都历历在目,恍如昨日。我的案头上摆着两本书。这两本书像一个标高,一个范本,告诉我这种纪实性质的作品,应该怎样将你的行程脚踏实地地记录,删繁就简地归纳。

这两本书一本叫《大唐西域记》,中国一个和尚写的,距现在一千四百年了。一本叫《马可·波罗游记》,意大利的商人马可·波罗写的,距现在七百年了。

这个中国和尚法号叫玄奘,隋炀帝为他剃度,为他取的法号。他的本名叫陈祎,河南洛阳偃师人。这位高僧,用了漫长的十九年时间,完成了一次丝绸之路大穿越。他的行走路线,一半的部分,与我们的这次"欧亚大穿越 丝路万里行"路径大体相一致。是在中亚的著名城市撒马尔罕分路的,他不是向北,而是向南,顺阿姆河河谷而上,穿越阿富汗苍凉高原,拜谒巴米扬大佛,尔后翻山进入克什米尔,尔后顺印度河,抵达阿拉伯湾入海口,再折身回来,顺恒河抵达孟加拉湾入海口,走通五印大地。

这是丝绸之路南亚次大陆路线。我们记得,两千三百年前的亚历山大大帝,曾试图打通这条路线,并且部分的成功了。而六百年前,中亚枭雄跛子帖木儿,也试图打通这条线路,并且也取得了部分的成功。我们纵观帖木儿的所有用兵,除了攻城略地的目的之外,另一个重要的目的,就是打通以撒马尔罕为中枢的通向四面八方的贸易通道。

十九年后玄奘归来，然后在长安城南三十公里外，终南山山顶一个叫翠微寺的皇家寺院里写出《大唐西域记》。他是口述，为他掌笔的是一个名叫辩机的才华横溢的年轻和尚。这位外号叫"玉和尚"的辩机，后来因为与大唐一位公主私通，并且私奔而被抓回来腰斩。

《大唐西域记》中记载了作者亲践者一百一十国、传闻者二十八国的物产风土之别、习俗山川之异，集成一帙十二卷。

翠微寺原本是翠微宫，是唐初皇家四大名宫之一，后来专为安置一身荣光、西域归来的唐玄奘，而削宫为寺。中唐诗人刘禹锡云：

翠微寺本翠微宫，
亭台楼阁几十重。
天子不来僧又去，
时人伐倒一棵松。

一代雄主李世民就是驾崩于翠微寺的。是时，这个终南山口的名寺中，有四个历史人物凑在一起。一个是行将就木的唐太宗李世民，一个是跪在病榻前准备接受遗诏的太子李治，一个是手捧药罐、从长安城的感业寺赶来的武才人（即后来的武则天），一个是唐玄奘，大德手持新译出的《心经》，口中念念有词，正在为君王超度。

《大唐西域记》是一本重要的书，它是佛教经典、历史、地理经典，它还类似中国的《史记》，成为印度人追寻其中世纪之前历史的一本指南。印度国由于历史上屡屡遭受外敌，他们的历史一次次被割断，它中世纪之前的历史更是为黑暗所遮掩，混沌不清。凭借这本书的记载，他们在释迦牟尼寂灭的地方，找到阿育王纪念石柱，那石柱的顶端有一头狮子，长着四个头，面对十方世界。一九五〇年印度立国时，按图索骥，来到这里，用四面狮像做了印度国的国徽。

大地就是一本书。大地藏着许多的秘密。我们人类的行走实际上就是用脚一页一页在阅读这本大书。

玄奘在穿越罗布淖尔荒原的时候，曾经在著名的白龙堆雅丹歇息。饥渴难耐，他昏倒在一座雅丹的下面。他胯下那匹红马，挣脱缰绳，鼻子嗅着地，一路寻找，终于在一钵红柳下找到一眼山泉。枣红马再返身回来，用嘴叼住和尚的衣服，将他拖到这泉子边。

清醒过来的玄奘，喝了一肚子水，又脱下褴褛的袈裟，在水中摆了摆，拧干，摊在沙丘上晾晒。第二天他要出发去楼兰了，行前，又在皮囊里灌满了水，搭在马背上，上路。

传说罗布淖尔荒原有六十眼泉，它们大部分已经被沙埋了，只有猎人、当地土著，以及那些普氏野马、野骆驼、野羚羊，才偶尔地会找到它们。

《马可·波罗游记》是公元十三世纪意大利商人马可·波罗记述他经行地中海、欧亚大陆和游历中国的长篇游记。马可·波罗是第一个游历中国及亚洲各国的意大利旅行家。他依据其在中国十七年的见闻，讲述了令西方世界震惊的一个美丽神话。这部游记有"世界一大奇书"之称，是人类史上西方人感知东方的第一部作品，它为整个欧洲打开了神秘的东方之门。

《马可·波罗游记》共分四卷。第一卷记载了马可·波罗诸人东游沿途见闻，直至上都止。第二卷记载了蒙古大汗忽必烈及其宫殿、都城、朝廷、政府、节庆、游猎等等，自大都南行至杭州、福州、泉州、东地沿岸及诸海诸洲等事。第三卷记载日本、越南、东印度、南印度、印度洋沿岸及诸岛屿，非洲东部。第四卷记临亚洲之成吉思汗后裔诸鞑靼诸王的战争和亚洲北部。每卷分章，每章叙述一地的情况或一段史实，共有二百二十九章。书中记述的国家城市的地名多达一百多个。而这些地方的情况，综合起来，有山川地形，物产、气候，商贾贸易、

杭州马可波罗雕塑

居民、宗教信仰、风俗习惯等等，国家的琐闻轶事、朝章国故，也是时见其中。

一二七一年，马可·波罗十七岁时，父亲和叔叔拿着教皇给中国皇帝忽必烈的复信和礼品，率领马可·波罗与十几位旅伴一起向东方出发了。他们从威尼斯进入地中海，然后横渡里海，经过两河流域，来到中东古城巴格达。改走陆路。这是一条充满艰难险阻的路，是让最有雄心的旅行家也望而却步的路。他们从霍尔木兹出发向东，越过荒凉恐怖的伊朗沙漠（今卢特沙漠），跨过险峻寒冷的帕米尔高原，一路上跋山涉水，克服了疾病、饥渴，躲过了强盗、猛兽的侵袭，终于来到了中国新疆。

一到这里，马可·波罗的眼睛便被吸引住了。一处又一处的塔里木盆地绿洲展现在他们面前。美丽繁华的喀什噶尔，三条和田河环绕着的和田城，还有花香扑鼻的绿洲和果园，等等。马可他们继续向东，穿过塔克拉玛干大沙漠，来到古城敦煌，瞻仰了举世闻名的莫高窟佛像雕塑和壁画。接着，他们经玉门关见到了传说中的"万里长城"。最后穿过河西走廊。终于到了大都——元朝的都城。这时已是一二七五年的夏天了，据他们离开祖国已经四个寒暑了。换言之，马可·波罗的这次丝绸之路欧亚大穿越，用了整整四年的时间。

白龙堆雅丹横亘在自楼兰而敦煌的东去之路上。这条道历史上叫它敦煌道。那唐玄奘当年在此歇息，差点丧命于此的白龙堆的某一个雅丹，七百年后打此经过的马可·波罗，一定同在这里歇息过，并补足饮用水。而又一个悠悠七百年过去以后，四个骑骆驼的英国爱丁堡大学女学生再次从这里经过。她们在泉边支起帐篷，架起电台，通过卫星传送，将这天行程的录像传给英国唐宁街首相府，首相府再传递给BBC。

一二九二年春天，马可·波罗和父亲、叔叔，受忽必烈大汗委托，护送一位蒙古公主到波斯成婚。他们趁机向大汗提出回国的请求。大汗答应他们,在完成使命之后,可以转道回国。一二九五年末,他们三人终于回到了阔别二十四载的亲人身边。他们从中国回来的消息迅速传遍了整个威尼斯,他们的见闻引起了人们的极大兴趣。他们从东方带回的无数的奇珍异宝,一夜之间使他们成为威尼斯的巨富。

一二九八年,马可·波罗参加了威尼斯与热那亚的战争。九月七日不幸被俘,在狱中,他遇到了作家鲁斯蒂谦,于是便有了马可·波罗口述、鲁斯蒂谦笔录的《马可·波罗游记》。

这本书在最初成书之后,在相当长的一段时间里,是以手抄本的形式流传。它为什么没有能及时付印,什么原因,我们现在也不知道。我们所能知道的是,在以手抄本流行的过程中,阅读者中不乏有笔力深厚的高人,有博闻强记、见多识广的海上客,于是这部东方的"天方夜谭"一般的一本书,在无数次的抄写中,在以各种手抄本的流行中,又有新的内容加入,使它变得更加丰富,更加魅力四射。

由中国蚕吐出的这条缠绕了大半个地球的古老道路,给浪漫的欧洲人以丰富的想象,关于这条重重高山、重重河流阻隔的充满凶险的道路,关于道路的另一头那个神秘的中国,那个名叫忽必烈的中国皇帝、中国大地上那富得流油的土地,那无穷无尽的财富,那大都城华丽的宫殿,那南方诸多商业城市的繁华,等等。《马可·波罗游记》为你展现出一幅足以激起任何人好奇心的东方画卷。

毋庸置疑,比这本书出世晚两个世纪的大航海家哥伦布,他的驾航出海发现新大陆,无疑受到了《马可·波罗游记》的影响。哥伦布说:马可·波罗的书引起了我对神秘东方的向往。在我的航海中,有多少次按《马可·波罗游记》里所说的去做。

在后来开始的人类大航海时代,英国人驾着船只、荷兰人驾着船只,葡萄牙人、西班牙人驾着船只,走向海洋,走向东方,走向未知的世界,这部风靡欧洲的《马可·波罗游记》,是给他们以想象空间、以无限诱惑的原因之一。而再往后,十九世纪末二十世纪初的中亚探险热,楼兰古城的被发现,敦煌莫高窟藏经洞的被发现,黑城的被发现,这些或是旅行者或是探险者或是盗宝者的诸色人等,他们的来到中亚,亦与这本书当年形成的那种东方热有关。

时间的日历翻到二十世纪末,有四个英国姑娘在一天早晨骑着马、骑着骆驼踏上这丝绸之路。

她们是英国爱丁堡大学的应届毕业生。她们的毕业论文题目是《马可·波罗与丝绸之路》。四位姑娘有一个叫亚历山德拉·托尔斯泰,她提出一个口号说:我们要用脚来写这篇论文。

亚历山德拉·托尔斯泰是俄国大文豪列夫·托尔斯泰的曾孙女,是托翁第三个儿子的孙女。大家知道,托尔斯泰晚年,一个人孤独地死在他离家出走的路上,死在火车道旁的一个简陋的车站里。托翁死后,十月革命爆发,托翁的弟弟便领着这个家族的一大家子人,先是流亡到芬兰,继而移民英国。等到亚历山德拉的出世,该是第四代了。

列夫·托尔斯泰写过了一个很短的小说,叫作《一个人需要多少土地》。小说说,在俄罗斯外省,有一个贪婪的地主,他用一生的时间来掠夺土地。等到他老了的时候,他拥有的土地,早晨从家里出发,骑上马,走到晚上太阳落山,还走不出他的地盘。然而他要死了,墓穴已经挖好。家人们正在张罗着为他准备后事。医生已经双手一摊,表示无能为力了,牧师正在赶来为他超度。这位地主突然说,扶我起来,让我去看一看我那墓穴,我最后的安身之所。家人们于是扶着他来到那墓穴边。墓穴已经挖好,长方形的,三沙绳长,翻出来的新土,还腾着热气。老地主望着他的墓穴,长叹一声说,我终于明白了一个人生道理,一个人其实只需要三沙绳的土地,即可以将自己舒舒服服放进去的那么一丁点土地就足够了。——这是列夫·托尔斯泰小说中的故事。

爱丁堡大学的大礼堂灯火辉煌。这是一九九七年的圣诞节平安夜。三千多名爱丁堡大学的学子们正在联欢。这时亚历山德拉身穿俄罗斯开领衫,随她一起站起的还有她的另外三个同学。亚历山德拉宣布:她的毕业论文的题目是《马可·波罗与丝绸之路》。她已经决定要用脚来写这篇论文,像七百多年的威尼斯商人马可·波罗一样,大地行走,穿越大半个欧洲,穿越整个的中亚,走到丝绸之路的起点,今天的西安。

她那年二十三岁,未婚。她还把另外的三个同学介绍给大家,她们决心组织一个小小的探险队,摒弃那些所有的现代交通工具,以路为伴,以旷野为伴,完成这次穿越。她的另外的同学,一个叫路瑟,那一年好像也是二十三岁,经济学硕士,还有一位姑娘叫维多,小她俩一岁,从事心理学研究。

四个爱丁堡大学的女大学生,要穿越丝绸之路的消息一经媒体披露,便引起朝野震动。当时的英国首相是布莱尔,他也关注到了这事。只是不知道,他是从媒体上看到这消息的呢,还是亚历山德拉给他写了信。总之,英国首相布莱尔也来蹭这个热度,他对媒体发表讲话说,要全力促成这事。首先,他联系了四家英国财团赞助,其中有一家还是中草药公司。另外,又与媒体联系。在BBC专门开一档节目,每天固定时间播送。姑娘们需要将自己这一天的行走,录制成视频,晚上歇息时,用卫星传导传送回来,然后电视台做半个小时的专题播放。

酝酿和准备了一年多以后,她们成行。具体哪一天离开爱丁堡她们的母校,时间还待考,只知道她们走到土库曼斯坦口岸的准确时间,是一九九九年三月十九日。在此之前,她们可能有一段路也乘过船,有一段路段也骑过马,但是进入中亚以后,从土库曼斯坦到中国的八千多公里长途,必须骑马、骑骆驼和步行,而且不许住有屋顶的房子。

爱丁堡大学

因为中亚之前那一段路程,即穿越黑海取道霍尔木兹海峡那一段马可·波罗当年走的路程,那一段时间正在打仗。

她们在土库曼斯坦口岸买了六匹马,两匹马上驮着行李,四匹马上骑着四个姑娘,就这样穿越卡拉库姆沙漠和科兹勒沙漠。她们的手中,则拿着《马可·波罗游记》作为指南。夜来的时候,将帐篷支在一汪水边,或一座沙丘下,开始生火做饭。而晚间入睡前的最后一件事情,是打开卫星定位系统,向唐宁街传去这一天的录像片段。

姑娘们每天早上爬起来,瞅着太阳,一直向东。每天跋涉八小时,走了整整十一天,到达乌兹别克斯坦边境。出境时,她们被土库曼斯坦的一名外交官拦住了,护照没有问题的,但那六匹马不准出境。外交官说,这六匹马是他们的国家财富,人可以过境,但马必须留下。马被截留了,但是并没有给退钱,姑娘也不敢再说些什么。于是过境后,在乌兹别克草原又买了六匹马。

越过乌兹别克,她们进入塔吉克斯坦。第七天的时候,他们遇上了一个热情有余的塔吉克小伙。小伙子不但给她们带路,喂马,围着她们四个团团转,甚至在她们游泳洗澡的时候,也寸步不离。小伙子穿着传统的塔吉克服装,戴一顶有黑边有流苏的白色毡帽,会说些简单的英语,称自己是酋长。

起初的时候,大家都喜欢他,毕竟是在这寂寞的旅途。可是三天之后,她们发现有些不对头了。小伙子完全控制了她们,吃什么喝什么,在什么地方吃宿,都得由小伙子说了算。小伙子还在她们四个中间制造矛盾,让她们互相吃起醋来。再后来,晚上露宿的时候,小伙子便不老实,吻这个一下,再亲那个一下,吻着吻着,就撕开她们的睡袋。嘴里说着,你们英国女人不是最开放吗?

亚历山德拉突然醒悟,她们遇上了一个坏人。她们拿出地图查了一番,发现这一周的时间,这小伙子一直领着她们围着一座山转圆圈,她们于是吓坏了,请这小伙子离开。小伙子于是摊牌了,说他正在把她们引向他的村寨,他要把这四个姑娘和她们的马都买下来,让她们四个给他当老婆。他是酋长,"以后你们就是酋长的老婆了"。

姑娘们吓坏了,一边悄悄用卫星电话向大使馆报警,一边先稳住这个陌生的草原客。一会儿工夫,一架直升机轰鸣着飞了过来,地面上也有警车鸣着警笛开来。他们接到报警来解救四个姑娘。那个小伙子一见,吓坏了,骑上马,一溜烟地跑回了草原深处。

这中亚的穿越,用了一百零二天。一百零二天之后,她们来到中国边境。入境时是一九九九年七月一日,入境口岸是中国尕特口岸。

中国边防口岸表现了极大的热情,他们迅速地为这四个勇敢的丝绸之路穿越者办好各种手续,还为她们采购了七峰骆驼,并且为她们雇来了一个哈萨克族驮工。

进入中国境内以后,沿着丝绸之路南道前行,穿越塔克拉玛干大沙漠,这个大沙漠号称死亡之海,意思是走进去出不来的沙漠,就是连当地人也望而却步,四位傻姑娘,硬是完成了对它的穿越。自进入中亚以后,她们手握着一卷《马可·波罗游记》,严格地按照马可·波罗书中所描述的线路,践行着她们用脚来写这篇论文、用行走来向马可·波罗的行走致敬、向丝绸之路致敬、向东方致敬的承诺。

哪里是这次行程的终点,是古城长安。这历史上世界的东方首都长安。西安城很大,走到哪一处,才算长跑运动员撞线一样,算是圆满地完成了这次穿越。

亚历山德拉拿出一张照片来。那是西安西郊一组惹人眼亮的群雕。一群花岗岩雕成的大骆驼,向着河西走廊,向着罗布泊,向着中亚大地,向着遥远的罗马古城,作昂首嘶鸣状。这里是四位姑娘向唐宁街的布莱尔首相,向赞助商,向怀着极大兴趣关注着她们的行程的民众,承诺的终点。

西安丝绸之路群雕

八个月的时间，二百四十多天，数不尽艰难困苦，她们终于到达目的地了。她们要办的第一件事情就是赶快给英国首相布莱尔和他的夫人凯瑞发传真，报告她们抵达的消息。她们拍了一段视频，视频的画面以这一组骆驼雕像为背景。

布莱尔收到传真之后，立即向世界宣布，为了纪念这四个女孩穿越丝绸之路的壮举，他和妻子凯瑞将要再生一个孩子。这是一百五十年来，第一次首相在任期生孩子，上一次是一八四八年。这两件事被精明的布莱尔顺手炒爆，显示出英国人的智慧和幽默。布莱尔是年四十六岁。

就在英国女孩抵达西安的当天，英国几乎所有的报刊都在头条报道了这两条喜讯，他们英雄的四女孩骑骆驼走完了古丝绸之路，他们年富力强的领导人又要喜添贵子了。喜讯打破了政治偏见，就连反对党也纷纷发表谈话表示祝贺。

这些女孩的家人早在女孩抵达之前，就人人手中握一张骆驼雕像的照片，在西安城中找到了雕像，然后坐在那里等候。姑娘们到了，亲人们围上前去，拥抱着哭成一片。姑娘们下榻的地方是丈八宾馆，英国驻华大使专程从北京赶来，设宴为姑娘们接风洗尘。

英国女孩在西安待了两天，就随大使一起飞往北京。而后取道北京飞回英国。女孩们离开时，最恋恋不舍的是那和她们朝夕相处了七十多天的那七峰大骆驼。亚历山德拉骑着的那一匹名叫"将军"，它也见得主人要离它而去，垂下头去，默默地流泪。最小的那一峰骆驼，名叫"歌手"，一路上，每天早晨起来上路，每天晚上宿营前，它都要放开喉咙。痛痛快快地一阵大吼。"将军""歌手"这些骆驼的名字是路途上姑娘为它们取的。

关于这七峰骆驼，还有一点下文。那位和我一起进罗布泊的作家张敏，出资三万，从姑娘们的手中买下了这七峰骆驼。他认为奇货可居,有前面万里丝绸之路这一番热热闹闹的铺垫,这七峰骆驼倒手,一定能卖个好价钱。结果张作家失算了。虽然来看骆驼的人很多,但是真心要买的人并不多。张作家雇了两个农民,将骆驼养在西安西郊的破园子里。光骆驼的每日草料,加上园子租用费,驼工工资,每天得花去二百元。这样二十多天以后,张作家实在受不了了,于是在一家报纸发表了《张敏挥泪斩骆驼》的文章,扬言他要在一九九九年圣诞节这一天,宰杀七峰骆驼,尔后在西安钟楼底下,设个骆驼宴,请西安市六百万市民,每人来尝一口新鲜。此消息一出,整个西安城一片哗然,市民们纷纷打电话到报社抗议。有的报纸甚至辟了专栏讨论骆驼该不该杀这事。七峰骆驼杀又杀不得,养又养不起,张作家这次真是傻眼了。好在后来有一个叫渭水园的休闲山庄来救急,他们出资三万,把骆驼买走了。

七峰骆驼入驻渭水园,不久就有一峰骆驼产子。而现在又有二十年过去了,它们应该已经繁殖成一个数量众多的骆驼群了吧。

骆驼们歇息的那个地方渭水园,靠近渭河南岸,地名叫草滩。那里,历史上就是长安城的外宾居住区,胡商的聚居之地,外交使节的安身之所,所以,骆驼们在此,小日子过得很惬意。

附录一

法显高僧的陆去海还

一

在这次"欧亚大穿越 丝路万里行"的行走中,我给车里装了满满的一箱书。这些书有法显的《佛国记》,玄奘的《大唐西域记》,徐松的《西域水道记》,斯文·赫定的《中亚探险四十年》,法国小说家勒内·格鲁塞的《草原帝国》,英国人类学家阿诺德·汤因比的《历史研究》和《人类与地球母亲》,王嵘的《西域探险史》,杨镰的《罗布泊揭秘》,林梅村的《最后的罗布人》,等等。这些书跟着我颠簸一路。

在颠簸的路途上,在汽车里,翻阅它们的机会其实很少。我更多的时间,是坐在汽车后面的座位上,脚下放三个水壶,一个是装很多开水能够保温的大壶,早上起来我做的第一件事情是在房间烧好开水,将这壶灌满。第二个壶就是烧水壶,灌满水插上电,可以将水烧开。这个壶也尤其重要,没有它,你就只能喝一路生水了。这个壶也给我带来许多麻烦,亚洲国家、欧洲国家,它们的电插大都不一样,有的是两相,有的是三相。记得在法兰克福,插头不能用,坐了一天车,又渴又累的我,喝不上水,于是到街上,买了把壶,吃了一块披萨。回到住处,烧水时我笑了,这壶也是中国制造。那第三个盛水工具,就是我手中的这个时刻抱着的茶杯了。我坐在车里,半眯着眼睛,把这辆行走的车当作我在西安城中的"高看一眼"工作室,把手中的茶杯当做正在呷的功夫茶。这样不停地心理暗示。等到车停了,要吃饭,我于是眼睛睁开,从车里走出。别的车上的那些年轻的导演们、主持人们,一个个下来,人困马乏,歪七扭八的样子,见了我这精神抖擞,大家说,这个六十多岁的老者,成了个老怪物了。

所以行程中的这些书,我基本上没有翻阅,只是偶尔到一个特殊的地方,才偶尔翻阅翻阅它的。比如在撒马尔罕,我从车上拿下《大唐西域记》这本书,翻一翻玄奘高僧对这一块地方的描述,看看一千四百年前,这个世界的十字路口是个什么样子。

回程中,在英国伦敦希思罗机场,安检时,规定一人只能带一个行李箱,这样我将许多的东西,衣物、鞋、没有喝完的茶叶、笔墨纸砚,都给了导游,独有这些书,我将它们摊在候机室里,一本一本地挑,不忍心扔下它们。它们陪我走了那么遥远的路程,是我的精神的支撑,它们是我此次行程的一部分,甚至是我生命的一部分。回到西安后,如果写书,它们还是我的最重要的参考书。想到这里,我将这些书又一本不落地装入行李箱。

这其中至关重要的一本书,就是法显的《佛国记》,一本被书的校注者章巽教授惊呼为"这真是一部伟大的作品"的书。

二

是的,《佛国记》真是一部堪称伟大的著述,而著述者堪称一个大写的人。我在从草堂寺地面(鄠邑区辖)出发,开始这次大穿越时,我就说过,父母给了我们两只脚,为的是有一天用它来丈量天下,我以我的行走,向道路致敬,向千百年来在道路上行走过的每一个人致敬。我所致敬者就包括高僧法显。

他是山西人,汾河岸边有个龚家庄,他就好像是那个地方的人。

他出生的时候，家门口过队伍，我们掐指一算，那该是五胡十六国之伊始。匈奴左部帅刘渊在山西离石起事，掀起这长达二百八十六年之久的中国历史上最为黑暗的一个时期。队伍大约正从离石而平城（临汾），由平城而平阳（太原），最后再由平阳而洛阳。

三岁时，这个在战乱中出生的幼弱生命，被父母送到村旁的一个小寺院去寄养。再后来，他父母双亡，这个小沙弥便回家掩埋了父母以后，终生以寺院为家了。他来到了长安，入住大石室寺。

这个大石室寺，就是前面提到的草堂寺。就在法显与他的四个同学，于公元三九九年结伴而行，开始他"广游五印，西行求法第一人"的不朽业绩的那个寺院。亦是公元四〇一年，号称西域第一高僧的鸠摩罗什，万苦千辛，百般磨难，终得抵达长安的那个寺院。后秦皇帝姚兴，在长安城南门城墙上拜鸠摩罗什为国师，并将这个皇家寺院重新修缮扩建，大约是以麦秸或谷草苫顶，所以这寺院易名草堂寺。

法显的行走，那时期大约年纪已经很大了。我们的推测应当是六十岁左右，往小说，五十八岁，往大说，六十二岁。大约正是这个年龄段。有的《高僧传》中说，他的寿龄八十六岁，有的《高僧传》中则说，他的寿龄八十二岁。我们知道，他从草堂寺出发，穿越河西走廊，穿越葱岭，求经习法于天竺诸国，足迹遍及印度河流域与恒河流域，并在那烂陀寺修行，尔后，又于加尔各答搭大商船，抵达斯里兰卡，滞留两年后，再乘大商船，回国。这次陆去海还的行程，历经漫漫十五年之久。而自青岛登陆以后，人生的最后十年中，他一直在南朝四百八十寺中游历。最后的十年，加上广游五印、西行求法的十五年，加起来是二十五年。如果《高僧传》所说，他圆寂时是八十六岁，那么他从长安城出发时，当是六十二岁。如果按另个版本所说，他圆寂时是八十二岁，那么他出发时，是五十八岁。不论是五十八岁还是六十二岁，在那个遥远的古代，该是高龄了。

行脚僧在那个秋天，踏上他宿命的远方。凶险的远方充满了不可知，但是道路在召唤着他，蛊惑着他，他唯一能做的，就是顺应心灵的指引，完成自己垂暮之年的最后一搏。

大雁在空中排空而过，雁鸣阵阵。高僧用了大半年的时间，走到兰州城，乘着牛皮筏子渡过波涛汹涌的黄河，又用了大半年的时间，走到西宁城。这种行走，太缓慢了，掐指算来，一天就是走二十到三十华里。我们能想见，已届高龄的法显老和尚，拄着个拐杖，捧着个讨饭钵，佝偻着腰肢行走的样子。这一年的行程，放在现在的高速公路，开着车，半天就到了。

兰州城那时候叫金城，而西宁那时期叫西平。法显告诉我们，他来到金城，在那里完成他漫漫西行路的第一年"夏坐"，又来到西平城，在那里完成了他第二年"夏坐"。我们知道在法显高僧自述的《佛国记》这本书中，他对这十五年行程中的每一次"夏坐"的地点，都做到翔实的记录，例如他在张掖城的"夏坐"，他在敦煌城的"夏坐"，他在于阗城的"夏坐"，他在释迦牟尼成佛处那个大石室伽蓝的"夏坐"，他在释迦牟尼圆寂处菩提树旁、阿育王石柱旁那个伽蓝的"夏坐"，他在海上航行时在大商船上的"夏坐"，等等，法显都详细备述，就此，我们作为后人，才能够清晰地看见那高僧行走的路线，和所经历的种种。

西宁那时候是傉檀国的都城。它是当时的五胡十六国之一，名叫南凉国，他的开国者名叫秃发傉檀。我们在法显的行脚中，看到了这位老朋友。他是鲜卑人，秃发是他的姓，傉檀是他的名。原先，他是吕光帐下一位大将，镇守西平。吕光押着鸠摩罗什，走到凉州时，传闻前秦皇帝淝水兵败。前秦灭亡，于是吕光遂在凉州，自立为王，建国后凉，而傉檀，则脱离吕光，在西平称王。秃发傉檀后来为建都陕北统万城的匈奴王赫连勃勃所败。西平城被毁。那该是法显结束"夏坐",离开西平城二十多年后的事情了。

现今的学者们,发现"秃发"二字,其实是"拓跋"二字的谐音。当年的文化人以笔纪史,因为地域偏远,沟通不便,所以将建于大同的那个北魏拓跋,记录成"拓跋",而远离中原的西宁这地方,则把同一个姓氏,记录成"秃发",从而给后世的考究,添了许多的眼花缭乱。

在西宁城完成"夏坐"之后,法显一行,然后翻越祁连山,沿着湟水,抵河西四镇之张掖郡。张掖大乱,道路不通,于是在张掖完成第三次"夏坐",尔后顺河西走廊,且行且驻,走到了敦煌。

自敦煌往西南方向行走,便进入五百里盐碛。流沙漫漫,热风阵阵,那句"唯以死人枯骨为标识耳"这句话,就是法显在这地方说的。哪有道路呀,前人倒毙在戈壁荒原上的风干了的尸骸,就是我们借以识别道路,以便下一步下脚的标识呀!

那著名的白龙堆雅丹,当是这五百里盐碛的一部分,奇形怪状的这种风蚀雅丹地貌,平日静卧在惨淡的日光下,如同猛兽,而一旦新疆的闹海风一起,则天昏地暗,飞沙走石,怪声连连,如同鬼域。法显从这里穿越过了。而在此之前,张骞穿越过,傅介子穿越过,班超穿越过,在他之后,玄奘穿越过,马可·波罗穿越过,斯文·赫定穿越过,卑微者如我,也在二十年前,在新疆地质三大队的引领下,也穿越过。

与白龙堆雅丹遥遥相对的,便是龙城雅丹。而两座雅丹包裹着的,便是著名的罗布泊。

在法显路经这里的时候,它还叫蒲昌海。那时塔里木河还没有断流,因此蒲昌海水天一碧,鱼跃鸥飞,罗布人架着独木舟穿行其间,河口地面,千年胡杨林郁郁葱葱,一直展延到塔河中断地面。

蒲昌海的西南岸,就是楼兰古城,法显来到这座西域名城的时候,那时楼兰已经易名鄯善,它的易名,来源于楼兰国发生在西汉昭帝年间的一片变故,即傅介子千里刺杀楼兰王的故事,如果有时间,我们也许会专门辟出一章,讲述那个惊心动魄的丝绸之路故事。

法显经过的那个伊循城,它就是现今的米兰市,兵团一个团场的所在地。这座小城市,是当年傅介子刺杀匈奴人扶持的王子当归,而那汉王室的质子、小王子继位以后,留下四十名士兵,在这里屯田的地方。两座城池互为犄角之势,以保古楼兰的安全。

接着,我们的法显,在当时塔里木盆地最大的佛国于阗国,完成了他行走中又一次"夏坐",并且在夏坐中,结识了他的一个徒弟,匈奴人和尚,名叫刘萨诃。

三

法显高僧扶杖而行的这一条道路,正是丝绸之路研究专家为我们画出的那条丝绸之路南道,即从塔里木盆地南部边缘所踩出的一条道路。这条道路自敦煌,而白龙堆雅丹,而罗布泊,而楼兰,而鄯善(今若羌),而乌夷(焉耆),而于阗(今和田),而叶城,而喀什噶尔,而塔什库尔干,然后出境。

法显在《佛国记》中,这本叙述简约、用字吝啬的书中,难能可贵地记录了他在和田城里,看到的这个塔里木盆地最大佛国的恢宏景象。家家门前起佛塔,户户家中供菩萨,在和田城那大乘寺,三千僧众共聚一堂,共吃斋饭的情景。法显说:"威仪齐肃,次第而坐,一切寂然,器钵无声。净人益食,不得相唤,但以手指麾。"

在和田城,为了观瞻那五年一度的行像大会,法显一行在完成"夏坐"以后,又延捱了一些日子。借他一千六百年前的眼睛,我们看到大象拉着四轮宝车,车上载着佛祖像、菩萨像,庄严举行入城式的场面。可以说，塔里木盆地那一时期浓郁的敬佛礼佛气氛，甚至超越了佛教的发源地古印度本土。

高僧是从今天的塔什库尔干，翻越大雪山，进入昔日的北天竺，今天的巴基斯坦境内的。他遇见了山顶的一条河流，这条河叫新头河。开始水量很小，激流在高山峻谷间跳荡，一路向东。现在我们知道了，新头河就是印度河。

后世二百年的玄奘，是从葱岭正北方向约两千公里远的阿姆河谷，兴都库什山南端，翻越大雪山的，而玄奘的回程，则走的这条法显踩出的，自丝绸之路南道，回到东土大唐的道路。

当法显在新头河的源头，一个小小的山顶村庄，询问当地人，佛教是什么时候传入这块地面时，当地人惊讶地说："古老相传，代代相袭，这是古来有之的事情，就像树木，像庄稼，是大地本身生长出来的东西呀！"

这样法显知道了，佛教从它诞生的第一天起，便大教东流，顺着葱岭的条条垭口，传向东方。而这里，这条道路，是它东流的一个大的通道了。

壁立千仞，寒风阵阵，老和尚法显，坐在新头河的源头，泪流满面。他说，我已经走了这么遥远的路程了，这真不敢想象。五百年前的张骞、甘英，他们也不曾到过这里呀！七八百年前的亚历山大王，他夸口说他要去寻找世界的尽头，而他，也没有能走到这里呀！

发完这些感慨之后，我们的法显，沿着新头河，继续向下而行。

四

历史残简中我们搜索出的匈奴和尚刘萨诃的故事。

广游五印、西行求法第一人的法显和尚。在张掖城夏坐时，他带了两个一起夏坐的修持者，在于阗城夏坐时，又相约了两个追随者。这样一行变成了九人。夏坐又叫雨安坐，是一种修持行为，大致时间从每年三月十六日开始，到六月十五日结束。这段时间大约是印度国的雨季。

刘萨诃这个历史名字的出现，是在于阗夏坐时，法显在他的天才著作《佛国记》中说，收留了两位志同道合者，一起前往天竺，其中一人叫刘萨诃，匈奴人，籍贯是陕北，不知怎么流落到了西域。

而在另外的史书上，则记载刘萨诃是内蒙古包头地面的匈奴人。看来刘萨诃是匈奴人，这无疑。天下匈奴遍地刘，这大河套地面的刘姓，大部分应当是曹操与最后一代匈奴大单于呼厨泉。在邺城签署那个五分匈奴协议后，匈奴五路诸侯，全部从汉王室姓刘的那些游牧人。

后来在法显翻越小雪山的时候，死了两个人，在翻越大雪山的时候，又死了两个人，又有两个人畏难而退，往回走。到后来，法显只剩下两个同伴了，这里面就有刘萨诃。这天，刘萨诃面露难色，他对法显说，他想往回走，他似乎觉得，他重要的使命在一个叫敦煌的地方，这样两人抱头而哭，尔后，刘萨诃独自一人，又重新翻过大雪山而去。

还剩下来的那个随行者，后来也没有随法显走到那烂陀寺。《佛国记》中说，这位僧人后来在五河口（五条河流在这里交汇，开始恒河中游地区）的一座寺院里住下，他对法显说，他觉得这地方最适宜他了，权把这里当作他的家乡吧！

法显后来独自一人行走到那烂陀寺后，学成后陆去海还，从印度加尔各答登船，中途在斯里兰卡逗留两年，后来登五百商贾大船，八个月航程从中国青岛登岸。

刘萨诃后来回来了没有？这是一个谜。直到上世纪初，人们从敦煌莫高窟的藏经洞里，翻阅那些尘封千年的敦煌文书时，从字缝里跳出刘萨诃这三个字。这时候他已经是一名有身份的僧人,执事之类,敦煌莫高窟的最早的建造者之一。

敦煌莫高窟最早的建造者,名叫乐尊和尚。敦煌出土的一个断头碑上记载说,一个名叫乐尊的僧人,自东而来,看到鸣沙山下,红柳河边,霞光万丈,状有千佛,于是感受到了某种使命,于是泪流满面,开始在岩上打造佛龛。

那第二个,就当是鸠摩罗什高僧了。高僧来到这里时,胯下的白马累死了,众人掩埋了白马,在上面起了一座白马塔,接着建白马寺,修完塔和寺以后兴犹未尽,于是开始在岩石上叮叮当当凿佛窟。

这第三个大约就是我们的匈奴人刘萨诃,他安全地翻越了大雪山、小雪山,回到第二故乡和田,接着去敦煌,开始他的伟大功造。

刘萨诃的故事还没有完。有一个著名的"凉州瑞象"的说法,这个刘萨诃就是主角。传说,从敦煌地面来了一位高僧,名叫刘萨诃,在凉州地面,他见到御谷山顶霞光万丈,状有千佛,于是开始在山间修建佛寺,制造传说。看来,这刘萨诃将敦煌的故事,在凉州(今武威)又重演了一回。

刘萨诃后来怎么样了呢?写完这篇文字,搜百度,百度上说,"凉州瑞象"一番功德之后,他自凉州折身西行,至酒泉城西七里涧,无疾而终。当地民众在此修建骨塔、寺院以祀。

百度上还说,刘萨诃的出生地是今陕西宜川县西北,出生年月是公元三四五年。此说也一并录入,供好事者探究。

五

释迦牟尼涅槃年应为公元前四八六年,相传释迦牟尼在世八十年,以此推算,佛祖诞生年应为公元前五六六年。

也就是说，他应当比老子小几岁，而比孔子大几岁。我们知道，老子大约比孔子大十三岁，那么释迦牟尼的年龄，则在他们之间。

我们知道了，在孔子去世十年之后，西方的先知苏格拉底诞生。西方人将那些知生、知死、知天命之宇宙万物运行规则的大人物叫先知，东方文化则将这些人物叫先贤，或者叫圣贤。

那真是人类史的一个永远值得纪念的伟大时代，各文明板块都进入到了它的成熟期和收获期。这些智慧人物的出现，为各文明板块的初生期以总结，并为它接下来的发展奠定坚实的基础。

东汉年间，中国民间曾流传一本奇书，书的名字叫《老子化胡经》。老子在这里说的就是老子李耳，道教的开山祖师，而"胡"在这里说的是释迦牟尼。该书讲的是老子西出函谷关，著《道德经》五千言，而后来到终南山之楼观台，而后骑青牛西行，而后北上昆仑山，教导释迦牟尼如何创建佛教的故事。道教祖庭楼观台，专门有一块碑，记载了这个故事。

这本书是一种民间读物，未入正典。它一出现便受到了佛门的强烈抵制。释祖是唯一的，是至高无上的，怎么敢有人去指点他和教化他。在佛门的经典传说中，这样说："释迦牟尼一出世，即能行走和说话。他向东南西北各走七步，然后再回到垓心，上指天、下指地，说道：'十方世界，佛光照耀，天上天下，唯我独尊！'"

但是佛门中人很快发现，这本杂书还是有一些有用之处的，在道教和儒教这两个本土宗教，已经将中国民间统治到针插不进、水泼不进的这种情形下，一个舶来品，外来宗教，想要进入并传播和发扬广大，必须有个由头才对。所以佛教最初一段时间，在一些地方，它是以道教的一支的面目出现的。而确实，它们有许多共同之处。

闲言少叙。

这样，法显和尚和他的小小的团队，便开始了他的在北天竺、西天竺的行走。在翻越小雪山的时候,那个自长安城草堂寺出发,一起行走的慧景,在暴风雪中倒在了山间。"我是不得活了,你们快走吧,不要大家都死!"慧景说完,口吐白沫,倒地气绝。法显哭了一场,不敢久停,复自力前,终得过岭。

而在翻越大雪山时,又有几个随行者毙命。余下的,便不愿意再往前走了。他们要顺着原路返回。他们说,我们倒也不是蝼蚁惜命,而是突然觉得,这种行走的无意义。法显老和尚见了,也不便阻拦他们,眼见得他们,跟跟跄跄,渐渐地消失在风雪弥漫的山道上。

翻过大雪山,与法显同行者,只剩两人。一个就是我们谈到的那个匈奴人刘萨诃,刘萨诃法号叫慧达,他执着法显的手说:"师傅,冥冥之中我看到了瑞相起于三危山下,党河岸边的敦煌郡,那里正酝酿敦煌莫高窟的督造,需要我去料理这事。我的功德事业在那里,我不能陪伴你老人家继续前行了。我得掉回头去!"

法显说,好容易翻过小雪山、大雪山,你现在要掉头回去,又得重翻一次,况且又是一个人行路,凶吉难测呀!

刘萨诃说:"吾意已决,我得走了。修菩提行,起广大心,佛祖在上,佛祖的光芒会一直罩护着卑微的我的!"说罢,毅然掉头离去,重新攀援而上那高高的葱岭。

这样和法显一起相依为命的,就只有那个道整了。从长安城草堂寺抵达这里,多么遥远的路程。道整一直忠心耿耿地追随着他。

在《佛国记》这本书里,法显详尽地记载了他们先顺印度河而下,至入海口,又返回来,顺恒河流域而下,再抵达入海口孟加拉湾,眼见得那三十几个古印度邦国的情况。在释迦牟尼那些重要游化地,他们都做了考察,记述,像一个游方僧、朝圣者那样,献上他的顶礼。

在释迦牟尼成佛的那个菩提伽耶城,法显来到了释祖成佛的那个大石窟里,泪流满面。他在《佛国记》中,详尽地记录了那些佛教神话传说:"计有苦行六年处、攀树枝处、弥家女奉乳糜处、石窟地动、佛在贝罗树下退魔成道、诸天作七宝台供养、文鳞七日绕佛、梵天来请佛、四大天王奉钵、贾客献蜜、度伽耶千人处,等等。"

我们记得二百年后的玄奘法师,来到这里时,对这些佛教故事,又作了更详尽的一遍阐述。

《佛国记》中关于阿育王破八塔为八万四千塔的叙述,关于那五河河口的叙述,关于对释迦牟尼圆寂处的描写,都弥可珍贵。从而令我们站在一千六百年后的时间的此岸,眼见心到,如同身受。

道整同学在经历了这些行走之后,后来落脚在一家寺院,没有再随法显继续后来的路程。那地方叫巴连弗邑,在中天竺。

法显和道整,在巴连弗邑一座经院,抄经译经三年。这些抄在贝罗树叶上的经书,法显将把它打进行囊,带回东方祖国,以作传经弘法之用。临离开寺院的那一天,道整突然不走了。他说,师兄,你一个人独行吧!三年的抄经,我已经喜欢上了这个地方!我们弘扬佛法,不就是为了挣脱心灵的束缚羁绊,得到大自在大快乐吗?现在我已经得到了。而我将在这座寺院里,做一个小小的添油的沙弥,而夜夜则蜷曲在佛祖的脚下安眠!

法显长叹了一声,理念不同,他要度天下人。他在《佛国记》中说:"法显本心,欲令戒律流通汉地,于是独还!"

菩萨为何低眉,那是不忍看这世间的众生之苦;金刚缘何怒目,那是憎恶这人间万般之恶。

现在行程中,只剩下年迈的法显老和尚一人了。正像流行歌儿唱的那样——我注定此生将独行。

六

这样法显继续在东天竺、南天竺地面游历。他大约到过那烂陀寺的，只是那烂陀寺那时候还没有像后来那么有名。我们知道那烂陀寺后来的供养者是印度诸王，而最大的供养人就是戒日王。

戒日王是与唐太宗同时代的古印度一个邦国之王，王治正是在五河口（五河交汇，从而进入恒河中游地区）的曲女城。我们的玄奘法师曾在那里设法会舌辩天下，伟大的戒日王做法会的主持，玄奘在他的《大唐西域记》中对这位印度王赞誉有加。

法显大约在印度本土，游历了八年，他的归去竟是陆去海还，这真是一种异想天开的举动。现在流行一个名词叫一带一路，就是说陆上丝绸之路，海上丝绸之路。想不到，整整一千六百多年前，一个年迈的中国僧人，他将一带一路，就完整地走了一遍。佛家的著述家们赞美说：释法显首辟险途，释玄奘中开王路！那么是不是可以这样说，这个"首辟险途"，既指陆路，也指海路。

事情既属偶然，大约也属必然。法显大和尚，拄着个拐杖，一走三趔趄，顺着咆哮的恒河，一直走到入海口，那个叫加尔各答的城市。海面上估计停泊着许多的商船，而码头上则聚满了前往世界各地的人。有一拨人是去中国的，这样法显在加尔各答的港口，徘徊了三个月后，付了旅资，跟着二百商人挤上了一条大商船。

这艘大商船没有去中国，而是遇上风暴，停在了这个狮子国。这样法显大和尚，就又在狮子国延捱了两年。

狮子国有一棵高大的菩提树。这棵树现在还活着，斑驳，古老，青筋暴起，树冠遮天蔽日，如同伞盖。相传，阿育王大兴佛法，在释祖所有经历过的圣迹处，都立下阿育王石柱，建立祭祀性质的精舍，并且破八塔，为八万四千塔，将这古印度八个王用以存放供奉佛骨舍利的八座塔破开,然后在世界的十方,修八万四千塔,弘扬佛法,供奉舍利。

阿育王的妹妹也是一位虔诚的佛教徒。为了帮助哥哥弘法,她将一颗佛骨舍利子捧起,装入少女胸前挂着的香囊中,又从佛祖成佛的地方,圣地菩提伽耶,从佛祖当年成佛处的那棵菩提树下,挖起一株这棵菩提树所派生出来的小树苗,然后将这小树苗装进一个花篮里,这样,乘坐一个小船,用了十五天时间,自加尔各答港口、恒河河口,抵达狮子国。

狮子国的王室,在他们的王城,为安放供奉这枚佛祖真身舍利,修建了辉煌的神庙。而阿育王妹妹本人,则亲手将这株菩提树苗,栽种在神庙的大殿之侧。

在我们的法显老和尚来这神庙拜祭时,来这菩提树下打坐时,这神庙、这菩提树,已经自阿育王妹妹那时算起,逾六百年之久了。神庙庄严、恢宏、珠光宝气,菩提树则枝叶婆娑,巨大的华盖遮住了半个殿院。

法显在狮子国延捱两年,又求得几部他在中国时没有见过的经典,看来这些经典还未传到东土。在巡游的日子,还听到有些寺院,朗朗有诵经之声,其音华丽,其义美妙,令老和尚听得如痴如醉。他想求这些经书,或者借来这些经书自己抄录。那狮子国的僧人笑了,说这些经文是一代代师师相传,口口相传,哪里有什么成书的手抄经卷。法显听了,并不气馁,于是便在这殿中长住些日子,逮那些僧人的诵经之音,自己抄录。

法显还在那些经院,访得一些经像。后来的日子里,当法显九死一生,陆去海还,离开狮子国,仍乘着二百人大商船,经苏门答腊,而历时八个月,登陆中国青岛海岸时,他手里捧着的,就是这一张讨来的经像。

离开狮子国前的一天,已届七十五岁(大约)高龄的法显大和尚,在那棵有名的菩提树下打坐,恍惚间一阵假寐,睡梦中所见东方故国他的家乡的情景。待梦中醒来,睁开眼睛时,看见大殿里香客涌涌不断,似有大商船来岛。法显扶住树身,站起来,移步到大殿里去看,见一名海上客,将一颗无价宝珠,供奉到佛前,而那包着宝珠的帕子,是一个白绢,那白绢上的图案,分明可鉴,这是来自中国的物什。

法显在《佛国记》中写道:"法显去汉地多年,所与交接,悉异域人,山川草木,举目无旧。又同行分披,或留或亡。顾影唯己,心常怀悲。忽于此王像边见商人以晋地一白绢扇供养,不觉凄然,泪下满目。"

思乡之心一起,便不可遏制。老和尚这一刻才像做了一场大梦一样,猛然惊醒。掐指算来,已离开东土快十五年了。"光至今还活着,就是一个奇迹!"他摸着自己的胡须说,说罢,收拾行李,仍随一个二百人大商船,返程。

这样法显和尚便登船返程。法显在他的《佛国记》中记述了这海上漂泊的种种凶险。他们的船只刚行走两日,便遇上了台风。浪急风高,天昏地暗,他们在风暴中挣扎地行进了十三天,风暴停了,潮水把大船冲到了一个无名岛上。

船碰到礁石,漏水,于是他们在这岛上,将船漏处补一补、塞一塞,继续航行。后来九十天头上,海平面上出现了一些岛屿,众人欢呼,上得岸来,休整了几日,给船上备些粮食、菜蔬、淡水,大船启程继续航行。后世的人们,根据法显的记述推测,他们中途停驻的这个岛,应当是苏门答腊或者爪哇岛。

如是行程一月有余后,夜来又遇黑风暴雨。天昏地暗,浊浪滔天,大船眼看就要被掀翻,满船的商贾们,鬼哭狼嚎,纷纷将船上的重物,扔下海去,让船减轻一些重负。忙乱之间,大家见那个老和尚,端坐在船头上打坐，八风不动，怀里抱着他十五年来求得的经卷、宝像，正在默念着观世音菩萨保佑。

众人呐喊说，和尚将你怀里那沉重的包袱，扔到海里去吧。法显听了，将包袱死死地抱紧，低头不语。众人们来抢包袱，抢不动。又有人发声说："此行中如此不顺，厄运连连。皆因咱这船上，多了这个和尚，咱们大家齐心，将这和尚，连同他怀中的那个包袱，一起扔到大海里去吧！"

法显这时候停止了默诵，开言道：你们若是扔下这佛门经像，那就等于扔下了我。我的意见，你们先杀了我，再扔这经像吧，不要留下活口，要么，等大船到了目的地，那汉地的国王，敬信佛法，重比丘僧，非将你们治罪不可！

船上这些商人听了，方才作罢。

一千六百年前的那年月，虽然距人类的大航海时代，还有漫长的一段岁月，但海上的丝绸之路，应当已经通了，每每商船定期来往各个口岸。商人重利，冒着生命危险，九死一生，做着这航运生意。从法显的记述来看，那时的海运，已经有相当的规模了。

历史把太多的光荣、太多的第一给了这位佛门高僧大德，让他沿陆上丝绸之路行走，成为广游五印、西行求法第一人，又让他鬼使神差，坐一艘商贾大船海还，成为行走海上丝绸之路的佛门第一人。

那时的行船，不敢往深海里走，人们只是靠着海岸线行走。行走间，船靠着一种名叫"海师"的专业人员，手拿罗盘，白天靠太阳，晚上靠月亮、星辰判断航向。

本来，这艘商船的目的地是广州。由于遇上台风，又由于连日阴雨，海师无法借助日月星辰判定航向，所以，台风过后，五十余天，按航程计算，该到广州了，可是就是不见海岸。这样又行进，看见大陆了，商船求岸。大船停在海边，用一只小船登岸，见到两个猎人，一问，这里是汉地，是山东的青州地面了。

青州太守闻属下禀报，有一艘海外来的大商船，停泊在大崂山地面，船头上有一位高僧，端坐那里，手捧经像，庄严无比。太守遂亲自赶来，迎候法显下船。而那商船，它在卸下法显以后，将继续前行，它将从长江口进入中国内地，在建康城（今南京）码头卸货。

太守骑着马在前面带路，高僧法显手捧经像，走在前面，众人在背后发着喊声，簇拥着这经像，直奔青州城。法显尔后又从青州至彭城，在彭城新寺安歇。所谓彭城，即今天的徐州，而青州，即今天的青岛。

《高僧传》说，法显高僧寿龄八十又二，又说，法显高僧八十六春秋。无论是前说，还是后说，在那个人们平均年龄只有三十多岁的战乱饥荒年代，法显都应当是高龄了。

五印归来的最后十年，法显一身袈裟，一直在南国四百八十寺中游历。东晋以降，南国地面，接下来是宋、齐、梁、陈，这些短暂王朝，皇家们都笃信佛教，倾国家之财力来修建寺院，对于佛门中高僧，更是五体投地崇敬有加。例如梁武帝欲拜达摩祖师为师，于是达摩情急之间，一苇渡江而去的故事，就发生在那时。

但是取得如此大功德的法显和尚，从不自傲，亦不依附于皇家，而是闲云野鹤，来去如萍寄。这一点，鸠摩罗什高僧没有做到，玄奘高僧也没有做到。他们被皇家拜为国师，虽尽显尊贵和荣耀，但是却也平添了些无尽的烦恼。

法显求法回来的那些经书，大约更多的是小乘佛教经典。中国境内的佛教，粗略地划分，分为汉传佛教、南传佛教和藏传佛教。一般说来，这藏传佛教，是经尼泊尔翻越大雪山传入我国西藏，然后落地。而汉传佛教，则是顺古丝绸之路一路传来，落根中原。南传佛教呢，以海上传承而来的可能性更大一些。

以经像来看，由于经历了由古印度翻越葱岭，再经西域传入内地，昔日胡貌梵相、深目高鼻的佛祖形象、菩萨形象、四大天王形象、罗汉形象，等等，已逐渐变成面目平和的东方面孔。而那些从海上丝绸之路传入中国的经像，由于少了这漫长的递进化过程，它还保留了佛教初期、印度本土的那种风格。

中国第一个、也是最有名的一个画僧，名叫贯休，唐末五代时候的人。他的《十六罗汉图》，罗汉们相貌奇巍，气象森森，胡貌梵相，深目高鼻。众人见了，深感怪异，问他怎么能神思妙想，画出这般模样的。贯休和尚故作神秘，说他夜来做了一个梦，梦中见到这些鬼魅模样，于是将他们援笔画出。

贯休的《十六罗汉图》，深刻地影响到后来的佛教题材绘画。远的不说，近代的弘一法师的《罗汉图》，笔笔来自贯休，只是删繁就简，将工笔细描、浓墨重彩，变成焦墨皴染、朱丹勾线而已。

贯休和尚修行的那个寺院，我一直疑心，说不定法显请回来的经像的某一帧，放在这寺院，而恰好被贯休有缘一睹。我甚至疑心，贯休所看到的，所作为画样所模仿的，正是法显和尚自青州登岸时，手中捧着的那一帧。

法显晚年，曾数度想回长安，回到草堂寺，但是时有北魏与东晋的战争，道路隔绝，故而都没有能成行。他从青州登岸的那一刻，驻居草堂寺的鸠摩罗什高僧还在世，如果那时候不要耽搁，径去长安，说不定两人还能见上一面。我们记得，当年法显前脚刚走，鸠摩罗什后脚到长安，两人失之交臂。这样说来，两位高僧是终生无缘一面。

那棵菩提树，法显老和尚在狮子国见到的菩提树，阿育王的妹妹漂洋过海，栽种在那岛国的菩提树，它现在还活着，像一位两千三百多年高龄的老者一样沧桑、古老、庄严，享受这一代一代人的顶礼膜拜。狮子国，我们现在叫它斯里兰卡。

二〇一八年，中国农历的腊八节，释迦牟尼成佛日，广东六祖寺的一群信众，从斯里兰卡那棵大树旁边，挖来一颗它所派生出来的中等规模的菩提树，然后漂洋过海，顺着法显高僧当年走过的海路，将树运载到广东肇庆的六祖寺，栽植在寺院中。

广东肇庆的四会山，是六祖慧能藏身十七年的地方。藏身前，他是个凡僧，大藏十七年后，走出四会山时，它已经是一个创宗立派的得道高僧了。

那天六祖寺院内，四千个信众席地而坐，同吃一锅腊八粥，那棵来自斯里兰卡的菩提树栽种仪式结束以后，四千信众，每人认养一颗小的菩提树苗。寺院的方丈说，这是全球百万菩提树的栽种仪式的第一棵，下一次栽种仪式，大约在阿富汗巴米扬大佛那里举行。

笔者应邀作为主宾，参加了菩提树栽种仪式，并在四千信众腊八粥开宴前，作了二十分钟即席演讲。

我站在四千人大宴之侧的一个戏台上，凤凰卫视一位前主持人为我主持，我说道："今天是释迦牟尼成佛日。释迦牟尼一出生，即能行走和说话。他向东南西北各走七步，尔后回到核心，上指天，下指地，说道：十方世界，佛光普照，天上天下，唯我独尊！"

停顿了一下，我又说："今天早晨，这个神圣的日子，当我站在六祖寺山门前，看见亲爱的朋友们，从山门鱼贯而入之时，我突然流下了热泪，我想起释迦牟尼寂灭时的情景！"

我说："他要走了！走了三次，不忍心丢下众人，于是又回来。最后他说：'我要走了！我不得不走了！人们呐，你们好自为之吧，我会在天上看着你们的！'佛祖说完，离去，菩提树下，于是哭声一片，人们在那一刻感到自己成了无所依傍的孤儿！"

法显高僧圆寂于彭城新寺。彭城即今天的徐州，我问徐州的朋友，他们说这座名曰"新寺"的佛家名刹，如今仍有香火。法显享龄八十有二,或者又说度八十六春秋。这个已无从考证。法显在游历南朝四百八十寺期间,所亲笔撰写的《佛国记》(又名《法显传》),成为一部世所公认的重要的文化读物、地理读物,且具有世界性意义。

·附录二·
《大唐西域记》阅读

一

汉明帝夜梦金人——摄摩腾、竺法兰。东汉的第二个皇帝名叫刘庄，他做梦梦到两个身披袈裟、深目高鼻，胡貌梵相的高僧，骑着白马，自丝绸之路湍湍而来。于是将这两位高僧画成图像，贴满丝绸之路各个关隘。不久，果然洛阳城中来了两位高僧。汉明帝于是将他俩安排在鸿胪寺歇息。两位高僧将所骑白马，拴在寺外的大树上。洛阳城中市民，遂将这鸿胪寺叫作白马寺。专家们的说法，这是汉传佛教落地中原的开始。

二

这种直译的风气到了鸠摩罗什才有了根本的改变。

三

玄奘离开印度，仍然循陆路回国，六四四年，他回到于阗，即上书唐太宗，太宗答复，可即速回来，与朕相见！

四

六四五年春正月,回到长安,同年二月,见太宗。

五

玄奘自西域所得梵本六百余部。其中仅《大般若经》一百卷,即有三个版本。经书抄在贝罗树叶上,叫贝叶经。

六

用一年多时间写完《大唐西域记》。玄奘口述,辩机执笔。

七

《山海经》乃中国古代地理名著,十八卷。作者与时间均不详。原似为口头传说,约在战国时代录成文,秦汉时又有所增减。

八

博望,张骞以功封博望侯。凿空,《汉书》卷六十一《张骞传》:"然骞凿空。"苏林曰:"凿,开也;空,通也。骞始通西域道也。"

九

玄奘西行,亲践者一百一十国,传闻者二十八国。

十

三千大千世界，为一佛之化摄也（玄奘）。

十一

法显俗姓龚，平阳武阳（今山西襄垣县）人。三九九年自长安出发，时应为六十高龄。

十二

贝叶经。

十三

乌浒水今作阿姆河，药杀水今作锡尔河。

十四

恒河，旧名殑伽河，从东面银牛口流出。

十五

徙多河，今叶尔羌河与塔里木河。

十六

《山海经》说,黄河源于昆仑,出积石山。《水经注》卷一"河出蒲昌,潜行地下,南出积石"。

十七

地势高敞,人庶昌盛,因名"高昌"。

十八

玄奘六二八年初至高昌,逗留一月余。得到高昌王鞠文泰热情款待。

十九

吐火罗语,古和田塞语。斯泰基人,或曰塞人、塞种。

二十

行像:佛教徒每年在佛诞日(我国作四月初八),将佛像载在车上巡行。一为彰显佛祖光辉,二为表达礼佛敬佛之心,三为接受沿途信众膜拜。

二十一

热海，今名伊塞克湖。此湖位于北纬四十二度三十九分，东经七十六度十五分至七十八度三十分之间。海拔一千六百零九米，长一百八十五公里，宽五十七公里，最深处七百零二米，面积六千二百平方公里。原为我国西部内陆大湖之一，一八六四年，因中俄签订不平等的《中俄勘分西北界约记》为俄国所占有，来水河流为楚河。

二十二

碎叶城，因碎叶水而得名，唐代一度为安西四镇之一，今名托克玛克，大诗人李白出生地。

二十三

张骞所涉之乌浒水，现在叫阿姆河；所涉之药杀水，现在叫锡尔河。中亚名城塔什干，古称石国、石头城，苏联时期名曰伏龙芝格勒。乃石头城之意，有锡尔河支流从城中穿过。

二十四

须弥山又称妙高山。四宝所成：东面白银，北面黄金，西面颇梨，南面青琉璃。四宝所成曰妙，出过众山曰高。此实指为喜马拉雅山，传说演义则为佛祖、菩萨、天王、罗汉、众沙门所居之佛山。

二十五

五年一大会。

二十六

伽蓝,一名僧伽蓝,即寺院。又别名精舍。中国人称呼为寺院、寺庙。

二十七

突厥,为六至八世纪我国北方广大地区的部落联合体。突厥语,"强有力地"之意。

现在仍属突厥语系的民族有我国的维吾尔、哈萨克、柯尔克孜、撒拉、裕固、乌兹别克、塔塔尔等民族和国外的土耳其、阿塞拜疆、土库曼、雅库特、楚瓦什、图瓦等民族。

草原民族,呼啸而起,不分族类,一呼百应,于是一夜成势。所以遂有"百蛮大国"之称,匈奴、鲜卑、突厥、蒙古一夜间崛起于漠北草原,皆如是。

二十八

公元五五二至七四四年,突厥人曾建立了强盛一时的突厥汗国。建立突厥汗国的统治氏族阿史那族,原居住在阿尔泰山脉的西南、东部天山的北麓、准噶尔盆地一带,为柔然族的锻奴(铁匠),其首领土门灭柔然可汗,建立突厥汗国,称伊利可汗。

公元五八二年，突厥汗国分裂为据有蒙古高原的东突厥汗国和统治中亚各地的西突厥汗国。东突厥于公元五八五年归附于隋朝，西突厥于公元六五八年归附于唐朝。公元六八二年（唐高宗永淳元年）骨咄禄复兴突厥汗国，至八世纪四十年代为回纥所灭。

二十九

叶河，药杀水。波斯语，意为"珍珠""明珠"。所以别名"珍珠河"。叶河当是今中亚之锡尔河。

三十

叶河出葱岭北原，西北而流，入咸海。

三十一

恒河，意译为"天堂来"。从龙池东面银牛口流出，其沙细，与水同流也。因此，佛教经典中有"恒河沙数"的说法，入孟加拉湾。

三十二

印度河，池南面金象口流出，入阿拉伯湾。

三十三

池西边琉璃马口，流出阿姆河（古称乌浒水）。

三十四

池北面琉璃狮子口,流出塔里木河,绕池一周,入东北海,或曰潜行地下,出积石山,为黄河源。

三十五

阿克苏,古跋禄迦都城。有水自天山而流经城中。双水合一而成阿克苏河。白色之水。

三十六

恒罗斯故城址在哈萨克斯坦之江布尔城。唐大将军高仙芝与黑衣大食作战的地方。位于恒罗斯河河畔,北匈奴西迁时,郅支大单于曾在此路经驻营。

三十七

赭时国,即石国、石头城,今塔什干,乌兹别克斯坦首都。药杀水之支流穿城而过。

三十八

昭武九姓在五世纪至八世纪为"河中地"多个王朝的总称。在唐代时为康、安、曹、石、米、何、火寻、戊地、史九国。五世纪中期属于嚈哒,六世纪中期隶属西突厥。昭武九姓以康、石两国最大。而康又是诸国宗主。唐永徽年间，康国内附，诸国附同内附，唐以其为康居都督府，属安西都护。至七一二年九姓诸国始渐为大食所并。

三十九

飒秣建国。古称康国，或康居，故址在今中亚撒马尔汗以北三点五公里处之一高地上。公元六世纪至八世纪为飒秣建国势力强盛、文化繁荣时期。值得注意的是，其内城之东门名叫中国门，十世纪时此城趋于衰落。故城在十三世纪为蒙古人毁坏，后来在故址重建，新城移至原南郊，即今撒马尔罕城。

四十

飒秣建国，周千六七百里，东西长，南北狭。国大都城周二十余里，极险固，多居人。异方宝货，多聚此国。土地沃壤，稼穑备植，林树葱郁，花果滋茂。多出善马。其王豪勇，邻国承命，兵马强盛，多诸赭羯人。赭羯之人，其性勇烈，视死如归，战无前敌。

中亚枭雄帖木儿出生地。

四十一

布哈拉老城。

四十二

安居：佛教徒遵循释迦牟尼的遗法，每年在雨季三月间禅定静坐，叫作安居，亦作雨安居、夏坐、坐腊。安居的日期，因各地气候不同，亦不一。印度僧徒在五月十六日（或六月十六日）入安居，八月十五日（或九月十五日）解安居。而中国或日本僧侣是四月十六日入安居，七月十五日解安居。

古大夏国都城——缚喝国。大夏国为亚历山大大帝东征时所建。

四十三

顺阿姆河而上，进入今塔吉克斯坦首都杜尚别。再往前走，进入阿富汗喀布尔地区。马其顿之亚历山大大帝东征至此，建城名亚历山大里亚。贵霜王朝时期，佛教大盛，行小乘法，为大雪山以北地区的佛教中心，有"小王舍城"之称。

四十四

翻越兴都库什山。东南入大雪山，山高谷深，峰崖危险，积雪弥谷，溪径难涉。

四十五

梵衍那国，其国都则为今阿富汗首都喀布尔西部约一百五十英里的巴米扬城。

四十六

巴米扬大佛，当为贵霜王朝时期遗存。共有两尊，一尊叫红佛，一尊叫白佛，已在前些年的战乱中被毁。红佛高五十三米，白佛高三十五米，两佛相距四百米。玄奘说："王城东北山阿，有立佛石像，高四百五十尺，金光耀曜，宝饰焕烂。东有伽蓝，此国先王之所建也。伽蓝东有鍮石（黄铜）释迦佛立像，高百余尺，分身别铸，总合成立。"

四十七

玄奘在这里说的先王，当是指贵霜王朝之先王。也就是说，巴米扬大佛为贵霜王朝皇室所建。贵霜王朝即大月氏人自撒马尔罕翻越大雪山，建立在喀布尔城的一个著名王朝，丝绸之路上一个重要枢纽。

四十八

玄奘记录大雪山龙池。

四十九

玄奘翻越大雪山，进入印度境。高僧将顺印度河至阿拉伯湾，再折回，顺恒河至孟加拉湾，而后在那烂陀寺，拜戒贤高僧为师，研习佛法。当初，玄奘行走五印大地，已经声名远播，待他千难万险，走进那烂陀寺时，戒贤高僧率那烂陀寺十大高僧，在寺院门口迎候。

玄奘在那烂陀寺听戒贤法师口述《大般若经》，得其真传，修行告一段落后，遂在五印地面八十六个邦国中游学，在戒日王的安排下，在王城曲女城设坛讲经，舌辩天下，弘扬佛法。此行结束后，便回到那烂陀寺，告别戒贤法师。他依然顺原路返回，前后历十九年之漫长时间，回到东土。

玄奘离开那烂陀寺时，午间做了一个怪梦，梦中这座佛门第一大寺毁于一场大火。玄奘的梦，在他离开那烂陀寺十年后应验。伊斯兰在阿拉伯半岛兴起，安拉之剑挥身向东，那烂陀寺被一把大火烧毁。

五十

高僧玄奘回到长安城时，唐太宗李世民正在洛阳城，商讨攻打高丽国事宜。宰相房玄龄受太宗委托，率百官至咸阳桥迎候高僧载誉归来。后来，将玄奘一行驼队在长安城一百零八坊，巡游三天。

五十一

高僧学成归来后，太宗下诏，削唐初皇家四大行宫之翠微宫为翠微寺，供大师寝居和译经。当初，在洛阳城，太宗问及玄奘这一路途上的所经所历、所闻所见，建议玄奘将这见闻写成一本书。于是乎，在翠微寺驻寺期间，玄奘在翻译《心经》之前，先写出旷世奇书，《大唐西域记》。玄奘口述，辩机（玉和尚）记录，历一年半而成。

五十二

中唐刘禹锡诗云："翠微寺本翠微宫，楼阁亭台数十重。天子不来僧又去，时人伐倒一棵松。"

五十三

翠微寺在秦岭北望长安城的山顶上，距今西安钟楼三十多公里，现在寺已早废，有个民居村庄叫黄峪寺。如今盛世兴佛，翠微寺拟在原址上重建。那天在翠微寺遗址一棵高大的核桃树下，众人公推笔者为再建的翠微寺住持，号称"答应和尚"。笔者把这看作是一项荣誉职务，慨然应允。余以诗作答曰："我本西来一头陀，流落民间年许多。剃去三千烦恼丝，不辞长做终南客。"

五十四

《大唐西域记》是一本浩瀚的大作，我的阅读现仅仅限于皮毛而已，仅仅是挂一漏万而已。前面还有许多大美的风景等我去阅读，我不敢在一处风景前流连得太久，就此适时打住。

图书在版编目（CIP）数据

丝绸之路千问千答/高建群著. -- 西安：西北大学出版社，2021.5
ISBN 978-7-5604-4760-5

Ⅰ.①丝… Ⅱ.①高… Ⅲ.①丝绸之路－历史 Ⅳ.①K928.6

中国版本图书馆CIP数据核字（2021）第101623号

丝绸之路千问千答
SICHOU ZHI LU QIAN WEN QIAN DA

作　　者	高建群
出版发行	西北大学出版社
地　　址	西安市太白北路229号
邮　　编	710069
电　　话	029-88302590　88303593
网　　址	http://nwupress.nwu.edu.cn
经　　销	全国新华书店
印　　装	陕西龙山海天艺术印务有限公司
开　　本	889毫米×1092毫米　1/32
印　　张	23.5
版　　次	2021年5月第1版
印　　次	2021年7月第1次印刷
字　　数	583千字
图　　片	283幅
书　　号	ISBN 978-7-5604-4760-5
定　　价	168.00元

◎书中图片主要由高建群、陶然、秦雯、王昊鹏、樊潼顺、张应斌等人提供，另有部分图片未能联系到作者，请看到本书后尽快与我社联系。
◎本版图书如有印装质量问题，请拨打电话029-88302966予以调换。